古代歷史文化研究輯刊

初 編

王 明 蓀 主編

第8冊

東晉南北朝世族家庭教育研究

方 碧 玉 著

國家圖書館出版品預行編目資料

東晉南北朝世族家庭教育研究／方碧玉 著 — 初版 — 台北縣
永和市：花木蘭文化出版社，2009〔民98〕

目 2+276 面；19×26 公分
（古代歷史文化研究輯刊 初編：第8冊）

ISBN：978-986-6449-36-9（精裝）

1. 家庭教育 2. 家族 3. 魏晉南北朝

528.2092   98002296

ISBN - 978-986-6449-36-9

9 789866 449369

古代歷史文化研究輯刊
初 編 第八冊   ISBN：978-986-6449-36-9

東晉南北朝世族家庭教育研究

作　　者	方碧玉
主　　編	王明蓀
總 編 輯	杜潔祥
出　　版	花木蘭文化出版社
發 行 所	花木蘭文化出版社
發 行 人	高小娟
聯絡地址	台北縣永和市中正路五九五號七樓之三
	電話：02-2923-1455／傳眞：02-2923-1452
網　　址	http://www.huamulan.tw 信箱 sut81518@ms59.hinet.net
印　　刷	普羅文化出版廣告事業
初　　版	2009 年 3 月
定　　價	初編 20 冊（精裝）新台幣 31,000 元

東晉南北朝世族家庭教育研究

方碧玉　著

作者簡介

方碧玉，生於花蓮。研究斷限為魏晉南北朝時代，興趣偏於社會文化主題。以〈魏晉人物品評風尚探究——《世說新語》為例〉取得碩士學位，再以〈東晉南北朝世族家庭教育研究〉取得博士學位。目前任職於花蓮大漢技術學院通識教育中心。

提　要

　　魏晉南北朝，以九品中正為選官制度。選舉依門第而論，重視家世背景，能為官者，多為世家大族。世族為維繫門第勢力不墜，除由婚、宦外，最佳方法為有傳襲不絕的佳子弟。因此，世族欲有佳子弟，則須重視家庭教育。然在父權社會下，教育子弟之責，主要由男性家長擔負，但婦女在教育子弟亦扮演重要角色。

　　六朝世族門第中人，為提高家族聲譽，常出現褒揚子弟之現象。而稱揚子弟的內容，多著重於子弟足興門戶，為門戶所寄之言，及子弟的優秀有如千里駒，為家中之寶。從知名子弟之眾，可知世族培養子弟不餘遺力。此外，世族子弟甚多於幼年時，便已顯名於世，此情形若非經苦心栽培，實難達成。

　　世族教育子弟，常透過家訓、機會勸諫，及遺命之言等方面進行之。而世族家庭教育內容，也大抵可分為家學與門風二大類。世族家學的形成，深受社會風尚所影響，而這些風氣都關涉到世族家學的內涵。

　　門風教育亦為世族家庭教育的重點。有關世族門風，一般世人認為各世族門風應有所差異性，其實反之。總體而言，就儒雅門風與雄武門風觀之，五大世族的門風，以雄武居多，尤以北朝世族更為熾盛，此足以反應出該時代的背景。另忠、孝觀念，自古即被視為倫理道德的核心，忠、孝更常並稱。但自晉以後，政治社會現實環境使忠孝不能兩全，須有所抉擇時，東晉南北朝世族，為保其門第勢力，常選擇親先於君，孝先於忠，故特別倡導「孝」的門風。

目

次

表目錄

第一章 緒 論

一、研究動機與目的

　　清代楊繩武指出，六朝風氣，具有「尊嚴家諱，衿尚門地，愼重婚姻，區別流品，主持清議」等五項特點。〔註1〕此見解之精闢，爲後世所莫能及，於學界早屬公論，殆無疑議。又錢穆於〈略論魏晉南北朝學術文化與當時門第之關係〉一文，談及魏晉南北朝時代一切學術文化，必以當時門第背景爲中心而研究，方可瞭解當世學術文化之全貌。當時學術文化，可謂莫不寄存於門第中，由於門第之護持，而得傳習不中斷，亦因門第之培育，而得生長而發展。門第在當時歷史進程中，可謂已盡其一份之力。〔註2〕由錢穆文可知學術文化，與社會環境關係密不可分。而魏晉南北朝時期，修撰家譜，盛極一時，成爲專門之學。譜學的盛行，正是爲鞏固門第制度，而形成的一種史學。〔註3〕由上可知「門第」不僅影響魏晉南北朝學術文化，且與當時史學的發展有密不可分的關係，因此若欲對魏晉南北朝有深刻了解，「門第」當是個須留意的重點，也因此「門第」課題，常成爲史家探討六朝社會的課題。

　　西漢選官入仕，以選舉、辟召爲主要途徑。選舉是指，以鄉舉里選循序而進者。以「鄉舉里選」爲主的察舉制度，至東漢更爲完備。錢穆認爲門第

〔註1〕 顧炎武撰，黃汝成集釋，《日知錄集釋》卷十三「正始」條，台北：世界書局，民國80年5月，頁307。

〔註2〕 錢穆，〈略論魏晉南北朝學術文化與當時門第之關係〉，《新亞學報》，五卷二期，頁77。

〔註3〕 黎子耀，〈史學在魏晉南北朝時期的新地位〉，《中國史學史研究》，1979年第3期，頁68。

的產生，與察舉制度有關。察舉使士人參政制度確立，又因儒家素來看重敬宗恤族，於是各自在其鄉里間，形成盛大之士族。而士人更由經學傳家，而得以仕宦傳家，遂成為各地之大門第。〔註4〕兩漢察舉制度，隨著東漢末年戰亂紛乘，地方破壞，人物遷徙，此種建立在地方自治體的「鄉舉里選」，便因之無法實行，加以士人奔競、請託，造成選舉不實，流弊叢生，故陳群於延康元年（220）創九品中正制取而代之，〔註5〕遂成六朝時期主要的選官制度。

　　九品中正選官制度，是由郡中正將所訂鄉品送州之大中正，經評定之後再送中央司徒府，由司徒府決定最後鄉品。然後司徒府將人事資料送吏部尚書，由該機構依鄉品等資料，授給實官，而有官品。〔註6〕而郡中正之下，設有清定、訪問，協助中正品評人物。〔註7〕而品評人物，以簿世（指譜牒家世）、狀（個人行狀，是針對個人人才而言）做為決定鄉品的標準。〔註8〕可見在任官條件上，六朝較兩漢重視家世背景。王瑤於《中古文學史論》即指出，在當時的九品中正制以下，州郡遼闊，彼此略不相識，所以「但能知其閥閱，非復辨其賢愚」，大小中正及主簿功曹等，皆取著姓大族為之，以之定門冑，品人物，自然「官有世冑，譜有世官」了。所以從一開始，九品中正制便是「尊世冑，卑寒士，權歸右姓」。這給高門大族建立了一個制度上的護符，他們雖無世襲之名，而可以享有世襲之實。〔註9〕在這種情形下，使原本立意本善的九品中正制，後卻因中正多為士族所任，遂變成士族維持其政治地位的工具，因而造成「中正不考人才行業，空辨氏族高下」，〔註10〕及「位官高卑，皆可依據氏族而定」，〔註11〕於是流弊叢生，終成「上品無寒門，下品無勢族」之局，〔註12〕故錢穆認為雖非因有九品中正制而纔有此下之門第，〔註13〕但

〔註4〕錢穆，〈略論魏晉南北朝學術文化與當時門第之關係〉，頁38。

〔註5〕陳壽，《三國志》卷22〈魏書‧陳羣傳〉載：制九品官人之法，陳群所建也。北京：中華書局，1997年11月，頁635。

〔註6〕鄭欽仁，〈九品官人法──六朝的選舉制度〉，《立國的宏規》，台北：聯經出版事業公司，民國71年6月，頁222～223。

〔註7〕鄭欽仁，〈九品官人法──六朝的選舉制度〉，《立國的宏規》，頁223。

〔註8〕鄭欽仁，〈九品官人法──六朝的選舉制度〉，《立國的宏規》，頁225。

〔註9〕王瑤《中古文學史論》台北：長安出版社，民國75年6月，頁15。

〔註10〕魏收，《魏書》卷66〈崔亮傳〉，北京：中華書局，1997年11月，頁16。

〔註11〕李延壽，《南史》卷59〈王僧孺傳〉，北京：中華書局，1997年11月，頁16。

〔註12〕房玄齡，《晉書》卷45〈劉毅傳〉，北京：中華書局，1997年11月，頁1274。

〔註13〕錢穆，〈略論魏晉南北朝學術文化與當時門第之關係〉，頁38。九品官人法即指九品中正，正史言九品官人法，錢穆稱之為九品中正，保留正史之說。

九品中正選官之法造成門第昌盛卻是無疑。

選舉既依門第而論，如何維繫門第於不墜，遂成為當時世人的重要課題。門第除透過仕宦、婚姻以維繫其世族地位與聲譽，最重要須有佳子弟以維繫門第。於是欲有佳子弟，乃成為當時門第中人的心情最佳寫照。而欲求家庭有佳子弟，則必須由教育著手，故重視教子的程度更甚於兩漢，乃成為當時的風尚。而在社會動盪，官學不盛情況下，教育子弟之責自然全歸於家庭，這可從當時誡子書繁多看出。〔註14〕因此，探究東晉南北朝世族如何重視家庭教育，以維繫門第，乃成為重要而有意義的課題。

中國重視家教起源很早，只不過皆未有系統的家教著作出現，直到北齊才出現較系統的家教之書《顏氏家訓》。因此《顏氏家訓》一書，被視為影響深遠的家庭教育經典著作，在中國家庭教育史上占有極重要地位。陳振孫在《直齋書錄解題》中介紹《顏氏家訓》說：「古今家訓，以此為祖。而其書崇尚釋氏，故不列於儒家。」，〔註15〕《顏氏家訓》被視為古今家訓之祖，並非顏之推之前無人寫著家訓。但事實上，《顏氏家訓》是上承漢魏以來的誡子書、家誡遺風，下開唐宋後家教先河，為最經典的家訓之書。而《顏氏家訓》雖成書於隋代統一之後，但常被視為研究魏晉南北朝時代的重要史料，為何《顏氏家訓》是魏晉南北朝時期重要史料？因顏之推所見的時代正好是此時期，而《顏氏家訓》是顏之推面對時代紛亂所提對子孫的訓勉。因此探究東晉南北朝世族家庭教育狀況，更能呼應《顏氏家訓》做為魏晉南北朝時期史料的重要性。

二、前人研究成果

東晉南北朝時期，因特殊的歷史環境，使這個時期的世家大族研究，向來為學界所重視。容建新寫〈80 年代以來魏晉南北朝大族個案研究綜述〉一文，整理學界有關世家大族研究的情形，指出學界對於世家大族的研究，多著重於家族源流的整理、婚宦特徵及其變化原因的探討、文化特徵的研究、家族興衰原因及其歷史地位與作用的評析。〔註16〕而陳爽〈近 20 年中國大陸

〔註14〕參見林素珍，〈魏晉南北朝家訓之研究〉，附錄一，政大中國文學研究所博士論文，民國 82 年，頁 1～17。

〔註15〕陳振孫，《直齋書錄解題》，台北：台灣商務印書館，民國 67 年 5 月，頁 295。

〔註16〕容建新，〈80 年代以來魏晉南北朝大族個案研究綜述〉，《中國史研究動態》，1996 年第 4 期，頁 6。

地區六朝士族研究概觀〉一文指出，近 20 年來，六朝士族問題，研究主要側重於：一制度史和政治史的結合，對門閥士族的相關制度、政策，進行了細緻入微的梳理；二、塡補空白，對從前認識較爲模糊的北朝士族發展歷程，進行了初步整理和歸納；三、從地域文化的角度出發，對各類區域性豪族集團進行綜合分析；四、運用社會學的新方法，對士族的政治地位、婚姻方式、經濟狀況、宗族結構、家族習俗、宗教信仰進行多方位的考察。〔註 17〕陳爽又指出，近年來，六朝士族個案研究成爲研究時尚，有關士族個案研究文章數量激增，篇目不勝枚舉。士族個案研究雖取得相當的進展，但因個案研究隨意性較大，難以得出具有普遍性的結論，給人瑣碎之感。因此，選題的雜亂和瑣碎，成爲士族個案研究的通病。另外，就士族宏觀研究而言，由於材料分散，分析比較難度較大，結論容易流於空泛。因此作士族宏觀研究並不多。〔註 18〕從容建新、陳爽二篇文章，得知有關士族研究，仍偏重士族的仕宦升降和政治地位，及婚姻、遷徙等問題。換言之，有關士族的研究，仍落入以婚宦論士族之境。而學者雖知東晉南北朝世族，爲求佳子弟以維繫門第，故特重家庭教育之事實，但有關此方面之研究，卻未見全面討論。

　　以「家庭教育」爲主題的研究，就中國歷朝做概括性論述的有：畢誠《中國古代家庭教育》，其內容談及古代家教的基本內容及家教之道。全書是從歷代尋找例證，做說明歸納整理。〔註 19〕另外有閻愛民《中國古代家教》，就中國古代家庭教育的起源、漢魏六朝的家庭教育、唐宋時期的家庭教育、元明清時期的家庭教育，以時代區分，著重各時代名家家教。〔註 20〕以上二書皆爲概論之作，未能深究細節，但仍具啓發後起研究者之功。而有關家庭教育之論文有：李飛翔、宋五軍〈略論中國古代家庭教育〉（《人口學刊》，1989 年 1 期）、鄭其龍〈中國古代家庭教育的師資探源〉（《湖南師範大學社會科學學報》，1987 年第 2 期）、王炳仁〈中國古代名人家教舉要〉（《杭州大學學報》，16 卷 1 期）等篇皆爲泛論之作。

　　相對於中國家庭教育的研究，有關「家訓」的著作便顯然較多，如徐少

〔註17〕 陳爽，〈近 20 年中國大陸地區六朝士族研究概觀〉，《中國史學》，東京：中國
　　　　 史學會，11 卷，2001 年 10 月，頁 17。
〔註18〕 陳爽，〈近 20 年中國大陸地區六朝士族研究概觀〉，《中國史學》，東京：中國
　　　　 史學會，11 卷，2001 年 10 月，頁 24。
〔註19〕 參看畢誠，《中國古代家庭教育》，台北：台灣商務印書館，民國 83 年。
〔註20〕 參看閻愛民，《中國古代家教》，台北：台灣商務印書館，民國 87 年。

錦、陳延斌《中國家訓史》。此書談先秦至清代的家訓，內容包含帝后、外戚、名臣名士等家訓，也談及母訓、女訓，論述範圍相當廣。〔註21〕另外有謝寶耿《中國家訓精華》。內容區分爲修養、立志、家教、德行、處世、勉學、尊師、理財、致用、從政等篇章，尋索從西周至清重要人物談及有關以上各點的內容。〔註22〕而類似此類的家訓之書頗多，只是針對古書的節錄整編，少有論述。而關於家訓的期刊論文更不勝煩舉，而這些論文大抵泛論家訓的發展、精神、形式、風格、特點、內容、作用、及影響等，內容相似度頗高。

家訓之中，有關《顏氏家訓》的研究，更是學者研究的焦點。有針對《顏氏家訓》原典進行集解、彙注、斠補者，如王利器的《顏氏家訓集解》（中華書局1996年9月二刷）、周法高的《顏氏家訓彙注》（中央研究院排印本，民國49年）、王叔岷的《顏氏家訓斠補》（藝文印書館，民國64年9月初版）、李振興、黃沛榮、賴明德注譯《新譯顏氏家訓》（台北：三民書局，民國82年8月）。也有針對《顏氏家訓》寫學位論文者，如顏廷璽〈顏氏家訓研究〉（中國文化大學中國文學研究所碩士論文，民國64年）、尤雅姿〈顏之推及其家訓之研究〉（台灣師範大學國文研究所博士論文，民國80年）。另外有大量的期刊論文。若要了解《顏氏家訓》的研究概況，更可參考劉國石〈八十年代以來《顏氏家訓》研究概述〉一文。劉國石除指出研究概況外，更指出全面性論述文章不足、部分篇目有待深入研究、《顏氏家訓》與古代史研究的結合須加強、研究《顏氏家訓》的教育因素以用於今日社會等建議，〔註23〕值得研究者參考。

以魏晉南北朝時代斷限，寫「家訓」爲主題的文章，主要有二篇學位論文，林素珍〈魏晉南北朝家訓之研究〉（政治大學中文研究所博士論文，民國83年）、康世昌《漢魏六朝「家訓」研究》（中國文化大學中國文學研究所博士論文，民國85年）。林素珍主要在闡述魏晉南北朝家訓撰述目的、主要內容、時代精神及評價，全文偏向整理史著中的家誡、誡子書、遺令、遺誡、自敘。康世昌在透過兩漢誡子書、魏晉家誡、南北朝家訓作品的發展，來瞭解漢魏六朝家庭訓誡的具體訴求、思想特質及其文學表現。其目的在釐清漢

〔註21〕參看徐少錦、陳延斌，《中國家訓史》，西安：陝西人民出版社，2003年4月。
〔註22〕參看謝寶耿，《中國家訓精華》，上海：上海社會科學院出版社，1997年12月。
〔註23〕劉國石，〈八十年代以來《顏氏家訓》研究概述〉，《中國史研究動態》，1997年4期，頁23。

魏六朝家訓之發展，探究其家庭教育之思想及訴求，研討其家訓文學之表現，作爲瞭解中國文化內涵的一個途徑。另見一些論文，如張白茹、李必友〈魏晉南北朝家誡論略〉、閆續瑞〈從魏晉南北朝文人家訓看其理想人格的建構與實踐〉、李瓊英〈南朝世族的家庭教育〉、李必友〈魏晉南北朝家族教育的特點〉、曹建平〈魏晉南北朝家庭教育鉤稽〉等篇。而雖非專言家庭教育，但與之主題相關，有王永平《六朝江東世族之家風家學研究》與吳正嵐《六朝江東士族的家學門風》。二書皆談論吳郡陸氏、顧氏、張氏家風與家學及吳興沈氏、會稽虞氏、孔氏家風與家學，只不過王永平於文內，另談會稽賀氏家風家學。兩書著重於江東世族的家學與家風，未談有關江東世族如何教養訓勉子弟。另外，方北辰《魏晉南朝江東世家大族述論》主要談江東世族的政治與文化活動。而何啓民〈中古南方門第 —— 吳郡朱張顧陸四姓之比較研究〉，收錄於《中古門第論集》中，主要比較四姓盛衰不同、功業名譽互異、交遊、通婚情形及解答四姓排列順序緣由。相對於其他世家大族而言，江東世族顯得較受研究者青睞。而有關世族家學與門風的研究，除江東世族已有專論外，其他世族尚未見全面討論，僅見於世族個案研究時，略被述及。

　　相較於《顏氏家訓》被普遍的研究，東晉南北朝家訓研究，顯然有待開發。雖然已有兩篇學位論文之作，不過皆以中文學養寫成，主要從家誡等顯而易見的家訓做探討主題，其實從尋訪正史列傳人物的成長歷程，及受親人言傳身教的影響，更能了解魏東晉南北朝世族家庭教育的情形。而學界對東晉南北朝世族的家庭教育，僅見江東世族家學與門風探討。雖說對世族作宏觀研究，因材料分散，分析比較困難，但本論文仍企圖全面探討東晉南北朝世家大族如何教育子弟，及其家學門風爲何，而不從個案研究著手，期能清楚看出此時各世族家學門風之別及所重特點。

三、研究範圍與定義

　　在論文題目不宜過大，及時間的考量下，若要從正史列傳逐一討論東晉南北朝家庭教育，難以做全面探究，因此研究對象必須有所選擇。東晉南北朝常被稱爲世族社會，錢穆更寫下有關魏晉南北朝學術文化與門第關係的文章，認爲必須從門第背景著手，才能了解魏晉南北朝時代學術文化。可見世族門第對當時社會影響之大，故本文的研究範圍以討論世族門第的家庭教育爲主。而論文篇名爲〈東晉南北朝世族家庭教育研究〉，在討論上，乃以渡江

後而言，因曹魏、西晉之際，時間短，又屬亂世，難看出家庭教育實況。而東晉南北朝世族眾多，必須有所選擇，故本文以當時重要的世族作爲討論對象。柳芳談「氏族」時，曾指出魏晉南北朝世家大族：過江則爲「僑姓」，王、謝、袁、蕭爲大；東南則爲「吳姓」，朱、張、顧、陸爲大；山東則爲「郡姓」，王、崔、盧、李、鄭爲大；關中亦號「郡姓」，韋、裴、柳、薛、楊、杜首之；代北則爲「虜姓」，元、長孫、宇文、于、陸、源、竇首之。〔註24〕故本文以柳芳所談的世族爲主要研究對象。

本文對世族家庭教育的討論，較一般家訓之文爲廣泛。一般而言，了解如何教育家庭中子弟，常從顯而易見的家訓之文著手。而家訓偏於長輩對晚輩叮嚀、教誨、訓勉處世爲人立志向學原則，較少針對特定事件，提出教訓。事實上，在家庭生活中，常會因具體事件的發生，而出現勸諫、建議的機會教育，而從中更能見教誡勸諫子弟實情，及其效果。另外，對家中子弟的教勸，也可能展現於臨終前最後遺言，也就是所謂的遺命之教，這也較少爲人所注意。故本文在討論上，除留心家訓之文外，特將機會勸諫、遺命之教納入討論。

家庭教育，是指家庭內成員的教誡勸諫行爲。除討論一般認定的同宗族外，也包含因婚姻所形成的家人關係之間的教誡勸諫。而教誡勸諫的對象是家人，除一般最常見的父母對兒女、家中長輩對晚輩的勸諫外，也注意平輩兄弟及夫妻互相勸勉。

整篇論文，除重家庭教育內容分析外，另對家庭中的學問之教與道德教育，也就是家學與門風做討論。並探討社會環境風潮，如何對世族家學產生影響。而在東晉南北朝紛亂時代，忠、孝無法兩全時，世族將以何爲重，作成其門風？除在忠孝門風須做選擇外，世族是否有重文、重武門風之異？再

〔註24〕歐陽修、宋祁，《新唐書》，北京：中華書局，1997 年 11 月，頁 5677～5678。何啓民在〈鼎食之家——世家大族〉，收入杜正勝《吾土與吾民》，台北：聯經，民國 76 年 2 月，頁 73，更清楚指出柳芳所說魏晉南北朝世家大族的籍貫如下：過江則爲僑姓，王（琅邪臨沂）、謝（陳郡陽夏）、袁（陳郡陽夏）、蕭（東海蘭陵）爲大；東南吳姓，朱（吳郡吳縣）、張（吳郡吳縣）、顧（吳郡吳縣）、陸（吳郡吳縣）爲大；山東郡姓，王（太原晉陽）、崔（博陵安平、清河武城）、盧（范陽涿郡）、李（趙郡平棘、隴西狄道）、鄭（滎陽開封）爲大；關中郡姓，韋（京兆杜陵）、裴（河東聞喜）、柳（河東解縣）、薛（河東汾陰）、楊（恆農華陰）、杜（京兆杜陵）爲首；代北虜姓，元（代郡）、長孫（代郡）、宇文（代郡）、于（代郡）、陸（代郡）、源（代郡）、竇（代郡）居首。而本文即依何啓民之說，找出正史列傳中相關人物做爲討論的對象。

因世族所重文化有別，子弟的風采也不盡相同，世族子弟所展現的美風姿形象又如何？皆為本論文所欲探究之主題。

四、研究史料與方法

史學研究為求真，故特重史料。在史料的選擇上，本文以正史為主，在傳統文獻上，以研究斷限範圍內的正史，如《三國志》、《晉書》、《宋書》、《南齊書》、《梁書》、《陳書》、《南史》、《魏書》、《北齊書》、《周書》、《北史》等書為主。《世說新語》頗有可用的資料。而在類書中，常可見已散佚的史料，故本文亦參考《藝文類聚》、《北堂書鈔》等類書中相關材料。

墓誌記載墓主的生平概況，內容有姓氏、世系宗支、官銜、卒葬年月、生平事蹟及銘辭贊頌，亦是論人的重要史料，如王壯弘、馬成名《六朝墓誌檢要》、葉煒《新出魏晉南北朝墓志疏証》、中田勇次郎編《中國墓志精華》、趙萬里編《漢魏南北朝墓志集釋》、羅振玉《六朝墓誌菁英》、于平編輯《中國歷代墓誌選編》、有正書局輯《六朝墓誌精華》、趙超《漢魏南北朝墓志匯編》等，皆可作為本文的參考史料。文人對生活周遭感懷，常藉詩文表現出，也以書信與家人、朋友往返，其中有可能訓誡勸勉之語或表達本身之教育觀，故文集、詩文如《全上古三代秦漢三國六朝文》、《漢魏六朝一百三家集》、《先秦漢魏晉南北朝詩》等也為本文參考材料。

本文探討家庭教育，與之相關主題史料必加以參考運用，故被認為開家訓之先河，古今家訓之祖的《顏氏家訓》，當然是重要史料。另外談及家教，《世說新語》也是重要參考文獻。再者，後人所集歷代家訓，如《中國歷代家訓觀止》、《中國家訓精華》也做為研究依據之材料。另外，輔以近人相關著作，如《中國家訓史》等書。此外，相關期刊論文亦參考之。

本論文研究方法，擬先將史料做初步的研讀，再將有關世族家庭教育史料摘錄，分類整理，並用歸納法，將其性質相近者予以分門別類，以看出史料所呈現的現象及特徵。另外用比較分析法，將不同世族的家教內容進行相互比較，分析其所重，以見每一個世族家庭教育的實情及特色。再嘗試以歷史解釋法將所呈現的史料及特徵進行說明，期能清晰展現東晉南北朝世族家庭教育情形及時代意義。

五、各章內容

論文內容共分六章。第一章：緒論。說明論文研究的動機與目的、前人

研究成果、研究範圍與定義、使用史料及方法。第二章：世族重家教與佳子弟。主要說明東晉南北朝除婚、宦是維繫世族地位外，最重要的是有佳子弟。要有佳子弟，則須有良好的教育，故世族特重家教，於史文可見出。而從自家稱揚子弟，及有佳子弟知名於世，可知世代有人物的重要性，關係到世家大族地位的維繫。第三章：世族家教內容分析。主要說明世族家訓的內容，及在教子弟過程中，好學之教是家教中特別注重的項目。而教子弟除正式的家訓之文外，更多是機會勸諫，另外有所謂的遺命之教。第四章：社會風氣與世族家學文化。主要在強調當時社會上經學之精、尚文之風、書法之盛及談論之風等風氣下，對世族家學所造成的影響，形成世族以儒學、文學、書法為家學，並有善談者。第五章：世族門風與形象。世家大族有其門風，但所重有別，觀察各世族重儒雅或雄武門風情形。除此外自古教育子弟德性，向來特重忠孝之道，而東晉南北朝時期，為動亂時代，易代換主，更屬平常，時代的特殊性，造成無法再教子弟忠孝兩全，而須有所取捨。故本章將專節談忠孝門風，探討各世族或偏忠，或偏孝情形。在本章另談因世族有文化，故世族子弟風采顯於外，形成美風姿形象。第六章結論。總結家庭教育與佳子弟的關係，理出家庭教育進行的方式與內容重點，並看出世族呈現不同的家學與門風，最後說明家庭教育在培育子弟過程中，應具相當效果，但存個別差異。

第二章　世族重家教與佳子弟

魏晉南北朝，選舉任人，依門第而論。因此世族對門第的維繫，不遺餘力。而門第除可依婚、宦之力於不墜外，最重要的是須有佳子弟，故世族特別重家教。而各世族重家教情形如何？實際上，子弟表現又如何？以下分而述之。

第一節　世族重家教

世家大族能綿延久遠，最重要的關鍵在於家族內有佳子弟，能將門第原有的勢力，維繫下去。而佳子弟的出現，並非說有即有，常常需要苦心栽培，與經過教誡勸勉才能出現，換言之，好子弟的產生，是教育出來的。東晉南北朝世族，確實重視教育子弟，其實際情形如何？詳述於下。

一、僑　姓

琅邪王氏源流，據《新唐書》卷七二中〈宰相世系二中〉載：

> 王氏出自姬姓。周靈王太子晉以直諫廢爲庶人，其子宗敬爲司徒，時人號曰「王家」，因以爲氏。……元避秦亂，遷于琅邪，後徙臨沂。四世孫吉，字子陽，漢諫大夫，始家皐虞，後徙臨沂都鄉南仁里。……（王）融字巨偉。二子：祥、覽。〔註1〕

據上可知，王氏原出於姬姓，因王元避秦亂，遷于琅邪，而有琅邪王氏。而琅邪王氏作爲世族，至王祥、王覽才開始形成。而琅邪王氏重家教，據《南

〔註 1〕歐陽修、宋祁，《新唐書》卷 72 中〈宰相世系二中〉，頁 2601。

史》卷二二〈王曇首附王騫傳〉載：

> 嘗從容謂諸子曰：「吾家本素族，自可依流平進，不須苟求也。」
> 〔註2〕

東晉南北朝社會，世族入仕途，可平流進取，時候到了，自然可取得高位，並不需要刻意努力爭取。故王騫告誡諸子對於仕進不必苟苟營求，只須依一般而行即可，此正高門之家風。而王騫所謂「素族」者，乃自謙之辭，非其實也。又《梁書》卷二一〈王志傳〉載：

> 常謂諸子姪曰：謝莊在宋孝武世，位止中書令，吾自視豈可以過之。
> 〔註3〕

王志常自謙不如謝莊，故認為仕宦任職不必超過中書令之職。中書令已是高官，是宰相之一，王志誡諸子官位不宜過高，此乃在教子自謙。從王騫誡諸子仕進平流進取，無須苟苟營求，及王志言為官不必超過中書令之職，皆有勸子弟勿入權力中心以遠禍之意，此為王氏對諸子處世之教。此外，據《陳書》卷二三〈王瑒傳〉載：

> 王瑒兄弟三十餘人，居家篤睦，每歲時饋遺，遍及近親，敦誘諸弟，
> 竝稟其規訓。〔註4〕

王瑒兄弟居家能和睦，此若非有好的家庭教育，恐難如此。而引文更指出，王瑒能敦勵誘勸眾弟，並能稟承家規之訓，可見琅邪王氏重視家庭教育。

另觀謝氏始祖，即西周時期周宣王的母舅（即周厲王妻申后之弟）申伯公，譜云：申伯公：周宣王母舅也。功高受封於謝邑，子孫以國為氏。〔註5〕而自東晉謝鯤，謝氏家族興起。〔註6〕又因謝安淝水戰功，更進一步使謝氏成為江左最高門第之一。謝安在家，常以禮儀規範訓勉子弟，據《晉書》卷七九〈謝安傳〉載：

> 時安弟萬為西中郎將，總藩任之重。安雖處衡門，其名猶出萬之右，
> 自然有公輔之望，處家常以儀範訓子弟。〔註7〕

〔註2〕李延壽，《南史》卷22〈王曇首附王騫傳〉，頁596。

〔註3〕姚思廉，《梁書》卷21〈王志傳〉，頁319。

〔註4〕姚思廉，《陳書》卷23〈王瑒傳〉，頁302。

〔註5〕莫道才，〈六朝謝氏世系新考〉，《廣西師範大學學報》，第36卷第4期，2000年12月，頁94。

〔註6〕丁福林，《東晉南朝的謝氏文學集團》，哈爾濱：黑龍江教育出版社，1998年8月，頁2。

〔註7〕房玄齡，《晉書》卷79〈謝安傳〉，頁2073。

此外，據《晉書》卷七九〈謝安附謝玄傳〉載：

> 安嘗戒約子姪，因曰：「子弟亦何豫人事，而正欲使其佳。」諸人
> 莫有言者。玄答曰：「譬如芝蘭玉樹，欲使其生於庭階耳。」安悅。
> 〔註8〕

謝安戒子姪，目的希望子姪能成爲佳子弟。謝玄深知謝安其意，因而謝安感到高興與欣慰。從此可見，世族門第對子弟能成佳子弟，乃抱殷切之期望。

此外，據《南史》卷一九〈謝靈運附謝幾卿傳〉載：

> 幾卿雖不持檢操，然於家門篤睦。兄才卿早卒，子藻幼孤，幾卿撫
> 養甚至。及藻成立，歷清官，皆幾卿獎訓之力也。〔註9〕

謝藻幼年即喪父，能長大自立，並爲清官，實歸功於叔謝幾卿的撫育、教養、獎勵、訓勉。謝藻因父亡而由其叔教養，可見家族中爲人父親者，當無法負起教子之責時，族中其他長輩會承繼教育子弟之責，不會使子弟處於無人教養之地，從此亦可見世族重家教。

至於袁氏起源，據《新唐書》卷七四下〈宰相世系下〉載：

> 袁氏出自媯姓。陳胡公滿生申公犀侯，⋯⋯莊伯生諸，字伯爰，孫
> 宣仲濤塗，賜邑陽夏，以王父字爲氏。⋯⋯。秦末，裔孫告辟難居
> 于河、洛之間，少子政，以袁爲氏。九世孫袁生生玄。孫幹，封貴
> 鄉侯，復居陳郡陽夏。八世孫良，二子：昌、璋。昌，成武令，生
> 漢司徒安，字邵公。⋯⋯。璋生司徒滂，字公熙。〔註10〕

袁氏祖先居住在陳郡陽夏。東漢時，袁良生二子，袁昌與袁璋，自此袁氏分爲二支。一爲汝南袁氏，袁昌即其源頭，此支系居汝南汝陽；一爲陳郡袁氏，袁璋爲其源，此支系仍居陽夏。〔註11〕而東晉南朝時期，袁氏家族的發展，以陳郡袁氏爲盛。而袁氏在史書中亦見教養之情，據《梁書》卷三一〈袁昂傳〉載：

> 昂幼孤，爲象所養，乃制朞服。人有怪而問之者，昂致書以喻之曰：
> 「⋯⋯。從兄提養訓教，示以義方，⋯⋯。」〔註12〕

〔註8〕房玄齡，《晉書》卷79〈謝安附謝玄傳〉，頁2080。
〔註9〕李延壽，《南史》卷19〈謝靈運附謝幾卿傳〉，頁545。
〔註10〕歐陽修、宋祁，《新唐書》卷74下〈宰相世系下〉，頁3164～3165。
〔註11〕朱華，〈東晉南朝陳郡高門袁氏研究〉，《襄樊學院學報》，第24卷第6期，2003年11月，頁83。
〔註12〕姚思廉，《梁書》卷31〈袁昂傳〉25，頁452。

袁象爲袁昂從兄。袁象死，袁昂服喪一年，與禮制不符，有人覺其奇怪而問之，爲何如此？袁昂解釋，因感謝從兄袁象提攜養育訓勉教勸，故服朞服，可見袁昂深受從兄袁象教養之情。

再觀蕭姓起源，據《新唐書》卷七一下〈宰相世系一下〉載：

> 蕭氏出自姬姓，帝嚳之後。商帝乙庶子微子，周封爲宋公，弟仲衍八世孫戴公生子衍，字樂父，裔孫大心平南宮長萬有功，封於蕭，以爲附庸，今徐州蕭縣是也，子孫因以爲氏。其後楚滅蕭，裔孫不疑爲楚相春申君上客，世居豐沛。……。豹生裔，太中大夫。生整，字公齊，晉淮南令，過江居南蘭陵武進之東城里。〔註13〕

蕭氏之源，因微子後裔——大心平亂有功，受封於蕭。大心爲蕭氏始祖。其後蕭整，於中朝喪亂時，過江居晉陵武進縣之東城里。寓居江左者，皆僑置本土，加以南名，更爲南蘭陵人也。〔註14〕而蕭氏教子，據《南史》卷一八〈蕭思話附蕭惠開傳〉載：

> 孝建元年（454），爲黃門侍郎，與侍中何偃爭推積射將軍徐沖之事，偃任遇甚隆，怒使門下推彈惠開，乃上表解職，由此忤旨。別敕有司以屬疾多，免之。思話素恭謹，與惠開不同，每加嫌責；及見惠開自解表，歎曰：「兒不幸與周朗周旋，理應如此。」杖之二百。〔註15〕

蕭惠開被免職，其父蕭思話認爲其罪有應得，理當被免職。蕭惠開爲何會落此下場？據《南史》卷一八〈蕭思話附蕭惠開傳〉載：

> 與汝南周朗同官友善，以偏奇相尚。〔註16〕

蕭思話認爲兒子會落此下場，主要是因結交周朗爲友，兩人愛好奇特之事所引起。而蕭思話爲人恭謹，但子蕭惠開爲人態度不同於己，故常加以責備，更因與何偃爭推積射將軍徐沖之事情，杖責蕭惠開二百下。而俗語說：「不打不成器」，似乎說明教育子弟成才，體罰是必要的。但觀看僑姓王謝袁蕭，於史傳中，卻僅見蕭氏以體罰教子。可見世族教子弟成才，非以體罰爲必要方法。子弟能否成才，體罰更非關鍵因素，而「不打不成器」的教育理論更應受質疑。

〔註13〕歐陽修、宋祁，《新唐書》卷71下〈宰相世系一下〉，頁2277。

〔註14〕趙以武，〈東晉南朝「僑姓」蕭氏的發跡史〉，《嘉應大學學報》，1999年第4期，頁76。

〔註15〕李延壽，《南史》卷18〈蕭思話附蕭惠開傳〉，頁496～497。

〔註16〕李延壽，《南史》卷18〈蕭思話附蕭惠開傳〉，頁496。

二、東南吳姓

　　張氏之起源，據《新唐書》卷七二下〈宰相世系二下〉載：

　　　　張氏出自姬姓。黃帝子少昊青陽氏第五子揮爲弓正，始制弓矢，子
　　　　孫賜姓張氏。〔註17〕

張氏之祖爲少昊子揮。張氏後有眾多支系，而吳姓張氏是指吳郡張氏。據《新
唐書》卷七二下〈宰相世系二下〉載：

　　　　吳郡張氏本出嵩第四子睦，字選公，後漢蜀郡太守，始居吳郡。

　　　　〔註18〕

可見吳郡張氏之祖爲張睦。有關吳郡張氏重家教，據《南史》卷三一〈張裕
附張嵊傳〉載：

　　　　弟淮言氣不倫，嵊垂泣訓誘。〔註19〕

張嵊爲張淮兄。張淮爲人說話與態度皆不倫不類，於是張嵊以兄長身份垂泣
訓勉誘導之。在中國，自古即有視兄如父觀念。因此，爲人兄長負起教弟之
責，是件很自然的事。而張嵊訓勉張淮，正說明爲人兄長在家庭教育中，也
扮演重要的施教者。

　　另顧氏之起源，據《新唐書》卷七四下〈宰相世系四下〉載：

　　　　顧氏出自己姓。顧伯，夏商侯國也，子孫以國爲氏，初居會稽。吳
　　　　丞相雍孫榮，晉司空。〔註20〕

顧伯爲顧氏之始祖，而顧榮爲顧氏家門興旺之重要人物。顧氏是否重家教？
據《宋書》卷八一〈顧覬之傳〉載：

　　　　覬之家門雍睦，爲州鄉所重。〔註21〕

雍睦爲和好之意，顧覬之家內能和好相處，其源於子弟受家庭教育的影響，
而能彼此和睦相處。

三、山東郡姓

　　崔氏之源，據《新唐書》卷七二〈宰相世系二下〉載：

　　　　崔氏出自姜姓。齊丁公伋嫡子季子讓國叔乙，食采於崔，遂爲崔氏。

〔註17〕歐陽修、宋祁，《新唐書》卷72下〈宰相世系二下〉，頁2675。
〔註18〕歐陽修、宋祁，《新唐書》卷72下〈宰相世系二下〉，頁2708。
〔註19〕李延壽，《南史》卷31〈張裕附張嵊傳〉，頁819。
〔註20〕歐陽修、宋祁，《新唐書》卷74下〈宰相世系四下〉，頁3185。
〔註21〕沈約，《宋書》卷81〈顧覬之傳〉，頁2081。

濟南東朝陽縣西北有崔氏城是也。〔註22〕

可知崔氏始於季子食采於崔。而後崔氏更分為，鄭州崔氏、南祖崔氏、清河崔氏、博陵安平崔氏。〔註23〕而山東郡姓崔氏，乃指博陵安平崔氏及清河崔氏。至於史文述及嚴於家教者，則屬博陵崔氏勝之，據《北史》卷三二〈崔辯附崔弘度傳〉載：

弘度居家，子弟班白，動行捶楚，闔門整肅，為當世所稱。〔註24〕

崔弘度家教甚嚴，即使對頭髮已斑白之子弟，仍捶楚懲罰，以致家門整肅，為當世人所稱。又《魏書》卷五七〈崔挺傳〉載：

歷官二十餘年，家資不益，食不重味，室無綺羅，闔門之內，雍雍如也。〔註25〕

崔挺家門之內一片和氣，何以能如此？再據《魏書》卷五七〈崔挺傳〉載：

三世同居，門有禮讓。〔註26〕

一切乃因崔挺家中子弟能禮讓，故能使家內一片和樂，而子弟能有禮讓之心，應當是家教之結果。另據《周書》卷三五〈崔謙傳〉載：

謙性至孝，少喪父，殆將滅性。與弟（訦）【說】特相友愛，雖復年事竝高，各位各重，所有資產，皆無私焉。其居家嚴肅，動遵禮度。〔註27〕

崔謙與弟相友愛，又能居家嚴肅，動遵禮度。從以上史文可知，博陵崔氏家門之教，仍重儒家禮法，也因為如此的家教方式，使家中成員能一團和氣，呈現家門雍睦之象。至於清河崔氏，在史傳中亦見家教痕跡，據《北史》卷二四〈崔逞附崔休傳〉載：

休亡，枕中有書，如平生所誡，諸子奉焉。〔註28〕

崔休死後，諸子於枕中得書，書內所言皆是崔休平生所誡之言，從「平生所誡」數語，可知崔休於平時即教諸子。

再觀盧氏起源，據《新唐書》卷七三上〈宰相世系三上〉載：

〔註22〕歐陽修、宋祁，《新唐書》卷72中〈宰相世系二中〉，頁2729。
〔註23〕歐陽修、宋祁，《新唐書》卷72中〈宰相世系二中〉，頁2730～2817。
〔註24〕李延壽，《北史》卷32〈崔辯附崔弘度傳〉，頁1169。
〔註25〕魏收，《魏書》卷57〈崔挺傳〉，頁1266。
〔註26〕魏收，《魏書》卷57〈崔挺傳〉，頁1264。
〔註27〕令狐德棻，《周書》卷35〈崔謙傳〉，頁613～614。
〔註28〕李延壽，《北史》卷24〈崔逞附崔休傳〉，頁879。

盧氏出自姜姓。齊文公子高，高孫傒爲齊正卿，諡曰敬仲，食采於
盧，濟北盧縣是也，其後因以爲氏。田和篡齊，盧氏散居燕、秦之
間。秦有博士敖，子孫家于涿水之上，遂爲范陽涿人。〔註29〕

可知盧氏始祖爲傒，因封於盧縣，後代因此以盧爲氏。至秦朝，盧敖子孫居
於涿水，因此稱爲范陽涿人。而據《魏書》卷四七〈盧玄附盧度世傳〉載：

父母亡，然同居共財，自祖至孫，家內百口。在洛時有飢年，無以
自贍，然尊卑怡穆，豐儉同之。親從昆弟，常旦省謁諸父，出坐別
室，至暮乃入。朝府之外，不妄交遊。其相勗以禮如此。〔註30〕

盧度世家中，尊長卑弱相處以禮，家中子弟行爲有矩，家門呈現一片和樂景
象。可見盧氏以儒家所重之禮教子弟，使子弟行爲有依循之準則。

至於趙郡李氏之源，據《新唐書》卷七二上〈宰相世系二上〉載：

趙郡李氏，出自秦司徒曇次子璣，字伯衡，秦太傅。三子：雲、牧、
齊。牧爲趙相，封武安君，始居趙郡。〔註31〕

可知趙郡李氏始祖爲璣，而從李牧才定居於趙郡。而有關趙郡李氏家教情形，
據《魏書》卷五三〈李孝伯附李瑒傳〉載：

瑒倜儻有大志，好飲酒，篤於親知，每謂弟郁曰：「士大夫學問，稽
博古今而罷，何用專經爲老博士也？」〔註32〕

李瑒教弟李郁讀書學問應把握重點，認爲博通古今即可，不需窮一生之努力，
以究於特定之經書。又《魏書》卷五三〈李孝伯附李郁傳〉載：

建義（528）中，以兄瑒卒，遂撫育孤姪，歸於鄉里。〔註33〕

李郁因兄李瑒死，而負起撫養教育孤姪之責。又《北史》卷三三〈李孝伯附
李謐傳〉載：

幼事兄瑒，恭順盡友于之誠。〔註34〕

李謐事兄能恭敬友愛，表現出家長期盼子弟待兄之道。而趙郡李氏家人互動
情形，如何展現出家門有禮，據《魏書》卷三六〈李順附李敷傳〉載：

敷兄弟敦崇孝義，家門有禮，至於居喪法度，吉凶書記，皆合典則，

〔註29〕歐陽修、宋祁，《新唐書》卷73上〈宰相世系三上〉，頁2884。
〔註30〕魏收，《魏書》卷47〈盧玄附盧度世傳〉，頁1062。
〔註31〕歐陽修、宋祁，《新唐書》卷72上〈宰相世系二上〉，頁2473。
〔註32〕魏收，《魏書》卷53〈李孝伯附李瑒傳〉，頁1178。
〔註33〕魏收，《魏書》卷53〈李孝伯附李郁傳〉，頁1179。
〔註34〕李延壽，《北史》卷33〈李孝伯附李謐傳〉，頁1231。

爲北州所稱美。〔註35〕

李敷兄弟皆能重孝義之道，表現出有教養的樣子，深爲北州人士所稱美。大抵而言，趙郡李氏子弟皆能符合儒家對子弟表現的要求，但於史書之中，也意外發現趙郡李氏有無禮子弟，據《北史》卷三三〈李靈附李概傳〉載：

性倨傲，每對諸兄弟，露髻披服，略無少長之禮。〔註36〕

李概行爲態度倨傲不恭，對眾兄弟不以禮待之。前文雖言李氏家門有禮，但此言李概無禮，似乎意味家教缺乏強制約束性。子弟們是否受教，仍存有變數，故家門中總會出現一、兩位不盡家長之意的子弟。

而隴西李氏之源，據《新唐書》卷七十上〈宗室世系上〉載：

李氏出自嬴姓。帝顓頊高陽氏生大業，大業生女華，女華生皋陶，字庭堅，爲堯大理。生益，益生恩成，歷虞、夏、商，世爲大理，以官命族爲理氏。至紂之時，理徵字德靈，爲翼隸中吳伯，以直道不容於紂，得罪而死。其妻陳國契和氏與子利貞逃難於伊侯之墟，食木子得全，遂改理爲李氏。……。生曇，字貴遠，趙柏人侯，入秦爲御史大夫，葬柏人西。生四子：崇、辨、昭、璣。崇爲隴西房，璣爲趙郡房。……。生超，一名伉，字仁高，漢大將軍、漁陽太守。生二子：長曰元曠，侍中；次曰仲翔，河東太守、征西將軍，討叛羌于素昌，戰沒，贈太尉，葬隴西狄道東川，因家焉。〔註37〕

可知隴西李氏始祖爲李崇，至李崇第三代孫李仲翔葬隴西後，始定居於隴西。而有關隴西李氏家教記載，如《北齊書》卷二九〈李璵附李曉傳〉載：

及遷都鄴，曉便寓居清河，託從母兄崔㥄宅。給良田三十頃，曉遂築室安居，訓勖子姪，無復宦情。〔註38〕

李曉寓居清河後，不再聞問官場之事，而生活重心以訓勉子姪爲主。而《魏書》卷三九〈李寶附李產之傳〉載：

容貌短陋，而撫訓諸弟，愛友篤至。〔註39〕

此言李產之撫訓諸弟。又李和教子也有一套，使諸子視其如嚴君，據《周書》卷二九〈李和傳〉載：

〔註35〕魏收，《魏書》卷36〈李順附李敷傳〉，頁834。
〔註36〕李延壽，《北史》卷33〈李靈附李概傳〉，頁1211。
〔註37〕歐陽修、宋祁，《新唐書》卷70上〈宗室世系上〉，頁1955～1956。
〔註38〕李百藥，《北齊書》卷29〈李璵附李曉傳〉，頁397。
〔註39〕魏收，《魏書》卷39〈李寶附李產之傳〉，頁888。

和立身剛簡，老而逾勵，諸子趨事，若奉嚴君。〔註40〕

再《魏書》卷五三〈李沖傳〉載：

少孤，爲長兄滎陽太守承所攜訓。〔註41〕

此言李沖曾受長兄李承之訓。而史書上也記載孝文帝詔曰：

（李）沖貞和資性，德義樹身，訓業自家，道素形國。……。〔註42〕

魏孝文帝對李沖的讚賞之一是「訓業自家」，而史臣也曰：

李沖早延寵眷，入幹腹心，風流識業，固乃一時之秀。終協契聖主，

佐命太和，位當端揆，身任梁棟，德洽家門，功著王室。〔註43〕

可見不管是孝文帝或史臣皆認爲李沖有家教，而使家門可以德洽。從以上史
料可知，隴西李氏亦於家內對子弟施予家教。

另鄭氏之源，據《新唐書》卷七五上〈宰相世系五上〉載：

鄭氏出自姬姓。周厲王少子友封於鄭，是爲桓公，其地華州鄭縣是
也。生武公，與晉文侯夾輔平王，東遷于洛，徙溱、洧之間，謂之
新鄭，其地河南新鄭是也。十三世孫幽公爲韓所滅，子孫播遷陳、
宋之間，以國爲氏。〔註44〕

可知鄭氏始於周厲王之子友，被封於鄭。至十三代子孫幽公被韓所滅，子孫
遷至陳、宋之間，自此以國爲氏，稱鄭氏。而鄭氏在史籍中可見家教記載，
如《周書》卷三五〈鄭孝穆傳〉載：

父叔四人並早歿，昆季之中，孝穆居長。撫訓諸弟，有如同生，閨
庭之中，怡怡如也。〔註45〕

鄭孝穆爲長兄，其撫育訓勉眾弟，使家庭能一片和睦。另外，鄭瓊也閨門和
睦，爲當時人所稱美，據《魏書》卷五六〈鄭羲附鄭瓊傳〉載：

瓊兄弟雍睦，其諸娣姒亦咸相親愛，閨門之內有無相通，爲時人所
稱美。〔註46〕

〔註40〕令狐德棻，《周書》卷29〈李和傳〉，頁498。

〔註41〕魏收，《魏書》卷53〈李沖傳〉，頁1179。

〔註42〕魏收，《魏書》卷53〈李沖傳〉，頁1188。

〔註43〕魏收，《魏書》卷53〈李沖傳〉，頁1189。

〔註44〕歐陽修、宋祁，《新唐書》卷75上〈宰相世系五上〉，頁3258～3259。

〔註45〕令狐德棻，《周書》卷35〈鄭孝穆傳〉，頁609。在《周書》卷35〈鄭孝穆傳〉，
頁609，載鄭孝穆字道和；但《北史》卷35〈鄭羲附鄭道邕傳〉，頁1311，載
道邕字孝穆。

〔註46〕魏收，《魏書》卷56〈鄭羲附鄭瓊傳〉，頁1245。

家門之內可以和睦相處，應爲重視家教的結果。

四、關中郡姓

韋氏之源，據《新唐書》卷七四上〈宰相世系上〉載：

> 韋氏出自風姓。顓頊孫大彭爲夏諸侯，少康之世，封其別孫元哲于
> 豕韋，其地滑州韋城是也。豕韋、大彭迭爲商伯，周赧王時，始失
> 國，徙居彭城，以國爲氏。〔註47〕

韋氏始祖爲大彭。夏少康時，大彭別孫元哲被封於滑州韋成，至周赧王時，
遷居彭城。有關韋氏家教的記載，據《梁書》卷一二〈韋叡傳〉載：

> 時雖老，暇日猶課諸兒以學。第三子稜，尤明經史，世稱其洽聞，
> 叡每坐稜使說書，其所發擿，稜猶弗之逮也。〔註48〕

韋叡於閒暇之時，親自教子學問。

另裴氏之源，據《新唐書》卷七一〈宰相世系一上〉載：

> 裴氏出自風姓。顓頊裔孫大業生女華，女華生大費，大費生皋陶，
> 皋陶生伯益，賜姓嬴氏。……，太几生大駱，大駱生非子，周孝王
> 使養馬汧、渭之間，以馬蕃息，封之於秦爲附庸，使續嬴氏，號曰
> 秦嬴。非子之支孫封邑鄉，因以爲氏，今聞喜邑城是也。六世孫陵，
> 當周僖王之時封爲解邑君，乃去「邑」從「衣」爲裴。〔註49〕

裴氏之稱，始於非子支孫封於邑鄉。後六世孫陵，封爲解邑君乃去「邑」從
「衣」爲裴。而裴氏有兄長訓誨弟妹記載，據《魏書》卷四五〈裴駿附裴修
傳〉載：

> 修早孤，居喪以孝聞。二弟三妹並在幼弱，撫養訓誨，甚有義方。
> 〔註50〕

裴修撫養訓誨弟妹。又《周書》卷三七〈裴文舉傳〉載：

> 文舉少喪父，其兄又在山東，唯與弟機幼相訓養，友愛甚篤。〔註51〕

裴文舉在父喪後，與弟裴機互相訓勉教養。另裴寬也在親歿後，撫訓諸弟，
據《北史》卷三八〈裴寬傳〉載：

〔註47〕歐陽修、宋祁，《新唐書》卷74上〈宰相世系上〉，頁3045。

〔註48〕姚思廉，《梁書》卷12〈韋叡傳〉，頁225。

〔註49〕歐陽修、宋祁，《新唐書》卷71〈宰相世系一上〉，頁2179～2180。

〔註50〕魏收，《魏書》卷45〈裴駿附裴修傳〉，頁1021。

〔註51〕令狐德棻，《周書》卷37〈裴文舉傳〉，頁669。

親歿，撫諸弟以篤友聞，榮陽鄭孝穆嘗謂其從弟文直曰：「裴長寬（即
裴寬）兄弟，天倫篤睦，人之師表，吾愛之重之，汝可與之游處。」
〔註52〕

裴寬兄弟的篤睦，受到鄭孝穆的欣賞，而告知從弟鄭文直可與其交游。裴修
與裴文舉、裴寬皆在親歿後，扮演家長的角色，訓養弟妹。又據《魏書》卷
八五〈裴敬憲傳〉載：

少有志行，學博才清，撫訓諸弟，專以讀誦爲業。〔註53〕

裴敬憲撫訓諸弟，以讀誦爲業。從以上史料可知，裴氏於家內亦對子弟施予
家教。

再觀柳氏之源，據《新唐書》卷七三〈宰相世系三下〉載：

柳氏出自姬姓。魯孝公子夷伯展孫無駭生禽，字季，爲魯士師，諡
曰惠，食采於柳下，遂姓柳氏。〔註54〕

可知柳氏自無駭之子禽，因食采於柳下，故稱柳氏。而在史傳中，亦可見柳
氏家教記載，據《周書》卷四二〈柳霞附柳靖傳〉載：

子弟等奉之，若嚴君焉。其有過者，靖必下帷自責，於是長幼相率
拜謝於庭，靖然後見之，勗以禮法。〔註55〕

柳靖被子弟視若嚴君，而子弟若有過，柳靖常深以爲自責，柳靖何以要自責？
因爲其以教子弟爲己任。而柳靖教子弟時，常訓勉子弟應守禮法。

至於薛氏之源，據《新唐書》卷七三下〈宰相世系三下〉載：

薛氏出自任姓。黃帝孫顓頊少子陽封於任，十二世孫奚仲爲夏車正，
禹封爲薛侯，其地魯國薛縣是也。〔註56〕

薛氏始祖爲顓頊少子陽，至十二世孫奚仲被夏禹封爲薛侯。而有關薛氏家教
記載，據《北史》卷三六〈薛辯附薛聰傳〉載：

遭父憂，廬於墓測，哭泣之聲，酸感行路。友于篤睦，而家教甚嚴，
諸弟雖昏宦，恆不免杖罰，對之肅如也。〔註57〕

薛聰家教甚嚴，即使眾弟已結婚仕宦，仍不免受杖打懲罰。而眾弟對薛聰更

〔註52〕李延壽，《北史》卷38〈裴寬傳〉，頁1397。
〔註53〕魏收，《魏書》卷85〈裴敬憲傳〉，頁1870。
〔註54〕歐陽修、宋祁，《新唐書》卷73〈宰相世系三下〉，頁2835。
〔註55〕令狐德棻，《周書》卷42〈柳霞附柳靖傳〉，頁768。
〔註56〕歐陽修、宋祁，《新唐書》卷73下〈宰相世系三下〉，頁2989。
〔註57〕李延壽，《北史》卷36〈薛辯附薛聰傳〉，頁1332。

是肅然起敬，不敢無理。至於薛聰的杖罰諸弟，是世族家教過程中難得見到的體罰。

再述及楊氏之源，《新唐書》卷七一下〈宰相世系一下〉載：

> 楊氏出自姬姓，周宣王子尚父封爲楊侯。一云晉武公子伯僑生文，文生突，羊舌大夫也。又云晉之公族食邑於羊舌，凡三縣：一曰銅鞮，二曰楊氏，三曰平陽。〔註58〕

可知尚父，爲楊氏之祖。在史傳中亦可見楊氏家教記載，據《北史》卷四一〈楊播附楊愔傳〉載：

> 愔一門四世同居，家甚隆盛，昆季就學者三十餘人。學庭前有奈樹，實落地，羣兒咸爭之，愔頹然獨坐。其季父暐適入學館，見之，大用嗟異。顧謂賓客曰：「此兒恬裕，有我家風。」宅內有茂竹，遂爲愔於林邊別葺一室，命獨處其中，常銅盤具盛饌以飯之。因以督屬諸子曰：「汝輩但如遵彥謹愼，自得竹林別室、銅盤重肉之食。」〔註59〕

遵彥爲楊愔字，楊暐欣賞楊愔，楊暐督屬諸子，希望諸子能以楊愔爲榜樣，行爲能謹愼，自然能獲得竹林別室、銅盤重肉之食的獎賞。

五、虜　姓

長孫氏之源，據《新唐書》卷七二上〈宰相世系二上〉載：

> 長孫氏出自拓拔鬱律。生二子：長曰沙莫雄，次曰什翼犍。什翼犍即後魏道武皇帝祖也。後魏法，七分其國人，以兄弟分統之。沙莫雄爲南部大人，後改名仁，號爲拓拔氏。生嵩，太尉、柱國大將軍、北平宣王。道武以嵩宗室之長，改爲長孫氏。〔註60〕

長孫氏之稱，始於沙莫雄之子嵩。而長孫氏家教，據《魏書》卷二五〈長孫道生傳〉載：

> 廉約，……。第宅卑陋，出鎮後，其子弟頗更修繕，起堂廡。道生還，歎曰：「昔霍去病以匈奴未滅，無用家爲，今強寇尚遊魂漠北，吾豈可安坐華美也！」乃切責子弟，令毀宅。其恭愼如此。〔註61〕

長孫道生爲人廉約，其宅第卑陋，子弟爲其修繕，長孫道生借史實說理，切

〔註58〕歐陽修、宋祁，《新唐書》卷 71 下〈宰相世系一下〉，頁 2346。
〔註59〕李延壽，《北史》卷 41〈楊播附楊愔傳〉，頁 1500。
〔註60〕歐陽修、宋祁，《新唐書》卷 72 上〈宰相世系二上〉，頁 2409。
〔註61〕魏收，《魏書》卷 25〈長孫道生傳〉，頁 646。

責子弟修繕宅第。長孫道生的切責子弟，為史書上唯一所見長孫氏家教紀錄。

另宇文氏之源，據《新唐書》卷七一下〈宰相世系一下〉載：

> 宇文氏出自匈奴南單于之裔。有葛烏兔為鮮卑君長，世襲大人，至
> 普迴，因獵得玉璽，自以為天授也，俗謂「天子」為「宇文」，因號
> 宇文氏。或云神農氏為黃帝所滅，子孫遯居北方。鮮卑俗呼「草」
> 為「俟汾」，以神農有嘗草之功，因自號俟汾氏，其後音訛遂為宇文
> 氏。〔註62〕

可知宇文氏為匈奴南單于的後代。其稱宇文氏有二說，一為起於鮮卑君長葛
烏兔，獲玉璽之說；一為起於神農嘗草之說。而有關宇文氏家教，據《周書》
卷二七〈宇文測附宇文深傳〉載：

> 從弟神（譽）【舉】、神慶幼孤，深撫訓之，義均同氣，世亦以此稱
> 焉。〔註63〕

宇文深撫育訓勉從弟宇文神舉、宇文神慶，為史傳中，僅見宇文氏家教記載。

觀于氏之源，《新唐書》卷七二下〈宰相世系二下〉載：

> 于氏出自姬姓。周武王第二子邘叔，子孫以國為氏，其後去「邑」
> 為于氏。其後自東海郯縣隨拓拔隣徙代，改為萬紐于氏。後魏孝文
> 時復為于氏。〔註64〕

于氏之稱起於，邘叔子孫以國為氏。至於于氏家教痕跡，據《周書》卷一五
〈于謹傳〉載：

> 每教訓諸子，務存靜退。加以年齒遐長，禮遇隆重，子孫繁衍，皆
> 至顯達，當時莫與為比焉。〔註65〕

史文指出于謹教子「務存靜退」。而由於于謹教子成功，又受禮遇，以致使子
孫皆能顯達。于氏比較特別之處是，雖有于謹對子家教，但于氏亦有自言無
教者，如于烈，據《北史》卷二三〈于栗磾傳附于烈傳〉載：

> （太和）十九年（495），大選百僚，烈子登引例求進。烈表引己素
> 無教訓，請乞黜落。〔註66〕

在大選百僚之官時，于烈的兒子于登求進，對於此事，于烈深不以為然，自

〔註62〕歐陽修、宋祁，《新唐書》卷71下〈宰相世系一下〉，頁2403。
〔註63〕令狐德棻，《周書》卷27〈宇文測附宇文深傳〉，頁457。
〔註64〕歐陽修、宋祁，《新唐書》卷七二下〈宰相世系二下〉，頁2818。
〔註65〕令狐德棻，《周書》卷15〈于謹傳〉，頁250。
〔註66〕李延壽，《北史》卷23〈于栗磾傳附于烈傳〉，頁839。

言對子無盡教訓之責，而請求黜落。于烈雖言己素無教訓，而以此自責，可見其認為父親有訓子之責。然換個觀點言之，于烈此言恐有自謙之詞，非真無訓子之責。

代郡陸氏，據《魏書》卷四十〈陸俟傳〉載：

> 陸俟，代人也。曾祖幹，祖引，世領部落。〔註67〕

可知陸俟先祖為部落領袖。而代郡陸氏家教，據《魏書》卷四十〈陸俟附陸子彰傳〉載：

> 教訓六子，雅有法度。〔註68〕

此史文正說明陸子彰教子有法。綜觀虜姓，僅元氏未見家教痕跡。

就以上討論，知世家大族重家教。然家教的重要為何？可從王羲之於父母墓前自誓之言看出，其言：

> 羲之不天，夙遭閔凶，不蒙過庭之訓。……。進無忠孝之節，退違推賢之義，每仰詠老氏、周任之誡，常恐死亡無日，憂及宗祀，豈在微身而已！是用寤寐永歎，若墜深谷。止足之分，定之於今。……。自今之後，敢渝此心，貪冒苟進，是有無尊之心而不子也。子而不子，天地所不覆載，名教所不得容。信誓之誠，有如皦日！」〔註69〕

王羲之感嘆父母早亡，以致無機會受父母之教訓，致使不知忠孝之節、推賢之義。

從王羲之感嘆之語，可知在正常情況下，父母於家中會教育子女，負起教育之責，此正說明一般情況下，家教的存在。此外，從王羲之自誓之言也可看出，王羲之認為家教的施行與否影響深遠。

世族在教育子弟時，常有深切的期盼，期許家中子弟能維繫家風，這樣的心聲，除對子弟直接訴說外，也可見於寄予朋友的書函中。王羲之曾在寄予謝萬的信中，透露出對子孫的期待，其言：

> 雖植德無殊邈，猶欲教養子孫以敦厚退讓。……！常依陸賈、班嗣、楊王孫之處世，甚欲希風數子，老夫志願盡於此也。〔註70〕

王羲之期待子孫在德性上能有「敦厚退讓」的表現。而事實上，其子孫是否

〔註67〕魏收，《魏書》卷40〈陸俟傳〉，頁910。

〔註68〕魏收，《魏書》卷40〈陸俟附陸子彰傳〉，頁910。

〔註69〕房玄齡，《晉書》卷80〈王羲之傳〉，頁2101。

〔註70〕房玄齡，《晉書》卷80〈王羲之傳〉，頁2102。

能符合王羲之的期待？子孫在德性上的表現又如何？據《晉書》卷八十〈王羲之附王徽之傳〉載：

> 雅性放誕，好聲色，嘗夜與弟獻之共讀高士傳讚，獻之賞井丹高潔，徽之曰：「未若長卿慢世也。」其傲達若此。時人皆欽其才而穢其行。〔註71〕

王徽之為人所欣賞的是才華，至於其德行，卻受到當時人嚴厲的批判。因王徽之在行為上，給人卓犖不羈、放誕、好聲色、傲達之感，而這樣的表現，無疑與父親王羲之「敦厚退讓」的期待相差甚遠。再看王羲之另一子王獻之，情況似乎也不盡理想，據《晉書》卷八十〈王羲之附王獻之傳〉載：

> 嘗經吳郡，聞顧辟彊有名園，先不相識，乘平肩輿徑入。時辟彊方集賓友，而獻之游歷既畢，傍若無人。辟彊勃然數之曰：「傲主人，非禮也。以貴驕士，非道也。失是二者，不足齒之傖耳。」便驅出門。獻之傲如也，不以屑意。〔註72〕

王獻之遊顧辟彊之園，未與之招呼，更傍若無人，其行為頗不符人情。王獻之的傲行、以貴驕士的行為，令顧辟彊批評其無禮非道，其行為同樣不符其父王羲之所期待的「敦厚退讓」。王徽之、王獻之兄弟所表現於外的態度，與父親欲教養之成為敦厚退讓之君子，顯然有明顯差距。此正說明教養子孫之困難，子孫的行為表現，不一定能符合家長的期待。

而中國古代家庭，家長非集體制，若父母俱在，並非二人均為家長。根據《禮記・喪服四制》載：

> 天無二日，土無二王，國無二君，家無二尊，以一治之也。〔註73〕

所謂「家無二尊」，即指「家統一尊」。易言之，家庭中所有事務，皆由唯一家長做主，家長擁有廣泛的權力，具有無上權威。而古代父權社會，家長通常以男性擔任，而在「家統一尊」下，使男性家長擁有廣泛的權力。王玉波於《中國古代的家》便指出，家長擁有掌握子女生存權、教育權、擇業權、交遊權、文化娛樂權、主婚權、懲罰權及家庭財物支配權、鬻妻賣子權等權力。〔註74〕家長既有權力，相對地也有義務，如須負起為子女完婚的義務、

〔註71〕房玄齡，《晉書》卷80〈王羲之附王徽之傳〉，頁2103。

〔註72〕房玄齡，《晉書》卷80〈王羲之附王獻之傳〉第50，頁2105。

〔註73〕《禮記注疏》，台北：大化書局，民國66年10月，卷63〈喪服四制〉第49，頁3679上。

〔註74〕王玉波，《中國古代的家》，台北：臺灣商務印書館，1998年9月，頁42～49。

有保護子女及全體家庭成員的義務、更是家庭中的供養者，此外，爲使子孫能光大家風、振興家業，家長對子孫成材教育，更有不可推卸之義務。〔註75〕可見教育子女不僅是家長的權力，也是家長應盡的義務。

　　在父權社會，家長以男性爲主，是否意味教育子女之責全落於男性家長身上？婦女在教育子女上，無從使力嗎？顯然事實並非如此。因爲關於賢母教子的故事，歷代流傳甚多，如「孟母三遷」、「斷機教子」是我們再熟稔不過，膾炙人口的教子故事。而著名的母親教子故事，往往藉子女日後成就，彰顯於世，可知中國傳統社會，不會因「家統一尊」而缺少「母教」。事實上，從文獻可知，有些家族婦女倍受尊重，更爲家中禮法規範者。據《世說新語箋疏》卷一九《賢媛》第一六條載：

> 王司徒婦，鍾氏女，太傅曾孫，亦有俊才女德。鍾、郝爲娣姒，雅相親重。鍾不以貴陵郝，郝亦不以賤下鍾。東海家內，則郝夫人之法。京陵家內，範鍾夫人之禮。〔註76〕

王司徒即山東郡姓太原王渾，其妻是鍾繇曾孫，具文才及賢淑婦德。而東海指的是東海內史王承，其母爲郝普女。而上文「郝夫人之法」及「鍾夫人之禮」是指王承家裡，遵守郝夫人的法度，王渾家裡，奉行鍾夫人的禮教。〔註77〕鍾、郝二氏皆具有母儀而爲家族之人所尊敬，家族內更奉行其所訂禮教法度。同樣因家族內婦女倍受尊重，以致家門能融洽相處者，有王琚妻郭氏，據《魏書》卷九四〈王琚傳〉載：

> 初琚年七十餘，賜得世祖時宮人郭氏，本鍾離人，明嚴有母德，內外婦孫百口，奉之肅若嚴君，家內以洽。〔註78〕

郭氏有母德，家人奉之若嚴君，可見郭氏受家人所敬重。史文指出王家子弟視郭氏爲嚴君，推敲郭氏常留意子弟的言行舉止，使子弟勿敢妄爲，以致能做到家門融洽。史文雖未言教子弟，實已有教子弟之意。從鍾氏、郝氏、郭氏，可見婦女在家庭教育上，扮演相當重要角色。此時期婦女扮演「相夫教子」實際情形又如何？這須從史傳中著手始可獲得解答。

　　中國古代婦女，須遵守三從之義，據《儀禮‧喪服傳》載：

〔註75〕王玉波，《中國古代的家》，頁50～56。
〔註76〕余嘉錫，《世說新語箋疏》卷一九〈賢媛〉一六條，台北：王記書坊，民73年10月，頁687。
〔註77〕劉正浩等，《新譯世說新語》，台北：三民書局，民國85年8月，頁624。
〔註78〕魏收，《魏書》卷94〈王琚傳〉，頁2015～2016。

婦人有三從之義，無專用之道，故未嫁從父，既嫁從夫，夫死從子。

〔註79〕

所謂「夫死從子」並非言母親順從子之意，不能訓子、教子。據《魏書》卷九二〈房愛親妻崔氏傳〉載：

清河房愛親妻崔氏，同郡崔元孫之女。性嚴明高尚，歷覽書傳，多所聞知。子景伯、景先，崔氏親授經義，學行修明，並爲當世名士。景伯爲清河太守，每有疑獄，常先請焉。〔註80〕

從史文可得知幾個訊息，其一，房愛親妻崔氏識字、能讀，歷覽書傳，這不同於我們對古代婦女不識字的刻板印象。其二，更難得的是，崔氏能親授子經義，使子成爲當世名士，說明母親仍負教子之責。其三，景伯更視母爲良師，每當有疑獄，便請教母親，可見崔氏在兒子心中的地位。從此更可肯定婦女扮演教子角色。

然古代婦女能識字讀書，並不普遍。因此，在家庭中，教子讀書，通常由男性家長負責。事實上，由母親教子讀書的例子並不多，除房愛親妻崔氏外，在僑姓王謝袁蕭中，僅見王、謝家門有母教之例。據《南齊書》卷四七〈王融傳〉載：

母臨川太守謝惠宣女，悼敏婦人也。教融書學。〔註81〕

王融母爲謝惠宣之女，謝氏爲僑姓之一，是南渡的大族，王融之母在世家大族的成長環境下，應受家族影響而頗有學問，因而能教王融書學。而據《陳書》卷三二〈謝貞傳〉載：

母王氏，授貞論語、孝經，讀訖便誦。〔註82〕

此爲王氏教子謝貞讀論語、孝經。王氏應有相當學問，才能教子。而王氏學問之源，應來自原生家庭長輩之教。可見世家大族之婦女，因受家庭因素影響，往往使她們有學問而能教子。從謝氏、王氏更可見女性也參與家教活動。

家學的傳承與發揚光大，通常以男性子弟做爲傳承的對象，女子通常不被考慮。意外地，在史傳中，發現家學傳授女子之例，據《晉書》卷九六〈韋逞母宋氏傳〉載：

〔註79〕《儀禮》(《四部叢刊》初編經部，上海商務印書館)，卷11〈喪服〉，頁113下。

〔註80〕魏收，《魏書》卷92〈房愛親妻崔氏傳〉，頁1980。

〔註81〕蕭子顯，《南齊書》卷47〈王融傳〉，頁817。

〔註82〕姚思廉，《陳書》卷32〈謝貞傳〉，頁426。

家世以儒學稱。宋氏幼喪母，其父躬自養之。及長，授以周官音義，謂之曰：「吾家世學周官，傳業相繼，此又周公所制，經紀典誥，百官品物，備於此矣。吾今無男可傳，汝可受之，勿令絕世。」屬天下喪亂，宋氏諷誦不輟。〔註83〕

宋氏家學爲周官，因家中無男可傳，故宋氏之父將周官之學傳女宋氏，而宋氏也能諷誦周官不輟。宋氏能學家學，雖是因家無男可傳，所造成的意外結果，這也表示其父開明的態度，不再堅持家學只傳男嗣不傳女，更不會捨傳女而傳外人。另一方面也透露出，對於女子教育的看法不再侷限於女紅家事的教導，教女學問讀書也是合宜的。而宋氏更難得的是，其並不廢紡績之學，成爲只會學問的女子，據載：

（韋）逞時年小，宋氏晝則樵採，夜則教逞，然紡績無廢。〔註84〕

宋氏夜教韋逞，應該是教韋逞讀書。宋氏因受周官家學，故識字能讀，所以能教子。而宋氏不僅教子，日後更立講堂，據《晉書》卷九六〈韋逞母宋氏傳〉載：

時博士盧壼對曰：「廢學既久，書傳零落，比年綴撰，正經粗集，唯周官禮注未有其師。竊見太常韋逞母宋氏世學家女，傳其父業，得周官音義，今年八十，視聽無闕，自非此母無可以傳授後生。」於是就宋氏家立講堂，置生員百二十人，隔絳紗幔而受業，號宋氏爲宣文君，賜侍婢十人。周官學復行於世，時稱韋氏宋母焉。〔註85〕

宋氏隔絳紗幔而受業，使周官之學得復行於世，一介婦女居然有如此影響力，此於古代社會實屬難見。

除以上史文說明母親教子讀書實情外，於他處也見母親教兒事實，據《世說新語箋疏》卷一《德行》第三六條載：

謝公夫人教兒，問太傅：「那得初不見君教兒？」答曰：「我常自教兒。」〔註86〕

此爲謝安夫人即劉惔女認爲，自己常親自教育兒女，反倒未見丈夫謝安教子，故問之，爲何不見其教子，謝安對妻子的疑問，並不以爲然，認爲自己常教

〔註83〕房玄齡，《晉書》卷96〈韋逞母宋氏傳〉，頁2521。

〔註84〕房玄齡，《晉書》卷96〈韋逞母宋氏傳〉，頁2521。

〔註85〕房玄齡，《晉書》卷96〈韋逞母宋氏傳〉，頁2522。

〔註86〕余嘉錫，《世說新語箋疏》第一〈德行〉三六條，頁38。

子，只不過其重身教，妻子未能留意，而以為他未教子。另王氏家中亦見母教子，據《梁書》卷四五〈王僧辯傳〉載：

> 初，僧辯下獄，夫人（魏氏）流淚徒行，將入謝罪，世祖不與相見。
> 時貞惠世子有寵於世祖，軍國大事多關領焉。夫人詣閤，自陳無訓，
> 涕泗嗚咽，眾並憐之。〔註87〕

王僧辯母魏氏為僧辯入獄事，求情於貞惠世子，對於王僧辯下獄，魏氏深為自責，認為是自己教子無方，可見魏氏認為自己要負教子之責。後來王僧辯得以免獄，魏氏更深相責勵，辭色俱嚴，對僧辯說：

> 人之事君，惟須忠烈，非但保祐當世，亦乃慶流子孫。〔註88〕

魏氏對僧辯所言，即在教育僧辯，後僧辯剋復舊京，功蓋天下，朝野咸稱魏氏為明哲婦人。魏氏被時人所賞，在於教子成功，使王僧辯從原來的階下囚，成為功蓋天下的英雄，這樣的轉變，其母魏氏扮演關鍵的角色。

其實婦女負起教子之責，更容易出現於丈夫死後。據《晉書》卷九六〈杜有道妻嚴氏傳〉載：

> 字憲，京兆人也。貞淑有識量。年十三，適於杜氏，十八而嫠居。
> 子植、女華並孤藐，憲雖少，誓不改節，撫育二子，教以禮度，植
> 遂顯名於時，華亦有淑德，……。〔註89〕

嚴氏十八歲，夫死不改嫁，擔負起撫育子女之責，教之禮度，子女因嚴氏之教，子能名顯於當世，而女有淑德。又《晉書》卷九六〈虞潭母孫氏傳〉載：

> 初適潭父忠，恭順貞和，甚有婦德。及忠亡，遺孤藐爾，孫氏雖少，
> 誓不改節，躬自撫養，劬勞備至。……。潭始自幼童，便訓以忠義，
> 故得聲望允洽，為朝廷所稱。〔註90〕

虞忠死，孫氏不改嫁，親自撫養虞潭，教虞潭忠義之道，因此能獲得聲望，為朝廷所稱許。再如《魏書》卷九二〈魏溥妻房氏傳〉載：

> 年十六而溥遇病且卒，……。訓導一子，有母儀法度。緝所交游有
> 名勝者，則身具酒飯，有不及己者，輒屏臥不餐，須其悔謝乃食。
> 善誘嚴訓，類皆如是。〔註91〕

〔註87〕姚思廉，《梁書》卷45〈王僧辯傳〉，頁631。
〔註88〕姚思廉，《梁書》卷45〈王僧辯傳〉，頁631。
〔註89〕房玄齡，《晉書》卷96〈杜有道妻嚴氏傳〉，頁2509。
〔註90〕房玄齡，《晉書》卷96〈虞潭母孫氏傳〉，頁2513。
〔註91〕魏收，《魏書》卷92〈魏溥妻房氏傳〉，頁1979。

魏溥病死，房氏成寡，常善誘嚴訓兒子魏緝。又《北史》卷九一〈元務光母盧氏傳〉載：

> 少好讀書，造次必以禮。盛年寡居，諸子幼弱，家貧不能就學，盧氏每親自教授，勗以義方。〔註92〕

盧氏因夫死家貧，諸子無法就學，因此親自教子，訓以爲人處世之理。嚴氏、孫氏、盧氏三人教子共同態度是，教以禮度，使知忠義之道。在魏晉亂世之際，三位婦女對孩子的道德要求仍未改變。而房氏對兒子的教育，也是善誘嚴訓，不曾稍縱。而在史傳中，也見即使非親生之子，在丈夫死後仍擔負起教育之責，據《北史》卷九一〈韓覬妻于氏傳〉載：

> 于氏年十四，適於覬……。年十八，覬從軍沒，于氏哀毀骨立，慟感行路，每朝夕奠祭，皆手自捧持。及免喪，其父以其幼少無子，欲嫁之，誓不許。遂以夫孽子世隆爲嗣，身自撫育，愛同己生，訓導有方，卒能成立。〔註93〕

于氏十八歲成寡，無子，丈夫之子世隆雖非于氏所親生，但于氏仍愛之如同己出，而教育訓導之，使世隆能長大成人。而有關寡母撫孤教子效力，盧建榮在〈從男性書寫材料看三至七世紀女性的社會形象塑模〉一文指出，須特別留意這些寡母在教子過程中，其實擁有堅實的經濟基礎，作爲後盾來培養孤兒與人競爭，而這樣的憑藉，並非爲一般寡母所擁有。〔註94〕這應屬實，但寡母會盡其所能教子，應無疑。

關中郡姓裴氏，於史傳中，亦可見子弟受教於家中女性成員記載。據《南史》卷三三〈裴松之附裴子野傳〉載：

> 子野字幾原，生而母魏氏亡，爲祖母殷氏所養。殷柔明有文義，以章句授之。〔註95〕

裴子野祖母殷氏親自教授裴子野章句學問。而《梁書》卷三十〈裴子野傳〉載：

> 妻子恆苦飢寒，唯以教誨爲本，子姪祗畏，若奉嚴君。末年深信釋氏，持其教戒，終身飯麥食蔬。〔註96〕

〔註92〕李延壽，《北史》卷91〈元務光母盧氏傳〉，頁3012。
〔註93〕李延壽，《北史》卷91〈韓覬妻于氏傳〉，頁3009。
〔註94〕盧建榮，〈從男性書寫材料看三至七世紀女性的社會形象塑模〉，頁34。
〔註95〕李延壽，《南史》卷33〈裴松之附裴子野傳〉，頁865。
〔註96〕姚思廉，《梁書》卷30〈裴子野傳〉，頁444。

裴子野妻以教誨為重，晚年因信佛，而以佛教義理作為教戒的內容。又裴植之母嚴督諸子，據《魏書》卷七一〈裴叔業附裴植傳〉載：

> 植母，夏侯道遷之姊也，性甚剛峻，於諸子皆如嚴君。長成之後，非衣帢不見，小有罪過，必束帶伏閣，經五三日乃引見之，督以嚴訓。〔註97〕

又如裴讓之在喪父，殆不勝哀時，其母辛氏對其撫訓，據《北齊書》卷三五〈裴讓之傳〉載：

> 年十六喪父，殆不勝哀，其母辛氏泣撫之曰：「棄我滅性，得為孝子乎？」由是自勉。辛氏，高明婦則，又閑禮度。夫喪，諸子多幼弱，廣延師友，或親自教授。內外親屬有吉凶禮制，多取則焉。〔註98〕

辛氏在丈夫死後，替子廣延師友，或親自教授諸子。而家內親屬往來吉凶之禮，皆聽辛氏之言，可見辛氏在裴氏家中扮演極重要角色。綜以上史文可知，裴子野祖母殷氏、裴子野妻及裴植母、裴讓之母辛氏皆於家內對子弟施教。裴氏家中女性，在家庭教育中，扮演重要的施教者。又虜姓代郡陸氏，據《北史》卷二八〈陸俟附陸印傳〉載：

> 印母，魏上庸公主，初封藍田，高明婦人也，甚有志操。印昆季六人，並主所出，故邢卲常謂人云：「藍田生玉，固不虛矣。」主教訓諸子，皆以義方，雖創巨痛深，出於天性，然動依禮度，亦母氏之訓焉。〔註99〕

邢卲曾對人稱讚陸印兄弟「藍田生玉，固不虛矣」，邢卲會如此讚許六兄弟，是因有良母教以義方，而陸印兄弟能動依禮度，也要歸功於母親教訓。

母親除教子外，是否於史傳中，也能見對女兒的教誨？由於古代對女性並不重視，史官在寫國史時，以男性為中心，故要於正史中發現母親教女之例，並不容易。此例於史傳中，僅見柳氏教家中之女及兒婦，據《北史》卷九一〈裴倫妻柳氏傳〉載：

> 大業（605～616）末，倫為渭源令，為賊薛舉所陷，倫遇害。柳氏時年四十，有二女及兒婦三人，皆有美色。柳氏謂曰：「我輩遭逢禍亂，汝父已死，我自念不能全汝。我門風有素，義不受辱於羣賊。

〔註97〕魏收，《魏書》卷71〈裴叔業附裴植傳〉，頁1571。
〔註98〕李百藥，《北齊書》卷35〈裴讓之傳〉，頁465。
〔註99〕李延壽，《北史》卷28〈陸俟附陸印傳〉，頁1018。

我將與汝等同死，如何？」女等垂泣曰：「唯母所命。」柳氏遂自投
於井，其女及婦相繼而下，皆死井中。〔註100〕

裴倫爲薛舉所害，柳氏不願爲賊所辱，故與家中之女言，家有門風，不願受
辱之心情，而約之與死，結果女皆從母命，遂相死於井中。柳氏之言，家有
門風，而以行動護衛門風，實在教女。另外，《世說新語箋疏》卷一九《賢媛》
第五條載：

趙母嫁女，女臨去，敕之曰：「慎勿爲好！」女曰：「不爲好，可爲
惡邪？」母曰：「好尚不可爲，其況惡乎？」〔註101〕

趙母告誡女兒：「慎勿爲好！」，實有深意。此告訴女兒，凡遇事，該考慮自
己該不該去做，如果不該做，也不該爲討好他人，勉強從事。此爲趙母在嫁
女之際，對女兒做深切的叮嚀。又《世說新語箋疏》卷一九《賢媛》第一四
條載：

賈充妻李氏作女訓，行於世。〔註102〕

李氏寫女訓，主要是爲教育女兒，爲女兒而寫。這可從劉孝標注此條文引《婦
人集》得知，據《婦人集》曰：

「李氏至樂浪，遺二女典式八篇。」〔註103〕

而女訓能行之於世，是一場意外，原意非針對世間女子而作。由以上史文，
仍隱約能見母親教誨女兒之用心。

綜而言之，世族重家教情形，除東南吳姓的朱氏、陸氏、山東郡姓王氏、
關中郡姓杜氏及虜姓元氏，在史傳中未見家教痕跡外，其餘柳芳所言世族在
史傳中皆有家教具體記載，可見世族確實非常重視家教。而家教的重要性，
從王羲之於父母墓前自誓無蒙庭訓，以致進無忠孝之節之言看出。而就一般
常理而言，父母會負起教養之責，若父母已亡，通常家族份子仍會承繼家教
之責，這在以上討論的史文皆獲得證實。而在討論中僅見一例外，于烈自言
己素無教訓子，含有自責之詞，此可能亦爲自謙之詞，非如實也。而教養子
孫並非想像中的容易，子孫所表現的行爲，不一定能符合家長的期待。而在
上述世族教育子孫，施於體罰，僅見蕭思話杖子蕭惠開、崔弘度家教之嚴對

〔註100〕李延壽，《北史》卷91〈裴倫妻柳氏傳〉，頁3012～3013。
〔註101〕余嘉錫，《世說新語箋疏》卷一九〈賢媛〉五條，頁670。
〔註102〕余嘉錫，《世說新語箋疏》卷一九〈賢媛〉一四條，頁685。
〔註103〕余嘉錫，《世說新語箋疏》卷一九〈賢媛〉一四條，頁685。

子弟捶楚懲罰及薛聰杖罰諸弟三例。可見體罰作爲家教的手段並非普遍，而所謂不打不成器，更值得質疑。至於中國古代父權社會，在家統一尊的情況下，男性家長擁有廣泛的權利與義務，其中最值得一提的是，男性家長對子孫的成材與否，有不可推卸的責任，換言之，家長擁有教育子弟的責任。雖說家統一尊，但並非表示婦女在教育子弟中，無從施展，處於缺席的狀況。就事實上而言，婦女在家庭教育中，扮演重要的角色，對家庭的成員更具影響力，而這皆可從史料中獲得印證。而從以上的討論可看出，婦女在家庭中對己子從事訓勉，仍脫離不了儒家傳統，仍教以禮度，仍重視忠孝節義之禮，並非因處於亂世而有所改變。而史料中也見母親對女兒的教誨，只不過在古代史籍缺乏對女性描寫下，留下的史料並不多。

第二節　家族份子稱揚子弟

　　兩漢選舉制度爲「鄉舉里選」，具有好聲名，爲入仕之必備關鍵，因而社會上出現互相標榜稱揚之風，希望藉此羅致聲名，以獲得仕進機會。此外，東漢太學生爲有別於宦官，常自許爲清流，更常互相標榜稱揚。而東漢標榜之風，至東晉南朝，並未稍減，反而愈熾，世族子弟更常染此風。

　　在東晉南朝史傳中，有不少世族門第中家族長輩對晚輩的褒揚。清人李慈銘指出，晉宋六朝世族家族份子互爲稱揚的現象，其言：

> 晉、宋、六朝膏粱門第，父譽其子，兄誇其弟，以爲聲價；……。
> 〔註104〕

家族份子互爲稱揚，以作爲提高家族聲譽，難免有誇張失實之處或自我標榜之嫌。雖如此，但從另一角度可見世族期許家中晚輩成才的殷切之情。

一、僑　姓

　　僑姓稱揚家族子弟情形如何？琅邪王晞以家中有好子弟，而深自得意，據《南史》卷二二〈王曇首附王規傳〉載：

> 八歲丁所生母憂，居喪有至性。齊太尉徐孝嗣每見必爲流涕，稱曰
> 「孝童」。叔父晞亦深器重之，常曰：「此兒吾家千里駒也。」〔註105〕

〔註104〕見於余嘉錫，《世說新語箋疏》卷八〈賞譽〉五二條，箋疏一，台北：仁愛書局發行，民國73年10月版，頁452。
〔註105〕李延壽，《南史》卷22〈王曇首附王規傳〉，頁597。

王暕認為姪兒王規為家中的千里駒，家族中有此好子弟，家道興旺後繼有人，已不足為憂。而《宋書》卷五八〈王惠傳〉載：

> 惠幼而夷簡，為叔父司徒謐所知。恬靜不交遊，未嘗有雜事。陳郡謝瞻才辯有風氣，嘗與兄弟羣從造惠，談論鋒起，文史間發，惠時相酬應，言清理遠，瞻等慚而退。高祖聞其名，以問其從兄誕，誕曰：「惠後來秀令，鄙宗之美也。」〔註106〕

宋高祖劉裕聞王惠言清理遠之名，問王誕對於王惠之名認為如何？王誕為王惠從兄，王誕對王惠的評價甚高，認為王惠是家族中優秀子弟。又《梁書》卷二一〈王瞻傳〉載：

> 瞻年數歲，嘗從師受業，時有伎經其門，同學皆出觀，瞻獨不視，習誦如初。從父尚書僕射僧達聞而異之，謂瞻父曰：「吾宗不衰，寄之此子。」〔註107〕

王僧達為王瞻從父。王僧達對王瞻寄以厚望，認為王瞻為家族佳子弟，家族有王瞻，宗族可以不衰。又《南史》卷二一〈王弘附王融傳〉載：

> 博涉有文才，從叔儉謂人曰：「此兒至四十，名位自然及祖。」〔註108〕

王儉為王融從叔，王儉對別人稱讚王融，認為王融四十歲名位必能與先祖王僧達相當。再如《南史》卷二四〈王鎮之附王弘之傳〉載：

> 少孤貧，為外祖徵士何準所撫育，從叔獻之及太原王恭並貴重之。〔註109〕

王弘之為從叔王獻之所看重。琅邪王氏除家族內深賞自家族子外，有為母系外祖深賞者，據《梁書》卷四一〈王規附王褒傳〉載：

> 七歲能屬文。外祖司空袁昂愛之，謂賓客曰：「此兒當成吾宅相。」〔註110〕

王褒年紀小即能寫文，實屬不易，而王褒有文才，深受外祖袁昂疼愛，袁昂更以有王褒好子孫為榮，故常對賓客說王褒將來必為國之宰相，光耀門眉，可見其看重外孫王褒，更許以殷切期盼之情。

另觀僑姓陳郡謝氏子弟，為親所器重者有，謝玄、謝朗、謝朓、謝藺、

〔註106〕沈約，《宋書》卷58〈王惠傳〉，頁1589。
〔註107〕姚思廉，《梁書》卷21〈王瞻傳〉，頁317。
〔註108〕李延壽，《南史》卷21〈王弘附王融傳〉，頁575。
〔註109〕李延壽，《南史》卷24〈王鎮之附王弘之傳〉，頁655。
〔註110〕姚思廉，《梁書》卷41〈王規附王褒傳〉，頁583。

謝貞等五人。據《晉書》卷七九〈謝尚附謝玄傳〉載：

> 少穎悟，與從兄朗俱爲叔父安所器重。〔註111〕

謝安爲謝玄叔父，謝安因謝玄年幼即聰慧過人，而認爲是家族中的佳子弟而深器重之。另外，謝玄從兄謝朗也深受謝安所器重。又據《梁書》卷一五〈謝朏傳〉載：

> 年十歲，能屬文。莊遊土山賦詩，使朏命篇，朏攬筆便就。琅邪王景文謂莊曰：「賢子足稱神童，復爲後來特達。」莊笑，因撫朏背曰：「眞吾家千金。」〔註112〕

謝朏年十歲即能寫文，王景文稱讚謝莊兒子謝朏爲神童，謝莊亦以子爲榮，認爲謝朏爲家中佳子弟。而謝氏子弟爲母系家人所器重者，如謝蘭、謝貞。據《梁書》卷四七〈謝蘭傳〉載：

> 蘭五歲，每父母未飯，乳媼欲令蘭先飯，蘭曰：「既不覺飢。」強食終不進。舅阮孝緒聞之歎曰：「此兒在家則曾子之流，事君則蘭生之匹。」〔註113〕

謝蘭舅阮孝緒稱美謝蘭能孝能忠。而《陳書》卷三二〈謝貞傳〉載：

> 八歲，嘗爲春日閑居五言詩，從舅尚書王筠奇其有佳致，謂所親曰：「此兒方可大成，至如『風定花猶落』，乃追步惠連矣。」由是名輩知之。〔註114〕

謝貞八歲時，已能作五言詩，從舅王筠奇之，認爲謝貞成才，不遜於謝惠連。而謝貞經擁有影響力和社會聲譽的親族長輩王筠稱揚後，更爲名輩所知。

　　而僑姓袁氏有爲家族中人稱揚子弟，如袁淑、袁躍。據《宋書》卷七十〈袁淑傳〉載：

> 少有風氣，年數歲，伯父湛謂家人曰：「此非凡兒。」至十餘歲，爲姑夫王弘所賞。〔註115〕

袁淑不僅被伯父袁湛稱美爲「非凡兒」，亦爲姑夫王弘所欣賞。而《魏書》卷八五〈袁躍傳〉載：

> 袁躍，字景騰，陳郡人，尚書翻弟也。博學儁才，性不矯俗，篤於

〔註111〕房玄齡，《晉書》卷79〈謝尚附謝玄傳〉，頁2080。
〔註112〕姚思廉，《梁書》卷15〈謝朏傳〉，頁261。
〔註113〕姚思廉，《梁書》卷47〈謝蘭傳〉，頁658。
〔註114〕姚思廉，《陳書》卷32〈謝貞傳〉，頁426。
〔註115〕沈約，《宋書》卷70〈袁淑傳〉，頁1835。

交友。翻每謂人曰：「躍可謂我家千里駒也。」〔註116〕

袁躍爲袁翻弟。袁翻稱揚弟弟袁躍爲家中千里馬。再述及僑姓蕭氏有好子弟
蕭琛，爲家人所深深期許，把家族興旺寄託其身，據《南史》卷一八〈蕭思
話附蕭琛傳〉載：

> 琛少明悟，有才辯。數歲時，從伯惠開見而奇之，撫其背曰：「必興
> 吾宗。」〔註117〕

蕭琛年幼時已具才辯，蕭惠開爲蕭琛從伯，對蕭琛深器重，認爲蕭琛足興蕭
氏之門。就僑姓王謝袁蕭四姓觀之，對家族份子的稱揚，顯然以王、謝爲勝，
且王、謝子弟皆有來自於母系族人的稱揚，而袁、蕭對家族子弟的稱揚顯得
不如。而王、謝子弟於四氏之中，爲家族份子稱揚最多，此正好與僑姓王、
謝在當時社會門第勢力最大相呼應，如此巧合，或許可從王、謝對家門子弟
深具信心及對族中子弟的稱揚足以哄抬聲價，羅致聲名，受世人所重，更進
一步建立家門社會地位解釋之。換言之，若就行銷觀點看之，王、謝是最會
行銷自家子弟，也對自家子弟深具信心，認爲家族有佳子弟承繼家業，門第
可以綿延不絕。

二、東南吳姓

東南吳姓陸氏，家門有爲親所自豪子弟者，據《晉書》卷七七〈陸曄傳〉
載：

> 曄少有雅望，從兄機每稱之曰：「我家世不乏公矣。」〔註118〕

陸曄深受從兄陸機所欣賞，陸機認爲陸曄爲陸氏優秀子弟，從其對陸曄之評
語「家世不乏公」，可知其對陸曄的器重與期盼。陸機因家中有陸曄這樣好子
弟，而對自家門戶前途相當有信心。而東南吳姓朱張顧，未見家族中人對家
族子弟稱揚。將僑姓與東南吳姓稱揚子弟情形較之，顯然僑姓對自家子弟深
具信心，看好子弟的未來。

三、山東郡姓

東晉南北朝王氏，除僑姓琅邪王氏外，另有山東郡姓太原王氏。雖琅邪
王氏、太原王氏皆爲世家大族，但對族中子弟稱揚情形卻不同。前文提到琅

〔註116〕魏收，《魏書》卷85〈袁躍傳〉，頁1870。
〔註117〕李延壽，《南史》卷18〈蕭思話附蕭琛傳〉，頁505。
〔註118〕房玄齡，《晉書》卷77〈陸曄傳〉，頁2023。

邪王氏子弟王規、王惠、王瞻、王融、王弘之、王褒等六人，受到家族中人稱揚，族人對他們深具信心，認為他們是家門好子弟，足興門戶。而據史傳則未見太原王氏稱揚自家子弟，可見琅邪王氏對家族子弟較具信心，也看好子弟的未來。在稱揚家族子弟上，太原王氏顯然不如琅邪王氏。

山東郡姓崔氏，有博陵崔氏與清河崔氏。博陵崔氏，有為家族中人稱揚看好前途子弟者，據《北齊書》卷三十〈崔昂傳〉載：

> 昂年七歲而孤，伯父吏部尚書孝芬嘗謂所親曰：「此兒終當遠至，是吾家千里駒也。」〔註119〕

崔孝芬為崔昂伯父，崔孝芬看好崔昂的未來，認為崔昂是家中的千里駒。前文提到王睐稱揚姪兒王規，亦認為是家中千里駒。「千里駒」一詞，似已成為家族優秀子弟的代名詞。而《魏書》卷五七〈崔挺附崔振傳〉載：

> 少有學行，居家孝友，為宗族所稱。〔註120〕

崔振不但有學問德行且在家表現孝親友悌，故受到宗族稱揚。而清河崔氏稱揚家族子弟情形如何？根據史傳清河崔氏未有任何稱揚子弟情形。

又觀山東郡姓盧氏子弟被家族中人稱揚者，有盧景裕與盧勇。據《北史》卷三十〈盧同附盧勇傳〉載：

> 勇，景裕從弟也。……。勇初與景裕俱在學，其叔同曰：「白頭（景裕）必以文通，季禮（勇）當以武達。興吾門者，二子也。」〔註121〕

盧同為盧勇叔。盧同稱揚盧景裕有文及盧勇有武才，家中有文、武之才子弟，此二子弟足興門戶。

再述及山東郡姓李氏，有趙郡李氏及隴西李氏。趙郡李氏有為家族中人所深賞子弟，據《北史》卷三三〈李孝伯附李士謙傳〉載：

> 伯父瑒深所嗟尚，每稱：「此兒吾家顏子也。」〔註122〕

李瑒為李士謙伯父。李瑒稱揚李士謙為家中顏子。而顏子即顏回，為孔門七十二弟子中，最為孔子所欣賞者。李瑒視李士謙為顏回，可見李瑒認為李士謙為李氏優秀子弟。而隴西李氏亦有優秀子弟，為家族中人所稱揚，如李沖。據《魏書》卷五三〈李沖傳〉載：

〔註119〕李百藥，《北齊書》卷30〈崔昂傳〉，頁410。

〔註120〕魏收，《魏書》卷57〈崔挺附崔振傳〉，頁1272。

〔註121〕李延壽，《北史》卷30〈盧同附盧勇傳〉，頁1108。

〔註122〕李延壽，《北史》卷33〈李孝伯附李士謙傳〉，頁1232。

少孤，爲長兄滎陽太守承所攜訓。承常言：「此兒器量非恆，方爲門

戶所寄。」〔註123〕

李承爲李沖兄。李承把家族門戶寄望於李沖，認爲李沖足以使門戶興旺，由
此可知李承對弟弟李沖的看重。而山東郡姓鄭氏稱揚自家子弟情形如何？翻
檢史籍未見爲自家人所稱揚子弟。綜觀山東郡姓稱揚自家子弟情形，太原王
氏、清河崔氏、鄭氏無稱揚自家子弟，而趙郡李氏、隴西李氏各有一子弟受
到稱揚，而博陵崔氏、盧氏則有二子弟受家人稱揚。而對自家子弟稱揚的內
容，無非認爲是足興門戶，或爲家中千里駒。綜觀山東郡姓稱揚子弟不如僑
姓王謝，從此亦可見王謝對自己家族的自負與深具信心。

四、關中郡姓

關中郡姓韋氏，於史傳未見家族子弟受家族中人稱揚。裴氏、杜氏亦如
韋氏，未見子弟受家人稱揚。而柳氏有優秀子弟爲家族中人所欣賞者，據《周
書》卷四二〈柳霞傳〉載：

篤好文學，動合規矩。其世父慶遠特器異之。〔註124〕

柳慶遠爲柳霞世父。柳慶遠因柳霞篤好文學，舉止合宜，而深器重之。薛氏
亦有子弟爲家族中人所稱揚。據《北史》卷七六〈薛世雄傳〉載：

世雄兒童時與羣輩戲，輒畫地爲城邦，令諸兒爲攻守勢，不從令者
輒撻之，諸兒畏憚，莫不齊整。其父見而奇之，謂人曰：「此兒當興
吾家。」〔註125〕

薛世雄父薛回稱揚薛世雄能興旺薛家。另楊氏亦有優秀子弟，爲家族中人所
稱揚者，據《北史》卷四一〈楊播附楊愔傳〉載：

愔一門四世同居，家甚隆盛，昆季就學者三十餘人。學庭前有奈樹，
實落地，羣兒咸爭之，愔頹然獨坐。其季父暐適入學館，見之，大
用嗟異。顧謂賓客曰：「此兒恬裕，有我家風。」〔註126〕

楊暐爲楊愔季父。楊暐因楊愔不爭奈樹果實，而對賓客大讚楊愔，認爲楊愔
承繼楊氏恬裕家風。而對楊愔的欣賞不只楊暐還有楊昱，據《北史》卷四一
〈楊播附楊愔傳〉載：

〔註123〕魏收，《魏書》卷53〈李沖傳〉，頁1179。
〔註124〕令狐德棻，《周書》卷42〈柳霞傳〉，頁766。
〔註125〕李延壽，《北史》卷76〈薛世雄傳〉，頁2606。
〔註126〕李延壽，《北史》卷41〈楊播附楊愔傳〉，頁1500。

> 愔從父兄黃門侍郎昱特相器重，曾謂人曰：「此兒駒齒未落，已是我
> 家龍文，更十歲後，當求之千里外。」〔註127〕

楊昱為楊愔從父兄。楊昱特別器重楊愔，視楊愔為楊家千里駒。可見楊愔不論是在楊暐或楊昱眼裡皆為楊氏優秀子弟。綜觀關中郡姓韋裴柳薛楊杜，僅見柳氏、薛氏、楊氏稱揚自家子弟。就此觀之，關中郡姓稱揚子弟無法與僑姓王謝袁蕭皆有稱揚子弟相比。

五、虜　姓

　　虜姓稱揚自家子弟情形又如何？據史傳虜姓元氏、長孫氏、宇文氏、于氏、陸氏皆未見為家族中人所稱揚子弟。為何虜姓未見子弟為家族中人所稱揚？要解釋此情形，可能須從文化觀之。代北虜姓相較於南朝世族，文儒顯然不及，他們重視的是子弟是否能武，殺戮戰場，贏得戰功，而非能筆之於案的文士。因此，文化上的崇武，使他們不善於褒揚子弟，替家族羅致聲名，建立社會地位。因此我們很難從虜姓口中得知對子弟的稱揚與期盼，及其自信足興門戶之子弟的出現。從此更可知虜姓對家族的未來沒有太多規劃，不像僑姓努力於維繫門第地位。

　　綜觀東晉南北朝世族稱揚子弟，僑姓王、謝顯然最善稱揚子弟，深盼家族有佳子弟，也最在意門第勢力的維繫。王規、王惠、王瞻、王融、王弘之、王褒等人，為琅邪王氏被家族中人所稱揚子弟。謝玄、謝朗、謝胐、謝蘭、謝貞等人，為謝氏被家族中人稱揚子弟。僑姓袁氏有袁淑、袁躍為家族中人所稱揚。蕭氏則有蕭琛被家族中人所重。而虜姓所有姓氏皆無家族中人褒揚子弟。而東南吳姓、山東郡姓、關中郡姓為家族中人稱揚子弟有，陸曄、崔昂、崔振、盧景裕、盧勇、李士謙、李沖、柳霞、薛世雄、楊愔等人。而朱氏、張氏、顧氏、太原王氏、清河崔氏、鄭氏、韋氏、裴氏、杜氏則未見為家族中人稱揚子弟。而稱揚子弟的內容，多著重於子弟足興門戶，為門戶所寄，及子弟的優秀有如千里駒，為家中之寶。

第三節　知名於世佳子弟

　　東晉南北朝時期世族門戶的維繫，除透過世族聯姻與仕宦外，最重要的

〔註127〕李延壽，《北史》卷41〈楊播附楊愔傳〉，頁1500。

是家族中有佳子弟,能負起維繫門第地位與勢力之責。換言之,家族有佳子弟,是門戶可以賡續不絕的主要因素。因爲門第若出現敗家子弟,即使家大業大,政治力、經濟力如何雄厚,亦將使家道中落。故世族若要維繫門第傳之累代不衰,最重要的是,如何使家族出現源源不絕的佳子弟。而東晉南北朝世族子弟除於前節提到,各世家大族對子弟的殷盼期許與自信稱揚外,在世人眼中世族子弟的評價何如?亦是各世家大族極爲重視。世家大族能否培育眾多知名於世之弟子,以維繫家族聲望,並讓世人產生世族門第培養子弟努力不懈的印象?可從以下史傳中深入了解東晉南北朝世家大族子弟知名於世情形。

一、僑 姓

僑姓琅邪王氏,爲東晉南朝社會重要世族,其家門據史傳確實有源源不絕爲世人肯定,知名於當世佳弟子。其情形,因知名子弟眾多,可整理如下表:

表一:琅邪王氏知名於世子弟情況表

姓　　名	史　　　　　實	史　料　出　處
王　祥	于時寇盜充斥,祥率勵兵士,頻討破之。州界清靜,政化大行。時人歌之曰:「海沂之康,實賴王祥。邦國不空,別駕之功。」	《晉書》卷三三〈王祥傳〉,頁 987～988。
王　導	俄而洛京傾覆,中州士女避亂江左者十六七,導勸帝收其賢人君子,與之圖事。時荊揚晏安,戶口殷實,導爲政務在清靜,每勸帝克己勵節,匡主寧邦。於是尤見委杖,情好日隆,朝野傾心,號爲「仲父」。帝嘗從容謂導曰:「卿,吾之蕭何也。」	《晉書》卷六五〈王導傳〉,頁 1746。
王穎、王敞	(王導)二弟:穎、敞,少與導俱知名,時人以穎方溫太眞,以敞比鄧伯道,並早卒。	《晉書》卷六五〈王導傳〉,頁 1754。
王　悅	悅字長豫,弱冠有高名,事親色養,導甚愛之。	《晉書》卷六五〈王導附王悅傳〉,頁 1754。
王　洽	洽字敬和,導諸子中最知名,與荀羨俱有美稱。	《晉書》卷六五〈王導附王洽傳〉,頁 1755。
王　珣	弱冠與陳郡謝玄爲桓溫掾,俱爲溫所敬重,嘗謂之曰:「謝掾年四十,必擁旄杖節。王掾當作黑頭公。皆未易才也」	《晉書》卷六五〈王導附王珣傳〉,頁 1756

王弘、王虞、王柳、王孺、王曇首	珣五子：弘、虞、柳、孺、曇首，宋世並有高名。	《晉書》卷六五〈王導附王珣傳〉，頁 1757。
王　弘	弘少好學，以清恬知名，與尚書僕射謝混善。	《宋書》卷四二〈王弘傳〉，頁 1311。
王曇首	高祖甚知之，謂太祖曰：「王曇首，沈毅有器度，宰相才也。汝每事咨之。」	《宋書》卷六三〈王曇首傳〉，頁 1679。
王　珉	少有才藝，善行書，名出珣右。	《晉書》卷六五〈王導附王珉傳〉，頁 1758。
王　謐	少有美譽，與譙國桓胤、太原王綏齊名。	《晉書》卷六五〈王導附王謐傳〉，頁 1758。
王璯、王球、王琇	（王謐）三子：璯、球、琇。入宋，皆至大官。	《晉書》卷六五〈王導附王謐傳〉，頁 1759。
王　球	球少與惠齊名。美容止。	《宋書》卷五八〈王球傳〉，頁 1594。
王允之	晏之弟允之最知名。	《晉書》卷七六〈王舒附王晏之傳〉，頁 2001。
王胡之、王茂之	頤之弟胡之，字修齡，弱冠有聲譽，歷郡守、侍中、丹楊尹……子茂之亦有美譽，官至晉陵太守。	《晉書》卷七六〈王廙附王頤之傳〉，頁 2005
王彪之	（王彬）次子彪之，最知名。	《晉書》卷七六〈王廙附王彬傳〉，頁 2006。
王　侃	弟侃，亦知名，少歷顯職，位至吳國內史。	《晉書》卷七六〈王廙附王稜傳〉，頁 2012。
王羲之	羲之既少有美譽，朝廷公卿皆愛其才器，頻召為侍中、吏部尚書，皆不就。	《晉書》卷八十〈王羲之傳〉，頁 2094。
王獻之	少有盛名，而高邁不羈，雖閑居終日，容止不怠，風流為一時之冠。	《晉書》卷八十〈王羲之附王獻之傳〉，頁 2104。
王　深	弘弟虞，廷尉卿。虞子深，有美名，官至新安太守。	《宋書》卷四二〈王弘傳〉，頁 1323。
王　華	少有志行，以父存亡不測，布衣蔬食不交游，如此十餘年，為時人所稱美。	《宋書》卷六三〈王華傳〉，頁 1675。
王僧綽	幼有大成之度，弱年眾以國器許之。	《宋書》卷七一〈王僧綽傳〉，頁 1850。
王僧達	僧達陳書滿席，與論文義，慧觀酬答不暇，深相稱美。	《宋書》卷七五〈王僧達傳〉，頁 1951。

王延之	延之與金紫光祿大夫阮韜，俱宋領軍劉湛外甥，並有早譽。	《南齊書》卷三二〈王延之傳〉，頁585。
	宋德既衰，齊高帝輔政，朝野之情，人懷彼此。延之與尚書令王僧虔中立無所去就。時人語曰：「二王居平，不送不迎。」高帝以此善之。	《南史》卷二四〈王裕之附王延之傳〉，頁652。
王僧虔	王獻之善書，爲吳興郡，及僧虔工書，又爲郡，論者稱之。	《南齊書》卷三三〈王僧虔傳〉，頁592。
王 融	（永明）九年（491），上幸芳林薗禊宴朝臣，使融爲曲水詩序，文藻富麗，當世稱之。	《南齊書》卷四七〈王融傳〉，頁821。
王緝、王休、王諲、王操、王素	王志有五子，緝、休、諲、操、素，並知名。	《梁書》卷二一〈王志傳〉，頁320。
王訓、王承、王穉、王訏	（王暕）有四子，訓、承、穉、訏，並通顯。	《梁書》卷二一〈王暕傳〉，頁323。
王 訓	幼聰警有識量，徵士何胤見而奇之。年十三，暕亡憂毀，家人莫之識。十六，召見文德殿，應對爽撤。上（梁武帝）目送久之，顧謂朱异曰：「可謂相門有相矣。」	《梁書》卷二一〈王暕附王訓傳〉，頁323。
王 規	規八歲，以丁所生母憂，居喪有至性，太尉徐孝嗣每見必爲之流涕，稱曰孝童。	《梁書》卷四一〈王規傳〉，頁581。
王 瑜	瑒第十三弟瑜，字子珪，亦知名，美容儀，……。	《陳書》卷二三〈王瑒傳〉，頁302。
王 彧	景文（王彧字）好言理，少與陳郡謝莊齊名。	《陳書》卷二三〈王彧傳〉，頁632。
王 儉	儉寡嗜慾，唯以經國爲務，車服塵素，家無遺財。手筆典裁，爲當時所重。	《南史》卷二二〈王曇首附王儉傳〉，頁596。

據表可知，王祥、王導、王穎、王敬、王悅、王洽、王珣、王弘、王虞、王柳、王孺、王曇首、王珉、王謐、王瓛、王球、王琇、王允之、王胡之、王茂之、王彪之、王侃、王羲之、王獻之、王深、王華、王僧綽、王僧達、王延之、王僧虔、王緝、王休、王諲、王操、王素、王訓、王承、王穉、王訏、王融、王規、王瑜、王彧、王儉等四四人，知名於世。其中特別強調少已知名有，王穎、王敬、王珉、王謐、王羲之、王獻之、王弘、王球、王華、王僧綽、王規、王彧、王訓等一三人。而少已知名，若非家人自抬身價以影響世聽，就是於子弟年幼時即刻意栽培之，使子弟有知名事蹟顯於世。

　　僑姓謝氏子弟，以好學文辭有名於世者爲，謝超宗、謝朓。據《南史》
卷一九〈謝靈運附謝超宗傳〉載：

　　　　超宗，好學有文辭，盛得名譽。〔註128〕

而《南齊書》卷四七〈謝朓傳〉載：

　　　　朓少好學，有美名，文章清麗。〔註129〕

而據《晉書》卷七九〈謝尚傳〉載：

　　　　好衣刺文袴，諸父責之，因而自改，遂知名。〔註130〕

謝尚因能改衣刺文袴之習而知名。而據《南史》卷一九〈謝裕附謝璟傳〉載：

　　　　少與從叔朓俱知名。〔註131〕

謝璟與謝朓皆知名於世。而謝氏子弟少即有重名者甚多，如謝鯤、謝安、謝
混、謝奕、謝萬、謝韶。〔註132〕謝氏子弟有重名，重名皆爲美名，美名的獲
得，代表爲人所賞，爲人所認同，這足以顯示他們是謝氏佳子弟。而謝氏子
弟多於年少已爲世人所知，此若非家人的刻意栽培，使子弟於年幼時即嶄露
頭角，實難以解釋。

　　謝氏雖有爲人讚歎佳子弟，但於史傳中亦出現爲世人所嫌惡之子弟，如
謝石，據《晉書》卷七九〈謝尚附謝石傳〉載：

　　　　石在職務存文刻，既無他才望，直以宰相弟兼有大勳，遂居清顯，

　　　　而聚斂無饜，取譏當世。〔註133〕

謝石給世人之印象乃是無特別才望，其之所以能居清顯是因於謝安的關係，
而被當世取譏，是因聚斂不滿足。謝氏除謝石外，另一位爲世所嫌惡者，爲
謝超宗，據《南齊書》卷三六〈謝超宗傳〉載：

　　　　超宗少無行檢，長習民惡。狂狡之跡，聯代所疾；迷憼之黌，累朝

〔註128〕李延壽，《南史》卷19〈謝靈運附謝超宗傳〉，頁542。
〔註129〕蕭子顯，《南齊書》卷四七〈謝朓傳〉，頁825。
〔註130〕房玄齡，《晉書》卷79〈謝尚傳〉，頁2069。
〔註131〕李延壽，《南史》卷19〈謝裕附謝璟傳〉，頁530。
〔註132〕據《晉書》卷49〈列傳〉19，頁1377載：謝鯤少知名，通簡有高識。據《晉
　　　　書》卷79〈列傳〉49，頁2076載：謝安少有盛名，時多愛慕。據《晉書》
　　　　卷79〈列傳〉49，頁2079載：謝混少有美譽。據《晉書》卷79〈列傳〉49，
　　　　頁2080載：謝奕少有名譽。據《晉書》卷79〈列傳〉49，頁2086載：謝萬
　　　　才氣儁秀，雖器量不及安，而善自衒曜，故早有時譽。據《晉書》卷79〈列
　　　　傳〉49，頁2087載：謝韶少有名。
〔註133〕房玄齡，《晉書》卷79〈謝尚附謝石傳〉，頁2089。

點觸。剗容掃轍，久埋世表。〔註134〕

謝超宗爲謝氏特別子弟，在世人眼裡謝超宗是個令人愛恨交加之人。其雖好學有文辭而擁有盛名之譽，但也因行爲無檢、狂狡、迷懶而久埋世表。雖然在史傳中謝氏有謝石、謝超宗二子弟獲譏於世，但就謝氏子弟整體觀之，子弟被欣賞者甚於嫌惡者，謝氏子弟瑕不掩瑜，謝氏仍多佳子弟。由此觀之，謝氏實有佳子弟以維繫其門戶。

至於僑姓袁氏，史傳中未見知名於世子弟。而蕭氏，可見子弟如蕭特、蕭允、蕭瓛三人知名於世記載。據《梁書》卷三五〈蕭子恪附蕭特傳〉載：

> 早知名，亦善草隸。〔註135〕

而《陳書》卷二一〈蕭允傳〉載：

> 允少知名，風神凝遠，通達有識鑒，容止醞藉，動合規矩。〔註136〕

蕭允年少時，因表現容止合宜非凡氣度而知名於世。又《周書》卷四八〈蕭詧附蕭瓛傳〉載：

> 幼有令譽，能屬文，……。〔註137〕

蕭特、蕭允、蕭瓛三人皆於年幼時，即知名於世。就僑姓王謝袁蕭知名於世子弟較之，以琅邪王氏最多有四四人，謝氏一一人次之，蕭氏三人又次之，而袁氏未見知名子弟記載。另外，值得一提的是，雖世族有知名於世的美名，但亦有爲人所譏者，不過這樣的情形並不多見，僑姓中僅見謝氏有這樣的子弟。而世族子弟知名於世，多在年少時即知名，此現象若非家人的刻意栽培，使子弟於年幼時即嶄露頭角，實難以解釋。

二、東南吳姓

東南吳姓張氏子弟知名於世情形如何？據《三國志》卷五七〈張溫傳〉載：

> 父允，以輕財重士，名顯州郡，爲孫權東曹掾，卒。〔註138〕

張允以輕財重士而顯名。有與從兄齊名者張暢，據《宋書》卷四六〈張邵附張暢傳〉載：

> 暢少與從兄敷、演、敬齊名，爲後進之秀。〔註139〕

〔註134〕蕭子顯，《南齊書》卷36〈謝超宗傳〉，頁637。
〔註135〕姚思廉，《梁書》卷35〈蕭子恪附蕭特傳〉，頁515。
〔註136〕姚思廉，《陳書》卷21〈蕭允傳〉，頁287。
〔註137〕令狐德棻，《周書》卷48〈蕭詧附蕭瓛傳〉，頁867。
〔註138〕陳壽，《三國志》卷57〈張溫傳〉，頁1329。

另外，張氏有與族兄或兄弟俱知名，如張岱、張稷。據《南齊書》卷三二〈張岱傳〉載：

> 岱少與兄太子中舍人寅、新安太守鏡、征北將軍永、弟廣州刺史辨俱知名，謂之張氏五龍。〔註140〕

而《梁書》卷一六〈張稷傳〉載：

> 性疏率，朗悟有才略，與族兄充、融、卷等具知名，時稱之曰：「充融卷稷，是爲四張。」〔註141〕

又據《梁書》卷二一〈張充傳〉載：

> 學不盈載，多所該覽，尤明老、易，能清言，與從叔稷俱有令譽。〔註142〕

張充與張稷皆有令譽。張氏不同於僑姓子弟多於幼時即知名，張氏只有張暢、張岱特別提到少知名外，其餘無法得知於何時知名。而張氏子弟的知名，有一特殊現象爲家族兄弟並爲知名或齊名，被稱以特別稱號者，如「四張」、「張氏五龍」特別稱號者。「四張」乃指張氏子弟充、融、卷、稷。而「張氏五龍」乃爲張氏五兄弟寅、鏡、永、岱、辨。〔註143〕而張暢則是與其從兄敷、演、敬齊名。像張氏寅、鏡、永、岱、辨五兄弟同爲傑出，被世尊爲「張氏五龍」此種現象，實爲不易，在僑姓世族中實所未見。且這應與其家庭教育有關，張氏重子弟的教養，使兄弟皆有名於世。然雖張氏有令譽子弟如上所述，但在史傳中卻也出現張氏子弟在德性爲人所批評者，據《梁書》卷二一〈張充傳〉載：

> 武帝嘗欲以充父緒爲尚書僕射，訪於儉，儉對曰：「張緒少有清望，誠美選也；然東士比無所執，緒諸子又多薄行，臣謂此宜詳擇。」帝遂止。〔註144〕

〔註139〕沈約，《宋書》卷46〈張邵附張暢傳〉，頁1397。
〔註140〕蕭子顯，《南齊書》卷32〈張岱傳〉，頁579。
〔註141〕姚思廉，《梁書》卷16〈張稷傳〉，頁270。
〔註142〕姚思廉，《梁書》卷21〈張充傳〉，頁328。
〔註143〕有關張氏五龍記載，《南齊書》與《南史》記載有出入。據《南齊書》卷32〈張岱傳〉載：「岱少與兄太子中舍人寅、新安太守鏡、征北將軍永、弟廣州刺史辨俱知名，謂之張氏五龍。」，頁579。而《南史》卷31〈張裕傳〉載：「子演，位太子中舍人。演四弟鏡、永、辯、岱俱知名，時謂之張氏五龍。」，頁804。兩史料在人名寫法上有出入。
〔註144〕姚思廉，《梁書》卷21〈張充傳〉，頁328。

梁武帝蕭衍欲舉張緒任尚書僕射之職，問之於王儉。王儉認為張緒本人有清
望確實是好人選，但張緒諸子多薄行，希望武帝如欲舉用張緒為尚書僕射能
多加考慮，結果梁武帝聽王儉之言，不任張緒為尚書僕射。王儉何以說張緒
諸子多薄行，任用張緒要多考慮？在王儉心中應該存著根深蒂固的齊家、治
國、平天下觀念，若張緒不善教子，諸子多薄行，家不齊，又何以國治？那
治國能力可能也要受到質疑。而王儉又為何知張緒諸子薄行？據《梁書》卷
二一〈張充傳〉載：

> 先是充兄弟皆輕俠，充少時又不護細行，故儉言之。〔註145〕

在前文談張氏子弟知名於世時，張充與從叔稷俱有令譽。而王儉又說張充少
時不護細行，可見張充毀譽參半。王儉說張充兄弟輕俠，張充不護細行，是
在史傳中僅見批評張氏子弟的唯一記載。

　　東南吳姓陸氏，亦有不少知名子弟，有兄弟並稱者，據《晉書》卷五四
〈陸雲傳〉載：

> 少與兄機齊名，雖文章不及機，而持論過之，號曰「二陸」。〔註146〕

《南史》卷四八〈陸慧曉傳〉載：

> 三子：僚、任、倕並有美名，時人謂之三陸。〔註147〕

且陸氏子弟年少之時便已具有聲名者多，據《晉書》卷五四〈陸雲附陸喜傳〉
載：

> 少有聲名，好學有才思。〔註148〕

《晉書》卷七七〈陸曄附陸玩傳〉載：

> 器量淹雅，弱冠有美名，賀循每稱其清允平當。〔註149〕

《陳書》卷二三〈陸繕傳〉載：

> 繕幼有志尚，以雅正知名。〔註150〕

再如《周書》卷三二〈陸通附陸逞傳〉載：

> 逞少謹密，早有名譽。〔註151〕

〔註145〕姚思廉，《梁書》卷21〈張充傳〉，頁328。
〔註146〕房玄齡，《晉書》卷54〈陸雲傳〉，頁1481。
〔註147〕李延壽，《南史》卷48〈陸慧曉傳〉，頁1192。
〔註148〕房玄齡，《晉書》卷54〈陸雲附陸喜傳〉，頁1486。
〔註149〕房玄齡，《晉書》卷77〈陸曄附陸玩傳〉，頁2024。
〔註150〕姚思廉，《陳書》卷23〈陸繕傳〉，頁302。
〔註151〕令狐德棻，《周書》卷32〈陸通附陸逞傳〉，頁559。

據上可知，陸喜、陸繕、陸逞皆在年少時已有聲名。而陸氏知名子弟如張氏一般出現兄弟並爲知名現象。陸機、陸雲並爲人所知，被號爲「二陸」；而陸慧曉三子：僚、任、倕並有美名，被時人稱爲「三陸」。一家之內，兄弟並有美名，這應該歸功於陸氏善教子有以致此。而陸氏子弟因善文章、器量淹雅、志向雅正、行爲謹密而知名。而陸氏雖爲東晉南朝東南本土大姓，但直至北朝，仍有佳子弟陸逞。綜觀東南吳姓，在史傳中以張氏、陸氏被載知名子弟最多，至於朱氏、顧氏未有知名子弟記載。

三、山東郡姓

　　山東郡姓太原王氏，在史傳中未有知名於世子弟記載，相較於琅邪王氏有四四子弟知名於世顯然不如。而山東郡姓博陵崔氏有崔洪、崔液二子弟爲時論所稱許，顯名於世。據《晉書》卷四五〈崔洪傳〉載：

> 洪少以清厲顯名，骨鯁不同於物，人之有過，輒面折之，而退無後言。〔註152〕

崔洪因個性正直，遇人有錯，常當面訓戒之，故以清厲顯名於世。而崔液，據《北史》卷三二〈崔挺附崔液傳〉載：

> 頗習文藻，有學涉，風儀器局爲時論所許。〔註153〕

崔液因風儀器度，爲當時人所稱許。博陵崔氏中，便以崔洪、崔液二人顯名於世，一爲爲人骨鯁清厲，一爲具風儀器局。而博陵崔氏子弟未有獲譏於世記載。至於清河崔氏稱重於時之子弟者，據《南史》卷七一〈崔靈恩傳〉載：

> 性拙樸，無風采，及解精析理，甚有精致，都下舊儒咸稱重之。〔註154〕

另《魏書》卷二四〈崔玄伯傳〉載：

> 玄伯祖悅與范陽盧諶，並以博藝著名。〔註155〕

且《魏書》卷二四〈崔玄伯傳〉載：

> 次子簡，字沖亮，一名覽。好學，少以善書知名。〔註156〕

又《北齊書》卷二三〈崔㥄傳〉載：

> 㥄狀貌偉麗，善於容止，少有名望，爲當時所知。〔註157〕

〔註152〕房玄齡，《晉書》卷45〈崔洪傳〉，頁1287。
〔註153〕李延壽，《北史》卷32〈崔挺附崔液傳〉，頁1182。
〔註154〕李延壽，《南史》卷71〈崔靈恩傳〉，頁1739。
〔註155〕魏收，《魏書》卷24〈崔玄伯傳〉，頁623。
〔註156〕魏收，《魏書》卷24〈崔玄伯傳〉，頁623。

如《周書》卷三六〈崔彥穆傳〉載：

> 幼明悟，神彩卓然。……伏膺儒業，爲時輩所稱。〔註158〕

再如《北史》卷二四〈崔逞附崔彧傳〉載：

> 相如以才學知名，早卒。〔註159〕

又《北史》卷二四〈崔逞附崔彧傳〉載：

> 彧子景哲，豪率，亦以醫術知名。〔註160〕

據上可知，崔靈恩、崔悅、崔簡、崔㥄、崔彥穆、崔相如、崔景哲等七人，爲崔氏知名於世佳子弟。崔靈恩因善於析理被稱重；崔悅因博藝而有名；崔簡因善書而知名；崔㥄因善容止，爲時所知；崔彥穆因伏膺儒業，爲時輩所稱；崔相如因才學而知名；崔景哲因醫術知名。在史傳記載中，清河崔氏知名弟子較博陵崔氏知名弟子二人多，不過博陵崔氏子弟未有獲譏於世者，而清河崔氏卻出現獲譏於世子弟，據《北齊書》卷二三〈崔㥄傳〉載：

> 率性豪侈，溺於財色，諸弟之間，不能盡雍穆之美，世論以此譏之。
>
> 〔註161〕

崔㥄因善於容止，爲當時所知，但卻因率性豪侈、沈溺於財色、諸弟間又不能和好融洽而爲世所譏，崔㥄是個既受稱揚又爲世所譏之人。不過大抵而言，清河崔氏子弟仍以獲好評、被見賞者爲多。

至於范陽盧氏子弟有盧諶、盧道裕、盧昶、盧思道、盧文甫等五人，有聲譽於當時，爲世人所賞及欽羨佳子弟。據《晉書》卷四四〈盧欽附盧諶傳〉載：

> 諶名家子，早有聲譽，才高行潔，爲一時所推。〔註162〕

而《魏書》卷四七〈盧玄附盧道裕傳〉載：

> 少以學尚知名，風儀兼美。〔註163〕

又《魏書》卷四七〈盧玄附盧昶傳〉載：

> 學涉經史，早有時譽。〔註164〕

又《北齊書》卷四二〈盧潛附盧思道傳〉載：

〔註157〕李百藥，《北齊書》卷23〈崔㥄傳〉，頁333。
〔註158〕令狐德棻，《周書》卷36〈崔彥穆傳〉，頁640。
〔註159〕李延壽，《北史》卷24〈崔逞附崔彧傳〉，頁869。
〔註160〕李延壽，《北史》卷24〈崔逞附崔彧傳〉，頁869。
〔註161〕李百藥，《北齊書》卷23〈崔㥄傳〉，頁335。
〔註162〕房玄齡，《晉書》卷44〈盧欽附盧諶傳〉，頁1259。
〔註163〕魏收，《魏書》卷47〈盧玄附盧道裕傳〉，頁1051。
〔註164〕魏收，《魏書》卷47〈盧玄附盧昶傳〉，頁1055。

神情俊發，少以才學有盛名。〔註165〕

再如《北史》卷三十〈盧玄附盧文甫傳〉載：

涉歷文史，有名譽於時。〔註166〕

綜觀范陽盧氏子弟有名於當時，皆因才學爲高而受到稱揚。但於史傳中，范陽盧氏子弟盧柔卻爲世所譏，據《北史》卷三十〈盧柔傳〉載：

頗使酒誕節，爲世所譏。〔註167〕

盧柔因好酒荒誕行爲，爲世人所譏。

另觀趙郡李氏子弟有李順、李式、李密、李孝伯等四人，爲世人所推崇。據《魏書》卷三六〈李順傳〉載：

順博涉經史，有才策，知名於世。〔註168〕

李順能知名於世，是因博涉經史，有才策。而《北史》卷三三〈李順附李式傳〉載：

學業知名。〔註169〕

李式因學業而知名。而《北齊書》卷二二〈李元忠附李密傳〉載：

性方直，有行檢。因母患積年，得名醫治療，不愈。乃精習經方，
洞曉針藥，母疾得除。當世皆服其明解，由是亦以醫術知名。〔註170〕

李密因醫術而知名。又《魏書》卷五三〈李孝伯傳〉載：

孝伯體度恢雅，明達政事，朝野貴賤，咸推重之。〔註171〕

李孝伯受朝野推重之因，乃肇於其氣度恢弘，明達政事。綜觀趙郡李氏子弟知名於世，除李孝伯以氣度受賞識外，皆以才學受世人認同。趙郡李氏雖有佳子弟，但於史傳中也見爲時所賤子弟，如李世幹、李稚明。據《魏書》卷四九〈李靈傳〉載：

世幹、稚明，兄弟並不修名行，險暴無禮，爲時所賤。〔註172〕

李世幹、李稚明因不修名行，險暴無禮，爲時人所賤。

再言隴西李氏子弟有爲皇帝所欣賞者，如李伯尙。據《魏書》卷三九〈李

〔註165〕李百藥，《北齊書》卷42〈盧潛附盧思道傳〉，頁557。
〔註166〕李延壽，《北史》卷30〈盧玄附盧文甫傳〉，頁1084。
〔註167〕李延壽，《北史》卷30〈盧柔傳〉，頁1088。
〔註168〕魏收，《魏書》卷36〈李順傳〉，頁829。
〔註169〕李延壽，《北史》卷33〈李順附李式傳〉，頁1215。
〔註170〕李百藥，《北齊書》卷22〈李元忠附李密傳〉，頁316。
〔註171〕魏收，《魏書》卷五三〈李孝伯傳〉，頁1172。
〔註172〕魏收，《魏書》卷49〈李靈傳〉，頁1099。

寶附李伯尙傳〉載：

> 少有重名。……高祖每云：「此李氏之千里駒。」〔註173〕

北魏高祖孝文帝認爲李伯尙爲李氏千里駒，可見李伯尙爲李氏優秀弟子。除李伯尙外，隴西李氏子弟有重名者還有李神儁、李承、李沖、李瑾、李行之等人。據《魏書》卷三九〈李寶附李神儁傳〉載：

> 少以才學知名，爲太常劉芳所賞。〔註174〕

李神儁因才學而知名。而《魏書》卷三九〈李寶附李承傳〉載：

> 承方裕有鑒裁，爲時所重。〔註175〕

李承爲時所重，是因方裕善於審查識別。又《魏書》卷五三〈李沖傳〉載：

> 沖善交遊，不妄戲雜，流輩重之。〔註176〕

李沖因善交遊而爲流輩所重。李承、李沖爲兄弟，並爲時所重。而《北齊書》卷二九〈李瓅附李瑾傳〉載：

> 才識之美，見稱當代。瑾六子，產之、倩之、壽之、禮之、行之、凝之，並有器望。行之與兄弟深相友愛，又風素夷簡，爲士友所稱。
>
> 〔註177〕

李瑾有才識而見稱當世，而李行之因能友愛兄弟而爲士友所稱。李瑾、李行之爲父子，並見稱於當世。綜觀隴西李氏子弟除李神儁、李瑾以才學識見受重視外，李承以氣度受欣賞，李沖、李行之則在與人交遊和相處態度上受到肯定。而李神儁雖以才學知名，但其行爲並不獲世人欣賞，據《魏書》卷三九〈李寶附李神儁傳〉載：

> 神儁意尙風流，情在推引人物，而不能守正奉公，無多聲譽。〔註178〕

又

> 性通率，不持檢度，至於少年之徒，皆與褻狎，不能清正方重，識者以此爲譏。〔註179〕

李神儁因不能守正奉公、不能清正方重而被識者所譏。從李神儁受正負評價

〔註173〕魏收，《魏書》卷39〈李寶附李伯尙傳〉，頁893。
〔註174〕魏收，《魏書》卷39〈李寶附李神儁傳〉，頁896。
〔註175〕魏收，《魏書》卷39〈李寶附李承傳〉，頁885。
〔註176〕魏收，《魏書》卷53〈李沖傳〉，頁1179。
〔註177〕李百藥，《北齊書》卷29〈李瓅附李瑾傳〉，頁397。
〔註178〕魏收，《魏書》卷39〈李寶附李神儁傳〉，頁896。
〔註179〕魏收，《魏書》卷39〈李寶附李神儁傳〉，頁897。

觀之，其雖有才學，但德性卻不被肯定。

　　鄭氏與太原王氏一樣，於史傳中不僅未有知名於世子弟，甚且有惡名於天下者，如《魏書》卷五六〈鄭羲附鄭嚴祖傳〉載：

　　　　頗有風儀，粗觀文史。……。輕躁薄行，不修士業，傾側勢家，乾
　　　　沒榮利，閨門穢亂，聲滿天下。〔註180〕

鄭嚴祖因不修德性，為人輕躁多薄行，閨門非雍穆，而污名為天下人所知。鄭氏除鄭嚴祖有惡名外，另外於史籍中也出現鄭氏子弟無禮不才記載，據《魏書》卷五六〈鄭羲傳〉載：

　　　　羲五兄：長白驎，次小白，次洞林，次叔夜，次連山。並恃豪門，
　　　　多行無禮，鄉黨之內，疾之若讎。〔註181〕

又

　　　　幼儒亡後，妻淫蕩兇悖，肆行無禮。子敬道、敬德，並亦不才，俱
　　　　走於關右。〔註182〕

鄭羲五兄氏恃其家為豪門，行多無禮，鄉黨之人，視之若仇人。而鄭幼儒子敬道、敬德，在世人眼裡無才可賞，因而避走他鄉。而雖然有部份世族出現使家門聲譽蒙羞的弟子，但卻從未如鄭氏子弟，只有惡名，未見美名。鄭氏於各世族中可算是個特例。然雖於史傳本文中內未有鄭氏子弟知名記載，但卻於正史史論中卻出現對鄭氏子弟的正面評價，據《北史》卷三五〈鄭羲傳〉載：

　　　　論曰：鄭羲機識明悟，為時所許。懿兄弟風尚，俱有可觀，故能並當
　　　　榮遇，共濟其美。述祖德業，足嗣家聲。嚴祖、仲禮，大虧門素。幼
　　　　儒令問促年。伯猷以賄敗德。道邕（孝穆）撫寧離散，仁惠克舉。譯
　　　　實受顧託，適足為敗。及帝遷明德，義非簡在，鹽梅之寄，固有攸歸。
　　　　言追昔款，內懷觖望，恥居吳、耿之末，羞與絳、灌為伍。事君盡禮，
　　　　既闕於夙心，不愛其親，遽彰於物議。格之名教，君子所深尤也。儼
　　　　名編恩幸，取辱前載。偉翻然豹變，蓋知機之士乎。〔註183〕

就此段史文可知，鄭氏子弟中鄭羲、鄭懿兄弟、鄭述祖、鄭孝穆、鄭偉等人還是有優點獲得好評，而對鄭嚴祖、鄭仲禮、鄭伯猷、鄭譯、鄭儼等人的評

　　〔註180〕魏收，《魏書》卷56〈鄭羲附鄭嚴祖傳〉，頁1242。
　　〔註181〕魏收，《魏書》卷56〈鄭羲傳〉，頁1243。
　　〔註182〕魏收，《魏書》卷56〈鄭羲傳〉，頁1244。
　　〔註183〕李延壽，《北史》卷35〈鄭羲傳〉，頁1318。

論卻是負面的。綜觀山東郡姓王崔盧李鄭知名於世子弟，在史傳中以清河崔氏七人最多，再者依次為隴西李氏六人，盧氏五人，趙郡李氏四人、博陵崔氏二人，太原王氏、鄭氏未載。而山東郡姓雖有子弟有美名於世，但亦見有子弟獲譏於世，如清河崔氏崔悏、盧氏盧柔、趙郡李世幹、李稚明、隴西李神儁，鄭氏鄭嚴祖及鄭羲五兄。就整體而言，山東郡姓世族子弟雖有獲譏於世者，不過相較因美名而知名於世者少。因而雖山東世族有獲譏於世子弟，仍瑕不掩瑜，並不影響世人對其家門印象。而被譏子弟中，鄭氏較例外，因山東世族中，從未像鄭氏子弟只有惡名，未見美名。不過史官雖未能於史傳中直接陳述鄭氏子弟美名事蹟，但於史論中卻對鄭氏子弟有好評。

四、關中郡姓

關中郡姓韋氏有知名於世子弟。如韋儁，據《魏書》卷四五〈韋閬附韋儁傳〉載：

> 性溫和廉讓，為州里所稱。〔註184〕

韋儁因德行廉讓而為州里所稱。再如既有才學又有德行者：韋榮亮、韋綱父子。據《北史》卷二六〈韋閬附韋榮亮傳〉載：

> 博學有文才，德行仁孝，為時所重。〔註185〕

又

> （榮亮）子綱，字世紀，有操行，才學見稱，領袖本州，調為中正。
> 開皇中，位趙州長史。有子文宗、文英，並知名。〔註186〕

而韋文宗、韋文英為韋綱二子，兄弟並為知名，不遜於父。另外，韋氏兄弟並知名者還有韋道遜兄弟及韋總兄弟。據《北齊書》卷四五〈顏之推附韋道遜傳〉載：

> 道遜與兄道密、道建、道儒並早以文學知名。〔註187〕

再如《周書》卷三一〈韋孝寬傳〉載：

> 孝寬有六子，總、壽、霽、津知名。〔註188〕

韋道遜兄弟因善文學而知名於天下，而韋總兄弟雖知名，但史傳未言何因。

〔註184〕魏收，《魏書》卷45〈韋閬附韋儁傳〉，頁1009。
〔註185〕李延壽，《北史》卷26〈韋閬附韋榮亮傳〉，頁956。
〔註186〕李延壽，《北史》卷26〈韋閬附韋榮亮傳〉，頁957。
〔註187〕李百藥，《北齊書》卷45〈顏之推附韋道遜傳〉，頁626。
〔註188〕令狐德棻，《周書》卷31〈韋孝寬傳〉，頁544。

再如《周書》卷三九〈韋瓊傳〉載：

> 瓊幼聰敏，有夙成之量，閭里咸敬異之。〔註189〕

韋瓊年幼即展現聰敏而大器早成之量，使閭里之人敬異之。綜觀韋氏子弟知名於世情形，韋僑爲韋榮亮父，韋榮亮爲韋綱父，韋綱爲韋文宗、韋文英父，一門四代皆爲世所重，這相較於其他世族是很特別的。另外，韋氏多兄弟同知名於世。而韋氏子弟文宗、文英、總、壽、霽、津等人僅直接言之知名，無說明原因外，其他有因文學，有因德行操守爲世所重。而從史料中獲知一個現象，韋氏未如其他世族稱揚自家子弟，反倒是韋氏多爲時人所欣賞而能名重於世，爲何如此？是韋氏無自幼已有出眾之子弟，以致未見能興門戶端倪？或韋氏不善於哄抬子弟聲價？這是值得深思的問題。而史傳中，未見韋氏子弟獲譏於世者。

關中郡姓裴氏，雖無自家人稱揚子弟，但子弟爲世人所推稱或知名於當世者，於史傳中屢見。其中有因博學、涉經史而爲時人所稱。據《晉書》卷三五〈裴秀附裴顗傳〉載：

> 弘雅有遠識，博學稽古，自少知名。〔註190〕

且《陳書》卷二五〈裴忌傳〉載：

> 忌少聰敏，有識量，頗涉史傳，爲當時所稱。〔註191〕

而《周書》卷三四〈裴寬傳〉載：

> 寬儀貌瓌偉，博涉羣書，弱冠爲州里所稱。與二弟漢、尼是和知名。
>
> 〔註192〕

又《周書》卷三六〈裴果附裴孝仁傳〉載：

> 孝仁幼聰敏，涉獵經史，有譽於時。〔註193〕

又《北齊書》卷三五〈裴讓之傳〉載：

> 讓之少好學，有文俊辯，早得聲譽。〔註194〕

再如《北史》卷三八〈裴寬附裴師人傳〉載：

> 好學有識度，見稱於時。〔註195〕

〔註189〕令狐德棻，《周書》卷39〈韋瓊傳〉，頁693。
〔註190〕房玄齡，《晉書》卷35〈裴秀附裴顗傳〉，頁1041。
〔註191〕姚思廉，《陳書》卷25〈裴忌傳〉，頁317。
〔註192〕令狐德棻，《周書》卷34〈裴寬傳〉，頁594。
〔註193〕令狐德棻，《周書》卷36〈裴果附裴孝仁傳〉，頁648。
〔註194〕李百藥，《北齊書》卷35〈裴讓之傳〉，頁465。

另外《北史》卷三八〈裴駿附裴獻伯傳〉載：

> 少以學尚風流，有名京洛。〔註196〕

據以上可知，裴頠、裴忌、裴寬、裴漢、裴尼、裴孝仁、裴讓之、裴師人、裴獻伯等裴氏子弟以好學博涉經史，爲世所重。而兄弟並爲知名除裴寬兄弟外，還有裴挹兄弟，據《晉書》卷三五〈裴秀附裴憲傳〉載：

> 憲有二子：挹、毅，並以文才知名。〔註197〕

裴挹兄弟以文才而知名。而裴敬憲才德並佳，而名聲甚重，據《魏書》卷八五〈裴敬憲傳〉載：

> 性和雅，未嘗失色於人。工隸草，解音律，五言之作，獨擅於時。

> 名聲甚重，後進共宗慕之。〔註198〕

而裴邃以德行聞名，據《周書》卷三七〈裴文舉附裴邃傳〉載：

> 邃，性方嚴，爲州里所推挹。〔註199〕

另外裴楷、裴政以明悟能博聞而知名，據《晉書》卷三五〈裴秀附裴楷傳〉載：

> 楷明悟有識量，弱冠知名，尤精老易，少與王戎齊名。〔註200〕

又《北史》卷七七〈裴政傳〉載：

> 幼聰明，博聞強記，達於從政，爲當世所稱。〔註201〕

而裴宣以通辯博物而有聲譽，據《魏書》卷四五〈裴駿附裴宣傳〉載：

> 通辯博物，早有聲譽。〔註202〕

從以上引據史料，知裴氏知名子弟甚多。其中裴楷爲裴挹、裴毅祖父；裴邃爲裴政祖父；裴宣爲裴敬憲、裴獻伯父親；裴敬憲、裴獻伯爲兄弟；裴挹、裴毅爲兄弟；裴寬、裴漢、裴尼爲兄弟；裴寬爲裴師人從父。從以上的關係知，裴氏有祖父與孫同知名於世、有父子同知名於世、有兄弟同知名於世，一家之人如此受重於當時，若無好家教恐難如此。雖裴氏有好子弟，但於史傳中也見獲譏於世子弟，如裴植，據《魏書》卷七一〈裴叔業附裴植傳〉載：

〔註195〕李延壽，《北史》卷38〈裴寬附裴師人傳〉，頁1399。
〔註196〕李延壽，《北史》卷38〈裴寬附裴獻伯傳〉，頁1376。
〔註197〕房玄齡，《晉書》卷35〈裴秀附裴憲傳〉，頁1051。
〔註198〕魏收，《魏書》卷85〈裴敬憲傳〉，頁1870。
〔註199〕令狐德棻，《周書》卷3〈裴文舉附裴邃傳〉，頁668。
〔註200〕房玄齡，《晉書》卷35〈裴秀附裴楷傳〉，頁1047。
〔註201〕李延壽，《北史》卷77〈裴政傳〉，頁2611。
〔註202〕魏收，《魏書》卷45〈裴駿附裴宣傳〉，頁1023。

植在瀛州也，其母年踰七十，以身為婢，自施三寶，布衣麻菲，手
執箕箒，於沙門寺灑掃。植弟瑜、粲、衍並亦奴僕之服，泣涕而從，
有感道俗。諸子各以布帛數百贖免其母。於是出家為比丘尼，入嵩
高，積歲乃還家。植雖自州送祿奉母及贍諸弟，而各別資財，同居
異爨，一門數竈，蓋亦染江南之俗也。植母既老，身又長嫡，其臨
州也，妻子隨去，分違數歲。論者譏焉。〔註203〕

裴植為家中長子，母老未能於身旁奉養，其妻子也未能代為奉養，裴植因此
事為論者所譏。裴植為史傳中僅見裴氏子弟為世所譏者。綜觀裴氏子弟還是
以受時人所重佳子弟為多。

關中郡姓柳氏亦有知名於世子弟。有以勇烈稱者，據《宋書》卷七七〈柳
元景傳〉載：

元景少便弓馬，數隨父伐蠻，以勇稱。〔註204〕

又《梁書》卷四三〈柳敬禮傳〉載：

敬禮與兄仲禮，皆少以勇烈知名。〔註205〕

據所引史料，知柳元景、柳敬禮、柳仲禮皆以勇烈知名。又有與兄齊名者柳
惔，據《南史》卷三八〈柳元景附柳惔傳〉載：

惔，好學工製文，尤曉音律，少與長兄悅齊名。〔註206〕

有風韻清遠，獲世譽者柳世隆，據《南史》卷三八〈柳元景附柳世隆傳〉載：

在朝不干世務，垂簾鼓琴，風韻清遠，甚獲世譽。〔註207〕

另外有聲名佳者柳裘、柳機，據《北史》卷七四〈柳裘傳〉載：

裘少聰慧，弱冠有令名。〔註208〕

而《周書》卷二二〈柳慶附柳機傳〉載：

機，少有令譽，風儀辭令，為當世所推。〔註209〕

而從柳氏知名子弟關係觀之，柳世隆為柳惔、柳悅的父親；柳惔是柳裘的祖
父；柳惔、柳悅為兄弟，柳敬禮、柳仲禮為兄弟。柳氏有祖孫、父子、兄弟

〔註203〕魏收，《魏書》卷71〈裴叔業附裴植傳〉，頁1571～1572。
〔註204〕沈約，《宋書》卷77〈柳元景傳〉，頁1981。
〔註205〕姚思廉，《梁書》卷43〈柳敬禮傳〉，頁611。
〔註206〕李延壽，《南史》卷38〈柳元景附柳惔傳〉，頁986。
〔註207〕李延壽，《南史》卷38〈柳元景附柳世隆傳〉，頁985。
〔註208〕李延壽，《北史》卷74〈柳裘傳〉，頁2544。
〔註209〕令狐德棻，《周書》卷22〈柳慶附柳機傳〉，頁373。

皆知名者。而柳氏知名子弟以「雄烈」知名，不同於多數世族以「尙文」知名。而於史傳中，未見柳氏子弟有獲譏於世者。

關中郡姓薛氏如韋氏、裴氏，無家族中人稱揚子弟，但卻有爲世人稱道或知名子弟。薛氏子弟知名以「勇武」稱爲多，據《宋書》卷八八〈薛安都傳〉載：

> 安都少以勇聞，身長七尺八寸，便弓馬。〔註210〕

又《北史》卷七六〈薛世雄傳〉載：

> 子萬述、萬淑、萬鈞、萬徹、萬備，並以驍武知名。〔註211〕

而以孝悌之德聞名者有薛裕，據《周書》卷三五〈薛端附薛裕傳〉載：

> 少以孝悌聞於州里。〔註212〕

而薛氏未見獲譏於世子弟。

楊氏累世有盛名，據《晉書》卷八四〈楊佺期傳〉載：

> 楊佺期，弘農華陰人，漢太尉震之後也。曾祖準，太常。自震至準，
> 七世有名德。〔註213〕

楊氏自楊震至楊準七世有名德，可知此七世皆爲楊氏優秀子弟，使其家族盛名可以延續久遠。此外，於史傳中另可見楊愔、楊敷有聲譽，據《北史》卷四一〈楊播附楊愔傳〉載：

> 愔貴公子，早著聲譽，風表鑒裁，爲朝野所稱。〔註214〕

又《北史》卷四一〈楊敷傳〉載：

> 敷少有志操，重然諾，人景慕之。〔註215〕

其中楊愔最值一提，不僅爲家族中人所賞，也爲朝野所稱道。而楊氏子弟未有獲譏於世者。

杜氏雖無被家族中人所賞子弟，但卻有爲世人所稱道子弟。有以膽勇知名者，如杜崱，據《梁書》卷四六〈杜崱傳〉載：

> 幼有志氣，居鄉里以膽勇稱。〔註216〕

〔註210〕沈約，《宋書》卷 88〈薛安都傳〉，頁 2215。
〔註211〕李延壽，《北史》卷 76〈薛世雄傳〉，頁 2607。
〔註212〕令狐德棻，《周書》卷 35〈薛端附薛裕傳〉，頁 622。
〔註213〕房玄齡，《晉書》卷 84〈楊佺期傳〉，頁 2200。
〔註214〕李延壽，《北史》卷 41〈楊播附楊愔傳〉，頁 1503。
〔註215〕李延壽，《北史》卷 41〈楊敷傳〉，頁 1508。
〔註216〕姚思廉，《梁書》卷 46〈杜崱傳〉，頁 642。

有兄弟並知名於當世者，據《梁書》卷四六〈杜崱傳〉載：

> 崱兄弟九人，兄嵩、岑、嵸、崀、嶷、巘、岸及弟幼安，並知名當
> 世。〔註217〕

杜崱兄弟九人皆知名，若非家教恐難致此。而杜崱兄弟九人以何知名於世？推測可能是「膽勇」，因史料言杜崱以膽勇稱，故有理由認為九兄弟皆膽勇，能以膽勇稱於世。而據《晉書》卷三四〈杜預附杜錫傳〉載：

> 少有盛名，起家長沙王乂文學，累遷太子中舍人。〔註218〕

杜錫少已有盛名。另外，杜氏以性情姿容有盛名者，如杜乂，據《晉書》卷九三〈杜乂傳〉載：

> 性純和，美姿容，有名盛於江左。〔註219〕

杜氏有知名子弟，但亦有行為不佳子弟，如《宋書》卷六五〈杜驥附杜幼文傳〉載：

> 幼文，薄於行。〔註220〕

綜觀關中郡姓韋裴柳薛楊杜知名子弟情形，韋氏、裴氏、薛氏、杜氏皆未有家族中人稱揚子弟，但卻有為世人所重子弟。而韋氏子弟一門四代為世所重，且有兄弟同知名於世。而裴氏出現祖孫、父子、兄弟同知名於世。而楊氏七世有名德，可見楊氏不缺佳子弟。而關中郡姓被譏子弟並不多，僅裴植、杜幼文二人。而關中郡姓柳氏、薛氏、杜氏子弟，多以雄烈、勇武、膽勇著稱，不同於其他世族以「尚文」知名。

五、虜　姓

虜姓元氏為世人所推稱子弟，有元偉，據《周書》卷三八〈元偉傳〉載：

> 偉性溫柔，好虛靜。居家不治生業。篤學愛文，政事之暇，未嘗棄
> 書。謹慎小心，與物無忤。時人以此稱之。〔註221〕

時人以元偉能謹慎小心，與物無忤而稱揚之。而元氏未有獲譏於世子弟。長孫氏未見知名於世子弟。而宇文深、宇文神舉為宇文氏為世所推稱子弟，據《周書》卷二七〈宇文測附宇文深傳〉載：

〔註217〕姚思廉，《梁書》卷46〈杜崱傳〉，頁643。
〔註218〕房玄齡，《晉書》卷34〈杜預附杜錫傳〉，頁1033。
〔註219〕房玄齡，《晉書》卷93〈杜乂傳〉，頁2414。
〔註220〕沈約，《宋書》卷65〈杜驥附杜幼文傳〉，頁1722。
〔註221〕令狐德棻，《周書》卷38〈元偉傳〉，頁689。

> 從弟神（譽）【舉】、神慶幼孤，深撫訓之，義均同氣，世亦以此稱
> 焉。〔註222〕

宇文深撫訓從弟，因能義均同氣，爲世人所稱。又《周書》卷四十〈宇文神
舉傳〉載：

> 莅職當官，每著聲績。兼好施愛士，以雄豪自居。故得任兼文武，
> 聲彰中外。百僚無不仰其風則，先輩舊齒至于今而稱之。〔註223〕

宇文神舉爲官有佳績，又能愛士，故爲先輩舊齒所稱。而宇文化及爲獲譏於
世子弟，據《北史》卷七九〈宇文述附宇文化及傳〉載：

> 性兇險，不循法度，好乘肥挾彈，馳騖道中，由是長安謂之輕薄公
> 子。〔註224〕

宇文化及不循法度，被世人譏稱爲輕薄公子。而于氏子弟表現如何？未見知名
於世子弟。代郡陸氏有優秀子弟爲帝所稱者，據《魏書》卷四十〈陸俟傳〉載：

> 長子馛，多智，有父風。高宗見馛而悅之，謂朝臣曰：「吾常歎其父
> 智過其軀，是復踰於父矣。」〔註225〕

北魏高宗文成帝見陸俟長子陸馛稱其多智勝於父，此爲文成帝對陸馛的讚
賞。代郡陸氏子弟除陸馛受到文成帝肯定外，未見其他弟子被時人所賞。綜
觀虜姓世族知名子弟，不如僑姓、吳姓、郡姓，僅見宇文氏宇文深、宇文神
舉二人，元氏元偉一人、陸氏陸馛一人，而長孫氏、于氏未見知名子弟。而
獲譏於世子弟，僅見宇文化及。而虜姓子弟知名於世少，或許與其社會崇尚
雄武之風，文人不爲所重，更少論人有關。

　　綜上而言，世族爲維繫門第，家門須有佳子弟。從以上史料引舉，世族
確實有源源不絕佳子弟，顯美名於世，使人產生世族門第對培養子弟之不餘
遺力，世族不缺佳子弟印象。而世族子弟知名於世，甚多於年少時便已知名，
此若非家人的刻意栽培，實難造就此象。而在討論所有世族中，以僑姓琅邪
王氏知名於世子弟四四人最多，琅邪王氏人才輩出，這正好與我們對當時社
會的認知，所謂「王與馬共天下」情形相符。當時皇權旁落，世族勢大，能
與皇權抗衡是琅邪王氏。而吳姓張氏子弟兄弟並爲知名或齊名現象，常被稱

〔註222〕令狐德棻，《周書》卷27〈宇文測附宇文深傳〉，頁457。
〔註223〕令狐德棻，《周書》卷40〈宇文神舉傳〉，頁716。
〔註224〕李延壽，《北史》卷79〈宇文述附宇文化及傳〉，頁2654。
〔註225〕魏收，《魏書》卷40〈陸俟傳〉28，頁904。

以如「四張」、「張氏五龍」特別稱號最屬特別。而關中郡姓韋氏、裴氏、薛氏、杜氏雖未有家族中人稱揚子弟，卻有為世人所稱揚子弟。而關中郡姓柳氏、薛氏、杜氏子弟知名，多以雄烈、勇武、膽勇著稱，不同於其他僑姓、郡姓以「尚文」知名。而虜姓子弟知名者少，或許與其社會崇尚雄武之風，文人不被重視，更少論人有關。而世族子弟雖有美名於世者眾，但亦有獲譏於世者，不過這種現象並不影響世人對世族家門印象。而世族子弟有美名者眾，被譏者少，說明世族子弟大多有優秀表現，而世族子弟能有優秀表現，應歸功於家庭教育之力。

第三章　世族家教內容分析

世族在進行家庭教育時，特別重視子弟勤學之教，另外也透過家訓以教子弟，更多因具體事情的發生，而對子弟教勸，進行所謂的機會教育，此外臨終前的遺命之言，亦是教子弟的重要內容，以下分而論之。

第一節　家　訓

談及家庭教育，最明確可見家中長輩教子用心之處，非家訓莫屬。而家訓表現的型態，依近人周法高所寫〈家訓文學源流〉指出，家訓來源有三，一為家誡、誡子書，二為遺令、遺誡，三為自敘。〔註1〕然就家訓的發展歷史而言，兩漢時，家訓作品並不為多，但自此之後便漸趨蓬勃發展，以致北齊時出現家訓系統之名作《顏氏家訓》，該書全面地體現六朝世族家訓的內容特點。故魏晉南北朝是家訓發展重要的時期。而家訓包括道德之教與學問之教兩項。此處先言東晉南北朝世族所留家誡、誡子書，對子孫的道德之教。

家庭中的教誡勸勉，專以寫著家訓之文，作為子孫之戒者，在僑姓王謝袁蕭四氏中，僅見於琅邪王氏。王僧虔及王褒均曾寫著訓誡之文以誡子。王僧虔認為玄學之談，談何容易，不鼓勵諸子以此道為勝，更談到自己無法庇蔭子孫，子孫須自己努力，但該如何努力？據《南齊書》卷三三〈王僧虔傳〉載：

> 僧虔宋世嘗有書誡子曰：
>
> ……于時王家門中，優者則龍鳳，劣者猶虎豹，失蔭之後，豈龍虎

〔註1〕周法高，〈家訓文學源流（上、中、下）〉，《大陸雜誌》，第 22 卷第 2、3、4 期。

> 之議？況吾不能爲汝陰，政應各自努力耳。或有身經三公，蔑爾無
> 聞；布衣寒素，卿相屈體。或父子貴賤殊，兄弟聲名異。何也？體
> 盡讀數百卷書耳。〔註2〕

王僧虔認爲貴賤之殊、聲名之異最大的差別在於勤學，故努力之道，讀書當
然是最好的方法。讀書能識時務，可以爲將相，亦可名垂千古，故以勤讀訓
勉子弟。至於王褒，據《梁書》卷四一〈王規附王褒傳〉載，王褒著幼訓，
以誡諸子，其一章云：

> ……立身行道，終始若一。……儒家則尊卑等差，吉凶降殺。君南
> 面而臣北面，天地之義也。……道家則墮支體，黜聰明，棄義絕仁，
> 離形去智。釋氏之義，見苦斷習，證滅循道，明因辨果，偶凡成聖，
> 斯雖爲教等差，而義歸汲引。吾始乎幼學，及于知命，既崇周、孔
> 之教，兼循老、釋之談，江左以來，斯業不墜，汝能脩之，吾之志
> 也。〔註3〕

王褒著幼訓以誡子，非以一家之說爲教，而是融合儒、釋、道的主張爲內涵，
期許諸子能終始奉之，以符其志。

　　而當世另一王氏世族又是如何訓勉子弟？山東郡姓太原王氏的王昶藉爲
兄子及己子命名，寓以爲人處世深意於其中。王昶兄子及己子其名究竟爲何？
有何深意？據《三國志》卷二七〈王昶傳〉載：

> 其爲兄子及子作名字，皆依謙實，以見其意，故兄子默字處靜，沈
> 字處道，其子渾字玄沖，深字道沖。〔註4〕

王昶爲兄子及己子取名，皆含有爲人須謙虛實在之意。但王昶又深怕子弟不
能知其取名之用意，更以書戒使子姪們能明瞭其用心，其言：

> 欲使汝曹立身行己，遵儒者之教，履道家之言，故以玄默沖虛爲名，
> 欲使汝曹顧名思義，不敢違越也。〔註5〕

王昶希望子姪能謙實，能以儒家、道家爲行爲準則，故取玄默沖虛之名。從
王昶爲子弟取名之處，可見王昶家教之用心，希望子弟名如其人，想到自己
的名，就該牢記爲人處世之道。王昶這種爲子弟取名，賦於深意的做法，也

〔註2〕蕭子顯，《南齊書》卷33〈王僧虔傳〉，頁599。
〔註3〕姚思廉，《梁書》卷41〈王規附王褒傳〉，頁583～584。
〔註4〕陳壽，《三國志》卷27〈王昶傳〉，頁744。
〔註5〕陳壽，《三國志》卷27〈王昶傳〉，頁745。

常被今人爲子取名所沿用。在王昶的書戒中，除說明取名緣由外，也另述及其他爲人處世之道，如

> 孝敬仁義，百行之首，行之而立，身之本也。
>
> 浮華則有虛僞之累，朋黨則有彼此之患。此二者之戒，昭然著明，……。
>
> 知足之足常足矣。
>
> 人或毀己，當退而求之於身。
>
> 止謗莫如自脩。
>
> 今汝先人世有冠冕，惟仁義爲名，守愼爲稱，孝悌於閨門，務學於師友。
>
> 及其用財先九族，其施舍務周急，其出入存故老，其論議貴無貶，其進仕尚忠節，其取人務實道，其處世戒驕淫，其貧賤愼無戚，其進退念合宜，其行事加九思，如此而已。無復何憂哉？〔註6〕

而盧建榮《北魏唐宋死亡文化史》認爲此王昶曉喻子姪之言，無非是望子弟對地位和聲譽的追逐要有所節制，更確切的說，王昶訓誡子姪內容，主張在待人接物上要低調，要知所謙讓。〔註7〕因此可見王昶誡子姪主要著重於德性與待人處世的訓勉，至於求官求聲名，王昶反倒不希望子姪積極求之。王昶深怕其意，子姪仍不明白，更於文內實際舉例言明，徐偉長、任昭先二人列爲學習效法的榜樣，至於郭伯益、劉公幹等人，王昶則不願子姪學之、慕之。徐偉長、任昭先、郭伯益、劉公幹爲人如何？爲何王昶要子姪學徐偉長、任昭先之爲人，而不要學郭伯益、劉公幹？王昶曾分析四人，其言

> 穎川郭伯益，好尚通達，敏而有知。其爲人弘曠不足，輕貴有餘；得其人重之如山，不得其人忽之如草。吾以所知親之昵之，不願兒子爲之。北海徐偉長，不治名高，不求苟得，澹然自守，惟道是務。其有所是非，則託古人以見其意，當時無所褒貶。吾敬之重之，願兒子師之。東平劉公幹，博學有高才，誠節有大意，然性行不均，少所拘忌，得失足以相補。吾愛之重之，不願兒子慕之。樂安任昭先，淳粹履道，內敏外恕，推遜恭讓，處不避汙，怯而義勇，在朝

〔註6〕陳壽，《三國志》卷27〈王昶傳〉，頁744、頁745、頁745、頁746、頁746、頁746、頁747。

〔註7〕盧建榮，《北魏唐宋死亡文化史》，台北：麥田出版，2006年3月，頁202。

忘身。吾友之善之，願兒子遵之。〔註8〕

雖然郭伯益、劉公幹皆有優點，但王昶還是喜歡徐偉長的澹然自守，惟道是務；喜歡任昭先的淳粹履道，內敏外恕，推遜恭讓，處不避汚，怯而義勇，在朝忘身。王昶用心良苦長文訓誡子姪，期許子姪謙實爲尚，這樣的訓勉是否爲其後代子孫所奉行？王濟爲王昶孫，據《晉書》卷四二〈王渾附王濟傳〉載：

外雖弘雅，而內多忌刻，好以言傷物，儕類以此少之。以其父之故，
每排王濬，時議譏焉。〔註9〕

王濟的行爲與祖父王昶所訓顯然有異，因王昶訓示子孫應內敏外恕，推遜恭讓；但王濟卻內多忌刻，好以言傷物，故招致時人非議。又《晉書》卷四二〈王渾附王濟傳〉載：

性豪侈，麗服玉食。〔註10〕

王昶認爲知足之足常足矣，若王濟遵之，也不會性豪侈，麗服玉食。可見王濟並未遵從祖父王昶的訓勉。那麼，不禁想進一步問，家訓之文實際約束效力有多大？這實難回答，因存有個別差異。因家訓不如法律條文，具有強而有力的約束力，家訓的效用，須端看個人如何看待家訓中的訓勉，若重視之，自然效用大，對子孫之影響效果也大；若不重視，那也只不過是一篇無足輕重的文章，就亦如王昶之如此苦口婆心，卻未對其孫王濟發生潛移默化之效用。

再觀關中郡姓楊氏，有楊椿誡子孫之作。楊椿寫家訓，誡子孫，爲世族中少見的長篇之作，其用意深遠。故特將楊椿誡子孫全文內容引用如下以做說明。其內容爲：

我家入魏之始，即爲上客，給田宅，賜奴婢、馬牛羊，遂成富室。自爾至今二十年，二千石、方伯不絕，祿恤甚多。至於親姻知故，吉凶之際，必厚加贈襚；來往賓僚，必以酒肉飲食。是故親姻朋友無憾焉。國家初，丈夫好服綵色。吾雖不記上谷翁時事，然記清河翁時服飾，恆見翁著布衣韋帶，常約敕諸父曰：「汝等後世，脫若富貴於今日者，愼勿積金一斤、綵帛百匹已上，用爲富也。」又不聽治生求利，又不聽與勢家作婚姻。至吾兄弟，不能遵奉。今汝等服乘，以漸華好，吾是以知恭儉之德，漸不如上世也。又吾兄弟，若在家，必同盤而食，

〔註8〕陳壽，《三國志》卷27〈王昶傳〉，頁746～747。
〔註9〕房玄齡，《晉書》卷42〈王渾附王濟傳〉，頁1205。
〔註10〕房玄齡，《晉書》卷42〈王渾附王濟傳〉，頁1206。

若有近行，不至，必待其還，亦有過中不食，忍飢相待。吾兄弟八人，今存者有三，是故不忍別食也。又願畢吾兄弟世，不異居、異財，汝等眼見，非爲虛假。如聞汝等兄弟，時有別齋獨食者，此又不如吾等一世也。吾今日不爲貧賤，然居住舍宅不作壯麗華飾者，正慮汝等後世不賢，不能保守之，方爲勢家作奪。

　　北都時，朝法嚴急。太和（477～499）初，吾兄弟三人並居內職，兄在高祖左右，吾與津在文明太后左右。于時口敕，責諸內官，十日仰密得一事，不列便大瞋嫌。諸人多有依敕密列者，亦有太后、高祖中間傳言構間者。吾兄弟自相誡曰：「今忝二聖近臣，母子間甚難，宜深慎之。又列人事，亦何容易，縱被瞋責，慎勿輕言。」十餘年中，不嘗言一人罪過，當時大被嫌責。答曰：「臣等非不聞人言，正恐不審，仰誤聖聽，是以不敢言。」於後終以不言蒙賞。及二聖間言語，終不敢輒爾傳通。太和二十一年（497），吾從濟州來朝，在清徽堂豫讌。高祖謂諸王、諸貴曰：「北京之日，太后嚴明，吾每得杖，左右因此有是非言語。和朕母子者唯楊椿兄弟。」遂舉賜四兄及我酒。汝等脫若萬一蒙時主知遇，宜深慎言語，不可輕論人惡也。

　　吾自惟文武才藝、門望姻援不勝他人，一旦位登侍中、尚書，四歷九卿，十爲刺史，光祿大夫、儀同、開府、司徒、太保，津今復爲司空者，正由忠貞，小心謹慎，口不嘗論人過，無貴無賤，待之以禮，以是故至此耳。聞汝等學時俗人，乃有坐而待客者，有驅馳勢門者，有輕論人惡者，及見貴勝則敬重之，見貧賤則慢易之，此人行之大失，立身之大病也。汝家仕皇魏以來，高祖以下乃有七郡太守、三十二州刺史，內外顯職，時流少比。汝等若能存禮節，不爲奢淫驕慢，假不勝人，足免尤誚，足成名家。吾今年始七十五，自惟氣力，尚堪朝覲天子，所以孜孜求退者，正欲使汝等知天下滿足之義，爲一門法耳，非是苟求千載之名也。汝等能記吾言，百年之後，終無恨矣。〔註11〕

家訓全文分三段落，楊椿在第一段先言家室之富乃肇於朝廷所賜，二十餘年來，祿恤甚多，與親姻知故往來，皆能以禮待之，絕無因己富貴而薄待之，故親姻朋友無所遺憾。再循序漸近道說，擔憂家道有一代不如一代的情況。

〔註11〕魏收，《魏書》卷58〈楊播附楊椿傳〉，頁1289～1291。

楊椿從子孫服乘奢華，及兄弟別齋而獨食觀之，知子孫恭儉之德、兄弟相處之情，已不如上一代。楊椿害怕的是後代子孫不賢，不能持守家道，不能保住家勢。

文章第二段楊椿乃以自己親身的經歷勸誡子孫。楊椿說其三兄弟曾並居內職，而當時文明太后與孝文帝中間，常有傳言構間挑撥者，兄弟為免陷入爭端，就自相誡勉「慎勿輕言」。後孝文帝有所體悟，與諸王、諸貴說：「和朕母子者唯楊椿兄弟」，因而獲得賜酒。楊椿以此事勸子孫應「慎言語，不輕論人惡」。

家訓第三段先談自己累居官位，非因文武才藝、門望姻援勝他人，而是因能忠貞、小心謹慎、口不嘗論人過、無貴無賤、待之以禮所造就。之後，明示子孫若能存禮節，不奢淫驕慢，不爭勝，足免被世人所責難，足以成名家。最後希望子孫能記其言，那他就無憾了。

楊椿整篇誡子孫之文，是經過深思熟慮寫出的。從對子孫的擔憂說起，再以己經歷做例子以為子孫具體參考，最後說自己對子孫的期待。從這樣脈絡分明，非三言兩語的訓誡之言，可知楊椿教子孫之苦心。而楊椿家教的重點是謹言慎行，杜驕奢，與人處能有禮節，仍不脫傳統訓子孫為人處世原則。

而家教除親自寫文以訓子孫外，另有引所認同者之座右銘為子孫戒。據《南史》卷二二〈王曇首附王儉傳〉載：

> 幼篤學，手不釋卷。賓客或相稱美，僧虔曰：「我不患此兒無名，政
> 恐名太盛耳。」乃手書崔子玉座右銘以貽之。〔註12〕

王儉為王僧綽子，為何非僧綽對王儉施家教，而是叔父王僧虔？史書明白記載，因王僧綽遇害，王儉為叔父僧虔所養，故王僧虔負起教養之責。〔註13〕王儉之優秀為賓客所稱美，當然值得高興，但王僧虔害怕王儉名聲過盛。故寫崔瑗座右銘送之，希望有益於王儉。崔瑗座右銘內容為何？據《全後漢文》卷四五載崔瑗座右銘：

> 無道人之短，無說己之長。施人慎勿念，受施慎勿忘。世譽不足慕，
> 唯仁為紀綱。隱身而後動，謗議庸何傷。無使名過實，守愚聖所臧。
> 柔弱生之徒，老氏誡剛強。在涅貴不緇，曖曖內含光。硜硜鄙夫介，
> 悠悠故難量。慎言節飲食，知足勝不祥。行之苟有恆。久久自芬芳。

〔註12〕李延壽，《南史》卷22〈王曇首附王儉傳〉，頁590。
〔註13〕李延壽，《南史》卷22〈王曇首附王儉傳〉，頁590。

〔註14〕
崔瑗座右銘寫的是待人處世原則，無議人長短，無使自己名過其實，要謹言慎行，要知足，全文可說是德性之教。王僧虔認同崔瑗之說，特別是崔瑗提到無使名過其實，正好可以作其惟恐王儉聲名過累之誡。

談完東晉南北朝有關家訓道德之教後，再來要論述的是各世族的學問之教。中國社會自古以來，即非常重視勤學。即使連古聖先賢也不例外，也會常強調自己好學，如孔子自言：

> 十室之邑，必有忠信如丘者焉。不如丘之好學也。〔註15〕

孔子對自己的好學頗有自信。孔子養之以學而後成，故古之知道者必由學，學者必由勤讀以致道。而顏之推《顏氏家訓》教子孫勉學特別強調，

> 自古明王聖帝，猶須勤學況凡庶乎！〔註16〕

顏之推認為即使明王聖帝尚須勤學不倦，何況是一般人。在這樣以勤學為重的社會時尚，難怪世族們的長輩都希冀子弟們能藉此道，以致安身立命，以顯家族之名於萬世。

為何培養子弟「好學」是件重要的事？在至聖先師孔子給子路的一段話，正足以說明「好學」之重要。其云：

> 好仁不好學，其蔽也愚；好知不好學，其蔽也蕩；好信不好學，其蔽也賊；好直不好學，其蔽也絞；好勇不好學，其蔽也亂；好剛不好學，其蔽也狂。〔註17〕

孔子指出要達仁、知、信、直、勇、剛等六美德，但如不好學，皆將會被有所蒙蔽，無以臻於各美德的真義至高境界。可見好學之重要，關涉德性甚鉅，好學絕非僅為了仕途求進。再看顏之推如何說勉學之重要。據《顏氏家訓》第八〈勉學〉載：

> 所以學者，欲其多知明達耳。〔註18〕

〔註14〕嚴可均，《全上古三代秦漢三國六朝文》，北京：中華書局，1995 年 11 月，〈全後漢文〉卷 45，頁 718。

〔註15〕《論語·公冶長第五》，見楊伯峻，《論語譯注》，台北：華正書局，民國 79 年 8 月，頁 57。

〔註16〕王利器，《顏氏家訓集解》第八〈勉學〉，北京：中華書局，1996 年 9 月，頁 143。

〔註17〕《論語·陽貨第一七》，見楊伯峻，《論語譯注》，台北：華正書局，民國 79 年 8 月，頁 191。

〔註18〕王利器，《顏氏家訓集解》第八〈勉學〉，頁 158。

且

　　博學求之，無不利於事也。〔註19〕

又

　　夫所以讀書學問，本欲開心明目，利於行耳。〔註20〕

再如

　　學之所知，施無不達。〔註21〕

從以上顏之推之言，好學之目的，在明達事理，增廣見聞，以利於行事，絕非只爲求仕進之如此功利。而讀書即使未能做到明達事理，至少亦不失爲一項謀生技藝，足以糊口，顏之推是如何言其呢？其言：

　　夫明六經之指，涉百家之書，縱不能增益德行，敦厲風俗，猶爲一
　　藝，得以自資。〔註22〕

又

　　諺曰：「積財千萬，不如薄伎在身。」伎之易習而可貴者，無過讀書
　　也。〔註23〕

今人告訴子弟好學之因，是因好學才會有前途，但在古人眼裡這僅是好學目的之最低境界而已。其實古人培養子弟好學，寓寄深意，無不希望子弟能成爲才德兼備之人，故非常重視子弟勤學。

　　而子弟好學，又該從何時養成？據《顏氏家訓》第八〈勉學〉載：

　　人生小幼，精神專利，長成已後，思慮散逸，固須早教，勿失機也。

　　〔註24〕

顏之推認爲子弟好學宜早，因年紀小，無雜務纏身，精神容易專一，學習效果較好。再據顏之推所言：

　　士大夫子弟，數歲已上，莫不被教，多者或至禮、傳，少者不失詩、
　　論。〔註25〕

可見士大夫子弟多於年幼時，即被教以好學之道。而東晉南北朝世族對子弟

〔註19〕 王利器，《顏氏家訓集解》第八〈勉學〉，頁162。
〔註20〕 王利器，《顏氏家訓集解》第八〈勉學〉，頁165。
〔註21〕 王利器，《顏氏家訓集解》第八〈勉學〉，頁166。
〔註22〕 王利器，《顏氏家訓集解》第八〈勉學〉，頁157。
〔註23〕 王利器，《顏氏家訓集解》第八〈勉學〉，頁157。
〔註24〕 王利器，《顏氏家訓集解》第八〈勉學〉，頁172。
〔註25〕 王利器，《顏氏家訓集解》第八〈勉學〉，頁143。

好學之教情形如何？乃爲本節另一所欲解答之問題。

　　東晉南北朝世家大族特別重視好學之教，因要培養子弟成爲才德兼備之人，捨此無他途。而世族是否具文化素養，更是評價門第高低標準之一，故世家大族非常重視文化教育。家族要有文化，必須有良好的教育氛圍和學習環境，才足以成之，故世家大族多在子弟年幼時，即教之向學好讀，也因此史書中常出現世家子弟，少小之時即好學之情形。而世家子弟少小已能好學，若非天資聰穎，當是世族苦心栽培，換言之，是世族於家庭中施予好學之教。

一、僑　姓

　　先談僑姓王謝袁蕭四氏家族子弟好學情形如何？琅邪王氏子弟好學情形可整理如下表：

表二：琅邪王氏子弟「好學」情況表

姓　名	史　　　實	史　料　出　處
王　弘	弘少好學，以清恬知名，與尚書僕射謝混善。	《宋書》卷 42〈列傳〉第 2，頁 1311
王　微	微少好學，無不通覽。	《宋書》卷 62〈列傳〉第 22，頁 1664
王僧達	少好學。	《宋書》卷 75〈列傳〉第 35，頁 1951
王　筠	及長，清靜好學，與從兄泰齊名。	《梁書》卷 33〈列傳〉第 27，頁 484
	其自序曰：「余少好書，老而彌篤，雖偶見瞥觀，皆即疏記，後重省覽，歡興彌深，習與性成，不覺筆倦。	《梁書》卷 33〈列傳〉第 27，頁 486
王　籍	及長好學，博涉有才氣，樂安任昉見而稱之。	《梁書》卷 50〈列傳〉第 44，頁 713
王　儉	幼篤學，手不釋卷。	《南史》卷 22〈列傳〉第 12，頁 590
王　泰	少好學，手所抄寫二千許卷。	《南史》卷 22〈列傳〉第 12，頁 606
王　猛	及長勤學不倦，博涉經史，兼習孫、吳兵法。	《南史》卷 24〈列傳〉第 14，頁 665
王　翊	風神秀立，好學有文才。	《魏書》卷 63〈列傳〉第 51，頁 1413

| 王 由 | 好學，有文才，尤善草隸。 | 《魏書》卷 71〈列傳〉第 59，頁 1588 |

據表可知，王弘、王微、王僧達、王筠、王籍、王儉、王泰、王猛、王翊、王由等十人，爲琅邪王氏好學子弟。其中除王籍、王猛、王翊、王由外，皆於年少即好學，而能於年少時，即知好學，想必影響其好學的外來可能因素極低，重要的還是來自於家庭環境的影響。易言之，是家教的結果，這正驗證顏之推所言，士大夫子弟數歲已上，莫不被教。另外，史傳中雖未言好學，但談及涉略經史、文史、書傳之琅邪王氏子弟亦不少，如

　　王韶之，好史籍，博涉多聞。〔註26〕

　　王瞻，及長，頗折節有士操，涉獵書記，於棊射尤善。〔註27〕

　　王勔，美風儀，博涉書史，恬然清簡，未嘗以利欲干懷。〔註28〕

　　王質，少慷慨，涉獵書史。〔註29〕

　　王固，少清正，頗涉文史。〔註30〕

　　王肅，少而聰辯，涉獵經史，頗有大志。〔註31〕

　　王秉，涉獵書史，微有兄風。〔註32〕

　　王褒，美風儀，善談笑，博覽史傳，尤工屬文。〔註33〕

據上可知，王韶之、王瞻、王勔、王質、王固、王肅、王秉、王褒等八人，涉書史、經史。既然涉略書史、經史，實亦可稱爲好學。故琅邪王氏共有十八子弟好學。

　　而謝氏在史傳中，記載子弟好學情形僅見四人，如

　　靈運少好學，博覽羣書，文章之美，江左莫逮。〔註34〕

　　朓少好學，有美名，文章清麗。〔註35〕

　　謝舉，幼好學，能清言，與覽齊名。〔註36〕

〔註26〕沈約，《宋書》卷 60〈王韶之傳〉，頁 1625。

〔註27〕姚思廉，《梁書》卷 21〈王瞻傳〉，頁 317。

〔註28〕李延壽，《南史》卷 23〈王彧附王勔傳〉，頁 642。

〔註29〕李延壽，《南史》卷 23〈王彧附王質傳〉，頁 643。

〔註30〕李延壽，《南史》卷 23〈王彧附王固傳〉，頁 644。

〔註31〕魏收，《魏書》卷 63〈王肅傳〉，頁 1407。

〔註32〕魏收，《魏書》卷 63〈王肅附王秉傳〉，頁 1412。

〔註33〕令狐德棻，《周書》卷 41〈王褒傳〉，頁 729。

〔註34〕沈約，《宋書》卷 67〈謝靈運傳〉，頁 1743。

〔註35〕蕭子顯，《南齊書》卷 47〈謝朓傳〉，頁 825。

超宗，好學有文辭，盛得名譽。〔註37〕

據上可知，謝靈運、謝朓、謝舉、謝超宗等四人，為謝氏好學之子弟。其人數雖不如琅邪王氏眾多，但與琅邪王氏一樣，謝氏子弟除謝超宗外，皆於年幼時即好學。而在僑姓世族中，令人頗感意外的是袁氏一族，因於史傳中，居然絲毫未述及該家族子弟好學之狀況。

至於蕭氏好學子弟則頗為眾多，可整理如下表：

表三：蕭氏子弟「好學」情況表

姓　名	史　　　　　實	史　料　出　處
蕭　景	既長好學，才辯能斷。	《梁書》卷 24〈列傳〉18，頁 367
蕭子顯	子顯偉容貌，身長八尺。好學，……。	《梁書》卷 35〈列傳〉29，頁 511
蕭　洽	洽幼敏寤，年七歲，誦楚辭略上口。及長，好學博涉，亦善屬文。	《梁書》卷 41〈列傳〉35，頁 589
蕭眎素	性靜退，少嗜欲，好學，能清言，榮利不關於口，喜怒不形於色。	《梁書》卷 41〈列傳〉35，頁 597
蕭　引	性聰敏，博學，善屬文。	《陳書》卷 21〈列傳〉15，頁 288～289
蕭　彤	以恬靜好學，……。	《陳書》卷 21〈列傳〉15，頁 290
蕭　濟	少好學，博通經史，……。	《陳書》卷 30〈列傳〉24，頁 395
蕭　密	博學有文詞。	《南史》卷 18〈列傳〉8，頁 507
蕭　慨	深沉有禮，樂善好學，攻草隸書。	《北齊書》卷 33〈列傳〉25，頁 443
蕭圓肅	風度淹雅，敏而好學。	《周書》卷 42〈列傳〉34，頁 755
蕭大圜	大圜性好學，務於著述。	《周書》卷 42〈列傳〉34，頁 759
蕭　詧	幼而好學，善屬文，尤長佛義。	《周書》卷 48〈列傳〉40，頁 855
蕭　琮	性倜儻不羈，博學有文義，兼善弓馬。	《周書》卷 48〈列傳〉40，頁 866
蕭　岌	性淳和，幼而好學。	《周書》卷 48〈列傳〉40，頁 867
蕭　該	性篤學，詩，書、春秋、禮記並通大義，尤精漢書，甚為貴遊所禮。……。	《北史》卷 82〈列傳〉70，頁 2759
蕭　吉	博學多通，尤精陰陽、算術。	《北史》卷 89〈列傳〉77，頁 2953

據表可知，蕭氏子弟好學有，蕭景、蕭子顯、蕭洽、蕭眎素、蕭引、蕭彤、蕭

〔註36〕姚思廉，《梁書》卷 37〈謝舉傳〉，頁 529。

〔註37〕李延壽，《南史》卷 19〈謝靈運附謝超宗傳〉，頁 542。

濟、蕭密、蕭愷、蕭圓肅、蕭大圜、蕭詧、蕭琮、蕭岌、蕭該、蕭吉等十六人。
其中蕭洽、蕭濟、蕭詧、蕭岌爲幼即好學外，其餘並未特別強調幼小好學。另
外，蕭氏在史傳中，有雖未言好學，但涉略經史、文史、書傳者，如

> 蕭惠開，少有風氣，涉獵文史，家雖貴戚，而居服簡素。〔註38〕
> 蕭子暉，少涉書史，亦有文才。〔註39〕
> 蕭欣，幼聰警，博綜墳籍，善屬文。〔註40〕

蕭惠開、蕭子暉、蕭欣等三人，既涉書史經傳，亦可說好學之人。故蕭氏實
有十九人好學。而就僑姓王謝袁蕭好學子弟做比較，蕭氏最多十九人，次之
琅邪王氏十八人、再者謝氏四人，而袁氏無載。而特別提及子弟少即好學，
王氏有六人，蕭氏有四人，謝氏有三人。

二、東南吳姓

東南吳姓朱氏、張氏於史傳中，未見子弟好學記載。而顧氏，據《陳書》
卷三十〈顧野王傳〉載：

> 野王幼好學。七歲，讀五經，略知大旨。九歲能屬文，嘗製日賦，領
> 軍朱异見而奇之。年十二，隨父之建安，撰建安地記二篇。長而遍觀
> 經史，精記嘿識，天文地理、蓍龜占候、蟲篆奇字，無所不通。〔註41〕

顧野王爲顧氏子弟中，唯一有好學記載之子弟。而顧野王於幼時即好學。這
可能與其父顧烜有關，據史載顧烜以儒術知名。〔註42〕而顧野王七歲能讀經、
九歲能寫文，這樣的表現，有可能是顧烜之教育，換言之，顧野王深受父教
影響。至於吳姓陸氏，在史傳中可見子弟好學記載者非常多，據整理可得陸
氏子弟「好學」情形如下表：

表四：陸氏子弟「好學」情況表

姓　名	史　　　　實	史　料　出　處
陸　瑁	少好學篤義。	《三國志》卷57〈吳書〉12，頁1336

〔註38〕沈約，《宋書》卷87〈蕭惠開傳〉，頁2199。
〔註39〕姚思廉，《梁書》卷35〈蕭子恪附蕭子暉傳〉，頁516。
〔註40〕令狐德棻，《周書》卷48〈蕭詧附蕭欣傳〉，頁874。
〔註41〕姚思廉，《陳書》卷30〈顧野王傳〉，頁399。
〔註42〕姚思廉，《陳書》卷30〈顧野王傳〉，頁399。

陸　凱	手不釋書。	《三國志》卷 61〈吳書〉16，頁 1400
陸　喜	好學有才思。	《晉書》卷 54〈列傳〉24，頁 1486
陸　澄	澄少好學，博覽無所不知，行坐眠食，手不釋卷。	《南齊書》卷 39〈列傳〉20，頁 681
陸　杲	杲少好學。	《梁書》卷 26〈列傳〉20，頁 398
陸　罩	少篤學，有文才，……。	《梁書》卷 26〈列傳〉20，頁 399
陸　倕	少勤學，善屬文。	《梁書》卷 27〈列傳〉21，頁 401
陸雲公	既長，好學有才思。	《梁書》卷 50〈列傳〉44，頁 724
陸　瓊	及侯景作逆，攜母避地于縣之西鄉，勤苦讀書，晝夜無怠，遂博學，善屬文。	《陳書》卷 30〈列傳〉24，頁 396
陸從典	篤好學業，博涉羣書，於班史尤所屬意。	《陳書》卷 30〈列傳〉24，頁 398
陸　慶	少好學，遍知五經，尤明春秋左氏傳，節操甚高。	《陳書》卷 33〈列傳〉27，頁 450
陸　琰	琰幼孤、好學，有志操。	《陳書》卷 34〈列傳〉28，頁 462
陸　瑜	少篤學，美詞藻。	《陳書》卷 34〈列傳〉28，頁 463
	瑜幼長讀書，晝夜不廢，聰敏彊記，一覽無復遺失。	《陳書》卷 34〈列傳〉28，頁 463
陸　玠	弘雅有識度，好學，能屬文。	《陳書》卷 34〈列傳〉28，頁 464
陸　通	通少敦敏好學，有志節。	《周書》卷 32〈列傳〉24，頁 558

據表可知，陸氏子弟陸瑁、陸凱、陸喜、陸澄、陸杲、陸罩、陸倕、陸雲公、陸瓊、陸從典、陸慶、陸琰、陸瑜、陸玠、陸通等十五人，皆爲好學之人。而在十五人中，有陸瑁、陸澄、陸倕、陸杲、陸罩、陸慶、陸琰、陸瑜、陸通等九人，明載少而好學，可見陸氏子弟幼少之時即好學比率相當高。綜觀東南吳姓朱張顧陸，子弟好學以陸氏十五人最多，顧氏僅一人，朱氏、張氏無載。而少而好學之子弟，陸氏有九人，顧氏有一人。

三、山東郡姓

僑姓琅邪王氏子弟好學情形，如前述計有十八人。而當世另一王氏顯族，山東郡姓太原王氏，其子弟好學情形又如何？其與琅邪王氏相較，顯然差距甚遠，史傳中未明載好學子弟。僅見三人略涉經史、書傳，據《魏書》卷三八〈王慧龍附王遵業傳〉載：

> 遵業，風儀清秀，涉歷經史。〔註43〕

又《北史》卷三五〈王慧龍附王廣業傳〉載：

> 遵業弟廣業，性沈雅，涉歷書傳，……。廣業弟延業，博學多聞，頗有才藻，位中書郎。〔註44〕

遵業、廣業、延業為王瓊子，三兄弟或涉歷經史，或涉歷書傳，或博學多聞。總括而言，可說三兄弟皆好學也，這也是於史傳中，太原王氏僅見的好學子弟。

而山東郡姓崔氏，有博陵崔氏、清河崔氏二支。博陵崔氏子弟好學者，計有：崔挺、崔孝芬、崔猷、崔仲方、崔德立等五人。其情形，據《魏書》卷五七〈崔挺傳〉載：

> 挺幼居喪盡禮。少敦學業，多所覽究，推人愛士，州閭親附焉。……。
> 家徒壁立，兄弟怡然，手不釋卷。〔註45〕

又《魏書》卷五七〈崔挺附崔孝芬傳〉載：

> 早有才識，博學好文章。〔註46〕

而《周書》卷三五〈崔猷傳〉載：

> 猷少好學，風度閑雅，性鯁正，有軍國籌略。〔註47〕

又《北史》卷三二〈崔挺附崔仲方傳〉載：

> 少好讀書，有文武才略。〔註48〕

再如《北史》卷三二〈崔鑒附崔季通傳〉載：

> 季通子德立，好學，愛屬文，預撰御覽，位濟州別駕。〔註49〕

〔註43〕魏收，《魏書》卷38〈王慧龍附王遵業傳〉，頁878。
〔註44〕李延壽，《北史》卷35〈王慧龍附王廣業傳〉，頁1301。
〔註45〕魏收，《魏書》卷57〈崔挺傳〉，頁1264。
〔註46〕魏收，《魏書》卷57〈崔挺附崔孝芬傳〉，頁1266。
〔註47〕令狐德棻，《周書》卷35〈崔猷傳〉，頁615。
〔註48〕李延壽，《北史》卷32〈崔挺附崔仲方傳〉，頁1176。
〔註49〕李延壽，《北史》卷32〈崔鑒附崔季通傳〉，頁1161。

崔仲方爲崔挺曾孫、崔猷爲崔挺孫、崔孝芬爲崔挺子，可見一門四代皆好學。
若家庭環境非崇尚好學，恐難有如此現象。而博陵崔氏此五人中，幼即好學
有三人，可知其家中長輩苦心培育，從幼教之。另外，崔勔雖於史傳中不言
其好學，但卻揭及其略涉史傳，據《魏書》卷五十七〈崔挺附崔勔傳〉載：

頗涉史傳，有几案才。〔註50〕

崔勔涉史傳，亦是好學，故博陵崔氏實有六人好學。而另一崔氏世族 —— 清
河崔氏，好學子弟較博陵崔氏爲多，據史傳可整理如下表：

表五：清河崔氏子弟「好學」情況表

姓　　名	史　　　　　實	史　料　出　處
崔慰祖	好學，聚書至萬卷，……。	《南齊書》卷 52〈列傳〉33，頁 901
崔靈恩	少篤學，從師徧通五經，尤精三禮、三傳。	《梁書》卷 48〈列傳〉42，頁 676
崔　簡	好學，少以善書知名。	《魏書》卷 24〈列傳〉12，頁 623
崔祖虬	少而好學，下帷誦書，不驅競當世。舉秀才不就。	《魏書》卷 24〈列傳〉12，頁 634
崔　休	休好學，涉歷書史，公事軍旅之隙，手不釋卷，崇尚先達，愛接後來，……。	《魏書》卷 69〈列傳〉57，頁 1525
崔仲文	悈昆季仲文，有學尚，……。	《北齊書》卷 23〈列傳〉15，頁 337
崔　朏	朏好學，有文才，……。	《北史》卷 21〈列傳〉9，頁 793
崔　逞	逞少好學，有文才。	《北史》卷 24〈列傳〉12，頁 867
崔　冏	幼好學，汎覽經傳，多伎藝，尤工相術。	《北史》卷 24〈列傳〉12，頁 869
崔　瞻	性方重，好讀書，酒後清言，聞者莫不傾耳。	《北史》卷 24〈列傳〉12，頁 876
崔長謙	長謙讀書不廢，凡手抄八千餘紙，天文、律曆、醫方、卜相、風角、鳥言，靡不閑解。	《北史》卷 24〈列傳〉12，頁 879～880

據表可知，崔慰祖、崔靈恩、崔簡、崔祖虬、崔休、崔仲文、崔朏、崔逞、

〔註50〕魏收，《魏書》卷 57〈崔挺附崔勔傳〉，頁 1269。

崔岊、崔瞻、崔長謙等十一人，爲清河崔氏之好學子弟。其中崔靈恩、崔祖
虬、崔逞、崔岊四人，史傳中特別強調幼而好學。另外，清河崔氏有子弟涉
經史、書史者，如

> 崔祖思，少有志氣，好讀書史。〔註51〕

> 崔衡，涉獵書史，頗爲文筆。〔註52〕

崔祖思、崔衡，亦可歸爲好學之人。故清河崔氏實有十三子弟好學。

　　另於史傳中，記載山東郡姓盧氏好學子弟有，盧辯、盧柔、盧觀、盧靜
等四人。其好學情形，據《周書》卷二四〈盧辯傳〉載：

> 辯少好學，博通經籍，舉秀才，爲太學博士。〔註53〕

另《北史》卷三十〈盧柔傳〉載：

> 性聰敏好學，未冠解屬文，但口吃，不能持論。〔註54〕

《北史》卷三十〈盧觀傳〉載：

> 少好學，有儁才，舉秀才，射策甲科。〔註55〕

又《北史》卷三十〈盧同附盧靜傳〉載：

> 同兄靜，好學有風度，飲酒至數斗不亂。〔註56〕

其中盧辯、盧觀皆少即好學。另外，盧氏子弟有涉略文史者，據《北史》卷
三十〈盧玄附盧文甫傳〉載：

> 涉歷文史，有名譽於時。〔註57〕

盧氏好學子弟四人，再加上盧文甫涉文史，盧氏實有五子弟好學。

　　至於山東郡姓李氏，有趙郡李氏、隴西李氏二支。趙郡李氏有李憲、李
瑾、李郁、李概、李孝貞等五人好學。其情形，據《魏書》卷三六〈李順附
李憲傳〉載：

> 清粹，善風儀，好學，有器度。〔註58〕

另《魏書》卷四九〈李靈附李瑾傳〉載：

> 瑾淳謹好學，老而不倦。〔註59〕

〔註51〕蕭子顯，《南齊書》卷28〈崔祖思傳〉，頁517。

〔註52〕李延壽，《北史》卷21〈崔宏附崔衡傳〉，頁793。

〔註53〕令狐德棻，《周書》卷24〈盧辯傳〉，頁403。

〔註54〕李延壽，《北史》卷30〈盧柔傳〉，頁1088。

〔註55〕李延壽，《北史》卷30〈盧觀傳〉，頁1091。

〔註56〕李延壽，《北史》卷30〈盧同附盧靜傳〉，頁1098。

〔註57〕李延壽，《北史》卷30〈盧玄附盧文甫傳〉，頁1084。

〔註58〕魏收，《魏書》卷36〈李順附李憲傳〉，頁835。

如《魏書》卷五三〈李孝伯附李郁傳〉載：

> 好學沉靜，博通經史。〔註60〕

又《北史》卷三三〈李靈附李概傳〉載：

> 少好學。〔註61〕

如《北史》卷三三〈李順附李孝貞傳〉載：

> 好學善屬文。〔註62〕

趙郡李氏子弟中僅李概特別強調少時即好學。另外，趙郡李氏有涉書傳、文史之子弟，有

> 李希宗，性寬和，儀貌雅麗，涉獵書傳，有文才。〔註63〕

> 李藉之，性謹正，粗涉書史。〔註64〕

> 李瑒，涉歷史傳，頗有文才，氣尚豪爽，公強當世。〔註65〕

> 李湛，涉獵文史，有家風。〔註66〕

據上可知，李希宗、李藉之、李瑒、李湛等四人，涉書傳、文史，當亦好學。故趙郡李氏子弟實有九人好學。而山東郡姓李氏的另一支——隴西李氏，其子弟好學情形又如何？據史傳並未提及隻字片語，此種情形在山東郡姓其他世族中實屬少見。而山東郡姓鄭氏，子弟好學僅見鄭道昭一人，據《魏書》卷五六〈鄭羲附鄭道昭傳〉載：

> 道昭，少而好學，綜覽羣言。〔註67〕

鄭道昭於幼少之時即好學。綜觀山東郡姓王崔盧李鄭子弟好學情形，以清河崔氏十三人最多，趙郡李氏九人次之，博陵崔氏六人又次之，再為盧氏有五人，太原王氏有三人，鄭氏僅一人，至於隴西李氏未見任何記載。而特別強調「少即好學」情形，清河崔氏有四人，博陵崔氏有三人，盧氏有二人，趙郡李氏、鄭氏僅一人。

〔註59〕魏收，《魏書》卷49〈李靈附李瑾傳〉，頁1098。
〔註60〕魏收，《魏書》卷53〈李孝伯附李郁傳〉，頁1178。
〔註61〕李延壽，《北史》卷33〈李靈附李概傳〉，頁1211。
〔註62〕李延壽，《北史》卷33〈李順附李孝貞傳〉，頁1218。
〔註63〕魏收，《魏書》卷36〈李順附李希宗傳〉，頁836。
〔註64〕魏收，《魏書》卷49〈李靈附李藉之傳〉，頁1102。
〔註65〕魏收，《魏書》卷53〈李孝伯附李瑒傳〉，頁1177。
〔註66〕李百藥，《北齊書》卷29〈李渾附李湛傳〉，頁394。
〔註67〕魏收，《魏書》卷56〈鄭羲附鄭道昭傳〉，頁1240。

四、關中郡姓

關中郡姓韋氏，子弟好學情形，據《梁書》卷一二〈韋叡傳〉載：

> 叡兄纂、闡，並早知名。纂、叡皆好學，闡有清操。〔註68〕

韋纂、韋叡兄弟並爲好學。另《陳書》卷一八〈韋載傳〉載：

> 載少聰惠，篤志好學。〔註69〕

又《周書》卷三九〈韋瑱傳〉載：

> 篤志好學，兼善騎射。〔註70〕

再《北史》卷六四〈韋孝寬附韋協傳〉載：

> 好學有雅量，位祕書郎。〔註71〕

據上可知，韋氏子弟韋纂、韋叡、韋載、韋瑱、韋協等五人有好學記載。此五人於史傳中，並未特別強調少而好學。另外，韋氏有涉經史、書史子弟，如

> 韋稜，性恬素，以書史爲業，博物強記，當世之士，咸就質疑。〔註72〕

> 韋載，及長，博涉文史，沉敏有器局。〔註73〕

> 韋榮緒，頗涉文史。〔註74〕

韋稜、韋載、韋榮緒等三人，涉略經史、書史，當歸爲韋氏好學之子弟。故韋氏實有八子弟好學。

至於關中郡姓裴氏，好學子弟眾多，可整理如下表：

表六：裴氏子弟「好學」情況表

姓　　名	史　　　　　實	史　料　出　處
裴　秀	秀少好學，有風操，八歲能屬文。	《晉書》卷 35〈列傳〉5，頁 1037
裴子野	少好學，善屬文。	《梁書》卷 30〈列傳〉24，頁 441
裴　修	清辯好學。	《魏書》卷 45〈列傳〉33，頁 1021
裴　植	少而好學，覽綜經史，尤長釋典，善談理義。	《魏書》卷 71〈列傳〉59，頁 1570
裴讓之	讓之少好學，有文俊辯，早得聲譽。	《北齊書》卷 35〈列傳〉27，頁 465

〔註68〕姚思廉，《梁書》卷 12〈韋叡傳〉，頁 220。
〔註69〕姚思廉，《陳書》卷 18〈韋載傳〉，頁 249。
〔註70〕令狐德棻，《周書》卷 39〈韋瑱傳〉，頁 693。
〔註71〕李延壽，《北史》卷 64〈韋孝寬附韋協傳〉，頁 2274。
〔註72〕姚思廉，《梁書》卷 12〈韋叡附韋稜傳〉，頁 225。
〔註73〕姚思廉，《陳書》卷 18〈韋載傳〉，頁 249。
〔註74〕魏收，《魏書》卷 45〈韋閬附韋榮緒傳〉，頁 1010。

裴　漢	操尚弘雅，聰敏好學。	《周書》卷 34〈列傳〉26，頁 597
裴　矩	及長，好學，頗愛文藻，有智數。	《北史》卷 38〈列傳〉26，頁 1387
裴師人	好學有識度，見稱於時。	《北史》卷 38〈列傳〉26，頁 1399

據表得知，裴秀、裴子野、裴修、裴植、裴讓之、裴漢、裴矩、裴師人等八人，為裴氏好學之子弟。其中裴讓之為裴矩從父，裴漢為裴師人從父。而裴秀、裴子野、裴植、裴讓之四人，史傳中特別提到少時即好學。另外，裴氏有涉經史、書史之子弟，如

　　　　裴楷風神高邁，容儀俊爽，博涉羣書，特精理義，……。〔註75〕

　　　　裴忌，少聰敏，有識量，頗涉史傳，為當時所稱。〔註76〕

　　　　裴延儁，涉獵墳史，頗有才筆。〔註77〕

　　　　裴寬儀貌瓌偉，博涉羣書，弱冠為州里所稱。〔註78〕

裴楷、裴忌、裴延儁、裴寬等四人，亦可視為裴氏好學子弟。故裴氏好學子弟實有十二人。

　　　另關中郡姓柳氏，子弟好學情形也眾多，可整理如下表：

表七：柳氏子弟「好學」情況表

姓　　名	史　　　實	史　料　出　處
柳　惲	少有志行，好學，善尺牘。	《梁書》卷 21〈列傳〉15，頁 331
柳世隆	及長，好讀書，……。	《南史》卷 38〈列傳〉28，頁 982
柳　惔	好學工製文，尤曉音律，……。	《南史》卷 38〈列傳〉28，頁 986
柳　鷟	好學，善屬文。	《周書》卷 22〈列傳〉14，頁 373
柳帶韋	深沉有度量，少好學。	《周書》卷 22〈列傳〉14，頁 373
柳　敏	性好學，涉獵經史，陰陽卜筮之術，靡不習焉。	《周書》卷 32〈列傳〉24，頁 560
柳　虯	年十三，便專精好學。	《周書》卷 38〈列傳〉30，頁 680
柳雄亮	幼有志節，好學不倦。	《周書》卷 46〈列傳〉38，頁 829
柳　彧	少好學，頗涉經史。	《北史》卷 77〈列傳〉65，頁 2622
柳　晉	少聰敏，解屬文，好讀書，所覽將萬卷。	《北史》卷 83〈列傳〉71，頁 2800

〔註75〕房玄齡，《晉書》卷 35〈裴秀附裴楷傳〉，頁 1048。
〔註76〕姚思廉，《陳書》卷 25〈裴忌傳〉，頁 317。
〔註77〕魏收，《魏書》卷 69〈裴延儁傳〉，頁 1528。
〔註78〕令狐德棻，《周書》卷 34〈裴寬傳〉，頁 594。

據表可知，柳惲、柳世隆、柳惔、柳驚、柳帶韋、柳敏、柳虯、柳雄亮、柳
彧、柳晉等十人，爲柳氏好學之子弟。其中柳世隆爲柳惔、柳惲父親；柳驚
爲柳帶韋父親；柳惔、柳惲爲兄弟；柳虯、柳驚爲兄弟。從以上父子或兄弟
同爲好學之情形，推測應有家庭環境的影響使以致此。然於史傳中，特別提
到少幼好學者，有柳惲、柳帶韋、柳雄亮、柳彧、柳晉等五人。少即好學，
實乃受家教影響所使然。另外，柳氏有涉經史、書史子弟，如

> 柳楷，身長八尺，善草書，頗涉文史。〔註79〕
>
> 柳慶幼聰敏，有器量。博涉羣書，不治章句。好飲酒，閑於占對。
>
> 〔註80〕
>
> 柳弘，少聰穎，亦善草隸，博涉羣書，辭彩雅贍。〔註81〕
>
> 柳靖，少方雅，博覽墳籍。〔註82〕
>
> 柳旦，工騎射，頗涉書籍。〔註83〕
>
> 柳莊，少有器量，博覽墳籍，兼善辭令。〔註84〕

據上可知，柳楷、柳慶、柳弘、柳靖、柳旦、柳莊等六人，亦可歸爲柳氏好
學之子弟。故柳氏實有十六名子弟好學。

至於關中郡姓薛氏子弟之好學情形，據《周書》卷三五〈薛端傳〉載：

> 端少有志操。遭父憂，居喪合禮。與弟裕，勵精篤學，不交人事。
>
> 〔註85〕

薛端與薛裕兄弟並爲篤學。又《周書》卷三五〈薛善附薛慎傳〉載：

> 好學，能屬文，善草書。〔註86〕

而《北史》卷三六〈薛辯附薛湖傳〉載：

> 少有節操，篤志於學，專精講習，不干時務，與物無競，好以德義
>
> 服人。〔註87〕

且《北史》卷三六〈薛辯附薛道衡傳〉載：

〔註79〕魏收，《魏書》卷45〈柳崇附柳楷傳〉，頁1030。
〔註80〕令狐德棻，《周書》卷22〈柳慶傳〉，頁369。
〔註81〕令狐德棻，《周書》卷22〈柳慶附柳弘傳〉，頁373。
〔註82〕令狐德棻，《周書》卷42〈柳霞附柳靖傳〉，頁767。
〔註83〕李延壽，《北史》卷64〈柳虯附柳旦傳〉，頁2288。
〔註84〕李延壽，《北史》卷70〈柳遐附柳莊傳〉，頁2443。
〔註85〕令狐德棻，《周書》卷35〈薛端傳〉，頁621。
〔註86〕令狐德棻，《周書》卷35〈薛善附薛慎傳〉，頁624。
〔註87〕李延壽，《北史》卷36〈薛辯附薛湖傳〉，頁1332。

六歲而孤，專精好學。〔註88〕

據以上引文得知，薛端、薛裕、薛慎、薛湖、薛道衡等五人，為薛氏好學之子弟。其中薛端與薛裕為兄弟，薛道衡為薛湖曾孫。而史傳中談及少即好學者有薛湖、薛道衡二人。另外，薛氏有子弟涉略史傳書籍者，如

薛謹，容貌魁偉，頗覽史傳。〔註89〕

薛胄，幼聰敏，涉獵羣書，雅達政事。〔註90〕

薛寘幼覽篇籍，好屬文。〔註91〕

薛聰，博覽墳籍，精力過人，至於前言往行，多所究悉。〔註92〕

薛孝通，博學有儁才。〔註93〕

薛溫，沉敏有器局，博覽墳典，尤善隸書。〔註94〕

據上可知，薛謹、薛胄、薛寘、薛聰、薛孝通、薛溫等六人，為薛氏博覽羣書之子弟，故薛氏實有十一人好學。

而楊氏子弟好學者，據《北史》卷四一〈楊敷附楊玄感傳〉載：

及長，美鬚髯，儀貌雄俊，好讀書，便騎射。〔註95〕

又《北史》卷七四〈楊汪傳〉載：

汪少凶疏，與人羣鬥，拳所毆擊，無不顛踣。長更折節勤學，專精
左氏傳，通三禮。〔註96〕

楊玄感及楊汪為楊氏僅見的好學子弟。至於杜氏子弟好學，據《周書》卷四六〈杜叔毗傳〉載：

勵精好學，尤善左氏春秋。〔註97〕

又《北史》卷二六〈杜銓附杜正玄傳〉載：

正玄弟正藏，亦好學，善屬文。〔註98〕

〔註88〕李延壽，《北史》卷36〈薛辯附薛道衡傳〉，頁1337。
〔註89〕魏收，《魏書》卷42〈薛辯附薛謹傳〉，頁941。
〔註90〕令狐德棻，《周書》卷35〈薛端附薛胄列傳〉，頁622。
〔註91〕令狐德棻，《周書》卷38〈薛寘傳〉，頁685。
〔註92〕李延壽，《北史》卷36〈薛辯附薛聰傳〉，頁1332。
〔註93〕李延壽，《北史》卷36〈薛辯附薛孝通傳〉，頁1334。
〔註94〕李延壽，《北史》卷36〈薛辯附薛溫傳〉，頁1340。
〔註95〕李延壽，《北史》卷41〈楊敷附楊玄感傳〉，頁1517。
〔註96〕李延壽，《北史》卷74〈楊汪傳〉，頁2550。
〔註97〕令狐德棻，《周書》卷46〈杜叔毗傳〉，頁829。
〔註98〕李延壽，《北史》卷26〈杜銓附杜正玄傳〉，頁962。

杜叔毗、杜正藏二人，爲杜氏好學之子弟。綜觀關中郡姓韋裴柳薛楊杜好學子弟，以柳氏十六人最多，裴氏次之有十二人，薛氏十一人又次之，再者韋氏有八人，而楊氏、杜氏皆僅有二人。少即好學者，柳氏五人，裴氏四人，薛氏二人，其他韋氏、楊氏、杜氏未特別強調。

五、虜　姓

　　虜姓元氏子弟好學情形何如？據《周書》卷三八〈元偉傳〉載：

> 偉少好學，有文雅。〔註99〕

又《北史》卷七五〈元巖傳〉載：

> 巖好讀書，不守章句，剛鯁有器局，以名節自許，少與渤海高頴、
> 太原王詔同志友善。〔註100〕

元偉、元巖二人爲元氏僅見好學子弟。而元偉少即好學。另外，元氏有子弟涉文史者，僅見元壽一人，據《北史》卷七五〈元壽傳〉載：

> 及長，方直，頗涉文史。〔註101〕

元氏好學子弟，含元壽，實有三人。而長孫氏於史傳中，未見子弟好學記載，但有頗覽書記者，如

> 長孫平，美容儀，有器幹，頗覽書記，……。〔註102〕
> 長孫熾，性敏慧，美姿容，頗涉羣書，兼長武藝。〔註103〕
> 長孫晟，性通敏，略涉書記，善彈工射，趫捷過人。〔註104〕
> 長孫紹遠，性寬容，有大度，望之儼然，朋儕莫敢褻狎。雅好墳籍，
> 聰慧過人。〔註105〕
> 長孫覽，性弘雅，有器度，喜慍不形於色。略涉書記，尤曉鍾律。
> 〔註106〕

據上可知，長孫平、長孫熾、長孫晟、長孫紹遠、長孫覽等五人，爲長孫氏頗覽書記子弟，亦可視爲長孫氏好學子弟。而宇文氏子弟好學情形如何？據

〔註99〕令狐德棻，《周書》卷38〈元偉傳〉，頁688。
〔註100〕李延壽，《北史》卷75〈元巖傳〉，頁2568。
〔註101〕李延壽，《北史》卷75〈元壽傳〉，頁2582。
〔註102〕李延壽，《北史》卷22〈長孫嵩附長孫平列傳〉10，頁809。
〔註103〕李延壽，《北史》卷22〈長孫道生附長孫熾列傳〉10，頁816。
〔註104〕李延壽，《北史》卷22〈長孫道生附長孫晟列傳〉10，頁817。
〔註105〕令狐德棻，《周書》卷26〈長孫紹遠傳〉，頁430。
〔註106〕李延壽，《北史》卷22〈長孫道生附長孫覽傳〉10，頁827。

《周書》卷二七〈宇文測傳〉載：

> 測性沉密，少篤學，……。〔註107〕

有關宇文氏子弟好學情形，於史中僅見宇文測一人，且宇文測於少即篤學。而于氏子弟好學，據《北史》卷二三〈于栗磾附于義傳〉載：

> 少矜嚴，有操尚，篤志好學。〔註108〕

于義爲于氏僅見好學之子弟，且于義少即篤志好學。至於代郡陸氏子弟好學，據《北史》卷二八〈陸俟附陸卬傳〉載：

> 好學不倦，博覽羣書，五經多通大義。〔註109〕

陸卬爲陸氏僅見好學子弟。綜觀虜姓元、長孫、宇文、于、陸好學子弟情形，以長孫氏五人最多，元氏三人次之，至於宇文氏、于氏、陸氏皆僅有一人。而特別強調少即好學，有元偉、宇文測、于義等三人。整體而言，虜姓相較於僑姓、吳姓、郡姓等世族，好學子弟明顯較少，這應與代人重尚武之風，對於讀書好學相對較少關注有關。

　　綜上而言，柳芳所言魏晉南北朝時期重要世族中，僅見僑姓琅邪王僧虔及王褒、山東郡姓太原王昶、關中郡姓楊椿等四人，寫家訓對子孫教誡。其中王昶對子孫的教誡，最爲具體明白，全是德性與待人處世之教。而楊椿家訓先寫出心中對門第之擔憂，再教子弟，是深思熟慮之作，文中道出寫家訓原委，不同其他家訓直言家訓內容。而東晉南北朝時代，雖處亂世，對於儒家學術雖不如兩漢重視，因此時社會充滿玄學之風，士人行爲表現，往往如竹林七賢所行放誕無禮。但又從世族家訓教子弟要讀書、孝敬仁義、孝悌於閨門、知足、推遜恭讓、謙實、慎言語、存禮節等內容觀之，內容仍著重於德性與待人處世的訓勉。此點可說明不管時代風潮如何改變，家教的內容永遠仍以儒家禮教爲則，要求子弟做爲主流。因爲在禮教的約束下，家族份子的倫理關係才會有次序。也只有在強調以禮爲內容的家教，家庭才能呈現和樂之象，這正如俗話所言「家和萬事興」，家教內涵絲毫不受玄風而改變。至於家訓教子之效果如何？因有個別之差異，難有肯定的答案。這端視個人如何看待家訓的訓勉，若重視之，自然效用大，對子孫的影響自然也大，若不重視，那也只不過是一篇無舉足輕重的文章。

〔註107〕狐德棻，《周書》卷27〈宇文測傳〉，頁453。
〔註108〕李延壽，《北史》卷23〈于栗磾附于義傳〉，頁859。
〔註109〕李延壽，《北史》卷28〈陸俟附陸卬傳〉，頁1017。

　　而中國古代社會重視教育子弟勤學，並非只因勤學為仕途之階，而是目的在使子孫能成為才德兼備之人。而教子弟好學，當然以子弟能越早養成好學習慣越好，因子弟年紀小，精神容易專一，學習效果大。而事實上，士大夫子弟也多於年幼時，即被教好學。就東晉南北朝世族子弟好學情形而言，僑姓王謝袁蕭，以蕭氏十九人最多，琅邪王氏十八人次之、再者謝氏四人，而袁氏無載；東南吳姓朱張顧陸，以陸氏十五人最多，顧氏僅一人，朱氏、張氏無載；山東郡姓王崔盧李鄭，以清河崔氏十三人最多，趙郡李氏九人次之，博陵崔氏六人又次之，再為盧氏有五人，太原王氏有三人，鄭氏僅一人，至於隴西李氏未見任何記載；關中郡姓韋裴柳薛楊杜，以柳氏十六人最多，裴氏次之有十二人，薛氏十一人又次之，再者韋氏有八人，而楊氏、杜氏皆僅有二人；虜姓元長孫宇文于陸好學子弟情形，以長孫氏五人最多，元氏三人次之，至於宇文氏、于氏、陸氏皆僅有一人。所有世族綜而觀之，其好學人數多寡依次為蕭十九人、琅邪王氏十八人、柳氏十六人、陸氏十五人、清河崔氏十三人、裴氏十二人、薛氏十一人、趙郡李氏九人、韋氏八人、博陵崔氏六人、盧氏、長孫氏五人、謝氏四人、太原王氏、元氏三人、楊氏、杜氏二人、顧氏、鄭氏、宇文氏、于氏、陸氏皆一人、袁氏、朱氏、張氏、隴西李氏未見任何記載。在所有大姓中，虜姓相較於其他姓好學子弟明顯較少，最多只有元氏三人，這可能與代人重尚武之風，對於讀書好學相對較少關注有關。而僑姓謝氏好學子弟僅見四人，好學人數之少，頗令人感意外。而在所有探討的世族中，僅袁氏、朱氏、張氏、隴西李氏未見任何子弟好學記載。而就以上世族子弟好學情形，有不少於年幼即知好學。年紀小，即知好學，若非受家庭教育影響，恐難如此，可見門第中的家庭教育對子弟產生相當影響。而從世族子弟多年幼，即教以好學觀念，足給現代父母啟示，培養孩子好學閱讀實為重要之事，其重要性甚於眾多才藝之學習。不過，教子好學絕非只是為其前途著想，更重要的是使孩子能明白事理，成為才德兼備之人。

第二節　機會勸諫

　　家庭教育往往無法如學校教育那樣地有系統，有組織性的教育下一代。家庭教育表現的方式，大多是隨具體事件發生之後，再趁機提出教勸，也就是所謂的機會勸諫。而機會勸諫的教育方式，是針對具體事件所提出的勸勉，

因而子弟容易明白勸諫之義，也更易糾正其行爲，其教育所展現出來的成果，也更容易見之。不像家訓之文，總讓人覺得滿篇的八股道理。長輩的諄諄教誨，子弟是否謹記於心，影響如何？於此，機會勸諫反倒比家訓之文，成效來得較大。而要了解世族在家庭中，對子弟的機會勸諫，可於正史列傳中求之，以下試述之。

一、父之勸

　　就機會勸諫對象而言，有長輩對晚輩之勸，如父勸子。琅邪王敬弘在兒子恢之被召爲秘書郎時，並無高興之情，且寫信告誡其子。據《宋書》卷六六〈王敬弘傳〉載：

> 秘書有限，故有競。朝請無限，故無競。吾欲使汝處於不競之地。
> 〔註110〕

王敬弘希望兒子能不與人相競爭，不希望兒子遭人所忌，受人排擠，從此可看王敬弘教子，傾向明哲保身。而據《北史》卷二四〈崔逞附崔愍傳〉載：

> 濟州刺史盧尚之欲以長女妻之（崔愍），（崔）休子倰爲長謙（崔愍字長謙）求尚之次女曰：「家道多由婦人，欲令姊妹爲姒娌。」尚之感其義，於是同日成婚。〔註111〕

山東郡姓崔愍爲崔休弟，崔黂之子，盧尚之欲以長女嫁之。而崔倰也爲自己求娶盧尚之次女，盧尚之答應之。對於此事崔休誡諸子曰：

> 汝等宜皆一體，勿作同堂意。若不用吾言，鬼神不享汝祭祀。〔註112〕

此爲崔休告誡諸子，打消迎娶盧家姊妹，爲崔家姒娌之念頭，不然，百年之後，亦不諒之。又崔光韶因世道屯邅，朝廷屢變，誡子孫曰：

> 吾自謂立身無慚古烈，但以祿命有限，無容希世取進。在官以來，不冒一級，官雖不達，經爲九卿。且吾平生素業，足以遺汝，官閥亦何足言也。吾既運薄，便經三娶，而汝之兄弟各不同生，合葬非古，吾百年之後，不須合也。然贈諡之及，出自君恩，豈容子孫自求之也，勿須求贈。若違吾志，如有神靈，不享汝祀。吾兄弟自幼及老，衣服飲食未曾一片不同，至於兒女官婚榮利之事，未嘗不先

〔註110〕沈約，《宋書》卷66〈王敬弘傳〉，頁1732。
〔註111〕李延壽，《北史》卷24〈崔逞附崔愍傳〉，頁879。
〔註112〕李延壽，《北史》卷24〈崔逞附崔愍傳〉，頁879。

以推弟。弟頃橫禍,權作松槻,亦可為吾作松棺,使吾見之。〔註113〕

崔光韶在誡子孫中談及,其生平素業足以傳之子孫,至於官閥之事不必太在乎,而對於死後之事不願合葬,也不希望子孫向朝廷求贈謚。又如清河崔道固因母卑賤,被嫡母兄攸之、目連等輕侮,其父崔輯曾就此事勸攸之說:

> 此兒姿識,或能興人門戶,汝等何以輕之?〔註114〕

崔輯以崔道固或許能興門戶之言,勸崔攸之不該輕侮之,雖言談之中無嚴厲訓誡之意,但也實為教子之言,只不過崔攸之並未聽父勸善待崔道固,反而更輕薄之,此正說明教子之困難,雖對子教勸,但卻無把握子是否聽勸。故家庭教育的成效,還是取決於被教勸者的態度。而《南史》卷三八〈柳元景附柳仲禮傳〉載:

> 仲禮常置酒高會,日作優倡,毒掠百姓,汙辱妃主。父津登城謂曰:「汝君父在難,不能盡心竭力,百代之後,謂汝為何。」仲禮聞之,言笑自若。〔註115〕

關中郡姓柳津對兒子柳仲禮置酒高會,日作優倡,毒掠百姓,汙辱妃主等作為提出勸諫,希望仲禮在君父有難時,能竭盡心力,不該置酒高會尋樂。柳津對子之勸,是否為子所接受?據史文觀之,顯然沒有。從此再度看出教子的困難,往往兒子的行為表現,不能如父親之所願。又據《南齊書》卷五五〈崔懷慎傳〉載:

> 父邪利,魯郡太守,宋元嘉(424~453)中,沒虜。懷慎與妻房氏篤愛,聞父陷沒,即日遣妻,布衣蔬食,如居喪禮。邪利後仕虜中書,戒懷慎不許如此,懷慎得書更號泣。〔註116〕

山東郡姓崔懷慎因父親崔邪利被俘虜,即遣妻回家,悲傷之情如喪考妣。崔懷慎所為,後為崔邪利所知,崔邪利魚雁告之崔懷慎不可如此,但其卻更加悲傷。而山東郡姓盧氏亦見父勸子,據《魏書》卷四七〈盧玄附盧度世傳〉載:

> 初,玄有五子,嫡唯度世,餘皆別生。崔浩事難,其庶兄弟常欲危害之,度世常深忿恨。及度世有子,每誡約令絕妾孽,不得使長,以防後患。〔註117〕

〔註113〕魏收,《魏書》卷66〈崔亮附崔光韶傳〉,頁1484。
〔註114〕李延壽,《北史》卷44〈崔亮附崔道固傳〉,頁1639。
〔註115〕李延壽,《南史》卷38〈柳元景附柳仲禮傳〉,頁993。
〔註116〕蕭子顯,《南齊書》卷55〈崔懷慎傳〉,頁956。
〔註117〕魏收,《魏書》卷47〈盧玄附盧度世傳〉,頁1046。

盧度世因自己有被庶兄弟所害的親身經歷，故勸諫兒子要絕妾孽，以防後患無窮，避免深陷於危險處境。

二、從父之勸

長輩之勸，除勸己子外，也有對兄之子提出勸諫者。據《宋書》卷五八〈王球傳〉載：

> 王履深結劉湛，委誠大將軍彭城王義康，與劉斌、孔胤秀等並有異
> 志，球每訓屬，不納。〔註118〕

僑姓王履為王球兄之子。王球深怕王履與劉湛相勾結，擁彭城王義康，會殃及宗族，故訓誡之，結果王履不聽勸。後劉湛被誅，王履赤足步行至王球處，王球說：「常日語汝，何如？」王球之言，似有早聽吾勸，必不如此狼狽！不過王球仍然以己之力助之，使王履得以免死，僅廢於家。又如王彧誡王蘊：宋明帝即位，四方反叛，王蘊欲以將領自奮，每撫刀曰：「龍泉太阿，汝知我者。」叔父景文（彧）常誡之曰：

> 阿答，汝滅我門戶。〔註119〕

答為王蘊小字。王彧對姪王蘊奮殺反叛的行為，深為憂慮，害怕門戶斷送在王蘊手裡，故常以「汝滅我門戶」誡之。王蘊對叔父之誡不以為然，答以：「答與童烏貴賤異。」童烏是王絢小字，言下之意，似對自己深具信心，認為將領自奮，討四方叛逆並無錯，後來果然成功，王蘊因此被封吉陽男。王球與王彧誡姪之言，同樣為門戶著想，深怕王履與王蘊的行為會導致門戶的破敗，可見家庭中的教勸常以維繫門戶為念，深怕家中子弟的錯誤決策會導致門戶的衰微。又據《宋書》卷四四〈謝晦傳〉載：

> 初為荊州，甚有自矜之色，將之鎮，詣從叔光祿大夫澹別。澹問晦
> 年，晦答曰：「三十五」澹笑曰：「昔荀中郎年二十七為北府都督，
> 卿比之，已為老矣。」晦有愧色。〔註120〕

僑姓謝晦年少得志，有驕矜之色，從叔謝澹借荀中郎比謝晦更少而得志之例，以挫謝晦驕矜之色，使其有愧色。又關中郡姓裴矩曾受世父裴讓之的勸誡，據《北史》卷三八〈裴佗附裴矩傳〉載：

〔註118〕沈約，《宋書》卷58〈王球傳〉，頁1595。
〔註119〕李延壽，《南史》卷23〈王彧附王蘊傳〉，頁637。
〔註120〕沈約，《宋書》卷44〈謝晦傳〉，頁1349。

及長，好學，頗愛文藻，有智數。世父讓之謂曰：「觀汝神識，足成

才士，欲求宦達，當資幹世之務。」矩由是始留情世事。〔註121〕

裴矩雖然好學又有智慧，不過世父裴讓之勸之，假若欲求仕宦顯達，如此是
不夠的，須有幹世之才。裴矩聽世父之言，於是開始留心人情世事。又《北
史》卷四一〈楊敷附楊玄感傳〉載：

玄感欲襲擊行宮。其叔慎曰：「士心尚一，國未有釁，不可圖也。」

玄感乃止。〔註122〕

關中郡姓楊玄感叔楊慎勸其不可襲擊行宮，楊玄感聽其勸。而僑姓謝氏中，
謝尚因有諸父之教，而能成名於世，據《晉書》卷七九〈謝尚傳〉載：

好伊刺文袴，諸父責之，因而自改，遂知名。〔註123〕

謝尚本來好伊刺文袴，諸父責備教導之。謝尚能聽勸而改之，於是知名於世。
此因適時的責教，使子弟能改變行為，可見家教之效。

三、母之勸

而家中長輩的機會勸諫，亦包括母親的勸諫。從面對問題與勸諫之中，
更見母親教誨之情。據《晉書》卷九六〈羊耽妻辛氏傳〉載：

鍾會為鎮西將軍，憲英謂耽從子祜曰：「鍾士季何故西出？」祜曰：
「將為滅蜀也。」憲英曰：「會在事縱恣，非持久處下之道，吾畏其
有他志也。」及會將行，請其子琇為參軍，憲英憂曰：「他日吾為國
憂，今日難至吾家矣。」琇固請於文帝，帝不聽。憲英謂琇曰：「行
矣，戒之！古之君子入則致孝於親，出則致節於國；在職思其所司，
在義思其所立，不遺父母憂患而已。軍旅之間可以濟者，其惟人恕
乎！」〔註124〕

憲英，即羊耽妻辛氏。鍾會將西出滅蜀，憲英認為鍾會此次西行恐生異志。
而鍾會西行，更以憲英之子羊琇為參軍，憲英擔憂不已，認為災難將至家門。
羊琇因而告知魏文帝，鍾會西行有異志，但帝並不聽。羊琇西行既不可免，
因而憲英對子告戒一番。在告戒中，憲英教子忠孝之道，應以義行，在位應
盡其所司，此次西行之旅，惟有為人寬恕，方能保全。後來鍾會至蜀果然反

〔註121〕李延壽，《北史》卷38〈裴佗附裴矩傳〉，頁1387。
〔註122〕李延壽，《北史》卷41〈楊敷附楊玄感傳〉，頁1517。
〔註123〕房玄齡，《晉書》卷79〈謝尚傳〉，頁2069。
〔註124〕房玄齡，《晉書》卷96〈羊耽妻辛氏傳〉，頁2508～2509。

叛，羊琇終可全歸。羊琇可免禍，是因謹記母親之教。又據《晉書》卷九六〈虞潭母孫氏傳〉載：

> 永嘉（307～312）末，潭為南康太守，值杜弢構逆，率眾討之。孫氏勉潭以必死之義，俱傾其資產以餽戰士，潭遂克捷。〔註125〕

孫氏在子虞潭率眾討杜弢時，不但勸勉其捨身取義，為國為民，且更傾囊其資產餽贈戰士，最後虞潭戰克杜弢，獲得勝利。虞潭能勝，應與母親之鼓勵與出資餽贈戰士有關。又同書同卷載：

> 蘇峻作亂，潭時守吳興，又假節征峻。孫氏戒之曰：「吾聞忠臣出孝子之門，汝當捨生取義，勿以吾老為累也。」仍盡發其家僮，令隨潭助戰，貿其所服環珮以為軍資。〔註126〕

當蘇峻作亂時，孫氏不但以其家僮幫助虞潭力抗蘇峻，甚且變賣首飾，以作為軍資，並戒虞潭，勿以她為念，同前文引述，又再次希冀其子應捨生取義。孫氏戒子為國當捨生取義，甚且傾資產餽贈戰士，發家僮以助戰，無非期許子能為忠臣，而虞潭在母之勸後，皆能盡心為國，不負所望。又據《北史》卷九一〈譙國夫人洗氏傳〉載：

> （馮）寶卒，嶺表大亂，夫人懷集百越，數州晏然。陳永定二年（558），其子僕年九歲，遣帥諸首領朝于丹陽，拜陽春郡守。後廣州刺史歐陽紇謀反，召僕至南海，誘與為亂。僕遣使歸告夫人，夫人曰：「我為忠貞，經今兩代，不能惜汝負國。」遂發兵拒境，紇徒潰散。〔註127〕

歐陽紇想要謀反，誘使馮僕參加，馮僕將此事告知母親洗氏。洗氏勸子不能參與歐陽紇的謀反，更不能負國，要盡忠於國。馮僕聽母之言，遂不從歐陽紇，終使歐陽紇黨羽潰散，由此可見母親對子之教誨與影響力。又《北史》卷九一〈譙國夫人洗氏傳〉載：

> 皇后以首飾及宴服一襲賜之。夫人並盛於金篋，并梁、陳賜物，各藏于一庫。每歲時大會，皆陳于庭，以示子孫曰：「汝等宜盡赤心向天子。我事三代主，唯用一好心。今賜物具存，此忠孝之報。」〔註128〕

洗氏展示皇家賞賜之物，並非誇耀，而是希望子孫如同其作法妥善保存，乃

〔註125〕房玄齡，《晉書》卷 96〈虞潭母孫氏傳〉，頁 2513。
〔註126〕房玄齡，《晉書》卷 96〈虞潭母孫氏傳〉，頁 2513～2514。
〔註127〕李延壽，《北史》卷 91〈譙國夫人洗氏傳〉，頁 3006。
〔註128〕李延壽，《北史》卷 91〈譙國夫人洗氏傳〉，頁 3007。

為盡忠孝之道，再再叮嚀子孫須盡心於天子之意志。再如《南史》卷七三〈吳郡范法恂妻褚氏傳〉載：

> 昇明中（477～478），孫曇瓘謀反亡命，褚謂其子僧簡曰：「孫越州先姑之姊子，與汝父親則從母兄弟，交則義重古人，逃竄脫不免，汝宜收之。」曇瓘尋伏法，褚氏令僧簡往斂葬。〔註129〕

孫曇瓘為范法恂從母兄弟，於宋順帝昇明中，謀反不成逃命。褚氏告訴其子范僧簡：「雖為親人，但其不忠，不能免禍，若能大義滅親，則可媲美古人。」後來孫曇瓘果然伏法。又《北史》卷九一〈鄭善果母崔氏傳〉載：

> 性賢明，有節操，博涉書史，通曉政事。每善果出聽事，母輒坐胡牀，於幈後察之。聞其剖斷合理，歸則大悅，即賜之坐，相對談笑，若行事不允，或妄嗔怒，母乃還堂，蒙袂而泣，終日不食。善果伏於牀前，不敢起。〔註130〕

崔氏以自我情緒的表現，讓鄭善果知道對錯之處，亦不失為教子之法。為何崔氏要如此教子？其言：

> 汝自童子襲茅土，汝今位至方岳，豈汝身致之邪？不思此事，而妄加嗔怒，心緣驕樂，墮於公政。內則墜爾家風，或失亡官爵；外則虧天下法，以取罪戾。吾死日何面目見汝先人於地下乎！〔註131〕

崔氏害怕子鄭善果敗家風、虧天下法，她將無顏見鄭氏祖先，可見崔氏深覺有教子之責。同時崔氏更把對子的期許，明白告知鄭善果。其曾對鄭善果言：

> 吾為汝家婦，獲奉灑掃，知汝先君忠勤之士也，守官清恪，未嘗問私，以身徇國，繼之以死。吾亦望汝，副其此心。〔註132〕

崔氏期待鄭善果能像其父一樣國重於身。又《北史》卷九一〈鍾士雄母蔣氏傳〉載：

> 同郡虞子茂、鍾文華等作亂攻城，遣召士雄，士雄將應之。蔣氏謂曰：「汝若背德忘義，我當自殺於汝前。」士雄遂止。〔註133〕

虞子茂、鍾文華作亂，邀鍾士雄為內應，鍾士雄準備答應之。但鍾士雄母蔣氏知此事後，以自殺威脅之，勸子勿背德忘義，後鍾士雄未參與虞、鍾之亂。

〔註129〕李延壽，《南史》卷73〈吳郡范法恂妻褚氏傳〉，頁1818。
〔註130〕李延壽，《北史》卷91〈鄭善果母崔氏傳〉，頁3007～3008。
〔註131〕李延壽，《北史》卷91〈鄭善果母崔氏傳〉，頁3008。
〔註132〕李延壽，《北史》卷91〈鄭善果母崔氏傳〉，頁3008。
〔註133〕李延壽，《北史》卷91〈鍾士雄母蔣氏傳〉，頁3011。

可見母親適時提出訓勉，對孩子還是有其影響力。以上辛氏、孫氏、洗氏、崔氏、蔣氏皆藉具體事件，教子應忠於國。

當世爲人之母者，除了機會勸諫子弟外，對孩子的仕進，有時也會表示意見。據《世說新語箋疏》卷一九《賢媛》第十條載：

> 王經少貧苦，仕至二千石，母語之曰：「汝本寒家子，仕至二千石，此可以止乎！」經不能用。爲尚書，助魏，不忠於晉，被收。泣辭母曰：「不從母敕，以至今日！」母都無慽容，語之曰：「爲子則孝，爲臣則忠。有孝有忠，何負吾邪？」〔註134〕

王經之母認爲兒子仕宦至二千石已足，應居高思危，急流勇退，可是王經並沒聽從。結果因輔佐魏帝，不肯效忠晉王，被收押。王經哭著向母親辭別說：「因不聽從母親之言，才落此下場！」王經母親反倒沒有憂傷臉色，告訴王經說：「做爲兒子，你已盡孝，身爲人臣，已盡忠，忠孝雙全，那裡辜負我呢？」似王經不聽母勸之例，可再舉李士業一例。據《晉書》卷九六〈涼武昭王李玄盛后尹氏傳〉載：

> 及玄盛薨，子士業嗣位，尊爲太后。士業將攻沮渠蒙遜，尹氏謂士業曰：「汝新造之國，地狹人稀，靖以守之猶懼其失，云何輕舉，闚冀非望！蒙遜驍武，善用兵，汝非其敵。吾觀其數年已來有并兼之志，且天時人事似欲歸之。今國雖小，足以爲政。知足不辱，道家明誡也。且先王臨薨，遺令殷勤，志令汝曹深愼兵戰，俟時而動。言猶在耳，奈何忘之！不如勉修德政，蓄力以觀之。彼若淫暴，人將歸汝；汝苟德之不建，事之無日矣。汝此行也，非唯師敗，國亦將亡。」士業不從，果爲蒙遜所滅。〔註135〕

李士業想攻沮渠蒙遜，母親尹氏認爲蒙遜驍武，非李士業所能敵。而自己的國家雖小，但足以爲政，希望其勉修德政，若不此，恐兵敗國亡。但李士業不聽從母勸，果然爲沮渠蒙遜所滅。王經被收押、李士業被國滅，皆是因不聽母親之勸所造成，王經母、尹氏可謂有識見之婦。另外，有聽從母親之言，而免於難者。據《世說新語箋疏》卷一九《賢媛》第八條載：

> 許允爲晉景王所誅，門生走入告其婦。婦正在機中，神色不變，曰：「蚤知爾耳！」門人欲藏其兒，婦曰：「無豫諸兒事。」後徙居墓所，

〔註134〕余嘉錫，《世說新語箋疏》卷一九〈賢媛〉十條，頁678。
〔註135〕房玄齡，《晉書》卷96〈涼武昭王李玄盛后尹氏傳〉，頁2526～2527。

景王遣鍾會看之，若才流及父，當收。兒以咨母。母曰：「汝等雖佳，才具不多，率胷懷與語，便無所憂。不須極哀，會止便止。又可少問朝事。」兒從之。會反以狀對，卒免。〔註136〕

司馬師殺許允，並派鍾會察看許允之子，若許允子才華比得上許允，就拘捕之。許允子面對生死交關之事，問於母親阮氏。母親教以應對之道，終化解危機。又有母親在嫁女一事中，做出正確判斷。據《世說新語箋疏》卷一九《賢媛》第一二條載：

王渾妻鍾氏生女令淑，武子爲妹求簡美對而未得。有兵家子，有儁才，欲以妹妻之，乃白母，曰：「誠是才者，其地可遺，然要令我見。」武子乃令兵兒與羣小雜處，使母帷中察之。既而，母謂武子曰：「如此衣形者，是汝所擬者非邪？」武子曰：「是也。」母曰：「此才足以拔萃，然地寒，不有長年，不得申其才用。觀其形骨，必不壽，不可與婚。」武子從之。兵兒數年果亡。〔註137〕

武子爲王渾次子，即王濟。王濟欲嫁妹於兵家之子，稟告於母親鍾氏。母親於帷幕之後，觀察兵家之子。後來，鍾氏對王濟說：「此人雖才德出眾，但門第寒微，無長壽之命，無法發揮才用。我觀察他的容貌骨相，一定不會長壽，不可將妹妹許配給他。」結果，王濟聽從母親之言，未嫁妹於兵家之子。而兵家之子果如母親所預料，於數年後死了。從許允子、王濟能聽從母親之勸，避免不必要的災難，可見阮氏、鍾氏亦有識見，非無知之婦。

此外，母親之言足以影響子之行者，除勸諫、仕進，尚有其關鍵性之言。據《周書》卷四六〈杜叔毗傳〉載：

仕梁，爲宜豐侯蕭循府中直兵參軍。大統十七年（551），太祖令大將軍達奚武經略漢州。明年，武圍循於南鄭。循令叔毗詣闕請和。太祖見而禮之。使未反，而循中直兵參軍曹策、參軍劉曉謀以城降武。時叔毗兄君錫爲循中記室參軍，從子映錄事參軍，映弟晰中直兵參軍，並有文武才略，各領部曲數百人。策等忌之，懼不同己，遂誣以謀叛，擅加害焉。循尋討策等，擒之，斬曉而免策。及循降，策至長安。叔毗朝夕號泣，具申冤狀。朝議以事在歸附之前，不可追罪。叔毗內懷憤惋，志在復讎。然恐違朝憲，坐及其母，遂沉吟

〔註136〕余嘉錫，《世說新語箋疏》卷一九〈賢媛〉八條，頁674～675。
〔註137〕余嘉錫，《世說新語箋疏》卷一九〈賢媛〉一二條，頁681～682。

　　積時。母知其意，謂叔毗曰：「汝兄橫罹禍酷，痛切骨髓。若曹策朝
　　死，吾以夕歿，亦所甘心。汝何疑焉。」叔毗拜受母言，愈更感勵。
　　〔註138〕

達奚武奉太祖宇文泰之命，圍攻蕭循，而蕭循命令杜叔毗請和，但杜叔毗未
返告知請和結果，蕭循部下曹策、劉曉即以城降達奚武。而曹策害怕杜叔毗
兄杜君錫等人不同意其以城降，故誣杜君錫等人謀叛，加以害之。杜叔毗欲
報兄仇，但害怕連累母親，遂遲遲未動手，母親知此事後，反鼓勵其報兄仇，
不要擔心她，若曹策死，其死亦甘心。杜叔毗聽母親之言受鼓勵後，果殺曹
策，可見母親之言對杜叔毗的影響性。上述所言之女性，計有四位嫁入名門
世族，其餘皆見於正史之列女傳，概爲非顯要家族之人物。由此可知，無論
是世族或者爲市井小民，母親於機會勸諫皆扮演重要角色。

四、婦女對晚輩及宗族之勸

　　婦女除對自己的兒女提出訓勉教誨外，也對家族晚輩勸諭。據《晉書》
卷九六〈杜有道妻嚴氏傳〉載：

　　植從兄預爲秦州刺史，被誣，徵還，憲與預書戒之曰：「諺云忍辱至
　　三公。卿今可謂辱矣，能忍之，公是卿坐。」預後果爲儀同三司。
　　〔註139〕

杜有道妻嚴氏，字憲，京兆人也。杜植爲其子。杜植從兄杜預因受誣陷而被
徵還，嚴氏寫信給杜預，勸其忍辱以成大事，杜預聽之，後果得儀同三司之
職。此爲嚴氏勸家中晚輩子弟。而《世說新語箋疏》卷一九《賢媛》第二七
條載：

　　韓康伯母，隱古几毀壞，卞鞠見几惡，欲易之。答曰：「我若不隱此，
　　汝何以得見古物？」〔註140〕

韓康伯母親爲殷氏，殷浩之妹。卞鞠即卞範之，爲殷氏外孫。卞鞠爲人習於
奢靡，平生服用，必力求新異。殷氏收藏的小桌已損壞，外孫卞鞠見小桌難
看，想把它換掉。殷氏回答以：「我假如不收藏這東西，你怎麼能見到古物
呢？」。殷氏之言，深含勸誘之意，希望卞鞠體驗其中道理，以改奢靡之習。

〔註138〕令狐德棻，《周書》卷46〈杜叔毗傳〉，頁829～830。
〔註139〕房玄齡，《晉書》卷96〈杜有道妻嚴氏傳〉，頁2509。
〔註140〕余嘉錫，《世說新語箋疏》卷一九〈賢媛〉二七條，頁698。

又《世說新語箋疏》卷一九〈賢媛〉第三二條載：

> 韓康伯母殷，隨孫繪之之衡陽，於闓廬洲中逢桓南郡。卞鞠是其外
> 孫，時來問訊。謂鞠曰：「我不死，見此豎二世作賊！」〔註141〕

殷氏隨她的孫子繪之到衡陽赴任，在闓廬洲遇到桓玄。當時殷氏外孫卞鞠以
桓玄為謀主，從桓玄做亂。卞鞠常來問候外祖母殷氏。殷氏卻對卞鞠說：「我
恨不早死，竟親眼見桓玄、桓亮叔姪兩代人一同作賊！」殷氏不顧卞鞠以桓
玄為謀主，竟當卞鞠之面，痛罵桓玄、桓亮二賊，表面似與卞鞠無關，其實
殷氏言外之意，是希望藉由痛罵二賊，而促使卞鞠覺悟，可惜卞鞠不解外祖
母之心，終與逆賊同死。

另外婦女也對宗族勸勉，據《北史》卷九一〈譙國夫人洗氏傳〉載：

> 夫人幼賢明，在父母家，撫循部眾，能行軍用師，壓服諸越。每勸
> 宗族為善，由是信義結於本鄉。〔註142〕

洗氏因勸宗族為善，而使本鄉充滿信義之行。又《北史》卷九一〈譙國夫人
洗氏傳〉載：

> 梁大同（535～545）初，羅州刺史馮融聞夫人有志行，為其子高涼
> 太守寶聘以為妻。融本北燕苗裔也。初，馮弘之南投高麗也，遣融
> 大父業以三百人浮海歸宋，因留于新會。自業及融，三世為守牧，
> 他鄉羈旅，號令不行。至是，夫人誡約本宗，使從百姓禮。每與夫
> 寶，參決辭訟，首領有犯法者，雖是親族，無所縱捨。自此，政令
> 有序，人莫敢違。〔註143〕

洗氏為馮寶妻。原自馮業及馮融，三世羈旅他鄉，號令不能行。洗氏因誡約
本宗，使從百姓之禮而行。洗氏並參決辭訟，有親族犯法者，亦不縱容。因
此，政令自此有序，人不敢違。洗氏勸善宗族，誡約本宗，皆達到好的效果。

另外，《北史》卷九一〈伊州寡婦胡氏傳〉載：

> 江南之亂，諷諭宗黨，守節不從叛逆，封為密陵郡君。〔註144〕

當江南之亂時，胡氏勸諷宗黨，不從叛逆，因而被封為密陵郡君。以上是洗
氏、胡氏對宗族的勸諭，可見婦女對宗族仍可適時發聲，產生一些影響力。

〔註141〕余嘉錫，《世說新語箋疏》卷19〈賢媛〉三二條，頁700。
〔註142〕李延壽，《北史》卷91〈譙國夫人洗氏傳〉，頁3005。
〔註143〕李延壽，《北史》卷91〈譙國夫人洗氏傳〉，頁3005。
〔註144〕李延壽，《北史》卷91〈伊州寡婦胡氏傳〉，頁3012。

五、兄之勸

機會勸諫，除長輩對晚輩之勸外，尚有平輩之勸。如兄勸弟。琅邪王志勸弟王寂，據《南史》卷二二〈王曇首附王寂傳〉載：

> 齊建武（494～497）初，欲獻中興頌，兄志謂曰：「汝膏粱年少，何患不達？不鎮之以靜，將恐貽譏。」寂乃止。〔註145〕

王志對弟王寂欲獻頌文，勸其勿行，應鎮之以靜，不該躁進，否則只會換來譏笑。王寂聽從之，接受兄勸。此亦可明高門自可依序而進，不必阿諛時主，以取官祿。琅邪王氏雖有兄弟同心之例，但亦有對事情的見解不同，而產生機鋒之辯，如王鑒、王惠兄弟對聚斂、廣營田業態度不同，據《宋書》卷五八〈王惠傳〉載：

> 兄鑒，頗好聚斂，廣營田業，惠意甚不同，謂鑒曰：「何用田爲？」鑒怒曰：「無田何由得食！」惠又曰：「亦復何用食爲。」其標寄如此。〔註146〕

王鑒好聚斂，王惠不好聚斂。王鑒、王惠對話，不過各抒己見，嚴格觀之或許不能視爲勸諫。但言談之中，不免有意以己觀點影響對方想法，以此視之，亦可說爲是另一種形式的勸。

兄勸弟不聽之例於僑姓謝氏，有謝氏謝安勸弟謝萬，據《晉書》卷七九〈謝安附謝萬傳〉載：

> 萬既受任北征，衿豪傲物，嘗以嘯詠自高，未嘗撫眾。兄安深憂之，自隊主將帥已下，安無不慰勉。謂萬曰：「汝爲元帥，諸將宜數接對，以悅其心，豈有傲誕若斯而能濟事也！」〔註147〕

謝安勸弟謝萬應當對諸將慰勉，不該傲誕，目中無人。謝萬非但未聽兄之言，改變對諸將態度，反而召集諸將，不言明召集之意，直以如意指四坐云：「諸將皆勁卒。」導致諸將益恨之。〔註148〕又謝瞻勸弟謝晦。謝晦爲宋臺右衛，權遇已重，於彭城還都迎家，賓客輻輳，門巷填咽。當時謝瞻在家，驚駭謂晦曰：

> 汝名位未多，而人歸趣乃爾。吾家以素退爲業，不願干豫時事，交遊不過親朋，而汝遂勢傾朝野，此豈門戶之福邪？〔註149〕

〔註145〕李延壽，《南史》卷22〈王曇首附王寂傳〉，頁612。
〔註146〕沈約，《宋書》卷58〈王惠傳〉，頁1590。
〔註147〕房玄齡，《晉書》卷79〈謝安附謝萬傳〉，頁2087。
〔註148〕房玄齡，《晉書》卷79〈謝安附謝萬傳〉，頁2087。
〔註149〕沈約，《宋書》卷56〈謝瞻傳〉，頁1557。

謝瞻認爲弟謝晦名位未多，而人歸趨之，非門戶之福，更與家門以素退爲風不合，謝瞻更屢陳高祖曰：

> 臣本素士，父、祖位不過二千石。弟年始三十，志用凡近，榮冠臺府，位任顯密，福過災生，其應無遠。特乞降絀，以保衰門。〔註150〕

謝瞻請求宋高祖劉裕降絀弟謝晦官位，以保門戶，這樣的舉動當爲今人所難想像。據《南史》卷一九〈謝晦附謝瞻傳〉載：

> 靈運問晦：「潘、陸與賈充優劣。」晦曰：「安仁諂於權門，士衡邀競無已，並不能保身，自求多福。公閭勳名佐世，不得爲並。」……瞻斂容曰：「若處貴而能遺權，斯則是非不得而生，傾危無因而至。君子以明哲保身，其在此乎。」常以裁止晦如此。〔註151〕

謝瞻在弟謝晦評潘、陸與賈充優劣時，勸以君子應明哲保身，在處貴而能遺權之道。由上述，可知謝瞻常兄代父職，勸諫其弟。又謝朓勸弟瀟，據《梁書》卷一五〈謝朓傳〉載：

> （謝朓）弟瀟，時爲吏部尚書。朓至郡，致瀟數斛酒，遺書曰：「可力飲此，勿豫人事。」〔註152〕

謝朓寫信給弟，勸其飲酒可不計其量，但人事勿於干涉。謝瀟建武（494～497）之初，果專以長酣爲事，與劉瑱、沈昭略以觴酌交飲，各至數斗。〔註153〕又謝澹以從弟謝混與劉毅狹昵之事爲非，每謂弟璞、從子瞻曰：

> 益壽此性，終當破家。〔註154〕

此言非對事主勸之，而是借實例以勸弟及從子，希望藉此弟及從子能引以爲戒，避免犯同樣的錯誤。王、謝兄勸弟之例，除因個別事例而有所勸外，王志勸弟王寂不該躁進，及謝瞻勸弟謝晦處貴而能遺權，皆是教弟處世之則，以明哲保身爲重。另山東郡姓太原王氏，據《北史》卷八四〈王頒附王頍傳〉載：

> 頍少好游俠，年二十，尚不知書，爲其兄顒所責怒。於是感激，始讀孝經、論語，晝夜不倦，遂讀左傳、禮、易、詩、書，……勤學累載，遂徧通五經，究其旨趣，大爲儒者所稱。〔註155〕

〔註150〕沈約，《宋書》卷56〈謝瞻傳〉，頁1558。
〔註151〕李延壽，《南史》卷19〈謝晦附謝瞻傳〉，頁525～526。
〔註152〕姚思廉，《梁書》卷15〈謝朓傳〉，頁262。
〔註153〕蕭子顯，《南齊書》卷43〈謝瀟傳〉，頁764。
〔註154〕李延壽，《南史》卷19〈謝晦附謝澹傳〉，頁528。
〔註155〕李延壽，《北史》卷84〈王頒附王頍傳〉，頁2835～2836。

太原王頍本好游俠，不知書，後經兄王顒的責備怒罵，於是開始讀書，後經過多年勤學，能徧通五經，終受儒者肯定而被稱揚。王頍從不知書，至爲以儒者所稱的人生轉變，其兄扮演非常關鍵的角色，若非其兄的怒責訓之，恐怕王頍永遠不知書，可見其兄對其影響，此亦明顯可見家教之功。另山東郡姓隴西李氏兄教弟，據《北史》卷七五〈李安傳〉載：

> 安叔父梁州刺史璋時在京師，與周趙王謀害帝，誘哲爲內應。哲謂安曰：「寢之則不忠，言之則不義，失忠與義，何以立身？」安曰：「丞相，父也，其可背乎！」遂陰白之。〔註156〕

李哲面對叔父李璋欲謀害帝，希望其能配合爲內應，不知如何是好，因而告知兄李安，希望李安幫他拿主意，李安的一句話「其可背乎」，李璋的陰謀終被揭發。李安雖僅言「其可背乎」，實已深具教誨弟之意。而關中郡姓裴氏兄教弟，據《周書》卷三四〈裴寬傳〉載：

> 及孝武西遷，寬謂其諸弟曰：「權臣擅命，乘輿播越，戰爭方始，當何所依？」諸弟咸不能對。寬曰：「君臣逆順，大義昭然。今天子西幸，理無東面，以虧臣節。」〔註157〕

面對權臣擅命、戰爭將臨，裴寬對諸弟曉諭之言是「無虧臣節」，而這正是家門教育。又《南史》卷五八〈裴邃附裴之橫傳〉載：

> 少好賓游，重氣俠，不事產業。之高以其縱誕，乃爲狹被蔬食以激屬之。之橫歎曰：「大丈夫富貴，必作百幅被。」遂與僮屬數百人於芍陂大營田墅，遂致殷積。〔註158〕

裴之橫原本不事產業，其兄裴之高以「狹被蔬食」激勵之，結果裴之橫聽兄勸，終能與僮屬營於田墅，以致能殷積致富。

六、弟之勸

家族內的平輩之勸，除兄勸弟，也有弟勸兄情形。如謝氏，謝安勸謝奕，據《晉書》卷七九〈謝安附謝奕傳〉載：

> 少有名譽。初爲剡令，有老人犯法，奕以醇酒飲之，醉猶未已。安時年七八歲，在奕膝邊，諫止之。〔註159〕

〔註156〕李延壽，《北史》卷75〈李安傳〉，頁2577。
〔註157〕令狐德棻，《周書》卷34〈裴寬傳〉，頁594～595。
〔註158〕李延壽，《南史》卷58〈裴邃附裴之橫傳〉，頁1442。
〔註159〕房玄齡，《晉書》卷79〈謝安附謝奕傳〉，頁2080。

有老者犯法，謝奕卻不即刻審理該案件，喝得酩酊大醉，謝安見狀規勸其之，結果謝安反遭謝奕斥責。又鄭氏有弟勸兄，據《梁書》卷一一〈鄭紹叔傳〉載：

> 東昏既害朝宰，頗疑高祖。紹叔兄植爲東昏直後，東昏遣至雍州，託以候紹叔，實潛使爲刺客。紹叔知之，密以白高祖。植既至，高祖於紹叔處置酒宴之，戲植曰：「朝廷遣卿見圖，今日閑宴，是見取良會也。」賓主大笑。令植登臨城隍，周觀府署，士卒、器械、舟艫、戰馬，莫不富實。植退謂紹叔曰：「雍州實力，未易圖也。」紹叔曰：「兄還，具爲天子言之。兄若取雍州，紹叔請以此眾一戰。」送兄於南峴，相持慟哭而別。〔註160〕

東昏以鄭植爲刺客至雍州觀虛實，鄭植、鄭紹叔相見於雍州，而有一番對談。鄭紹叔勸兄鄭植勿攻取雍州，若兄執意要取雍州，那麼鄭紹叔將以雍州與之一戰，雙方將成爲敵人。而楊氏弟勸兄，據《晉書》卷四十〈楊駿傳〉載：

> 駿知賈后情性難制，甚畏憚之。又多樹親黨，皆領禁兵。於是公室怨望，天下憤然矣。駿弟珧、濟並有儁才，數相諫止，駿不能用，因廢於家。〔註161〕

楊駿樹立親黨，天下憤然，楊駿弟楊珧、楊濟屢屢諫之，但兄楊駿不能聽，因而被廢於家。雖然楊珧、楊濟之諫沒有達到效果，但楊珧、楊濟在勸諫時，確實希望能影響其兄，希望兄能聽其勸。又據《晉書》卷四十〈楊駿附楊濟傳〉載：

> 初，駿忌大司馬汝南王亮，催使之藩。濟與斌數諫止之，駿遂疏濟。〔註162〕

此亦楊濟勸兄楊駿之例，顯然楊駿仍不聽勸，反而疏遠其弟。

而家族中平輩之勸，除兄弟之勸外，另見從兄勸從弟。從兄勸從弟，如王微勸王僧綽，據《宋書》卷七一〈王僧綽傳〉載：

> 從兄微，清介士也，懼其太盛，勸令損抑。僧綽乃求吳郡及廣州，上並不許。〔註163〕

王僧綽爲宋文帝所賞，朝政大小，皆參與，從兄王微懼其名太盛，而勸其損

〔註160〕姚思廉，《梁書》卷11〈鄭紹叔傳〉，頁209。
〔註161〕房玄齡，《晉書》卷40〈楊駿傳〉，頁1178。
〔註162〕房玄齡，《晉書》卷40〈列傳〉10，頁1181。
〔註163〕沈約，《宋書》卷71〈王僧綽傳〉，頁1850。

抑，韜光養晦，王僧綽聽勸自求外放，但宋文帝不許。另王敦、王導從兄弟因立帝而有不同立場，據《晉書》卷六五〈王導傳〉載：

> 時王氏強盛，有專天下之心，敦憚帝賢明，欲更議所立，導固爭乃止。及此役也，敦謂導曰：「不從吾言，幾致覆族。」導猶執正議，敦無以能奪。〔註164〕

王導堅持不願另立新帝之立場，任憑王敦再怎麼規勸，也無法動搖王導的想法。王導、王敦政治立場不同，王導是而王敦非，從此亦知，從兄弟不必同利害。而僑姓謝氏，據《宋書》卷五六〈謝瞻傳〉載：

> 靈運好臧否人物，混患之，欲加裁折，未有方也，謂瞻曰：「非汝莫能。」乃與晦、曜、弘微等共遊戲，使瞻與靈運共車，靈運登車，便商較人物，瞻謂之曰：「祕書早亡，談者亦互有同異。」靈運默然，言論自此衰止。〔註165〕

謝靈運喜愛評論人物，而從兄謝瞻以靈運父謝瑍為例，欲令謝靈運反躬自省，謝靈運果聽從兄謝瞻之勸，自後臧否人物之言論漸未出現。另山東郡姓清河崔氏從兄勸從弟之言，據《魏書》卷六六〈崔亮傳〉載：

> 時隴西李沖當朝任事，亮從兄光往依之，謂亮曰：「安能久事筆硯，而不往託李氏也？彼家饒書，因可得學。」亮曰：「弟妹飢寒，豈可獨飽？自可觀書於市，安能看人眉睫乎！」〔註166〕

崔光看好李沖在朝任事之權，勸從弟崔亮應前往依靠李沖。崔亮無意前往，認為若因李沖家多書，可以得學而前往依靠，不如自由自在看書於市，亦不必仰人鼻息，總之崔亮拒絕之因，乃是弟妹飢寒，豈可一人獨飽。

另外，家族中亦見從弟勸從兄。如琅邪王氏，王僧虔勸王僧達，據《宋書》卷七五〈王僧達傳〉載：

> 僧達族子確年少，美姿容，僧達與之私款。確叔父休為永嘉太守，當將確之郡，僧達欲逼留之，確知其意，避不復往。僧達大怒，潛於所住屋後作大坑，欲誘確來別，因殺而埋之，從弟僧虔知其謀，禁呵乃止。〔註167〕

〔註164〕房玄齡，《晉書》卷65〈王導傳〉，頁1749～1750。
〔註165〕沈約，《宋書》卷56〈謝瞻傳〉，頁1558。
〔註166〕魏收，《魏書》卷66〈崔亮傳〉，頁1476。
〔註167〕沈約，《宋書》卷75〈王僧達傳〉，頁1954～1955。

王僧虔認為從兄僧達欲殺王確之事為非，勸其不可。王僧達果因從弟王僧虔之勸，而不殺王確。另見王亮勸王瑩，據《南史》卷二三〈王誕附王瑩傳〉載：

> 及尚書令徐孝嗣誅，瑩頗綜朝政，啟取孝嗣所居宅，及取孝嗣封名枝江縣侯以為己封。從弟亮謂曰：「此非盛德也。」瑩怒曰：「我昔從東度為吳興，束身登岸，徐時為宰相，不能見知，相用為領軍長史。今住其宅，差無多慚。」時人咸謂失德。〔註168〕

王亮對從兄王瑩欲取徐孝嗣宅，與承其縣侯以為己封，認為不宜，恐怕有累盛德，因而勸之，王瑩不但不接受，王亮反而換來一場怒罵。後來果如王亮所預期，王瑩的作為，令時人對其評價不佳。又王彬因周顗遇害之事，責備從兄王敦，據《晉書》卷七六〈王廙附王彬傳〉載：

> 彬曰：「伯仁長者，君之親友，在朝雖無謇諤，亦非阿黨，而赦後加以極刑，所以傷惋也。」因勃然數敦曰：「兄抗旌犯順，殺戮忠良，謀圖不軌，禍及門戶。」〔註169〕

王彬不滿王敦殺周顗，因而憤然數落王敦，王敦不但不感慚愧，反而大怒厲聲曰：

> 爾狂悖乃可至此，為吾不能殺汝邪！〔註170〕

王敦罵王彬狂妄悖逆，更以殺之為威脅，但王彬並未被王敦之言嚇著，反而一副義氣自若，無所恐懼。後來王敦議舉兵向京師，王彬仍苦諫不已。此外，王棱也勸王敦，據《晉書》卷七六〈王廙附王棱傳〉載：

> 棱知從兄敦驕傲自負，有陵上心，日夕諫諍，以為宜自抑損，推崇盟主，且羣從一門，並相與服事，應務相崇高，以隆勳業。〔註171〕

王棱之言苦切，認為從兄王敦應該謙抑，結果卻換得王敦與其不相容，並秘密派人殺害之。後王敦病重，無法率眾攻京師，於是以王含為元帥。王含至江寧，司徒王導稍信予王含，信中曰：

> ……。導門戶小大受國厚恩，兄弟顯寵，可謂隆矣。導雖不武，情在寧國。今日之事，明目張膽為六軍之首，寧忠臣而死，不無賴而生矣。但恨大將軍桓文之勳不遂，而兄一旦為逆節之臣，負先人平

〔註168〕李延壽，《南史》卷23〈王誕附王瑩傳〉，頁622。
〔註169〕房玄齡，《晉書》卷76〈王廙附王彬傳〉，頁2005。
〔註170〕房玄齡，《晉書》卷76〈王廙附王彬傳〉，頁2005。
〔註171〕房玄齡，《晉書》卷76〈王廙附王棱傳〉，頁2012。

素之志，既沒之日，何顏見諸父於黃泉，謁先帝於地下邪？執省來

告，爲兄羞之，且悲且慚。〔註172〕

王導爲王含從弟，對於王含欲爲逆，寫信申明大義勸之。王導勸以寧忠臣而死，不爲逆節之臣。更認爲若爲逆，負先人之志，有何顏而見諸父於黃泉之下，並建議取錢鳳性命，以安天下。王導苦口婆心之勸，卻換來王含的不語。而僑姓謝氏從弟勸從兄，據《宋書》卷六七〈謝靈運傳〉載：

靈運素所愛好，出守既不得志，遂肆意游遨，徧歷諸縣，動踰旬朔，

民間聽訟，不復關懷。所至輒爲詩詠，以致其意焉。在郡一周，稱

疾去職，從弟晦、曜、弘微等並與書止之，不從。〔註173〕

謝靈運不得志，肆意游遨山水，對於人民聽訟之事全部不關心，最後更稱病去職。對謝靈運此舉，從弟晦、曜、弘微寫信勸之，但謝靈運不聽之。綜觀王、謝從弟勸從兄，僅見王僧達聽從弟王僧虔之勸，其餘多不聽勸，反而換得一場呵罵，會如此，或許存著長幼倫理之心態，畢竟從兄年長於從弟，從弟有何資格訓從兄，從兄又何以要接受勸？不過不管勸諫是否被接受，從弟還是可以適時提出對從兄勸諫。

七、姊之勸

　　而家中的女性教勸，除母之教勸外，也出現姊對弟之教勸。如《世說新語箋疏》卷一九《賢媛》第二五條：

王右軍郗夫人謂二弟司空、中郎曰：「王家見二謝，傾筐倒屣，見汝

輩來，平平爾。汝可無煩復往。」〔註174〕

以上引文之意是說，王羲之妻郗璿曾對兩位弟弟郗愔、郗曇說：「王家見謝安、謝萬來訪，盡出其所有招待之，而見你們來，只以平常之禮招待，你們以後可以不必勞煩再來。」此雖只是一番平常對話，但卻隱含郗璿認爲王家認爲郗家子弟不如謝家，故在招待有所不同。雖說弟以後可不必復往，但實際上有教弟之意，希望弟能力求上進，使郗家能成爲大族像謝氏一樣受到王氏尊重。又《世說新語箋疏》卷一九《賢媛》第二八條：

王江州夫人語謝遏曰：「汝何以都不復進，爲是塵務經心，天分有

〔註172〕房玄齡，《晉書》卷98〈王敦傳〉，頁2564。

〔註173〕沈約，《宋書》卷67〈謝靈運傳〉，頁1753～1754。

〔註174〕余嘉錫，《世說新語箋疏》卷一九〈賢媛〉二五條，頁696。

限。」〔註175〕

王江州夫人指的是王凝之妻謝道蘊，而謝遏即謝玄爲道蘊之弟。此史文說的是，謝道蘊告誡弟弟謝玄，爲何不再長進？是因爲俗務煩心，還是天資有限呢？謝道蘊措辭委婉，意在促使弟弟能自我反省，努力改過。郗璿、謝道蘊已嫁爲王氏婦，仍不忘對本家兄弟關心，希望他們能長進，能光耀家門。

八、妻之勸

傳統中國婦女缺乏獨立性，附屬於丈夫之下，丈夫是其天。董仲舒《春秋繁露》將人倫關係附以陰陽之說，其言：

> 君臣、父子、夫婦之義，皆取諸陰陽之道。君爲陽，臣爲陰，父爲陽，子爲陰，夫爲陽，妻爲陰，陰道無所獨行，其始也不得專起，其終也不得分功，有所兼之義。〔註176〕

此中談到夫妻關係，爲人妻者，以陰陽之說看之屬陰，不可獨行，須從夫。此爲中國男尊女卑之觀念。再看教女經典之作班昭《女誡》，其中〈夫婦〉、〈專心〉談到夫妻關係及相處之道。據〈夫婦〉篇載：

> 夫不賢，則無以御婦；婦不賢，則無以事夫。夫不御婦，則威儀廢缺；婦不事夫，則義理墮闕。〔註177〕

此引文談道妻子須以事丈夫爲重，若不如此則缺義理。又〈專心〉篇載：

> 《禮》，夫有再娶之義，婦無二適之文，故曰夫者天也。天固不可逃，夫固不可離也。〔註178〕

此引文所言丈夫爲妻之天，妻子不可二適，應專心待丈夫。在這種婦女無獨立性，以夫爲天，重夫權，妻子只扮從夫角色，男尊女卑情況下，通常出現的是，夫訓妻情形，妻子是否可對丈夫提出勸諫？

事實上，並非因夫權重，婦女就無法對丈夫勸誡。有時妻勸諭夫反而會產生極大的效果，顏之推對此有很好的解釋，其言：

> 止凡人之鬬閱，則堯舜之道，不如寡妻之誨諭。〔註179〕

〔註175〕余嘉錫，《世說新語箋疏》卷一九〈賢媛〉二八條，頁696。
〔註176〕董仲舒，《春秋繁露》(《四部叢刊》初編經部，上海商務印書館) 卷 12〈基義〉第53，頁68下。
〔註177〕范曄，《後漢書》卷84〈列女傳〉第74，頁2788。
〔註178〕范曄，《後漢書》卷84〈列女傳〉第74，頁2790。
〔註179〕王利器，《顏氏家訓集解》，卷1〈序致〉第一，頁1。

顏之推認為，要禁止一般人的打鬥爭吵，說以堯、舜治民之道，不如自己妻子的勸說容易接受。在史料中確實可發現妻勸夫之例。據《世說新語箋疏》卷一九《賢媛》第二三條載：

> 謝公夫人幃諸婢，使在前作伎，使太傅暫見，便下幃。太傅索更開，夫人云：「恐傷盛德。」〔註180〕

謝公夫人指的是，謝安妻劉耽女。引文說，謝安好聲色，妻劉夫人在婢女們背後張設帳幕，讓她們在幕前表演歌舞，使謝安看一下，便把幕垂下來。但謝安認為不過癮，要求再開幕，但劉夫人勸說之，恐如此，會損害盛德。謝安心裏未必舒服，劉夫人此番話，是否能改變謝安喜好不得而知，不過劉夫人還是提出了勸諫，認為若以此下去，必損品德，希望謝安適可而止，好自為之。從此可看雖說妻有從夫之義，但還是可以給丈夫一些勸諫，並非對夫百依百順，對丈夫不能多言。又《世說新語箋疏》卷一九《賢媛》第二六條載：

> 王凝之謝夫人既往王氏，大薄凝之。既還謝家，意大不說。太傅慰釋之曰：「王郎，逸少之子，人材亦不惡，汝何以恨乃爾？」答曰：「一門叔父，則有阿大、中郎。羣從兄弟，則有封、胡、遏、末。不意天壤之中，乃有王郎！」〔註181〕

王凝之謝夫人指的是，謝道蘊。謝道蘊是個才女，其以柳絮因風起形容白雪紛紛的才情，令人印象深刻。其嫁王凝之，卻看不起丈夫王凝之，曾為之抱怨，認為王氏家門子弟個個優秀，為何有王凝之這種人物。謝道蘊顯然未把丈夫視為天，故批評之。謝道蘊是個才女，看不起丈夫，在自認己勝夫的情況下，推想對丈夫當會有勸諫。而據《晉書》卷九六〈鄭休妻石氏傳〉載：

> 休前妻女既幼，又休父布臨終，有庶子沈生，命棄之，石氏曰：「奈何使舅之胤不存乎！」遂養沈及前妻女。〔註182〕

此史文說的是，鄭休原想棄養前妻所生女及父庶子沈生，妻石氏勸之，為何使公公無後嗣，鄭休遂聽妻言養沈生及前妻女。以上劉夫人、謝道蘊、石氏非把丈夫視為天，對丈夫也非百依百順，而對丈夫提出勸諫。

〔註180〕余嘉錫，《世說新語箋疏》第十九〈賢媛〉二三條，頁695。
〔註181〕余嘉錫，《世說新語箋疏》第十九〈賢媛〉二六條，頁697。
〔註182〕房玄齡，《晉書》卷96〈鄭休妻石氏傳〉，頁2511。

而夫妻之間的日常對話，也容易隱藏教勸之義，如許允嫌妻阮氏醜，阮氏以機智之語，反而訓了丈夫一頓，讓其自覺慚愧。事情是這樣的：許允妻子，是阮衛尉的女兒，長相奇醜，許允行過交拜禮後，就不再理睬她。後來經桓範勸再回洞房，但一見妻子，又想離去，此刻阮氏緊抓許允衣襟，使許允不得離去。許允因而問阮氏說：「婦女應具四德，妳有幾種？」阮氏回答：「只缺美貌。」反問許允說：「士人應有百種品行，不知你有幾種？」許允卻回答：「全具備。」阮氏責備之說：

> 夫百行以德爲首，君好色不好德，何謂皆備？〔註183〕

阮氏責備許允君子好德不好色，而許允好色，哪能說皆具備士人百行之德。後來許允自覺慚愧，由是敬重阮氏。此阮氏憑其機智，讓丈夫知其錯處，自覺理虧，而有慚色，遂一改態度，讓婚姻得以維繫下去。阮氏對丈夫的勸，不僅表現在搶救自己的婚姻上，甚且在丈夫的事業上，也能有所勸，解決丈夫的危機。據《世說新語箋疏》卷一九《賢媛》第七條載：

> 許允爲吏部郎，多用其鄉里，魏明帝遣虎賁收之。其婦出誡允曰：「明主可以理奪，難以情求。」既至，帝覈問之。允對曰：「『舉爾所知。』臣之鄉人，臣所知也。陛下檢校爲稱職與不？若不稱職，臣受其罪。」
>
> 既檢校，皆官得其人，於是乃釋。〔註184〕

許允爲吏部郎，多拔用同鄉人，魏明帝派人去拘捕他。妻子獻計告誡於許允說：「英明的君主可用道理改變其意，難用人情懇求他的寬恕。」於是，許允面對魏明帝審問他時，答以：「孔子說舉用你所知的賢才。同鄉人爲我所熟知，故舉用之。陛下可查核他們是否稱職，若不稱職，臣願受懲罰。」，結果經查核，皆能稱職，於是許允被釋放。這是許允妻子剖析君王心理給丈夫的建議，也因此讓許允知該如何做，而化解了許允官場上的政治風暴。事實證明許允妻子真的是個賢內助，在適當的時候，可以給予許允一些好的建議，而許允難得的是能聽之。

像許允一樣，王公淵對妻子也不太滿意，據《世說新語箋疏》卷一九《賢媛》第九條載：

> 王公淵娶諸葛誕女。入室，言語始交，王謂婦曰：「新婦神色卑下，殊不似公休！」婦曰：「大丈夫不能仿佛彥雲，而令婦人比蹤英傑！」

〔註183〕余嘉錫，《世說新語箋疏》第十九〈賢媛〉六條，頁672。

〔註184〕余嘉錫，《世說新語箋疏》第十九〈賢媛〉七條，頁673～674。

〔註185〕
王公淵妻爲諸葛誕女，入洞房後，才開始交談，王公淵就對妻子說：「妳神情容色低劣，不如令尊！」妻子教訓之說「你身爲大丈夫都不如令尊，卻要我一介婦人媲美天下英傑！」。此爲王公淵妻不滿王公淵的反制之辭，這樣的對話雖看不出明顯的勸諫，但言談之中自有教訓，與做人的道理。雖然引文沒有說此番對話後的後續情形，但想來王公淵必感自慚形穢。從這樣的對話看來，婦女並非不可發聲，甚且看不出是處於弱勢，充滿哀怨的婦女。

　　妻勸諭夫雖可達到極大的效果，但並非妻的勸諫都容易被接受。也常出現不聽妻勸之情形，像苻堅就因不聽妻勸而導致大敗。苻堅將伐東晉，羣臣切諫，不從。苻堅妾張氏引歷史事蹟、書、諺之言，說明順時勢，還須有一些成功之因，今朝臣上下皆言不可，陛下復何所因也？又言：

> 聞人君有伐國之志者，必上觀乾象，下採眾祥。天道崇遠，非妾所知。〔註186〕

苻堅不聽，反說軍旅之事非婦人所豫，於是興兵，結果苻堅大敗於壽春，張氏自殺。就此事件看之，婦人之勸，並非無知，婦人亦有才識佳者。慕容垂也不聽妻段氏之勸。據《晉書》卷九六〈慕容垂妻段氏傳〉載：

> 垂立其子寶爲太子也，元妃謂垂曰：「太子姿質雍容，柔而不斷，承平則爲仁明之主，處難則非濟世之雄，陛下託之以大業，妾未見克昌之美。遼西、高陽二王，陛下兒之賢者，宜擇一以樹之。趙王麟姦詐負氣，常有輕太子之心，陛下一旦不諱，必有難作。此陛下之家事，宜深圖之。」〔註187〕

慕容垂妻段氏，字元妃。慕容垂想立子寶爲太子，妻段氏以爲不可，勸之。段氏認爲寶柔弱不足承大業，立太子應從遼西、高陽二王求之，但慕容垂不接受。慕容垂死後，慕容寶嗣僞位，慕容寶得知段氏不讚成其立爲太子，而趙王麟知段氏批評他有姦詐之氣，兩人遂逼殺段氏，結果段氏自殺。後來趙王麟果然作亂，慕容寶被殺，正如段氏先前所言。事情發展至此，當怪慕容垂不聽妻段氏之勸，否則事情也不會如此發生，另外也可看出段氏爲有識見的高明婦，能預言事情發展，只可惜丈夫未能看出，不聽其勸。

〔註185〕余嘉錫，《世說新語箋疏》卷一九〈賢媛〉九條，頁677。
〔註186〕房玄齡，《晉書》卷96〈苻堅妾張氏傳〉，頁2523。
〔註187〕房玄齡，《晉書》卷96〈慕容垂妻段氏傳〉，頁2524。

九、勸婦女

有關女性的記載，在史傳中，常被忽略，不如男性記載詳盡。在如此情況下，令人懷疑是否能於史傳中，得知家族中女性成員被勸諫的情況。果如所知，這樣的史料少之又少，在僑姓王謝袁蕭四氏中，僅見王氏家中婦女被勸諫的史料。據《晉書》卷四三〈王戎附王衍傳〉載：

> 衍妻郭氏，賈后之親，藉中宮之勢，剛愎貪戾，聚斂無厭，好干預人事，衍患之而不能禁。時有鄉人幽州刺史李陽，京師大俠也，郭氏素憚之。衍謂郭曰：「非但我言卿不可，李陽亦謂不可。」郭氏為之小損。〔註188〕

王衍之妻郭氏為賈后母郭槐家人，恃其勢，貪墨而干預政事，王衍不耐，勸說無效，而搬出妻所怕的李陽，以李陽認同其說來說服其妻改變行為，其妻果能稍做改變，此為王氏中夫對妻之勸。郭氏的行為不僅丈夫看不下去而勸之，甚連小叔亦為之勸，據《晉書》卷四三〈王戎附王澄傳〉載：

> 衍妻郭性貪鄙，欲令婢路上擔糞。澄年十四，諫郭以為不可。郭大怒，謂澄曰：「昔夫人臨終，以小郎屬新婦，不以新婦屬小郎。」因捉其衣裾，將杖之。澄爭得脫，踰窗而走。〔註189〕

王澄為王衍弟，郭氏為王澄嫂，王澄對嫂貪鄙之性諫之，卻換得一場怒罵。郭氏似有意以長輩身份來壓王澄，認其無資格教訓她，甚準備捉其衣裾，將杖打之，弄得王澄只好想辦法掙脫，踰窗而走。此為小叔對嫂之勸。郭氏為王衍、王澄所勸，是史文中僅見對家中女性成員的勸諫。婦女被勸諫案例之少，主要與史官寫國史以男性為中心有關，而有關女性的記載通常只是被附帶提及。而正史中雖有列女傳對婦女的記載，但敘事重心都將婦女擺置在性暴力邊緣、以及孀居生活的成就這兩方面；男性史官在為婦女立傳上，對一般婦女常態生活沒有興趣。〔註190〕因此，對於女性的勸諫，不太容易於史傳中看到。

十、姻親之勸

另機會勸諫也可能出於婚姻關係所形成的家人關係之勸，如袁湛曾教訓外甥。袁湛為何要教訓外甥謝絢？因謝絢不尊重舅袁湛，公然侮之，謝絢這

〔註188〕房玄齡，《晉書》卷43〈王戎附王衍傳〉，頁1237。
〔註189〕房玄齡，《晉書》卷43〈王戎附王澄傳〉，頁1239。
〔註190〕盧建榮，〈從男性書寫材料看三至七世紀女性的社會形象塑模〉，《師範大學歷史學報》，第26期，頁1。

樣的舉止，就像其父謝重於諸舅禮敬多闕，故袁湛正色對謝絢說：

> 汝便是兩世無渭陽之情。〔註191〕

袁湛說謝絢不知甥舅之情，此番話一出，使謝絢有愧色。雖袁湛僅說一句話，但卻含有教訓之意。再蕭惠開初為祕書郎，雖年少，文名聞世，但惠開意趣與人多所不同，常比肩或三年不共語。外祖光祿大夫沛郡劉成戒之曰：

> 汝恩戚家子，當應將迎時俗，緝外內之歡。如汝自業，將無小傷多異，以取天下之疾患邪？〔註192〕

蕭惠開不與人共語，外祖劉成勸戒其應迎時俗，緝外內之歡。此為外祖對孫待人處世之教。又如勸妻兄，據《魏書》卷四七〈盧玄傳〉載：

> （崔）浩大欲齊整人倫，分明姓族。玄勸之曰：「夫創制立事，各有其時，樂為此者，詎幾人也？宜其三思。」浩當時雖無異言，竟不納，浩敗頗亦由此。〔註193〕

崔浩為盧玄妻兄，當崔浩想分明姓族時，盧玄勸其應三思，但崔浩不聽勸，因而遭來殺身之禍。類此之勸，史文還記載盧循勸妻兄孫恩，據《晉書》卷一百〈盧循傳〉載：

> 循娶孫恩妹。及恩作亂，與循通謀。恩性酷忍，循每諫止之，人士多賴以濟免。〔註194〕

孫恩為人殘忍，盧循常勸之，孫恩也頗能聽勸，因而士人多因盧循勸孫恩而能免禍。另外，薛孝通也勸妻兄，據《北史》卷三六〈薛辯附薛孝通傳〉載：

> 外兄裴伯茂性豪俊，多所輕忽，唯欽賞孝通，每有著述，共參同異。孝通以裴宏放過甚，每謂之曰：「兄以阮籍、嵇康何如管仲、樂毅？」蓋自許經綸，抑裴傲也。裴笑而不答，宏放自若。〔註195〕

裴伯茂為薛孝通妻兄，薛孝通認為裴伯茂過於自傲，故藉問阮籍、嵇康何如管仲、樂毅？以使裴伯茂能自知其行為，宜收斂之。雖文中不見勸誡之跡，但薛孝通自言其目的，在抑制裴伯茂的狂傲，從薛孝通的用心，可知意在勸諫裴伯茂。而山東郡姓清河崔光韶，曾勸責繼室兄女之夫元弼，據《魏書》卷六六〈崔亮附崔光韶傳〉載：

〔註191〕沈約，《宋書》卷52〈袁湛傳〉，頁1498。
〔註192〕沈約，《宋書》卷87〈蕭惠開傳〉，頁2199。
〔註193〕魏收，《魏書》卷47〈盧玄傳〉，頁1045。
〔註194〕房玄齡，《晉書》卷100〈盧循傳〉，頁2634。
〔註195〕李延壽，《北史》卷36〈薛辯附薛孝通傳〉，頁1335。

　　　　刺史元弼前妻，是光韶之繼室兄女，而弼貪婪，多諸不法，光韶以

　　　　親情，亟相非責，弼銜之。〔註196〕

崔光韶以親情而勸元弼勿貪婪、勿行不法，但元弼並不虛心接受，反而銜恨之。而從勸諫的關係觀之，崔光韶勸元弼，是所有勸諫實例中關係最遠的一例。

　　綜上而言，家庭教育包含隨具體事件而起的機會勸諫。且機會勸諫之言，更能見教育子弟之情況，其內容也顯得較家訓多元。此乃因家訓之文所呈現的家教，往往流於德性之教、八股、制式的教訓。然再就機會勸諫的勸諫者與被諫者關係觀之，大抵可分為長輩之勸、女性之勸、平輩之勸、勸婦女、姻親之勸。從史文的整理可知，長輩之勸有父勸子、勸兄子。父勸子，如王敬弘勸王恢之、崔休誡諸子、崔光韶誡子孫、崔輯勸崔攸之、柳津勸柳仲禮、崔邪利勸崔懷慎、盧度世勸子。勸兄子，如王球勸王履、王彧誡王蘊、謝澹勸謝晦、裴讓之勸裴矩、楊愃勸楊玄感、諸父勸謝尚。女性之勸有母之勸、婦女對晚輩及宗族之勸、姊之勸、妻之勸。然以勸諫者的差異觀之，乃以母親適時的勸勉，對其子的影響性較大，也往往能改變其子的行為。而事後的發展也往往如母親所料，若勸諫之言為子所接受，常常能使其子倖免於難，可見當時的婦女有相當的識見，絕非無知之婦。當然在母親的勸諫過程中，也並非皆能為子所接受。而從以上史文的引舉，可知母親常藉機會，教子應盡忠報國，犧牲小我，完成大我之道。而在古代重夫權，妻有從夫之義，凡是以夫為主的情況下，妻仍能勸夫，對夫產生影響，不過也因人而異，出現夫不聽妻勸之情況。但可以理解的是，婦女在家並非不能有聲音，僅能對丈夫百依百順。這讓我們對中國古代婦女卑弱、從父、從夫、從子的觀念有了重新了解。而平輩之勸有兄勸弟、弟勸兄、從兄勸從弟、從弟勸從兄。兄勸弟，如王志勸王寂、王鑒勸王惠、謝安勸謝萬、謝瞻勸弟謝晦、謝朏勸謝瀹、謝澹勸謝璞、王顯責王頲、李安教李哲、裴寬曉諭諸弟、裴之高激勵裴之橫。而弟勸兄，如謝安勸謝奕、鄭紹叔勸鄭植、楊珧、楊濟勸楊駿。而平輩之勸顯以兄勸弟為多。從兄勸從弟，如王微勸王僧綽、王敦勸王導、謝瞻勸謝靈運、崔光勸崔亮。從弟勸從兄，如王僧虔勸王僧達、王亮勸王瑩、王彬責王敦、王棱諫王敦、王導勸王含、謝晦、曜、弘勸謝靈運。在史文的整理，可知施勸的對象以平輩之勸為多。此結論不同於一般對家庭教育，都以長輩對

〔註196〕魏收，《魏書》卷66〈崔亮附崔光韶傳〉，頁1483。

晚輩教勸的認知，反而出現平輩之勸爲多的現象。或許與平輩相處機會較多，更容易有機會提出勸諫有關。再就婚姻形成的家人勸諫有，袁湛訓甥謝絢、劉成勸外孫蕭惠開。此外，有勸妻兄，如盧玄勸崔浩、盧循勸孫恩、薛孝通勸裴伯茂。另有勸妻兄女之夫，如崔光韶勸元弼。而機會勸諫的成效如何？據所引史文有聽勸、有不聽勸，全因人而異，勸諫並無強制約束性。而就機會勸諫的內容而言，多爲處世宜低調、勿傲誕、勿躁進、明哲保身、勸以謙退、以保門戶爲多，至於勸以求仕進反而不見，這樣的勸諫內容，正好呼應，亂世之中，以保門戶爲重。而由於史官寫史對於世族家庭教育的情形並非其著力點，故有關機會勸諫常順而提及，非詳盡述之，故本文所探討的世族，並非皆可於正史列傳中發現機會勸諫的記載。而在各世族中，以王、謝談到機會勸諫最多，這樣的結果無損於世族對子弟機會勸諫的認知，僅能說史官於此著墨不多，此亦爲本文之侷限，無法突破之處。

第三節　遺命之教

世族教育子弟除見於家訓之文及機會勸諫外，另一個重要教子時機便是病篤臨終前的的遺命之戒，即爲臨終顧命。而遺命之戒的內容，與家訓之教和機會勸誡內容有很大的不同。在先秦時，遺戒內容仍不離對子孫立身行事之勸。可是到了漢代，遺戒內容漸漸轉向對身後終制的安排。而從東漢以迄南北朝，「遺令」、「遺命」、「遺戒」之類的誡子書，幾乎成爲終制的代名詞。〔註197〕遺命最常見內容是對死事之交代與安排，這就牽涉到喪葬之俗。

生、死，乃人生之大事也。後人對於先人生死之處理態度是否恰當，常視爲是否盡孝的依據。孟懿子曾問孝於孔子，孔子回答：「無違。」樊遲問：「何謂也？」孔子回答：

> 生，事之以禮；死，葬之以禮，祭之以禮。〔註198〕

故生、死之事應以禮待之。有關葬禮之俗，並非自古以來即定而未變，實際上，隨時代的不同，而有厚葬、薄葬之別。在兩漢，儒學昌盛之時，葬禮以厚葬爲主。據《後漢書》卷一下〈光武帝紀〉詔曰：

〔註197〕蔡雁彬，〈從誡子書看漢魏六朝終制觀的演變〉，《中國典籍與文化》，1997年2期，頁89。

〔註198〕《論語・爲政第二》，見楊伯峻，《論語譯注》，台北：華正書局，民國79年8月，頁14。

> 世以厚葬爲德，薄終爲鄙，至于富者奢僭，貧者單財，法令不能禁，
> 禮義不能止，倉卒乃知其咎。其布告天下，令知忠臣、孝子、慈兄、
> 悌弟薄葬送終之義。〔註199〕

光武帝見世俗以厚葬爲德，薄終爲鄙，即使以法令亦不能禁厚葬現象，故詔
書布告於天下，重申薄葬送終之義。而王符也批判厚葬之俗，據《潛夫論箋》
第二〈務本〉載：

> 養生順志，所以爲孝也。今多違志儉養約生以待終。終沒之後，乃
> 崇飾喪紀以言孝，盛饗賓旅以求名，誣善之徒，從而稱之，此亂孝
> 悌之眞行，而誤後生之痛者也。〔註200〕

王符認爲所謂孝應當是，父母在世時，盡心奉養，順其心意。但今人反之，
待父母往生時，再行厚葬，以示己之孝心。從王符對時代風氣之批判，可知
在兩漢以厚葬爲風。

六朝一改兩漢厚葬之風，以薄葬爲喪葬形式。而六朝薄葬之俗與當時政
治環境、孝的觀念改變、經濟情況及老莊之學及有關。據《三國志》卷二〈魏
書·文帝紀〉作終制曰：

> 自古及今，未有不亡之國，亦無不掘之墓也。喪亂以來，漢代諸陵
> 無不發掘，至乃燒取玉匣金縷，骸骨并盡，是焚如之刑，豈不重痛
> 哉！禍由乎厚葬封樹。〔註201〕

自魏晉以來，戰爭頻仍、時局動盪，盜掘古墓時有所聞，往生者常招致斬辱
屍首之禍，這一切實因厚葬而起。厚葬招來盜墓者覬覦，死者被戮屍於地下，
實非孝之作爲，故魏文帝曹丕又言：

> 若違今詔，妄有所變改造施，吾爲戮屍地下，戮而重戮，死而重死。
> 臣子爲蔑死君父，不忠不孝，使死者有知，將不福汝。〔註202〕

因此薄葬反而是孝的表現，這種孝觀念的改變，也使薄葬之風大爲盛行。而六
朝經濟凋敝，國力有限，也是葬俗由厚轉薄之因。東晉初，百廢俱舉，故君臣
對山陵奉終之事，力主省約節葬。而據《梁書》卷七〈太宗王皇后傳〉載：

> 大寶元年（550）九月，葬莊陵。先是詔曰：「簡皇后窆窆有期。昔

〔註199〕范曄，《後漢書》卷一下〈光武帝紀〉，頁51。
〔註200〕汪繼培箋，《潛夫論箋》第二〈務本〉，台北：世界書局，民國64年11月，
　　　　頁9。
〔註201〕陳壽，《三國志》卷二〈魏書·文帝紀〉，頁82。
〔註202〕陳壽，《三國志》卷二〈魏書·文帝紀〉，頁82。

> 西京霸陵，因山爲藏；東漢壽陵，流水而已。朕屬值時艱，歲饑民
> 弊，方欲以身率下，永示敦朴。今所營莊陵，務存約儉。」〔註203〕

梁太宗營簡皇后陵，特別下詔書指示，時局艱難，歲饑民弊，在爲簡皇后修
陵寢時，務必儉約，希望能以身率下。而六朝流行老莊之學，對於生死觀不
同於儒家，《莊子》內篇〈大宗師〉載：

> 死生，命也，其有夜旦之常，天也。〔註204〕

莊子認爲生死是再自然平凡不過的事，故對生死之事採順應自然，不如儒家
繁文縟節。而當莊子妻死時，據《莊子》外篇〈至樂〉載：

> 莊子妻死，惠子弔之，莊子則方箕踞鼓盆而歌。〔註205〕

莊子在妻死時，居然還能蹲坐著敲瓦盆唱歌，可見莊子把生死之事淡而看之，
在這種態度下，更不會如儒家一般重視厚葬。而《六朝文化》一書更明確指
出，國法、家法和民風相輔相成，使薄葬制度化、習慣化，是六朝薄葬習俗
的重要表現。〔註206〕據以上可知，六朝盛行薄葬之風。

　　六朝社會盛行薄葬之風，而世家大族順應時代風氣嗎？世家大族遺戒內
容又如何？

一、僑　姓

　　琅邪王氏王祥於疾篤之際，著遺令訓子孫曰：

> ……。氣絕但洗手足，不須沐浴，勿纏尸，皆澣故衣，隨時所服。所
> 賜山玄玉佩、衛氏玉玦、綬笥皆勿以斂。西芒上土自堅貞，勿用甓石，
> 勿起墳壠。穿深二丈，槨取容棺。勿作前堂、布几筵、置書箱鏡奩之
> 具，棺前但可施牀榻而已。糒脯各一盤，玄酒一杯，爲朝夕奠。家人
> 大小不須送喪，大小祥乃設特牲。無違余命！……。〔註207〕

從王祥遺令訓子孫之言，知在交代身後事，希望子孫能遵其願，以薄葬方式
處理之，王祥反厚葬行薄葬。王祥遺令除交代後事處理外，另還特別提到對
子孫立身之本的要求，其言：

〔註203〕姚思廉，《梁書》卷7〈太宗王皇后傳〉，頁158。

〔註204〕黃錦鋐注譯，《新譯莊子讀本》內篇〈大宗師〉，台北：三民書局，2005年1
月，頁78。

〔註205〕黃錦鋐注譯，《新譯莊子讀本》外篇〈至樂〉，頁232。

〔註206〕許輝等，《六朝文化》，頁594。

〔註207〕房玄齡，《晉書》卷33〈王祥傳〉，頁989。

言行可覆，信之至也；推美引過，德之至也；揚名顯親，孝之至也；
兄弟怡怡，宗族欣欣，悌之至也；臨財莫過乎讓：此五者，立身之
本。……！〔註208〕

王祥訓子孫信、德、孝、悌、讓五項為立身之本。而王祥在疾篤之際仍心掛
子孫立身之事，是於其他世族遺令所不見。對於王祥遺令之訓，不管是薄葬
的交代或立身之本的叮嚀，史文上記載，其子皆能奉行之。又據《宋書》卷
六二〈王微傳〉載：

僧謙卒後四旬而微終。遺令薄葬，不設輛旐鼓挽之屬，施五尺牀，
為靈二宿便毀。以嘗所彈琴置牀上，何長史來，以琴與之。何長史
者，偃也。無子。家人遵之。〔註209〕

王微遺令同王祥一樣，交代以薄葬處理身後事。家人能遵其願。而《南史》
卷二四〈王裕之附王秀之傳〉載：

隆昌元年（493）卒，遺令「朱服不得入棺，祭則酒脯而已。世人以
僕妾直靈助哭，當由喪主不能淳至，欲以多聲相亂。魂而有靈，吾
當笑之。」〔註210〕

王秀之遺令仍著重於死後事之安排，仍強調薄葬。

謝氏留有遺疏或遺書者，有謝瞻及謝貞。據《宋書》卷五六〈謝瞻傳〉載：

臨終，遺晦書曰：「吾得啓體幸全，歸骨山足，亦何所多恨。弟思自
勉勵，為國為家。」〔註211〕

謝晦為謝瞻之弟。當謝瞻臨終曾留遺書給弟謝晦，對於自己將死，無所遺憾，
於遺書中，未見一般臨死會交代的身後事處理問題，反而在勉勵弟弟能為國
為家。謝瞻遺書不同於當時一般人所作遺書內容。而《陳書》卷三二〈謝貞
傳〉載：

初，貞之病亟也，遺疏告族子凱曰：「……氣絕之後，若直棄之草野，
依僧家尸陁林法，是吾所願，正恐過為獨異耳。可用薄板周身，載
以靈車，覆以葦席，坎山而埋之。又吾終鮮兄弟，無他子孫，靖年
幼少，未閑人事，但可三月施小牀，設香水，盡卿兄弟相厚之情，

〔註208〕房玄齡，《晉書》卷33〈王祥傳〉，頁989。
〔註209〕沈約，《宋書》卷62〈王微傳〉，頁1672。
〔註210〕李延壽，《南史》卷24〈王裕之附王秀之傳〉，頁652。
〔註211〕沈約，《宋書》卷56〈謝瞻傳〉，頁1558。

即除之，無益之事，勿爲也。」〔註212〕

謝貞病亟時，因兄弟鮮少，子謝靖又幼少僅六歲，未閑人事，故留遺疏給族子謝凱，將身後事託囑之。從謝貞遺疏之言，仍交代薄葬處理身後事，無益之事勿須爲。

　　史書中記載袁氏子弟於臨終之戒或臨終遺疏，有袁昂及袁泌。袁昂臨終留下遺疏的內容是什麼？據《梁書》卷三一〈袁昂傳〉載：

> 初，昂臨終遺疏，不受贈諡，敕諸子不得言上行狀及立誌銘，凡有所須，悉皆停省。〔註213〕

袁昂臨終遺疏，交代諸子不接受朝廷贈諡，也不能上言行狀及立墓誌銘。何以袁昂要特別交代不受贈諡、不立墓誌銘？袁昂有進一步解釋，曰：

> 往忝吳興，屬在昏明之際，既闇於前覺，無識於聖朝，不知天命，甘貽顯戮，幸遇殊恩，遂得全門戶。自念負罪私門，階榮望絕，保存性命，以爲幸甚；不謂叨竊寵靈，一至於此。常欲竭誠酬報，申吾乃心，所以朝廷每興師北伐，吾輒啓求行，誓之丹款，實非矯言。既庸懦無施，皆不蒙許，雖欲罄命，其議莫從。今日瞑目，畢恨泉壤，若魂而有知，方期結草。聖朝遵古，知吾名品，或有追遠之恩，雖是經國恒典，在吾無應致此，脫有贈官，愼勿祗奉。〔註214〕

袁昂認爲幸遇殊恩，而使門戶得以保全，常欲報朝廷之恩，而終未能，對朝廷實無功蹟，不該接受封贈，故若朝廷有贈官，應愼而勿遵敬奉行之。結果諸子從袁昂遺疏，累表陳奏袁昂之意，但詔不許，仍冊袁昂諡曰穆正公。而袁泌臨終之戒與袁昂遺疏同，無關對子弟立身處世與道德學問的最後教誨，只是交代不受朝廷贈官。據《陳書》卷一八〈袁泌傳〉載：

> 臨終戒其子蔓華曰：「吾於朝廷素無功績，瞑目之後，斂手足旋葬，無得輒受贈諡。」〔註215〕

袁泌臨終前交代兒子袁蔓華處理自己後事，不願受朝廷贈諡。袁蔓華遵袁泌遺意表於朝廷，但朝廷不許，還是贈袁泌爲金紫光祿大夫，諡曰質。袁昂、袁泌臨終之戒，皆在言不接受朝廷贈諡之事。再觀蕭氏留遺令給諸子者，有

〔註212〕姚思廉，《陳書》卷32〈謝貞傳〉，頁428。
〔註213〕姚思廉，《梁書》卷31〈袁昂傳〉，頁455。
〔註214〕姚思廉，《梁書》卷31〈袁昂傳〉，頁455～456。
〔註215〕姚思廉，《陳書》卷18〈袁泌傳〉，頁245。

蕭琛。據《梁書》卷二六〈蕭琛傳〉載：

> 遺令諸子，與妻同墳異藏，祭以蔬菜，葬日止車十乘，事存率素。

〔註216〕

蕭琛最後臨死遺言的交代，僅於埋葬祭祀之事，告諸子凡事簡樸，可見對喪葬之事仍做薄葬交代。

綜上觀之，僑姓王、謝、袁、蕭四氏，皆於臨死前留有最後遺言，王氏有王祥、王微、王秀之；謝氏有謝瞻、謝貞；袁氏有袁昂、袁泌；蕭氏有蕭琛。遺言除王祥、謝瞻訓子孫立身之本及勉爲國爲家者外，其他都無關訓勉子孫之意。在臨死遺言中，出現最多的是對自己後事安排的交代，如薄葬及不接受贈諡。而世家大族對於喪葬的交代，頗能符合社會薄葬之風，雖爲大族，並非要求以厚葬，反而是屢屢叮嚀子孫以薄葬處理其身後事。對於臨終之戒，家中子弟多能遵奉之。臨死前的遺言，一般認爲是對子孫做道德處世訓勉的最後機會，應當也是遺言的重點，但從以上史料可知，這似乎已非重點，重點是身後事的安排。臨死勸勉之例的少，說明一個事實，對於家族成員道德處世教誡勸諫，主要於日常生活中隨具體事件的發生而適時提出。

二、東南吳姓

吳姓張氏亦留有不少臨終遺命，他們在臨終前最關心的爲何？什麼又是張氏極欲交代的？據《南史》卷三二〈張邵傳〉載：

> 邵臨終遺命，祭以菜果，葦席爲輀車，諸子從焉。〔註217〕

張邵臨終遺命談到的是，喪葬祭祀之事，從祭祀非以牲禮而以菜果，及以葦席爲喪車，張邵無非希望其子能以薄葬方式處理其後事，而諸子也能遵張邵臨終之命，從張邵心願。而《南齊書》卷三三〈張緒傳〉載：

> 遺命作蘆菔輀車，靈上置杯水香火，不設祭。〔註218〕

張緒遺命不設祭，而以蘆葦爲喪車，可見其仍想以薄葬來處理後事。又《南齊書》卷四九〈張沖傳〉載：

> 沖父初卒，遺命曰：「祭我必以鄉土所產，無用牲物。」〔註219〕

張沖父爲張岱。張岱的遺命，仍關乎死後祭祀之事，強調勿用牲物，而以土

〔註216〕姚思廉，《梁書》卷26〈蕭琛傳〉，頁398。

〔註217〕李延壽，《南史》卷32〈張邵傳〉，頁825。

〔註218〕蕭子顯，《南齊書》卷33〈張緒傳〉，頁602。

〔註219〕蕭子顯，《南齊書》卷49〈張沖傳〉，頁853。

產祭之。從張邵、張緒、張柬三人遺命觀之，皆言喪葬之事，而且皆強調薄葬。另外，據《宋書》卷五九〈張暢傳〉載：

> 暢愛弟子輯，臨終遺命與輯合墳。〔註220〕

張暢臨終遺命，談自己的喪葬之事，表達欲與張輯合墳願望。且也於臨終談及報恩之事。據《南齊書》卷四一〈張融傳〉載：

> 宋丞相（義宣）起事，父暢以不同將見殺，司馬竺超民諫免之。暢
> 臨終謂諸子曰：「昔丞相事難，吾緣竺司馬得活，爾等必報其子弟。」
> 〔註221〕

張融父張暢曾因竺超民之救，得以免除一死。故張暢臨終告諸子，必報恩於竺超民子弟。像張暢於臨終前談報恩之事，於遺命中並不多見。而張融能從父臨終之言，果報恩於竺超民之孫竺微，據載：

> 後超民孫微冬月遭母喪，居貧，融往弔之，悉脫衣以為賵，披牛被
> 而反。常以兄事微。〔註222〕

竺微遭母喪，居貧，張融助其喪葬之費，並以兄禮事竺微。而張融於永明中，遇疾，為門律自序曰：

> 「吾文章之體，多為世人所驚，汝可師耳以心，不可使耳為心師也。
> 夫文豈有常體，但以有體為常，政當有其體。丈夫當刪詩、書，制
> 禮樂，何至因循寄人籬下。……」〔註223〕

張融自序己之文章，為世人所驚嘆，更教勸門人應當注重禮樂教化。而張融也留有遺令，據《南齊書》卷四一〈張融傳〉載：

> 建武四年（497），病卒。年五十四。遺令建白旐無旒，不設祭，令
> 人捉麈尾登屋復魂。曰：「吾生平所善，自當凌雲一笑。」三千買棺，
> 無製新衾。左手執孝經、老子，右手執小品法華經。妾二人，哀事
> 畢，各遣還家。又曰：「以吾平生之風調，何至使婦人行哭失聲，不
> 須暫停閨閣。」〔註224〕

張融遺令仍重身後事的安排，從不設祭，三千買棺，無製新衾，可見仍希望薄葬。而張融對身後事交代特別之處為，令人拿拂塵入屋招魂，及哀事畢遣

〔註220〕沈約，《宋書》卷59〈張暢傳〉，頁1606。
〔註221〕蕭子顯，《南齊書》卷41〈張融傳〉，頁728。
〔註222〕蕭子顯，《南齊書》卷41〈張融傳〉，頁728。
〔註223〕蕭子顯，《南齊書》卷41〈張融傳〉，頁729。
〔註224〕蕭子顯，《南齊書》卷41〈張融傳〉，頁728～729。

妾還家。而當張融臨卒，又戒其子曰：

> 手澤存焉，父書不讀！況父音情，婉在其韻。吾意不然，別遺爾音。
> 吾文體英絕，變而屢奇，既不能遠至漢魏，故無取嗟晉宋。豈吾天挺，
> 蓋不隤家聲。汝若不看，父祖之意欲汝見也。可號哭而看之。〔註225〕

張融臨死之際，戒其子，訴說己文體英變，在不隤家聲，希望子能看之學之。
綜看張融病疾爲門律自序、遺令及臨卒之戒，不僅包含喪葬之事的交代，另
有對子弟爲學的建議。

　　顧氏有臨終爲制，以救其子者，顧憲之。據《梁書》卷五二〈顧憲之傳〉
載其救子曰：

> 莊周、澹臺，達生者也；王孫、士安，矯俗者也。吾進不及達，退
> 無所矯。常謂中都之制，允理愜情。衣周於身，示不違禮，棺周於
> 衣，足以蔽臭。入棺之物，一無所須。載以輔車，覆以粗布，爲使
> 人勿惡也。……？喪易寧戚，自是親親之情；禮奢寧儉，差可得由
> 吾意。不須常施靈筵，可止設香燈，使致哀者有憑耳。朔望祥忌，
> 可權安小牀，暫設几席，唯下素饌，勿用牲牢。蒸嘗之祠，貴賤罔
> 替。備物難辦，多致疏怠。祠先人自有舊典，不可有闕。自吾以下，
> 祠止用蔬食時果，勿同於上世也。示令子孫，四時不忘其親耳。孔
> 子云：「雖菜羹瓜祭，必齊如也。」本貴誠敬，豈求備物哉？〔註226〕

顧憲之希望入棺之物，一無所須；不須常施靈筵，可止設香燈；唯下素饌，
勿用牲牢。從以上諸事的交代，可看出顧憲之希望身後事能以薄葬處理的心
願。吳姓朱張顧陸，僅見張氏、顧氏留有臨終之命，尤以張氏爲多，有張邵、
張緒、張東、張暢、張融等人留下遺命，從遺命內容觀之，除張暢提及報恩
之事，及張融自序己能文章和對子弟爲學建議外，多以喪葬之事交代爲主，
而且多作薄葬要求，而子弟也能遵奉之。而顧氏僅見顧憲之臨終爲制救子之
言，交代薄葬心願。

三、山東郡姓

　　太原王氏，在史傳中未見有任何臨終之戒的記載。博陵崔氏留有遺命，
據《魏書》卷五七〈崔挺附崔孝直傳〉載：

〔註225〕蕭子顯，《南齊書》卷41〈張融傳〉，頁729～730。
〔註226〕姚思廉，《梁書》卷52〈顧憲之傳〉，頁760。

　　年五十八，卒於鄉里，顧命諸子曰：「吾才疏效薄，於國無功，若朝

　　廷復加贈謚，宜循吾意，不得祗受，若致干求，則非吾子，斂以時

　　服，祭勿殺生。」〔註227〕

崔孝直留的遺言是，不接受朝廷的贈謚，希望諸子能遵其意，若不聽其言，
致力求之，則非其子。並交代喪葬時僅斂以時服，且祭祀之時勿殺生。結果
其子皆能遵行之，不違其意。另外，據《周書》卷三五〈崔謙傳〉載：

　　謙性至孝，少喪父，殆將滅性。與弟說特相友愛，雖復年事並高，

　　名位各重，所有資產，皆無私焉。其居家嚴肅，動遵禮度。曠與說

　　子弘度等，並奉其遺訓云。〔註228〕

史文談到崔謙子崔曠與崔謙弟崔說之子崔弘度，能遵奉崔謙遺訓。可見崔謙
留有遺訓，不過史文未明確寫出遺訓內容為何。清河崔氏也有臨終之戒，據
《北史》卷二四〈崔逞附崔岡傳〉載：

　　臨終，誡其二子曰：「夫恭儉福之興，傲侈禍之機。乘福興者浸以康

　　休，蹈禍機者忽而傾覆，汝其誡歟！吾沒後，斂以時服，祭無牢饌，

　　棺足周屍，瘞不泄露而已。」〔註229〕

崔岡臨終誡子，把握最後教子機會，訓勉諸子為人須恭儉，不可傲侈。此外，
仍不忘一般臨終最常誡子孫之事，也就是對己身後喪葬之事做交代。從崔岡
交代斂以穿過之衣，祭祀勿宰活牲口，棺材只需足以裹屍，掩埋以不露棺為
原則觀之，崔岡希望以薄葬處理後事。對於崔岡臨終之誡，其長子崔修能遵
父命。而《南齊書》卷五二〈崔慰祖傳〉載：

　　臨卒，與從弟緯書云：「常欲更注遷、固二史，採史、漢所（泥）【漏】

　　二百餘事，在廚簏，可檢寫之，以存大意。海岱志良未周悉，可寫

　　數本，付護軍諸從事人一通，及友人任昉、徐寅、劉洋、裴揆。」

　　又令「以棺親土，不須墎，勿設靈座。」〔註230〕

崔慰祖臨終留遺書與從弟崔緯，告以可繼其未完成之志，寫史以存大意。另
外，也不忘對自己後事做薄葬交代。而盧氏未見留有臨終之戒者。趙郡李氏
留遺言者，有李宣茂。據《魏書》卷四九〈李靈附李宣茂傳〉載：

〔註227〕魏收，《魏書》卷57〈崔挺附崔孝直傳〉，頁1271。

〔註228〕令狐德棻，《周書》卷35〈崔謙傳〉，頁613～614。

〔註229〕李延壽，《北史》卷24〈崔逞附崔岡傳〉，頁870。

〔註230〕蕭子顯，《南齊書》卷52〈崔慰祖傳〉，頁902。

延昌二年（513）卒，年五十九。遺言薄葬。〔註231〕

李宣茂遺言簡而明瞭，對身後喪葬之事，交代以薄葬處理之。而隴西李氏未留任何臨終之戒。鄭氏鄭述祖病篤時，曾自言之。據《北齊書》卷二九〈鄭述祖傳〉載其曰：

吾今老矣，一生富貴足矣，以清白之名遺子孫，死無所恨。〔註232〕

鄭述祖自認一生爲人清白，這樣的身教足以留給子孫做榜樣，對自己的一生相當滿足，覺可死而無憾。山東郡姓王崔盧李鄭，王氏、盧氏、隴西李氏於史中未見臨終之戒。而博陵崔氏崔孝直遺命談到不受贈諡及喪葬之事，崔謙有遺訓，但內容不明確。清河崔氏崔㥄、崔慰祖除談喪葬事外，另告以恭儉誠傲侈及繼以未完成之志。趙郡李氏李宣茂遺言明說薄葬。而鄭氏鄭述祖於病篤時，只覺對己一生滿足無遺憾，甚連後事都無交代。

四、關中郡姓

韋氏中，韋叡留有最後的遺令，據《梁書》卷一二〈韋叡傳〉載：

普通元年（520）夏，遷侍中、車騎將軍，以疾未拜。八月，卒于家，時年七十九。遺令薄葬，斂以時服。〔註233〕

韋叡遺令爲對身後事做薄葬交代。又韋敻以年老，預戒其子，據《周書》卷三一〈韋敻傳〉載曰：

吾死之日，可斂舊衣，勿更新造。使棺足周尸，牛車載柩，墳高四尺，壙深一丈。其餘煩雜，悉無用也。朝晡奠食，於事彌煩，吾不能頓絕汝輩之情，可朔望一奠而已。仍薦素蔬，勿設牲牢。親友欲以物弔祭者，竝不得爲受。吾常恐臨終恍惚，故以此言預戒汝輩。瞑目之日，勿違吾志也。〔註234〕

韋敻年老，預做身後事安排，告誡其子喪葬以薄葬行之，斂以舊衣，棺足周尸，月初月中一奠即可，並以素蔬祭祀勿設牲牢，其餘煩雜之事，一概簡從。韋敻的預戒，其結果如何？諸子是否遵之？據《周書》卷三一〈韋敻傳〉載：

其喪制葬禮，諸子等竝遵其遺戒。〔註235〕

〔註231〕魏收，《魏書》卷49〈李靈附李宣茂傳〉，頁1102。
〔註232〕李百藥，《北齊書》卷29〈鄭述祖傳〉，頁398。
〔註233〕姚思廉，《梁書》卷12〈韋叡傳〉，頁225。
〔註234〕令狐德棻，《周書》卷31〈韋敻傳〉，頁546。
〔註235〕令狐德棻，《周書》卷31〈韋敻傳〉，頁546。

韋夐預戒，諸子能遵之，果如期願。裴氏留遺言者，有裴子野、裴植、裴佗三人。據《梁書》卷三十〈裴子野傳〉載：

> 先是子野自剋死期，不過庚戌歲。是年自省移病，謂同官劉之亨曰：
> 「吾其逝矣。」遺命儉約，務在節制。〔註236〕

裴子野遺命儉約，仍主薄葬。而《魏書》卷七一〈裴叔業附裴植傳〉載：

> 臨終，神志自若，遺令子弟命盡之後，翦落鬚髮，被以法服，以沙
> 門禮葬于嵩高之陰。〔註237〕

裴植臨終對身後事的交代，主張以沙門之禮葬之，可見裴植受佛教之影響，才主張自己的喪禮要以沙門之禮辦之。又據《魏書》卷八八〈裴佗傳〉載：

> 永安二年（529）卒。遺令不聽請贈，不受賻襚。諸子皆遵行之。
> 〔註238〕

裴佗遺令要子不聽請贈，不受賻襚。而諸子皆能遵裴佗遺令。觀裴子野等三人遺令，可知遺令主要內容，爲對身後事的交代。柳氏子弟中，柳敏與柳霞留有臨終遺誡，據《周書》卷三二〈柳敏傳〉載：

> 臨終誡其子等，喪事所須，務從簡約。其子等並涕泣奉行。〔註239〕

柳敏臨終之誡，仍在強調喪事務從簡約，而其子能奉行其臨終之誡。而《周書》卷四二〈柳霞傳〉載：

> 臨終遺誡薄葬，其子等竝奉行之。〔註240〕

柳霞亦以薄葬爲臨終誡子，而子能奉行遺誡之命。薛氏子弟中，薛端與薛濬留有最後的遺誡，據《周書》卷三五〈薛端傳〉載：

> 遺誡薄葬，府州贈遺，勿有所受。〔註241〕

薛端遺誡仍重身後事薄葬交代，及勿受府州贈遺。而薛濬不勝喪，病且卒。其弟謨時爲晉王府兵曹參軍事，在揚州。濬遺書於謨曰：

> 吾以不造，幼丁艱酷，窮游約處，屢絕簞瓢。晚生早孤，不聞詩禮。
> 賴奉先人貽厥之訓，獲稟母氏聖善之規。負笈裹糧，不憚艱遠，從
> 師就業，欲罷不能。砥行礪心，因而彌篤，服膺教義，爰至長成。

〔註236〕姚思廉，《梁書》卷30〈裴子野傳〉，頁444。
〔註237〕魏收，《魏書》卷71〈裴叔業附裴植傳〉，頁1571。
〔註238〕魏收，《魏書》卷88〈裴佗傳〉，頁1907。
〔註239〕令狐德棻，《周書》卷32〈柳敏傳〉，頁561。
〔註240〕令狐德棻，《周書》卷42〈柳霞傳〉，頁767。
〔註241〕令狐德棻，《周書》卷35〈薛端傳〉，頁622。

> 自釋未登朝,于茲二十三年矣。雖官非聞達,而祿喜逮親,庶保期
> 頤,得終色養。何圖精誠無感,禍酷薦臻,兄弟俱被奪情,苫盧靡
> 申哀訴,是用叩心泣血,實氣摧魂者也。既而創鉅釁深,不勝荼毒,
> 啟手啟足,幸及全歸。使夫死而有知,得從先人於地下矣,豈非至
> 願哉?但念爾伶俜孤宦,遠在邊服,顧此恨恨,如何可言!適已有
> 書,冀得與汝面訣,忍死待汝,已歷一旬。汝既未來,便成古今,
> 緬然永別,爲恨何言!勉之哉!勉之哉!〔註242〕

薛濬遺書於弟薛謨,不在交代身後喪葬之事,而在未能與弟面訣時,留書於
弟。遺書中,薛濬寫下自己一生的經歷過往,用意在勉勵薛謨。而薛濬在回
憶自己的一生時,特別說到其一生,賴奉先人貽厥之訓,獲稟母氏聖善之規。
從薛濬自言人生,可知薛濬深受家教影響。而楊氏在史書中,未見任何臨終
之戒。杜氏杜預留有遺令,據《晉書》卷三四〈杜預傳〉載:

> 預先爲遺令曰:……。吾去春入朝,因郭氏喪亡,緣陪陵舊義,自
> 表營洛陽城東首陽之南爲將來兆域。而所得地中有小山,上無舊冢。
> 其高顯雖未足比邢山,然東奉二陵,西瞻宮闕,南觀伊洛,北望夷
> 叔,曠然遠覽,情之所安也。故遂表樹開道,爲一定之制。至時皆
> 用洛水圓石,開隧道南向,儀制取法於鄭大夫,欲以儉自完耳。棺
> 器小斂之事,皆當稱此。〔註243〕

杜預的遺令仍是對身後事的交代,希望儉葬,而子孫也能遵其遺願。綜上可知,
關中郡姓韋裴柳薛楊杜,僅楊氏未見臨終之誡。韋氏韋叡、韋夐留有薄葬遺令
交代。裴氏留遺言者,有裴子野、裴植、裴佗等三人。而三人遺令內容,皆爲
對後事的交代。柳氏柳敏與柳霞留有臨終遺誡,皆以薄葬爲誡。薛氏薛端與薛
濬留有最後的遺誡。薛端遺誡重身後事薄葬交代,及勿受府州贈遺。而薛濬遺
書於弟薛謨,意在以己一生經歷勉勵薛謨。而杜氏僅見杜預留儉葬遺令。

五、虜姓

長孫氏中,唯一留有臨終遺令者,長孫儉。據《北史》卷二二〈長孫嵩
附長孫儉傳〉載:

> 臨終遺令:斂以時服,素車載柩,不設儀仗,親友贈襚,一無所受。

〔註242〕李延壽,《北史》卷36〈薛辯附薛濬傳〉,頁1331。
〔註243〕房玄齡,《晉書》卷34〈杜預傳〉,頁1032~1033。

諸子並奉行之。〔註244〕

從長孫儉臨終遺令觀之，其交代諸子在處理其喪葬時，應以薄葬行之，而諸子皆能從其願奉行其遺令。而代郡陸氏子弟中，留有臨終之言，爲陸卬第五弟陸摶，據《北史》卷二八〈陸俟附陸卬傳〉載：

> 第五弟摶遇疾，臨終，謂其兄弟曰：「大兄尫病如此，性至慈愛，摶之死日，必不得使大兄知之，哭泣聲必不可聞徹，致有感動。」家人至於祖載，方始告之。卬聞而悲痛，一慟便絕。年四十八。〔註245〕

陸摶大兄陸卬身體弱病，陸摶擔心陸卬無法承受己之死訊，故臨終交代不可把死訊告知陸卬。陸摶果眞知兄之性，後陸卬知陸摶死，悲痛難抑，一慟便死。至於虜姓元氏、宇文氏、于氏，在史傳中，皆未載任何遺令。

綜而言之，一般認爲臨死前的遺命，或許應該多少仍有關於對子孫做最後的訓勉，這樣的認知對東晉南北朝世族所留遺命而言並不正確。事實上，有關東晉南北朝世族所留遺命對於子孫的訓勉少之又少。而盧建榮在《北魏唐宋死亡文化史》一書提到：遺令有兩種，一種是喪葬文化的餐點，專講葬地和埋葬方式，另一種是與回顧一生有關，重在檢視在德行上有無虧欠他人之處。〔註246〕就這樣的說法來考察東晉南北朝的遺令，顯然東晉南北朝遺令多屬第一種有關喪葬文化，至於在遺令中回顧一生幾乎沒有，此時的遺令簡直就是在談終制一事。換言之，遺命之教重點在，對身後事的交代與安排。而遺命之教特指的是病篤、臨終前的最後交代，其內容與平時的家訓、家誡、誡子書、誡姪書、誡孫書不同。而蔡雁彬〈從誡子書看漢魏六朝終制觀的演變〉一文認爲，漢魏時諄諄于死生大義、儉葬之道的長篇遺令，在東晉南朝也銷聲匿迹了，禮的規範性使士人們不必在遺令中費心于自己的終制之儀，遺令遂又呈現出新的特色：一方面形制趨于短小簡潔，另一方面，以喪儀細則爲告誡內容的傳統面目，也開始發生了變化，遺令往往成爲士人們顯示平生風調的一種形式。〔註247〕就以上遺令的引舉，知蔡雁彬指出遺令形制短小簡潔之說頗爲正確。而喪儀細則在遺令中若有交代也是非常簡潔。而在本論文討論的世族中，僑姓王謝袁蕭皆留有遺令；吳姓僅見張、顧留有遺令；山

〔註244〕李延壽，《北史》卷 22〈長孫嵩附長孫儉傳〉，頁 809。
〔註245〕李延壽，《北史》卷 28〈陸俟附陸卬傳〉，頁 1018。
〔註246〕盧建榮，《北魏唐宋死亡文化史》，台北：麥田出版，2006 年 3 月，頁 170。
〔註247〕蔡雁彬，〈從誡子書看漢魏六朝終制觀的演變〉，頁 98。

東郡姓王崔盧李鄭，僅見崔氏、趙郡李氏、鄭氏留有遺令；而關中郡姓韋裴柳薛楊杜，僅楊氏未見遺令；虜姓僅見長孫氏、陸氏留下遺令。而僑姓、吳姓、郡姓、虜姓遺令內容幾乎相同，多數做薄葬交代。而對臨終遺命，子孫多能遵之。從遺令內容得知，世族對薄葬採取擁護態度，薄葬爲當時門第世族的共同要求，而這種要求正好呼應社會薄葬風氣，從此也知家教並非獨立於社會環境之外，家教的內容有時也符合社會環境潮流。

第四章　社會風氣與世族家學文化

　　世族重家庭教育，對子弟進行學問與道德之教，其效果呈現於世族有家學與特殊門風。陳寅恪在〈崔浩與寇謙之〉一文指出，東漢以後學術文化，其重心不在政治中心之首都，而分散於各地之名都大邑。是以地方大族盛門乃為學術文化之所寄託。中原經五胡之亂，而學術文化尚能保持不墜者，固由地方大族之力，而漢族之學術文化變為地方化及家門化矣。故論學術，只有家學之可言，而學術文化與大族盛門常不可分離。〔註1〕可知世族有家學，而世族家學又深受當時社會風氣所影響，以下試論社會風氣與世族家學之關係。

第一節　經學之精與儒學家學

　　春秋戰國時代，學術界百家爭鳴，直至漢武帝採納董仲舒之議，罷黜百家，獨尊儒術，思想遂定於一尊，儒學成為官學，因而取得正統地位。而東漢光武帝更大力提倡，據《後漢書》卷七九上〈儒林傳〉載：

　　　　昔王莽、更始之際，天下散亂，禮樂分崩，典文殘落。及光武中興，

　　　　愛好經術，未及下車，而先訪儒雅，采求闕文，補綴漏逸。〔註2〕

由於東漢光武帝愛好經術，使儒學在東漢仍呈現興盛景象。而趙翼《廿二史劄記》卷四「東漢功臣多近儒」載：

　　　　西漢開國功臣，多出於亡命無賴。至東漢中興，則諸將帥皆有儒者氣

〔註1〕陳寅恪，〈崔浩與寇謙之〉，《金明館叢稿初編》，《陳寅恪先生文集（一）》，台北：里仁書局，民國70年3月，頁131。

〔註2〕范曄，《後漢書》卷七九上〈儒林傳〉，頁2545。

象，亦一時風會不同也。光武少時，往長安受尚書，通大義，及爲帝，每朝罷，數引公卿郎將，講論經理，故樊準謂帝雖東征西戰，猶投戈講藝，息馬論道，是帝本好學問，非同漢高之儒冠置溺也。而諸將之應運而興者，亦皆多近於儒。……。是光武諸功臣，大半多習儒術，與光武意氣相孚合，蓋一時之興，其君與臣，本皆一氣所鍾，故性情嗜好之相近，有不期然而然者，所謂有是君，即有是臣也。〔註3〕

趙翼指出因光武帝深好儒學，風行草偃，故功臣亦好儒學。而明帝對儒學的重視亦不減於光武帝，據《後漢書》卷七九上〈儒林傳〉載：

（明帝）饗射禮畢，帝正坐自講，諸儒執經問難於前，冠帶縉紳之人，圜橋門而觀聽者蓋億萬計。〔註4〕

由於明帝的開明胸襟，使諸儒執經問難，及大會諸儒召開白虎觀會議，使儒學更受重視，出現前所未有的榮景，於經學有突出表現者亦層出不窮，士人習經蔚然成風。但這股習儒學風潮，至東漢中後期，卻衰退，據《後漢書》卷七九上〈儒林傳〉載：

自安帝覽政，薄於藝文，博士倚席不講，朋徒相視怠散，學舍頹敝，鞠爲園蔬，牧兒蕘豎，至於薪刈其下。順帝感翟酺之言，乃更脩黌宇，凡所造構二百四十房，千八百五十室。試明經下第補弟子，增甲乙之科員各十人，除郡國耆儒皆補郎、舍人。本初元年（146），梁太后詔曰：「大將軍下至六百石，悉遣子就學，每歲輒於鄉射月一饗會之，以此爲常。」自是遊學增盛，至三萬餘生。然章句漸疏，而多以浮華相尚，儒者之風蓋衰矣。〔註5〕

安帝時，博士不講學，學舍頹敝，即使順帝、梁太后想盡辦法欲重振儒學，但終不可能。經學何以衰微？乃因經學產生今古文學之爭、讖緯與經學之爭，及煩瑣的注經有關。〔註6〕此外，東漢中後期，政治陷於外戚、宦官交替專權之中，中央政權形同虛設，儒學失去強有力的支持，及黨錮之禍，儒生遇害，也是儒學衰微的重要原因。

〔註3〕趙翼，杜維運考證，《廿二史箚記》卷四「東漢功臣多近儒」，台北：華世出版社，民國66年9月，頁89～90。

〔註4〕范曄，《後漢書》卷七九上〈儒林傳〉，頁2545～2546。

〔註5〕范曄，《後漢書》卷七九上〈儒林傳〉，頁2547。

〔註6〕胡旭《漢魏文學嬗變研究》，廈門：廈門大學出版社，2004年8月，頁77～89。

　　而儒學衰微，不過是相對於儒學在東漢全盛時期而言，其實儒學在魏晉之際，並沒有真正消歇。即使在玄學風靡於社會的兩晉，仍然有太學、國子學的建制，還有經學博士。魏晉時期，玄學的盛行、佛學的盛興、道教的成長，並沒有取代儒學的地位，只是打破漢武帝確立儒術獨尊的儒學壟斷局面，演變為以儒為首，儒、佛、道並存的思想新格局。〔註7〕在漢末魏晉之際，雖儒家已失獨尊地位，但儒家所重的三綱五常，仍是統治者治國安民的重要指導方針，為國家政教的核心準則，具有鞏固政治的作用。而以忠、孝為核心的儒家傳統倫理規範，仍被尊為最高道德原則。而在私人講學中，儒學仍是傳授的主要課題，即使在談玄風氣籠罩下，儒學仍是穩定人心的憑藉。因此，號稱曠達的兩晉士人，也往往篤孝、重義，以儒學來教誡子弟，傳承家風，使子孫能敘人倫、知禮節、明上下。魏晉老莊玄風，並無損儒學進展。相反地，因魏晉時局動盪之際，為穩定門閥家族勢力，世家大族，非常重視倫常制度，因這是他們維持優越性的憑藉，故儒學更是維繫世家大族傳承不衰的重要學問，儒學成為門第特重守身治家的理想，也特以此來教誡子弟，更以儒學為家學授之子弟。而儒學其實即以《詩經》、《書經》、《易經》、《禮經》、《春秋經》等思想為教育內容，故儒學又可稱為經學。而經學作為家學，早在東漢已見，趙翼《廿二史箚記》卷五「累世經學」載：

　　　　古人習一業，則累世相傳，數十百年不墜，蓋良冶之子必學為裘，
　　　　良弓之子必學為箕，所謂世業也。工藝且然，況於學士大夫之術業
　　　　乎？〔註8〕

西漢重師法，東漢重家法，經學傳授由師法衍生出家法，當經學在家族中世代相傳，就形成了家學。可見早在東漢，經學已是世家大族重要的家學。而前提及時至魏晉，儒家經學已失獨尊局面，但經學仍是維繫世家大族傳承不衰的重要學問，而各世家大族重儒家經學教育，以之為家學情形如何？以下詳述之。

一、僑　姓

　　琅邪王氏有子弟博涉儒學，據《南史》卷二二〈王曇首附王儉傳〉載：

〔註7〕林登順，《魏晉南北朝儒學流變之省察》，台北：文津出版社，民國85年4月，頁6。

〔註8〕趙翼撰，杜維運考證，《廿二史箚記》卷五「累世經學」，頁97。

先是宋孝武好文章，天下悉以文采相尚，莫以專經爲業。儉弱年便
留意三禮，尤善春秋，發言吐論，造次必於儒教，由是衣冠翕然，
並尚經學，儒教於此大興。〔註9〕

王儉尚經學，尤善《春秋》。另《南史》卷二四〈王准之附王猛傳〉載：

及長勤學不倦，博涉經史，兼習孫、吳兵法。〔註10〕

王猛博涉經史。又《梁書》卷三三〈王筠傳〉載：

幼年讀五經，皆七八十遍。愛左氏春秋，吟諷常爲口實，廣略去取，
凡三過五抄。餘經及周官、儀禮、國語、爾雅、山海經、本草並再
抄。〔註11〕

王筠亦尚經學。又《魏書》卷六三〈王肅傳〉載：

肅少而聰辯，涉獵經史，頗有大志。……肅自謂禮、易爲長，亦未
能通其大義也。〔註12〕

王肅涉獵經史。據上可知，王儉、王猛、王筠與王肅爲琅邪王氏博涉經史者。
而儒學中的禮學於六朝特別受到重視。劉曉東指出六朝對禮學的研究，主要
表現在對禮學的義疏、議禮與修禮三方面，〔註13〕並稱「六朝禮學特精」。由
此知東晉南北朝之風重禮學，而琅邪王氏家學最能與之呼應。在正史中琅邪
王氏明確記載有家學，即所謂「王太保家法」、「王氏青箱學」，而此二者內容
即指禮學。據《宋書》卷四二〈王弘傳〉載：

弘明敏有思致，既以民望所宗，造次必存禮法，凡動止施爲，及書
翰儀體，後人皆依之倣之，謂爲王太保家法。〔註14〕

王弘動止、書翰儀體皆存禮法，後人依而效之，故稱之爲王太保家法，就史
文觀之，「王太保家法」應指禮學。而《宋書》卷六十〈王准之傳〉載：

曾祖彪之，尚書令。……。彪之博聞多識，練悉朝儀，自是家世相
傳，並諳江左舊事，緘之青箱，世人謂之「王氏青箱學」。〔註15〕

王彪之熟悉朝儀，而將之世代相傳，成爲家學。而家世相傳的「王氏青箱學」

〔註9〕 李延壽，《南史》卷22〈王曇首附王儉傳〉，頁595。
〔註10〕 李延壽，《南史》卷24〈王准之附王猛傳〉，頁665。
〔註11〕 姚思廉，《梁書》卷33〈王筠傳〉，頁486。
〔註12〕 魏收，《魏書》卷63〈王肅傳〉，頁1407。
〔註13〕 劉曉東，〈論六朝時期的禮學研究及其歷史意義〉，《文史哲》，1998年第5期，
頁87。
〔註14〕 沈約，《宋書》卷42〈王弘傳〉，頁1322。
〔註15〕 沈約，《宋書》卷60〈王准之傳〉，頁1623～1624。

是朝儀，屬禮學。而同書又載：

> 准之究識舊儀，問無不對，……然寡乏風素，不爲時流所重。撰儀
> 注，朝廷至今遵用之。〔註16〕

王准之爲王彪之曾孫，而王准之對於舊儀，問無不對，同王彪之一樣悉練朝儀，主要來自家傳。而實際上王氏善於禮學、朝儀者，更有王僧綽、王儉、王逡之、王珪之、王褒等人。據《宋書》卷七一〈王僧綽傳〉載：

> 幼有大成之度，弱年衆以國器許之。好學有理思，練悉朝典。〔註17〕

另《南齊書》卷二三〈王儉傳〉載：

> 儉長禮學，諳究朝儀，每博議，證引先儒，罕有其例。〔註18〕

且《南史》卷二二〈王曇首附王儉傳〉載：

> 何承天禮論三百卷，儉抄爲八帙，又別抄條目爲十三卷。朝儀舊典，
> 晉、宋來施行故事，撰次諳憶，無遺漏者。〔註19〕

《南齊書》、《南史》同載王儉精於朝儀。而《南齊書》卷五二〈王逡之傳〉載：

> 少禮學博聞。……昇明（477～478）末，右僕射王儉重儒術，逡之
> 以著作郎兼尚書左丞，參定齊國儀禮。初儉撰古今喪服集記，逡之
> 難儉十一條。〔註20〕

王儉已精於禮學，而王逡之更能對王儉古今喪服集記提出問題，可見其精於禮學。又《南齊書》卷五二〈王逡之附王珪之傳〉載：

> 有史學，撰齊職儀。〔註21〕

另據《周書》卷四一〈王褒傳〉載：

> 建德（572～577）以後，頗參朝議。凡大詔冊，皆令褒具草。〔註22〕

從以上的史料可知禮學爲王氏家學。而禮學是儒學內容之一，換言之，可說儒學爲王氏家學。

謝氏亦有具儒學子弟。據《晉書》卷四九〈謝鯤傳〉載：

〔註16〕沈約，《宋書》卷60〈王准之傳〉，頁1624～1625。
〔註17〕沈約，《宋書》卷71〈王僧綽傳〉，頁1850。
〔註18〕蕭子顯，《南齊書》卷23〈王儉傳〉，頁436。
〔註19〕李延壽，《南史》卷22〈王曇首附王儉傳〉，頁595。
〔註20〕蕭子顯，《南齊書》卷52〈王逡之傳〉，頁902。
〔註21〕蕭子顯，《南齊書》卷52〈王逡之附王珪之傳〉，頁903。
〔註22〕令狐德棻，《周書》卷41〈王褒傳〉，頁731。

父衡，以儒素顯，仕至國子祭酒。〔註23〕

謝衡因具儒學而顯名於世。而劉孝標注《世說新語》卷四〈文學〉第二十條引《晉陽秋》曰：

謝鯤字幼輿，陳郡人。父衡，晉碩儒。〔註24〕

同樣指出，謝衡為晉儒學家。而《全晉文》卷八三收錄謝衡文〈王昌前母服議〉、〈蘇宙事議〉、〈為皇太孫服齊衰朞議〉三篇，〔註25〕全是議論喪禮，可見謝衡精通禮學。又據《宋書》卷八五〈謝莊傳〉載：

年七歲，能屬文，通論語。〔註26〕

又據《梁書》卷四七〈謝藺傳〉載：

稍授以經史，過目便能諷誦。〔註27〕

謝藺能諷誦經史，為舅阮孝緒所傳授。而有關謝氏具儒學者，於史傳中僅見謝衡、謝莊及謝藺等三人，謝氏以儒學視為家學傳授之象並不明顯。

至於袁氏，東漢時即為儒學名家，至晉仍見子弟有儒學，據《晉書》卷八三〈袁瓌傳〉載：

于時喪亂之後，禮教陵遲，瓌上疏曰：「臣聞先王之教也，崇典訓以弘遠代，明禮樂以流後生，……。」疏奏，成帝從之。國學之興，自瓌始也。〔註28〕

袁瓌因禮教敗壞，而上疏成帝，成帝聽之，而興國學，可見袁瓌本身重儒學，才不忍見禮教敗壞，而對帝有所建議。而袁瓌子袁喬亦有儒學，據《晉書》卷八三〈袁瓌附袁喬傳〉載：

喬博學有文才，注論語及詩，并諸文筆皆行於世。〔註29〕

袁喬能注論語及詩，可見其儒學底子深厚，否則不能成之。又《晉書》卷八三〈袁瓌附袁準傳〉載：

以儒學知名，注喪服經。〔註30〕

〔註23〕房玄齡，《晉書》卷 49〈謝鯤傳〉，頁 1377。

〔註24〕余嘉錫，《世說新語箋疏》卷四〈文學〉第二十條，頁 210。

〔註25〕嚴可均，《全上古三代秦漢三國六朝文》之《全晉文》卷八三〈謝衡〉，北京：中華書局，1995 年 11 月，頁 1937。

〔註26〕沈約，《宋書》卷 85〈謝莊傳〉，頁 2167。

〔註27〕姚思廉，《梁書》卷 47，〈謝藺傳〉，頁 658。

〔註28〕房玄齡，《晉書》卷 83〈袁瓌傳〉，頁 2166～2167。

〔註29〕房玄齡，《晉書》卷 83〈袁瓌附袁喬傳〉，頁 2169。

〔註30〕房玄齡，《晉書》卷 83〈袁瓌附袁準傳〉，頁 2170。

袁準以儒學知名，其有何儒學更不說而明。另袁氏有袁樞、袁憲兄弟同爲詳
悉朝章，據《南史》卷二六〈袁湛附袁樞傳〉載：

> 樞博學，明悉舊章。〔註31〕

又《南史》卷二六〈袁湛附袁憲傳〉載·

> 憲詳練朝章，尤明聽斷，……。〔註32〕

袁氏袁樞、袁憲兄弟同悉朝章，而朝章屬禮學，禮學又是儒學的一部份，故
兩人具儒學。再據《宋書》卷八四〈袁顗傳〉載：

> 太宗使朝士與顗書曰：……汝中京冠冕，儒雅世襲，多見前載，縣
> 鑒忠邪，何遠遺郎中之清軌，近忘太尉之純概。〔註33〕

宋明帝使朝士寫信給袁顗，信中提到袁顗家世襲儒雅，可見袁氏在渡江之後，
仍保有以儒學爲家學，不過因玄風興起，其家學不僅限於儒學爲內容。

再觀蕭氏有博涉經史者。據《梁書》卷四一〈蕭介傳〉載：

> 介少穎悟，有器識，博涉經史，善兼屬文。〔註34〕

而《陳書》卷三十〈蕭濟傳〉載：

> 少好學，博通經史，諮梁武帝左氏疑義三十餘條，尚書僕射范陽張
> 纘、太常卿南陽劉之遴竝與濟討論，纘等莫能抗對。〔註35〕

又《周書》卷四二〈蕭撝傳〉載：

> 年十二，入國學，博觀經史，雅好屬文。〔註36〕

又《周書》卷四二〈蕭世怡傳〉載：

> 幼而聰慧，頗涉經史。〔註37〕

再如《周書》卷四二〈蕭大圜傳〉載：

> 年四歲，能誦三都賦及孝經、論語。〔註38〕

據以上可知，蕭介、蕭濟、蕭撝、蕭世怡、蕭大圜等皆於年幼時，即博涉經史，
這可能造就於家學淵源之因，故於幼時，家長即提供大量經史之書，使子弟閱
讀之，故能於幼時即博涉經史。據僑姓王謝袁蕭觀之，四氏中除謝氏是否以儒

〔註31〕李延壽，《南史》卷26〈袁湛附袁樞傳〉，頁717。
〔註32〕李延壽，《南史》卷26〈袁湛附袁憲傳〉，頁719。
〔註33〕沈約，《宋書》卷84〈袁顗傳〉，頁2151。
〔註34〕姚思廉，《梁書》卷41〈蕭介傳〉，頁587。
〔註35〕姚思廉，《陳書》卷30〈蕭濟傳〉，頁395。
〔註36〕令狐德棻，《周書》卷42〈蕭撝傳〉，頁751。
〔註37〕令狐德棻，《周書》卷42〈蕭世怡傳〉，頁754。
〔註38〕令狐德棻，《周書》卷42〈蕭大圜傳〉，頁756。

學為家學，跡像不明顯外，其他王氏、袁氏、蕭氏皆以儒學為其家學。

二、東南吳姓

吳姓朱張顧陸，在史傳中不易看出其以儒學為家學記載。

三、山東郡姓

山東郡姓太原王氏子弟涉略儒學，顯然不及琅邪王氏，據《魏書》卷三八〈王慧龍附王遵業傳〉載：

> 遵業，風儀清秀，涉歷經史。〔註39〕

王遵業是僅見於史傳中涉經史的太原王氏子弟，這樣的情形，很難說太原王氏以儒學為家學。

至於博陵崔氏有博涉儒學者。據《魏書》卷五六〈崔辯傳〉載：

> 學涉經史，風儀整峻。〔註40〕

而《魏書》卷五六〈崔辯附崔巨倫傳〉載：

> 幼孤，及長，歷涉經史，有文學武藝。〔註41〕

崔巨倫為崔辯孫，其同祖一般涉儒學。又《魏書》卷五七〈崔挺附崔孝政傳〉載：

> 操尚貞立，博洽經史，雅好辭賦。〔註42〕

又《魏書》卷五七〈崔挺附崔子朗傳〉載：

> 美容貌，涉獵經史，少溫厚，有風尚。〔註43〕

再如《周書》卷三五〈崔謙傳〉載：

> 歷觀經史，不持章句，志在博聞而已。〔註44〕

又《北史》卷三二〈崔鑒附崔伯謙傳〉載：

> 伯謙少時讀經、史，晚年好老、莊，容止儼然無慍色，親賓至，則
> 置酒相娛，清言不及俗事，士大夫以為儀表。〔註45〕

從以上可知，崔辯、崔巨倫、崔孝政、崔子朗、崔謙、崔伯謙等六人，為博

〔註39〕魏收，《魏書》卷38〈王慧龍附王遵業傳〉，頁878。
〔註40〕魏收，《魏書》卷56〈崔辯傳〉，頁1250。
〔註41〕魏收，《魏書》卷56〈崔辯附崔巨倫傳〉，頁1251。
〔註42〕魏收，《魏書》卷57〈崔挺附崔孝政傳〉，頁1271。
〔註43〕魏收，《魏書》卷57〈崔挺附崔子朗傳〉，頁1272。
〔註44〕《周書》卷35〈崔謙傳〉，頁612。
〔註45〕李延壽，《北史》卷32〈崔鑒附崔伯謙傳〉，頁1162。

陵崔氏博涉略儒學之子弟。亦可知博陵崔氏子弟，除研讀經書外，史書亦是涉獵對象，可說是文史兼修。另一崔氏——清河崔氏亦是如此。據《梁書》卷四八〈崔靈恩傳〉載：

> 少篤學，從師徧通五經，尤精三禮、三傳。〔註46〕

崔靈恩不僅徧通五經，更集注經典，據《梁書》卷四八〈崔靈恩傳〉載：

> 靈恩集注毛詩二十二卷，集注周禮四十卷，制三禮義宗四十七卷，左氏經傳義二十二卷，左氏條例十卷，公羊穀梁文句義十卷。〔註47〕

另《魏書》卷三五〈崔浩傳〉載：

> 少好文學，博覽經史，玄象陰陽，百家之言，無不關綜，研精義理，時人莫及。〔註48〕

又《周書》卷三六〈崔彥穆附崔君綽傳〉載：

> 君綽性夷簡，博覽經史，有父風。〔註49〕

再如《北史》卷二四〈崔逞附崔岡傳〉載：

> 幼好學，汎覽經傳，多伎藝，尤工相術。〔註50〕

據以上可知，崔靈恩、崔浩、崔君綽、崔岡等四人，爲清河崔氏博涉略儒學子弟。綜崔氏觀之，不論是博陵崔氏或清河崔氏皆有研讀儒學子弟，可見皆以儒學爲家學傳承，重視儒家經史教育。

另觀山東郡姓盧氏有博涉儒學者。據《晉書》卷四四〈盧欽傳〉載：

> 祖植，漢侍中。父毓，魏司空。世以儒業顯。欽清澹有遠識，篤志經史，……。〔註51〕

史傳在介紹盧欽先祖時，已指出盧氏世代以儒業顯名，可見盧氏以儒學爲家業傳之累世。而盧欽能繼家學，篤志經史。而《梁書》卷四八〈盧廣傳〉載：

> 廣少明經，有儒術。……，徧講五經。〔註52〕

又《魏書》卷四七〈盧玄附盧道將傳〉載：

> 道將涉獵經史，風氣謇諤，頗有文才，爲一家後來之冠，諸父並敬

〔註46〕姚思廉，《梁書》卷48〈崔靈恩傳〉，頁676。
〔註47〕姚思廉，《梁書》卷48〈崔靈恩傳〉，頁677。
〔註48〕魏收，《魏書》卷35〈崔浩傳〉，頁807。
〔註49〕令狐德棻，《周書》卷36〈崔彥穆附崔君綽傳〉，頁641。
〔註50〕李延壽，《北史》卷24〈崔逞附崔同傳〉，頁869。
〔註51〕房玄齡，《晉書》卷44〈盧欽傳〉，頁1255。
〔註52〕姚思廉，《梁書》卷48〈盧廣傳〉，頁678。

憚之。〔註53〕

再如《魏書》卷四七〈盧玄附盧道虔傳〉載：

　　粗閑經史，兼通算術。〔註54〕

而《北史》卷三十〈盧玄附盧昌衡傳〉載：

　　博涉經史，工草行書。〔註55〕

盧昌衡爲盧道虔子，亦博涉儒學。又《魏書》卷四七〈盧玄附盧昶傳〉載：

　　學涉經史，早有時譽。〔註56〕

又《周書》卷二四〈盧辯傳〉載：

　　辯少好學，博通經籍，舉秀才，爲太學博士。以大戴禮未有解詁，
　　辯乃注之。〔註57〕

盧辯博通經籍，並注大戴禮。又《北史》卷三十〈盧同附盧景裕傳〉載：

　　少敏，專經爲學。〔註58〕

又《北齊書》卷二二〈盧文偉傳〉載：

　　文偉少孤，有志尚，頗涉經史，篤於交遊，少爲鄉閭所敬。〔註59〕

又《北史》卷三十〈盧柔附盧愷傳〉載：

　　性孝友，神情穎悟，涉獵經史，有當世幹能，頗解屬文。〔註60〕

據以上可知，盧欽、盧廣、盧道將、盧道虔、盧昌衡、盧昶、盧辯、盧景裕、
盧文偉、盧愷等十人，爲盧氏博涉儒學子弟。其中盧道將、盧道虔爲兄弟；
盧景裕與盧辯爲兄弟；盧道虔與盧昌衡爲父子。兄弟、父子皆涉儒學，或有
家庭因素的影響。而盧氏子弟，亦如兩支崔氏子弟亦涉史學。

　　而盧氏除有涉儒學子弟外，在史傳中也見盧氏子弟以儒雅稱，或以儒素
見重者。據《魏書》卷四七〈盧玄傳〉載：

　　祖偃，父邈，並仕慕容氏爲郡太守，皆以儒雅稱。〔註61〕

盧偃、盧邈以儒雅稱。又《魏書》卷四七〈盧玄附盧尙之傳〉載：

〔註53〕魏收，《魏書》卷47〈盧玄附盧道將傳〉，頁1050。
〔註54〕魏收，《魏書》卷47〈盧玄附盧道虔傳〉，頁1051。
〔註55〕李延壽，《北史》卷30〈盧玄附盧昌衡傳〉，頁1078。
〔註56〕魏收，《魏書》卷47〈盧玄附盧昶傳〉，頁1055。
〔註57〕令狐德棻，《周書》卷24〈盧辯傳〉，頁403。
〔註58〕李延壽，《北史》卷30〈盧同附盧景裕傳〉，頁1098。
〔註59〕李百藥，《北齊書》卷22〈盧文偉傳〉，頁319。
〔註60〕李延壽，《北史》卷30〈盧柔附盧愷傳〉，頁1089。
〔註61〕魏收，《魏書》卷47〈盧玄傳〉，頁1045。

亦以儒素見重。〔註62〕

如《周書》卷二四〈盧辯傳〉載：

> 累世儒學。〔註63〕

而周文帝更因盧辯有儒術，而禮遇之。據《周書》卷一四〈盧辯傳〉載：

> 太祖以辯有儒術，甚禮之，朝廷大議，常召顧問。〔註64〕

又據《魏書》卷四七〈盧玄傳〉史臣曰：

> 盧玄緒業著聞，首應旌命，子孫繼迹，爲世盛門。其文武功烈，殆無
> 足紀，而見重於時，聲高冠帶，蓋德業儒素有過人者。淵之兄弟亦有
> 二方之風流。雅道家聲，諸子不逮，餘烈所被，弗及盈乎？〔註65〕

文中談到盧玄見重於當時，是因德業、儒素有過人之處，而非有文武之功，盧淵兄弟尚能繼承祖父盧玄德業、儒素，至於盧淵兄弟以下諸子顯然已不能及，從史臣曰這段文字再次證明盧氏的儒學傳家。

再觀趙郡李氏有博涉儒學者。據《魏書》卷三六〈李順傳〉載：

> 順博涉經史，有才策，知名於世。〔註66〕

另《魏書》卷三六〈李順附李騫傳〉載：

> 博涉經史，文藻富盛。〔註67〕

又《魏書》卷五三〈李孝伯附李郁傳〉載：

> 好學沉靜，博通經史。〔註68〕

又《北史》卷三三〈李靈附李繪傳〉載：

> 又掌儀注。〔註69〕

再如《北史》卷三三〈李孝伯附李諡傳〉載：

> 十三通孝經、論語、毛詩、尚書，歷數之術，尤盡其長。〔註70〕

據以上可知，李順、李騫、李郁、李繪、李諡等人，爲趙郡李氏博涉儒學子弟，亦同山東郡姓其他世族子弟博通史學。其中李騫爲李順曾孫，李郁、李

〔註62〕魏收，《魏書》卷47〈盧玄附盧尚之傳〉，頁1045。

〔註63〕令狐德棻，《周書》卷24〈盧辯傳〉，頁403。

〔註64〕令狐德棻，《周書》卷24〈盧辯傳〉，頁403。

〔註65〕魏收，《魏書》卷47〈盧玄傳〉，頁1064。

〔註66〕魏收，《魏書》卷36〈李順傳〉，頁829。

〔註67〕魏收，《魏書》卷36〈李順附李騫傳〉，頁836。

〔註68〕魏收，《魏書》卷53〈李孝伯附李郁傳〉，頁1178。

〔註69〕李延壽，《北史》卷33〈李靈附李繪傳〉，頁1207。

〔註70〕李延壽，《北史》卷33〈李孝伯附李諡傳〉，頁1231。

謐爲兄弟。另外，在史傳中記載趙郡李氏有傳家之業，據《魏書》卷五三〈李孝伯附李祥傳〉載：

> 學傳家業，鄉黨宗之。〔註71〕

又《魏書》卷五三〈李孝伯傳〉載：

> 孝伯少傳父業，博綜羣言。美風儀，動有法度。〔註72〕

史文談到李孝伯少傳父業，父業爲何？據《魏書》卷五三〈李孝伯傳〉載：

> 父曾，少治鄭氏禮、左氏春秋，以教授爲業。〔註73〕

李孝伯父親李曾，以教授鄭氏禮、左氏春秋爲業，而李孝伯又少傳父業，可知李孝伯對鄭氏禮、左氏春秋當也熟悉，就此可確定趙郡李氏以儒學經史爲家學傳承。而隴西李氏於史傳中，未見子弟涉儒學情形，但隴西李氏有家業記載，據《魏書》卷三九〈李寶傳〉史臣曰：

> 李寶家難流離，晚獲歸正，大享名器，世業不殞，諸子承基，俱有位望。〔註74〕

史臣談到李寶世業不殞，諸子能承繼其業。雖隴西李氏有家業，但因史傳未更詳言其家業爲何？又史傳未見其子弟涉儒學記載，故無法斷言隴西李氏以儒學爲家學。然觀另一李氏──趙郡李氏與隴西李氏較之，顯然趙郡李氏子弟具儒學者爲多。至於鄭氏子弟涉儒學，據《魏書》卷五六〈鄭羲附鄭懿傳〉載：

> 鄭懿，涉歷經史，善當世事。〔註75〕

鄭懿爲史傳中僅見鄭氏涉儒學子弟，因而難以下定論鄭氏是否以儒學爲家學。據上可知，山東郡姓王崔盧李鄭諸氏，明確可知，崔氏、盧氏及趙郡李氏以儒學爲家學，而王氏、隴西李氏、鄭氏無法肯定以儒學爲家學。

四、關中郡姓

關中郡姓亦如山東郡姓般，於史籍記載中，子弟們除專於經學，亦通史學。首先韋氏有博涉儒學者。據《梁書》卷一二〈韋叡傳〉載：

> 第三子稜，尤明經史，世稱其洽聞，……。〔註76〕

〔註71〕魏收，《魏書》卷53〈李孝伯附李祥傳〉，頁1174。
〔註72〕魏收，《魏書》卷53〈李孝伯傳〉，頁1167。
〔註73〕魏收，《魏書》卷53〈李孝伯傳〉41，頁1167。
〔註74〕魏收，《魏書》卷39〈李寶傳〉，頁898。
〔註75〕魏收，《魏書》卷56〈鄭羲附鄭懿傳〉，頁1239。

韋稜明經史。而《梁書》卷一二〈韋叡附韋黯傳〉載：

> 性強正，少習經史，有文詞。〔註77〕

又《南史》卷五八〈韋叡附韋鼎傳〉載：

> 少通曉，博涉經史，明陰陽逆刾，尤善相術。〔註78〕

又《周書》卷三一〈韋叔裕傳〉載：

> 孝寬沉敏和正，涉獵經史。〔註79〕

孝寬爲韋叔裕字。韋叔裕涉獵經史。再如《北史》卷六四〈韋瑱附韋師傳〉載：

> 及長，略涉經史，尤工騎射。〔註80〕

韋師略涉經史。據上可知，韋稜、韋黯、韋鼎、韋叔裕、韋師等五人，爲韋氏博涉儒學子弟。其中韋稜與韋黯爲兄弟。從韋氏子弟多涉經史觀之，韋氏應有以儒學爲家學。至於裴氏有博涉儒學者。據《宋書》卷六四〈裴松之傳〉載：

> 松之年八歲，學通論語、毛詩。博覽墳籍，立身簡素。〔註81〕

裴松之年幼即學通論語、毛詩。而《梁書》卷三十〈裴子野傳〉載：

> 時中書范縝與子野未遇，聞其行業而善焉。會遷國子博士，乃上表讓之曰：「……。（裴子野）且家傳素業，世習儒史，苑囿經籍，遊息文藝。著宋略二十卷，彌綸首尾，勒成一代，屬辭比事，有足觀者。……」〔註82〕

范縝上表說裴子野「家傳素業，世習儒史」，可知裴家有家傳之業，而家傳之業其實也就是「儒史」。而《魏書》卷四五〈裴駿傳〉載：

> 弱冠，通涉經史，好屬文，性方檢，有禮度，鄉里宗敬焉。〔註83〕

裴駿通涉經史。另外，《魏書》卷四五〈裴駿附裴宣傳〉載：

> 宣家世以儒學爲業，常慕廉退。〔註84〕

〔註76〕姚思廉，《梁書》卷12〈韋叡傳〉，頁225。
〔註77〕姚思廉，《梁書》卷12〈韋叡附韋黯傳〉，頁226。
〔註78〕李延壽，《南史》卷58〈韋叡附韋鼎傳〉，頁1435。
〔註79〕令狐德棻，《周書》卷31〈韋叔裕傳〉，頁535。
〔註80〕李延壽，《北史》卷64〈韋瑱附韋師傳〉，頁2276。
〔註81〕沈約，《宋書》卷64〈裴松之傳〉，頁1698。
〔註82〕姚思廉，《梁書》卷30〈裴子野傳〉，頁442。
〔註83〕魏收，《魏書》卷45〈裴駿傳〉，頁1020。
〔註84〕魏收，《魏書》卷45〈裴駿附裴宣傳〉，頁1023。

裴宣傳說得更明白不過了，直言裴宣家世世以「儒學」爲業。又《魏書》卷七一〈裴叔業附裴植傳〉載：

> 少而好學，覽綜經史，尤長釋典，善談理義。〔註85〕

又《周書》卷三四〈裴寬附裴漢傳〉載：

> 子鏡民，少聰敏，涉獵經史。〔註86〕

裴鏡民涉獵經史。再如《周書》卷三六〈裴果附裴孝仁傳〉載：

> 孝仁幼聰敏，涉獵經史，有譽於時。〔註87〕

又《周書》卷三七〈裴文舉傳〉載：

> 文舉少忠謹，涉獵經史。〔註88〕

據上可知，裴松之、裴子野、裴駿、裴宣、裴植、裴鏡民、裴孝仁、裴文舉等八人，或博涉經史或明言以儒學爲業，可見裴氏重視儒家的經史教育，以儒學爲家學。

另關中郡姓柳氏有博涉儒學者。據《周書》卷三二〈柳敏傳〉載：

> 性好學，涉獵經史，陰陽卜筮之術，靡不習焉。〔註89〕

柳敏涉獵經史。而《周書》卷三八〈柳虯傳〉載：

> 遍（授）【受】五經，略通大義，兼博涉子史，雅好屬文。〔註90〕

又《北史》卷六四〈柳虯附柳機傳〉載：

> 偉容儀，有器局，頗涉經史。〔註91〕

再如《北史》卷七七〈柳彧傳〉載：

> 彧少好學，頗涉經史。〔註92〕

據以上可知，柳敏、柳虯、柳機、柳彧等四人，爲柳氏博涉儒學子弟。而據《南史》卷三八〈柳元景附柳世隆傳〉載：

> 性清廉，唯盛事墳典。張緒問曰：「觀君舉措，當以清名遺子孫邪？」
>
> 答曰：「一身之外，亦復何須。子孫不才，將爲爭府；如其才也，不

〔註85〕魏收，《魏書》卷71〈裴叔業附裴植傳〉p1570。
〔註86〕令狐德棻，《周書》卷34〈裴寬附裴漢傳〉，頁598。
〔註87〕令狐德棻，《周書》卷36〈裴果附裴孝仁傳〉，頁648。
〔註88〕令狐德棻，《周書》卷37〈裴文舉傳〉p669。
〔註89〕令狐德棻，《周書》卷32〈柳敏傳〉，頁560。
〔註90〕令狐德棻，《周書》卷38〈柳虯傳〉，頁680。
〔註91〕李延壽，《北史》卷64〈柳虯附柳機傳〉，頁2285。
〔註92〕李延壽，《北史》卷77〈柳彧傳〉，頁2622。

如一經。」〔註93〕

柳世隆認爲與其子孫有才，不如通一經，可見柳世隆重視儒家經學教育。而據《南史》卷三八〈柳元景傳〉論曰：

> 世隆文武器業，殆人望也，諸子門素所傳，俱云克構。〔註94〕

史論認爲柳世隆諸子能傳其業，而柳世隆又重經學，可見能傳其業指的是儒學。另薛氏，史文中僅言子弟博覽群書，未特別強調經學。至於楊氏也未見子弟涉儒學記載。因此，薛氏、楊氏未能肯定以儒學爲家學。

再觀關中郡姓杜氏有博涉儒學者。據《晉書》卷三四〈杜預傳〉載：

> 既立功之後，從容無事，乃耽思經籍，爲春秋左氏經傳集解。又參攷眾家譜第，謂之釋例。又作盟會圖、春秋長曆，備成一家之學，比老乃成。〔註95〕

杜預所爲備成一家之學，顯然是經學。而《梁書》卷四六〈杜崱傳〉載：

> 詔曰：「崱，京兆舊姓，元凱苗裔，家傳學業，世載忠貞。」〔註96〕

世祖下詔稱許杜崱，詔曰中談到杜崱「家傳學業」，可見杜氏有家學以傳，但未明確說出家學內容。又《周書》卷三九〈杜杲傳〉載：

> 杲學涉經史，有當世幹略。〔註97〕

又《北史》卷二六〈杜銓傳〉載：

> 銓族孫景，字宣明，學通經史。〔註98〕

杜景學通經史。又《北史》卷二六〈杜銓附杜裕傳〉載：

> 子正玄，字知禮，少傳家業，耽志經史。〔註99〕

杜正玄耽志經史。據以上可知，杜預、杜杲、杜景、杜正玄等四人，爲杜氏博涉儒學子弟。其中從杜正玄「少傳家業，耽志經史」，可知杜氏所謂家傳事業，應該是儒學。綜關中郡姓韋裴柳薛楊杜觀之，僅薛氏、楊氏未有子弟涉儒學記載，無法確定其以儒學爲家學外，其餘韋氏、裴氏、柳氏、杜氏皆有子弟涉儒學，推斷家學應有儒學。

〔註93〕李延壽，《南史》卷38〈柳元景附柳世隆傳〉，頁985。

〔註94〕李延壽，《南史》卷38〈柳元景傳〉，頁995。

〔註95〕房玄齡，《晉書》卷34〈杜預傳〉，頁1031。

〔註96〕姚思廉，《梁書》卷46〈杜崱傳〉，頁642～643。

〔註97〕令狐德棻，《周書》卷39〈杜杲傳〉，頁701。

〔註98〕李延壽，《北史》卷26〈杜銓傳〉，頁961。

〔註99〕李延壽，《北史》卷26〈杜銓附杜裕傳〉，頁961。

五、虜　姓

元氏、長孫氏未見博涉儒學者，故無法得知儒學為其家學。宇文氏有博
涉儒學者。據《周書》卷四十〈宇文神舉傳〉載：

> 父顯和，少而襲爵，性矜嚴，頗涉經史，膂力絕人，彎弓數百斤，
> 能左右馳射。〔註100〕

宇文顯和頗涉經史。而《周書》卷四十〈宇文神舉傳〉載：

> 神舉偉風儀，善辭令，博涉經史，性愛篇章，尤工騎射。〔註101〕

宇文神舉博涉經史。宇文顯和、宇文神舉父子皆博涉經史。另于氏有涉獵經
史者。據《周書》卷一五〈于謹傳〉載：

> 謹性沉深，有識量，略窺經史，尤好孫子兵書。〔註102〕

于謹略窺經史。而《北史》卷二三〈于栗磾附于仲文傳〉載：

> 少聰敏，髫齔就學，耽習不倦。……。後就博士李詳受周易、三禮，
> 略通大義。〔註103〕

于仲文學周易、三禮。于謹、于仲文二人，為于氏略涉儒學子弟。宇文氏、
于氏雖有涉經史子弟，但人數不多，無法就此判定，儒學為其家學。代郡陸
氏未見博涉儒學者，不過代郡陸氏有家業，據《魏書》卷四十〈陸俟附陸琇
傳〉載：

> 琇年九歲，馛謂之曰：「汝祖東平王有十二子，我為嫡長，承襲家業，
> 今已年老，屬汝幼沖，詎堪為陸氏宗首乎？」琇對曰：「苟非關力，
> 何患童稚。」馛奇之，遂立琇為世子。〔註104〕

陸琇為陸馛第五子。陸馛告訴陸琇，自己「承襲家業」，但己年已老，而陸琇
又年幼，不知陸琇是否能繼之？陸馛在言談之際，表露了對家業是否後繼有
人的擔憂，可見代郡陸氏有其世襲家業，不過其家業為何，無法確知。綜元、
長孫、宇文、于、陸等氏觀之，皆未以儒學為家學。

綜上而言，自漢武帝時，董仲舒建議獨尊儒術，罷絀百家，自此之後，
兩漢學術以儒學為主。而儒學風潮，至東漢中後期而衰退。魏晉時，雖玄學
之風盛、佛學興、道教的成長，使儒學失去獨尊的地位，但因儒學所重的三

〔註100〕令狐德棻，《周書》卷40〈宇文神舉傳〉，頁713。
〔註101〕令狐德棻，《周書》卷40〈宇文神舉傳〉，頁716。
〔註102〕令狐德棻，《周書》卷15〈于謹傳〉，頁243。
〔註103〕李延壽，《北史》卷23〈于栗磾附于仲文傳〉，頁851。
〔註104〕魏收，《魏書》卷40〈陸俟附陸琇傳〉，頁905。

綱五常，仍是統治者治國安民的重要指導方針，為國家政教的核心準則，且更是時局動盪之際，穩定門閥家族勢力的重要力量，因此，儒學實際上並未消歇。甚且因儒學是維繫世家大族傳承不衰的重要學問，故世族仍以儒學為家學授之子弟。僑姓王謝袁蕭中，琅邪王氏有「王太保家法」、「王氏青箱學」，即所謂禮學。可見儒學為王氏家學；謝氏僅見謝衡、謝莊及謝蘭等三人，謝氏以儒學為家學並不明顯；袁氏東漢時，即為儒學名家，在渡江之後，仍保有以儒學為家學，不過因玄風興起，其家學不限於儒學為內容；蕭氏子弟，蕭介、蕭濟、蕭撝、蕭世怡、蕭大圜等人，皆於幼年時，即博涉經史，這見有家學淵源。故僑姓之中，僅謝氏以儒學為家學不明顯外，其他王氏、袁氏、蕭氏皆以儒學為其家學。而吳姓朱張顧陸，在史傳中看不出以儒學為家學記載。至於山東郡姓王崔盧李鄭諸氏，可知崔氏、盧氏及趙郡李氏以儒學為家學，但王氏、隴西李氏、鄭氏無法肯定以儒學為家學。而山東郡姓太原王氏，僅見王遵業涉經史，不如琅邪王氏有「王氏青箱學」。又就關中郡姓韋裴柳薛楊杜觀之，僅薛氏、楊氏未有子弟涉經史記載，無法肯定其以儒學為家學外，其餘韋氏、裴氏、柳氏、杜氏皆有子弟涉經史，推斷儒學應其家學之一。至於虜姓，元氏、長孫氏未見博涉經史者，而宇文氏、于氏雖有涉經史子弟，但人數不多，另外陸氏雖有家業，但未明確指出家業為何。故可知虜姓未以儒學為家學。然從史文所載，明確述及世族子弟所讀經書，則以《禮經》（包含三禮）出現次數為多，推測此乃與亂世更須維持倫常與制度有關。而出現次數次多的經書乃為《春秋》（含三傳）與《論語》，前者由於春秋與東晉南北朝，時代皆處動盪，故研讀《春秋》，更能知古鑑今；後者雖為儒家始祖孔子所著，但該書實為修德的重要經典。由此處處可見，世族子弟所讀經書，皆與整個時代環境背景有關，亦顯出當世名門大族期使子弟們能學以致用。

第二節　尚文之風與文學家學

　　東晉南北朝文學之所以能蓬勃發展，與當時社會尚文之風，息息相關。而文風熾盛之因，又與帝王好文有關。據《南史》卷二二〈王曇首附王儉傳〉載：

　　　　先是宋孝武好文章，天下悉以文采相尚，莫以專經為業。〔註105〕

〔註105〕李延壽，《南史》卷22〈王曇首附王儉傳〉，頁595。

據引文所言，天下人以文采相尚，不以專於經學為業，是因宋孝武帝愛好文章，以致天下人隨帝所好，以文采為高。又據《宋書》卷八〈明帝本紀〉載：

> 好讀書，愛文義，在藩時，撰江左以來文章志，又續衛瓘所注論語二卷，行於世。〔註106〕

宋明帝亦是愛好文學的帝王。但帝王的好文，不單單出現在南朝宋室，亦可見於齊、梁、陳之君。如《南齊書》卷二〈高帝本紀〉載：

> 博涉經史，善屬文，工草隸書，弈棋第二品。雖經綸夷險，不廢素業。〔註107〕

又《梁書》卷一〈武帝本紀〉載：

> 竟陵王子良開西邸，招文學，高祖與沈約、謝朓、王融、蕭琛、范雲、任昉、陸倕等並遊焉，號曰八友。〔註108〕

再如《陳書》卷三四〈文學傳〉載：

> 後主嗣業，雅尚文詞，傍求學藝，煥乎俱集。每臣下表疏及獻上賦頌者，躬自省覽，其有辭工，則神筆賞激，加其爵位。是以搢紳之徒，咸知自勵矣。〔註109〕

因此在帝王好文之鼓吹下，造成上行下效，故形成尚文之風。而據《南史》卷七二〈文學傳〉載：

> 自中原沸騰，五馬南渡，綴文之士，無乏於時。降及梁朝，其流彌盛。蓋由時主儒雅，篤好文章，故才秀之士，煥乎俱集。〔註110〕

可見南朝文學繁榮，帝王的提倡是重要的因素。再者，當世國之取才，多取文史之士，據《梁書》卷一四〈江淹任昉傳〉載：

> 陳吏部尚書姚察曰：觀夫二漢求賢，率先經術；近世取人，多由文史。〔註111〕

姚察說在兩漢時期用人首重是否精於經學，而近世用人，主要看其是否有文史之才。而尚文、習文有何利益動機？據《隋書》卷六六〈李諤傳〉載：

> 魏之三祖，更尚文詞，忽君人之大道，好雕蟲之小藝。下之從上，

〔註106〕沈約，《宋書》卷8〈明帝本紀〉，頁170。
〔註107〕蕭子顯，《南齊書》卷2〈高帝本紀〉，頁38。
〔註108〕姚思廉，《梁書》卷1〈武帝本紀〉，頁2。
〔註109〕姚思廉，《陳書》卷34〈文學傳〉，頁453。
〔註110〕李延壽，《南史》卷72〈文學傳〉，頁1762。
〔註111〕姚思廉，《梁書》卷14〈江淹任昉傳〉，頁258。

有同影響，競騁文華，遂成風俗。江左齊、梁，其弊彌甚，貴賤賢愚，唯務吟詠。遂復遺理存異，尋虛逐微，競一韻之奇，爭一字之巧。連篇累牘，不出月露之形，積案盈箱，唯是風雲之狀。世俗以此相高，朝廷據茲擢士。祿利之路既開，愛尚之情愈篤。〔註112〕

因此專於文辭成爲足以仕進的大資本，故人人習文、寫文以爲進仕爲官之階。而在尙文的世風引導下，世家大族紛紛習文，社會重視文學的外在氛圍，世家大族以文獲譽取利的內在動力，形成一種互動機制。〔註113〕故朱大渭等人著《魏晉南北朝社會生活史》指出，善長詩文在魏晉南北朝時被時流所重，所以文學教育爲門第教育所重視。〔註114〕而劉師培在《中國中古文學史講義》中總論宋齊梁陳文學之盛時說：

> 試合當時各史傳觀之：自江左以來，其文學之士，大抵出于世族，
>
> 而世族之中，父子兄弟各以能文擅名〔註115〕

劉師培指出，江左以來文學之士出於世族。文學爲門第教育所重，而文學之士又多出於世族，換言之，世族有以文學爲家學者。而東晉南北朝世族以文學爲家學的實際情形如何？以下詳論之。

一、僑　姓

僑姓琅邪王氏，於史傳中，得知子弟善文者記載頗多，可整理如下表：

表八：琅邪王氏子弟「好屬文、有文集」情況表

姓　名	史　　　實	史 料 出 處
王　洽	穆帝詔曰：「……，共講文章，待以友臣之義。……。」	《晉書》卷 65〈列傳〉第 35，頁 1756
王　珣	時帝雅好典籍，珣與殷仲堪、徐邈、王恭、郗恢等並以才學文章見昵於帝。	《晉書》卷 65〈列傳〉第 35，頁 1756
王　廙	廙少能屬文。	《晉書》卷 76〈列傳〉第 46，頁 2002

〔註112〕魏徵，《隋書》卷 66〈李諤傳〉，頁 1544。

〔註113〕劉菊華，〈魏晉南北朝世風尚文與世家重文〉，內江師範學院學報，第 19 卷第 5 期，頁 115。

〔註114〕朱大渭等人，《魏晉南北朝社會生活史》，北京：中國社會科學出版社，2005 年 1 月，頁 342。

〔註115〕劉師培，《中國中古文學史講義》，上海：上海古籍出版社，2000 年 12 月，頁 95。

王　導	導性慎密，尤能忍事，善於樹酤，有文章才義。	《晉書》卷 98〈列傳〉第68，頁 2557
王　誕	誕少有才藻。	《宋書》卷 52〈列傳〉第12，頁 1491
王　球	頗好文義，唯與琅邪顏延之相善。	《宋書》卷 58〈列傳〉第18，頁 1594
王准之	贍於文辭。	《宋書》卷 60〈列傳〉第20，頁 1624
王韶之	七廟歌辭，韶之制也。文集行於世。	《宋書》卷 60〈列傳〉第20，頁 1626
王　微	善屬文，能書畫，兼解音律、醫方、陰陽術數。	《宋書》卷 62〈列傳〉第22，頁 1664
王僧達	少好學，善屬文。	《宋書》卷 75〈列傳〉第35，頁 1951
王　素	愛好文義。 素乃爲蚊賦以自況。	《宋書》卷 93〈列傳〉第53，頁 2295～2296
王　儉	手筆典裁，爲當時所重。少撰古今喪服集記并文集，並行於世。	《南齊書》卷 23〈列傳〉第4，頁 438
王　寂	性迅動，好文章。	《南齊書》卷 33〈列傳〉第14，頁 598
王思遠	顧暠之少孤，好學有義行……，與思遠竝屬文章。	《南齊書》卷 43〈列傳〉第24，頁 767
王　融	融少而神明警惠，博涉有文才。 融爲曲水詩序，文藻富麗，當世稱之。融文辭辯捷，尤善倉卒屬綴，有所造作，援筆可待。 融文集行於世。	《南齊書》卷 47〈列傳〉第28，頁 817，頁 821，頁 823，頁 825
王　訓	文章之美。	《梁書》卷 21〈列傳〉第15，頁 323
王　筠	幼警寤，七歲能屬文。 筠爲文能壓強韻，每公宴並作，辭必妍美。（沈）約常從容啓高祖曰：「晚來名家，唯見王筠獨步。」 奉敕製開善寺寶誌大師碑文，詞甚麗逸。 筠自撰其文章，以一官爲一集，自洗馬、中書、中庶子、吏部、左佐、臨海、太府各十卷，尚書三十卷，凡一百卷，行於世。	《梁書》卷 33〈列傳〉第27，頁 484，頁 485，頁 487

王　規	規援筆立奏，其文又美。 規集後漢眾家異同，注續漢書二百卷，文集二十卷。	《梁書》卷 41〈列傳〉第35，頁 582～583
王　褒	七歲能屬文。	《梁書》卷 41〈列傳〉第35，頁 583
王　籍	籍七歲能屬文，及長好學，博涉有才氣，樂安任昉見而稱之。嘗於沈約坐賦得詠燭，甚為約賞。 文集行於世。	《梁書》卷 50〈列傳〉第44，頁 713
王　碧	亦有文才。	《梁書》卷 50〈列傳〉第44，頁 713
王僧虔	僧虔著書賦，儉為注序甚工。	《南史》卷 22〈列傳〉第12，頁 604
王　彬	好文章。 齊武帝起舊宮，彬獻賦，文辭典麗。	《南史》卷 22〈列傳〉第12，頁 611
王　勱	又從登北顧樓賦詩，辭義清典，帝甚嘉之。	《南史》卷 23〈列傳〉第13，頁 642
王　固	少清正，頗涉文史。	《南史》卷 23〈列傳〉第13，頁 644

　　據表可知，王洽、王珣、王廙、王導、王誕、王球、王准之、王韶之、王微、王僧達、王素、王儉、王寂、王思遠、王融、王訓、王筠、王規、王褒、王籍、王碧、王僧虔、王彬、王勱、王固等二五人，為琅邪王氏有文才子弟。其中具曾祖孫關係有：王導為王誕曾祖、王儉為王褒曾祖、王廙為王韶之曾祖；祖孫關係有：王導為王珣祖、王珣為王僧達祖、王儉為王規、王訓祖、王僧虔為王素、王筠祖；另父子關係有：王導為王洽父、王洽為王珣父、王籍為王碧父、王規為王褒父、王僧虔為王彬、王寂父；兄弟關係有：王勱、王固為兄弟；從兄弟關係有，王規、王訓為從兄弟。從以上曾祖孫、祖孫或父子同為善文情形，真可謂家學淵源，亦可證明，文學為琅邪王氏家學之一。而據《隋書》卷三五〈經籍志〉著錄琅邪王氏子弟有文集聞世者如下：

　　　　《晉驃騎將軍王廙集》十卷，
　　　　《晉大將軍王敦集》十卷，
　　　　《晉散騎常侍王鑒集》九卷，
　　　　《晉丞相王導集》十一卷，

《晉西中郎將王胡之集》十卷，

《晉中書令王洽集》五卷，

《晉金紫光祿大夫王羲之集》九卷，

《晉左光祿王彪之集》二十卷，

《晉太常卿王珉集》十卷，

《晉司徒王珣集》十一卷，

《晉司徒王謐集》十卷，

《晉司徒長史王誕集》二卷，

《宋司徒王弘集》一卷，

《宋秘書監王微集》十卷，

《宋護軍將軍王僧達集》十卷，

《齊中書郎王融集》十卷，

《梁尚書左僕射王暕集》二十一卷，

《梁太子洗馬王筠集》十一卷，

《王筠中書集》十一卷，

《王筠臨海集》十一卷，

《王筠左佐集》十一卷，

《王筠尚書集》九卷，

《後周小司空王褒集》二十一卷。〔註116〕

據以上可知，琅邪王氏有十九人有文集。〔註117〕而王筠曾與諸兒書論家世集云：

> 史傳稱安平崔氏及汝南應氏，並累世有文才，所以范蔚宗云崔氏『世擅雕龍』。然不過父子兩三世耳；非有七葉之中，名德重光，爵位相繼，人人有集，如吾門世者也。沈少傅約語人云：『吾少好百家之言，身為四代之史，自開闢已來，未有爵位蟬聯，文才相繼，如王氏之

〔註116〕魏徵，《隋書》卷三五〈經籍志〉，頁1064、頁1065、頁1065、頁1065、頁1066、頁1066、頁1066、頁1067、頁1068、頁1069、頁1069、頁1070、頁1072、頁1073、頁1073、頁1076、頁1078、頁1078、頁1078、頁1078、頁1078、頁1078、頁1080。

〔註117〕正史列傳載王韶之、王儉、王籍、王融、王規有文集，但於《隋書》卷三五〈經籍志〉只有王融確實有文集，其他人於《隋書》卷三五〈經籍志〉未見記載。

盛者也。』〔註118〕

王筠認為范曄稱安平崔氏累世有文才，不過父子兩三世耳，不像自己家門，人人有集。而沈約也認為，未有文才相繼，像王氏家族如此盛者。可見王氏文才子弟輩出。王筠更以此現象，勉諸兒，須各自努力。而宋代高似孫《緯略》卷六「累代文集」條載：

> 東晉丞相王導，導子洽，洽子珣，珣子曇首，曇首子僧綽，僧綽子
> 仲寶，仲寶子元成，元成子規，規子褒，九代並有文集。〔註119〕

王氏累代有文集，自此看來，文學為王氏家學無庸置疑。

　　至於僑姓謝氏從其家族常有講論文義活動，可知其家族亦有濃郁的文學氣氛。據《世說新語箋疏》卷二〈言語〉第七一條載：

> 謝太傅寒雪日內集，與兒女講論文義。俄而雪驟，公欣然曰：「白雪
> 紛紛何所似？」兄子胡兒曰：『撒鹽空中差可擬。』兄女曰：「未若
> 柳絮因風起。」公大笑樂。〔註120〕

此引文可見二意，一為謝氏家族有講論文義的聚會，在這樣的家族環境薰陶下，子弟的文才當不差。二藉由謝安要家中子弟比喻白雪何所似？及謝朗、謝道蘊巧妙的比喻，可知謝氏子弟文才相當高，不然也就不會把白雪紛飛形容成撒鹽空中與柳絮受風而飄起這樣的妙喻。又據《世說新語箋疏》卷四〈文學〉第五二條載：

> 謝公因子弟集聚，問《毛詩》何句最佳？遏稱曰：「昔我往矣，楊柳
> 依依；今我來思，雨雪霏霏。」公曰：「訏謨定命，遠猷辰告」。謂
> 此句偏有雅人深致。〔註121〕

這是謝安又一次集聚子弟「講論文義」的記載，也顯示出謝玄、謝安對《詩經》佳句偏愛不同，也可說是二人文學品味的差異。除此外在正史中也見謝氏子弟共處談文義，據《南史》卷二十《謝弘微傳》載：

> （謝）混風格高峻，少所交納，唯與族子靈運、瞻、晦、曜、弘微
> 以文義賞會，常共宴處，居在烏衣巷，故謂之烏衣之游。混詩所言
> 「昔為烏衣游，戚戚皆親姓」者也。其外雖復高流時譽，莫敢造門。

〔註118〕姚思廉，《梁書》卷33〈王筠傳〉，頁486～487。

〔註119〕高似孫，《緯略》卷六「累代文集」，台北：廣文書局，民國59年12月，頁171。

〔註120〕余嘉錫，《世說新語箋疏》卷二〈言語〉第七一條，頁131。

〔註121〕余嘉錫，《世說新語箋疏》卷四〈文學〉第五二條，頁235。

〔註122〕

謝氏子弟謝混等人常在烏衣巷聚會賞文義，被稱爲烏衣之游。而謝混也寫詩說烏衣巷的交遊，多爲親人，但即使當時有時譽者亦不敢加入。由此可知，烏衣巷內的會賞文義應該是單純的謝氏家人講論文學聚會。從以上史文可知謝氏家族有濃厚的文學氣氛。

　　事實上，在濃厚的文學家庭環境下，謝氏子弟善文者眾，據史傳的記載，可整理如下表：

表九：謝氏子弟「好屬文、有文集」情況表

姓　名	史　　　　實	史　料　出　處
謝　安	寓居會稽，與王羲之及高陽許詢，桑門支遁游處，出則漁弋山水，入則言詠屬文，無處世意。	《晉書》卷七九〈列傳〉49，頁2072
謝　混	少有美譽，善屬文。	《晉書》卷 79 列傳 49，頁2079
謝　萬	工言論，善屬文。	《晉書》卷 79 列傳 49，頁2086
謝　朗	朗善言玄理，文義艷發，名亞於玄。	《晉書》卷 79 列傳 49，頁2087
謝　琰	稱貞幹，卒以忠勇垂名；（謝）混曰風流，竟以文詞獲譽：並階時宰，無墮家風。	《晉書》卷 79 列傳 49，頁2090
謝　晦	涉獵文義，朗贍多通。	《宋書》卷 44〈列傳〉4，頁1348
謝惠連	幼而聰敏，年十歲，能屬文，族兄靈運深相知賞，……。	《宋書》卷 53〈列傳〉13，頁1524
	是時義康治東府城，城塹中得古冢，爲之改葬，使惠連爲祭文，留信待成，其文甚美。又爲雪賦，亦以高麗見奇。文章並傳於世。	《宋書》卷 53〈列傳〉13，頁1525
謝　瞻	年六歲，能屬文，爲紫石英讚、果然詩，當時才士，莫不歎異。	《宋書》卷 56〈列傳〉16，頁1557
	瞻善於文章，辭采之美，與族叔混、族弟靈運相抗。	《宋書》卷 56〈列傳〉16，頁1558

〔註122〕李延壽，《南史》卷 20《謝弘微傳》，頁 550。

謝靈運	靈運文藻艷逸。	《晉書》卷 79〈列傳〉49，頁 2085
	靈運少好學，博覽羣書，文章之美，江左莫逮。	《宋書》卷 67〈列傳〉27，頁 1743
	靈運爲性褊激，多愆禮度，朝廷唯以文義處之，不以應時相許。	《宋書》卷 67〈列傳〉27，頁 1753
	靈運詩書皆兼獨絕，每文竟，手自寫之，文帝稱爲二寶。	《宋書》卷 67〈列傳〉27，頁 1772
	所著文章傳於世。	《宋書》卷 67〈列傳〉27，頁 1777
	靈運既東，與族弟惠連、東海何長瑜、潁川荀雍、泰山羊璿之以文章賞會，共爲山澤之游，時人謂之四友。	《南史》卷 19〈列傳〉9，頁 539
謝　莊	年七歲，能屬文，通論語。	《宋書》卷 85〈列傳〉45，頁 2167
	所著文章四百餘首，行於世。	《宋書》卷 85〈列傳〉45，頁 2177
謝超宗	太祖爲領軍，數與超宗共屬文，愛其才翰。衛將軍袁粲聞之，謂太祖曰：「超宗開亮迥悟，善可與語。」	《南齊書》卷 36〈列傳〉17，頁 636
	超宗辭獨見用。	《南齊書》卷 36〈列傳〉17，頁 636
	好學有文辭，盛得名譽。	《南史》卷 19〈列傳〉9，頁 542
謝　瀹	世祖嘗問王儉，當今誰能爲五言詩？儉對曰：「謝朓得父膏腴；江淹有意。」上起禪靈寺，勅瀹撰碑文。	《南齊書》卷 43〈列傳〉24，頁 764
謝　朓	朓少好學，有美名，文章清麗。	《南齊書》卷 47〈列傳〉28，頁 825
	子隆在荊州，好辭賦，數集僚友，朓以文才，尤被賞愛，流連晤對，不捨日夕。	《南齊書》卷 47〈列傳〉28，頁 825
	長五言詩，沈約常云「二百年來無此詩也」。敬皇后遷祔山陵，朓撰哀策文，齊世莫有及者。	《南齊書》卷 47〈列傳〉28，頁 826
謝　朏	年十歲，能屬文。	《梁書》卷 15〈列傳〉9，頁 261
	朏所著書及文章，並行於世。	《梁書》卷 15〈列傳〉9，頁 264
謝　撰	頗有文才。	《梁書》卷 15〈列傳〉9，頁 264

謝 覽	嘗侍座，受敕與侍中王暕爲詩答贈，其文甚工。	《梁書》卷 15〈列傳〉9，頁 265
謝 舉	舉年十四，嘗贈沈約五言詩，爲約稱賞。	《梁書》卷 37〈列傳〉31，頁 529
	文集亂中並亡逸。	《梁書》卷 37〈列傳〉31，頁 530
謝 藺	詔使製北兗州刺史蕭楷德政碑，又奉令製宣城王奉述中庸頌。	《梁書》卷 47〈列傳〉41，頁 658
	藺所製詩賦碑頌數十篇。	《梁書》卷 47〈列傳〉41，頁 658
謝 微	友人琅邪王籍集其文爲二十卷。	《梁書》卷 50〈列傳〉44，頁 718
	好學善屬文。	《南史》卷 19〈列傳〉9，頁 530
	梁武帝餞於武德殿，賦詩三十韻，限三刻成。微二刻便就，文甚美，帝再覽焉。又爲臨汝侯猷製放生文，亦見賞於世。	《南史》卷 19〈列傳〉9，頁 530
	文集二十卷。	《南史》卷 19〈列傳〉9，頁 530
謝 嘏	嘏風神清雅，頗善屬文。	《陳書》卷 21 列傳 15，頁 279
	有文集行於世。	《陳書》卷 21 列傳 15，頁 279
謝 貞	所有文集，值兵亂多不存。	《陳書》卷 32〈列傳〉26，頁 429
謝 璟	齊竟陵王子良開西邸，招文學，璟亦預焉。	《南史》卷 19〈列傳〉9，頁 530
謝幾卿	及長，博學有文采。	《南史》卷 19〈列傳〉9，頁 544
	文集行於世。	《南史》卷 19〈列傳〉9，頁 545

據表可知，謝安、謝混、謝萬、謝朗、謝琰、謝晦、謝惠連、謝瞻、謝靈運、謝莊、謝超宗、謝瀹、謝朓、謝朏、謝撰、謝覽、謝舉、謝藺、謝微、謝嘏、謝貞、謝璟、謝幾卿等二三人，爲謝氏有文才子弟。史傳中所呈現謝氏子弟善文情形，故有學者周淑舫以此爲研究，寫〈山林寄詩情、奇葩有異香──東晉謝太傅一門二十多位文學家〉。〔註 123〕謝氏子弟如此多人有文學

────────────

〔註 123〕參見周淑舫，〈山林寄詩情、奇葩有異香──東晉謝太傅一門二十多位文學

才華，可說是個文學世家，文學爲其家學之一。而謝氏子弟的文才，也可從
其子弟有文集中看出。〔註124〕而宋代高似孫《緯略》卷六「累代文集」條載：

> 晉太傅謝安生琰，琰子昆（混），三代爲僕射，並有文集。宋光祿大
> 夫謝莊，莊子朏，朏子淪（瀹），淪（瀹）子覽，覽孫溫，六代五人，
> 皆爲吏部尚書，並有文集。〔註125〕

從高似孫實際羅列舉謝氏子弟以解說「累代文集」，亦可證文學爲謝氏家學。
而謝晦作〈悲人道〉，自述其家世，其詞曰：

> 懿華宗之冠胄，固清流而遠源。樹文德于庭戶，立操學於衡門。

〔註126〕

謝晦自認其家門有文德、學操，可見文學爲謝氏所重家學。

再觀僑姓袁氏子弟文才雖不如王、謝，但仍有能文子弟者。據《世說新
語箋疏》卷四〈文學〉第八八條載：

> 袁虎少貧，嘗爲人傭載運租。謝鎮西經船行，其夜清風朗月，聞江
> 渚閒估客船上有詠詩聲，甚有情致。所誦五言，又其所未嘗聞，歎
> 美不能已。即遣委曲訊問，乃是袁自詠其所作詠史詩。因此相要，
> 大相賞得。〔註127〕

袁虎即袁宏。謝鎮西即謝尚。此引文說的是，袁宏自作詠史詩，爲謝尚所歎
賞，自此名譽日茂。可見袁宏以能文而有名。劉孝標注引《續晉陽秋》曰：

> （袁）虎少有逸才，文章絕麗，曾爲詠史詩，是其風情所寄。〔註128〕

此引文更明確說出袁宏文章絕麗特色。在《世說新語箋疏》卷四〈文學〉第
九六條也記載袁宏能文情形：

家〉，《中國文化月刊》，1998 年 2 月第 215 期。文內指出據《中國文學家大
辭典》列有謝衡等二十六位文學家，頁 17。而據曹道衡、沈玉成編撰，《中
國文學家大辭典》（先秦漢魏晉南北朝卷），北京：中華書局，1996 年 8 月，
編入書內謝氏有二九人（幾卿、萬、艾、弘微、貞、多、莊、安、芳姿、靈
運、尚、該、覽、朏、舉、朓、超宗、晦、混、綽、惠連、道蘊、蘭、瑕、
徽、瞻、顥、纂、瀹。）

〔註124〕有關謝氏子弟有文集者，可參看程章燦，《世族與六朝文學》，黑龍江教育出
版社，1998 年 p54～57 及李玉亭，〈六朝謝氏與文學〉，江西師範大學中國古
代文學碩士論文，2004 年 5 月，頁 20～23。

〔註125〕高似孫，《緯略》卷六「累代文集」，頁 171。

〔註126〕沈約，《宋書》卷 44〈謝晦傳〉，頁 1359。

〔註127〕余嘉錫，《世說新語箋疏》卷四〈文學〉第八八條，頁 268。

〔註128〕余嘉錫，《世說新語箋疏》卷四〈文學〉第八八條，頁 26。

> 桓宣武北征，袁虎時從，被責免官。會須露布文，喚袁倚馬前令作。
>
> 手不輟筆，俄得七紙，殊可觀。東亭在側，極歎其才。〔註129〕

引文所說，桓溫急需一篇告捷之文，命袁宏倚在馬前當場撰寫，結果袁宏受命，手不停筆，片刻間寫了七張紙，而文寫得非常好值得觀賞。王珣在旁，十分讚歎袁宏的文才。袁宏之能頃刻間，寫成美文，若非善文恐難成之。又《世說新語箋疏》卷四〈文學〉第九二條載：

> 桓宣武命袁彥伯作北征賦，既成，公與時賢共看，咸嗟歎之。時王
> 珣在坐云：「恨少一句，得『寫』字足韻，當佳。」袁即於坐攬筆益
> 云：「感不絕於余心，泝流風而獨寫。」公謂王曰：「當今不得不以
> 此事推袁。」〔註130〕

袁彥伯即袁宏。袁宏寫〈北征賦〉，為桓溫與時賢，讚歎不已。甚且即使在王珣建議以「寫」作韻腳更佳時，袁宏也能當下補寫之，更得到桓溫的讚賞，認為當今作賦，該推袁宏為第一。從以上《世說新語箋疏》卷四〈文學〉篇對袁宏善文傳神之描述，可知袁宏實為袁氏能文子弟。袁氏除袁宏善文外，在史傳中仍可見其他善文子弟，據整理可得如下表：

表十：袁氏子弟「好屬文、有文集」情況表

姓　　名	史　　　　實	史　料　出　處
袁　喬	喬博學有文才，注論語及詩，并諸文筆皆行於世。	《晉書》卷83〈列傳〉53，頁2169
袁山松	山松少有才名，博學有文章，著後漢書百篇。	《晉書》卷83〈列傳〉53，頁2169
袁　豹	博學善文辭，有經國材，為劉裕所知。	《晉書》卷83〈列傳〉53，頁2171
袁　樞	有集十卷行於世。	《陳書》卷17〈列傳〉11，頁241
袁　淑	不為章句之學，而博涉多通，好屬文，辭采遒豔，縱橫有才辯。	《宋書》卷70〈列傳〉30，頁1835
	文采遒豔，從橫有才辯。	《南史》卷26〈列傳〉16，頁698
	淑文集傳於世。	《南史》卷26〈列傳〉16，頁699

〔註129〕余嘉錫，《世說新語箋疏》卷四〈文學〉第九六條，頁273。
〔註130〕余嘉錫，《世說新語箋疏》卷四〈文學〉第九二條，頁270～271。

袁　象	象少有風氣，善屬文及談玄，……。	《南史》卷 26〈列傳〉16，頁 707
袁　昂	有集二十卷。	《南史》卷 26〈列傳〉16，頁 714
袁　躍	所制文集行於世。	《魏書》卷 85〈列傳〉73，頁 1870

　　據表可知，袁喬、袁山松、袁豹、袁樞、袁淑、袁象、袁昂、袁躍等八人，為袁氏善文子弟。其中祖孫關係有，袁喬為袁山松祖、袁昂為袁樞祖；而袁昂為袁淑從孫、袁象與袁昂為從兄弟關係。而據《隋書》卷三五〈經籍志〉著錄袁氏子弟有文集傳世者如下：

　　　　《晉東陽太守袁宏集》十五卷，

　　　　《晉丹陽太守袁豹集》八卷，

　　　　《宋司徒袁粲集》十一卷，

　　　　《齊侍中袁象集》五卷，

　　　　《後魏司空祭酒袁躍集》十三卷。〔註131〕

　　據以上可知，袁宏、袁豹、袁粲、袁象、袁躍等人有文集。雖史傳中載袁氏子弟有文集，但卻於《隋書》卷三五〈經籍志〉未收入者計有：袁喬、袁樞、袁淑、袁昂。可見史傳中的記載與《隋書》經籍志的不一致，此可能袁氏子弟確實有文集，不過唐魏徵修《隋書》時，因時代久遠，這些袁氏子弟的文集早已亡佚，不可考，故未能寫入經籍志中。

　　另述及僑姓蕭氏子弟，善文者頗眾，據史傳整理可得如下表：

表十一：蕭氏子弟「好屬文、有文集」情況表

姓　名	史　　　實	史　料　出　處
蕭惠開	初為祕書郎，著作並名家年少，……。	《宋書》卷 87〈列傳〉47，頁 2199
蕭穎冑	穎冑好文義，……。	《南齊書》卷 38〈列傳〉19，頁 665
蕭子恪	有文學者，子恪、子質、子顯、子雲、子暉五人。	《梁書》卷 35〈列傳〉29，頁 509
	子恪少亦涉學，頗屬文，隨棄其本，故不傳文集。	《梁書》卷 35〈列傳〉29，頁 509

〔註131〕魏徵，《隋書》卷 35〈經籍志〉，頁 1068、頁 1070、頁 1075、頁 1076、頁 1079。

蕭子範	製千字文，其辭甚美，……。	《梁書》卷 35〈列傳〉29，頁 510
	前後文集三十卷	《梁書》卷 35〈列傳〉29，頁 510
	二子滂、確，並少有文章。	《梁書》卷 35〈列傳〉29，頁 511
蕭子顯	工屬文。嘗著鴻序賦，……又採眾家後漢，考正同異，為一家之書。又啟撰齊史，書成……。	《梁書》卷 35〈列傳〉29，頁 511
	子顯嘗為自序，其略云：「……。追尋平生，頗好辭藻，……。」	《梁書》卷 35〈列傳〉29，頁 512
	子顯所著後漢書一百卷，齊書六十卷，普通北伐記五卷，貴儉傳三十卷，文集二十卷。	《梁書》卷 35〈列傳〉29，頁 512
蕭子雲	所著晉書一百一十卷，東宮新記二十卷。	《梁書》卷 35〈列傳〉29，頁 515
蕭子暉	少涉書史，亦有文才。	《梁書》卷 35〈列傳〉29，頁 516
蕭　介	介少穎悟，有器識，博涉經史，善兼屬文。	《梁書》卷 41〈列傳〉35，頁 587
蕭　洽	洽少有才思，高祖令製同泰、大愛敬二寺剎下銘，其文甚美。……又敕撰當塗堰碑，辭亦贍麗。……集二十卷，行於世。	《梁書》卷 41〈列傳〉35，頁 589
	年七歲，誦楚辭略上口。及長，好學博涉，善屬文。	《南史》卷 18〈列傳〉8，頁 501
蕭　允	後主嘗問蔡徵，允之為人，徵曰：「其清虛玄遠，殆不可測；至於文章，可得而言。」	《南史》卷 18〈列傳〉8，頁 503
蕭　引	方正有器度，性聰敏，博學善屬文。	《南史》卷 18〈列傳〉8，頁 503
蕭　琛	琛所撰漢書文府、齊梁拾遺，并諸文集，數十萬言。	《南史》卷 18〈列傳〉8，頁 507
蕭　密	密，博學有文詞。	《南史》卷 18〈列傳〉8，頁 507

據表可知，蕭惠開、蕭穎冑、蕭子恪、蕭子範、蕭子顯、蕭子雲、蕭子暉、蕭介、蕭洽、蕭允、蕭引、蕭琛、蕭密，另外加上有關蕭子恪之史料，也談到蕭子質有文學，及蕭子範之史料記載，也談到二子滂、確，並少有文章，故蕭氏計有一六人善文。其中蕭介為蕭允、蕭引的父親，蕭允與蕭引為兄弟；

蕭子恪、蕭子範、蕭子顯、蕭子雲、蕭子暉、蕭子質爲兄弟，其父爲蕭嶷。
而在表中談及蕭氏子弟有文集者有：蕭子範、蕭子顯、蕭洽、蕭琛。而於《隋
書》卷三五〈經籍志〉中僅見：《梁蕭洽集》二卷、《梁始興內史蕭子範集》
十三卷。〔註132〕而於上表未提及有文集，但卻於《隋書》卷三五〈經籍志〉
處見者，有《梁蕭子暉集》九卷、《梁國子祭酒蕭子雲集》十九卷。〔註133〕
綜觀僑姓王、謝、袁、蕭四氏皆有善文子弟，文學可說是四氏的共同家學。
而就僑姓四氏文學人數比較，以王氏最多二五人，謝氏次之二三人、蕭氏又
次之一六人，相較下袁氏最少。而從僑姓四氏善文子弟的整理，正好足以應
證劉師培所言「自江左以來，其文學之士，大抵出于世族，而世族之中，父
子兄弟各以能文擅名」之說不假。

二、東南吳姓

東南吳姓朱張顧陸子弟善文情形如何？據《世說新語箋疏》卷八〈賞譽〉
第一四二條載：

> 吳四姓舊目云：「張文、朱武、陸忠、顧厚。」〔註134〕

此引文可以說是對吳郡四姓家族文化風貌的概括總結描述。吳四姓文化各有
特色，張家能文，朱家能武，陸家忠誠，顧家寬厚。在吳四姓之中，世人公
認吳郡張氏有善文的傳統。據《三國志》卷五六〈朱桓附朱異傳〉裴注引《文
士傳》曰：

> 張惇子純，與張儼及異俱童少，往見驃騎將軍朱據。據聞三人才名，
> 欲試之，告曰：「老鄙相聞，飢渴甚矣。夫騕褭以迅驟爲功，鷹隼以
> 輕疾爲妙，其爲吾各賦一物，然後乃坐。」儼乃賦犬曰：「守則有威，
> 出則有獲，韓盧、宋鵲，書名竹帛。」純賦席曰：「席以冬設，簟爲
> 夏施，揖讓而坐，君子攸宜。」異賦弩曰：「南嶽之幹，鍾山之銅，
> 應機命中，獲隼高墉。」三人各隨其目所見而賦之，皆成而後坐，
> 據大歡悅。〔註135〕

朱據知聞張純、張儼、朱異有才名，欲試之，請各作一賦，三人分以犬、席、
弩爲題作賦。後朱據見三人所作賦，大爲歡心。而張純、張儼都出自吳郡張

〔註132〕魏徵，《隋書》卷35〈經籍志〉，頁1077、頁1078。
〔註133〕魏徵，《隋書》卷35〈經籍志〉，頁1078。
〔註134〕余嘉錫，《世說新語箋疏》卷八〈賞譽〉第一四二條，頁491。
〔註135〕陳壽，《三國志》卷56〈朱桓附朱異傳〉裴注引《文士傳》，頁1316。

氏，可見張氏果然善文。而劉孝標在注《世說新語箋疏》卷四〈文學〉第五三條「張憑舉孝廉出都」時，引宋明帝《文章志》曰：

> 「（張）憑字長宗，吳郡人。有意氣，爲鄉閭所稱。學尚所得，敏而有文。」〔註136〕

引文指出，張憑能寫文。而陸雲愛才好士，曾移書太常府薦同郡張贍曰：

> 伏見衛將軍舍人同郡張贍，茂德清粹，器思深通。初慕聖門，棲心重仞，啓塗及階，遂升樞奧。抽靈匱於祕宮，披金縢於玄夏，思樂百氏，博採其珍；辭邁翰林，言敷其藻。探微集逸，思心洞神；論道屬書，篇章光覿。〔註137〕

可見陸雲認爲張贍有文才與學識。除以上所談張氏能文者外，於史傳中仍可見張氏子弟善文記載，其情形可整理如下表：

表十二：張氏子弟「好屬文、有文集」情況表

姓　名	史　　　實	史　料　出　處
張　翰	翰有清才，善屬文，而縱任不拘，時人號爲「江東步兵」。	《晉書》卷92〈列傳〉62，頁2384
	其文筆數十篇行於世。	《晉書》卷92〈列傳〉62，頁2384
張　敷	好玄言，善屬文。	《宋書》卷46〈列傳〉6，頁1395
張　永	涉獵書史，能爲文章，……。	《宋書》卷53〈列傳〉13，頁1511
張　融	融文辭詭激，獨與眾異。	《南齊書》卷41〈列傳〉22，頁725
	融自名集爲玉海。……文集數十卷行於世。	《南齊書》卷41〈列傳〉22，頁279～730
張　率	率年十二，能屬文，……。	《梁書》卷33〈列傳〉27，頁475
	少好屬文，而七略及藝文志所載詩賦，今亡其文者，並補作之。所著文衡十五卷，文集三十卷，行於世。	《梁書》卷33〈列傳〉27，頁479
張　種	有集十四卷。	《陳書》卷21〈列傳〉15，頁281

〔註136〕《世說新語箋疏》卷四〈文學〉第五三條，頁236。
〔註137〕房玄齡，《晉書》卷54〈陸雲傳〉，頁1483。

據表可知，張翰、張敷、張永、張融、張率、張種等六人，爲張氏善文子弟。
其中張翰、張融、張率、張種有文集。但世傳有關張氏子弟有文集者，實更甚
於表所載，程章燦寫《世族與六朝文學》時，曾加以整理，可參看之。〔註138〕

　　而吳四姓之中，雖說陸氏家族文化風貌以「忠」爲主，但在史文仍處處
可見陸氏子弟善文記載。據《世說新語箋疏》卷四〈文學〉第八九條載：

　　　　孫興公云：「潘文淺而淨，陸文深而蕪。」〔註139〕

又據《世說新語箋疏》卷四〈文學〉第八四條載：

　　　　孫興公云：「潘文爛若披錦，無處不善；陸文若排沙簡金，往往見寶。」

　　　　〔註140〕

此兩則引文是，孫綽對潘岳與陸機文章的評論。而劉孝標在注解《世說新語
箋疏》卷四〈文學〉第八四條時，引〈文章傳〉曰：

　　　　「機善屬文，司空張華見其文章，篇篇稱善，猶譏其作文大冶。謂

　　　　曰：『人之作文，患於不才；至子爲文，乃患太多也。』」〔註141〕

張華欣賞陸機的文章，乃有稱陸機文才過多之歎。從孫綽及張華對陸機的評
論，可知陸機是陸氏善文子弟。另外在《晉書》中也記載陸機善文情形，如

　　　　少有異才，文章冠世，伏膺儒術，非禮不動。

　　　　作辯亡論二篇。

　　　　機天才秀逸，辭藻宏麗，……。

　　　　所著文章凡三百餘篇，並行於世。〔註142〕

除陸機外，另陸喜亦能寫文，據《晉書》卷五四〈陸雲附陸喜傳〉載：

　　　　嘗爲自敘，其略曰：「劉向省《新語》而作《新序》，桓譚咏《新序》
　　　　而作《新論》。余不自量，感子雲之《法言》而作《言道》，觀賈子
　　　　之美才而作《訪論》，觀子政《洪範》而作《古今曆》，覽蔣子通《萬
　　　　機》而作《審機》，讀《幽通》、《思玄》、《四愁》而作《娛賓》、《九
　　　　思》，眞所謂忍愧者也。」其書近百篇。〔註143〕

陸喜著作如此眾多，可見陸喜乃善文能手。陸氏子弟除陸機、陸喜外，於史

〔註138〕程章燦，《世族與六朝文學》，頁102～106。
〔註139〕余嘉錫，《世說新語箋疏》卷四〈文學〉第八九條，頁269。
〔註140〕余嘉錫，《世說新語箋疏》卷四〈文學〉第八四條，頁261。
〔註141〕余嘉錫，《世說新語箋疏》卷四〈文學〉第八四條，頁261。
〔註142〕房玄齡，《晉書》卷54〈陸機傳〉，頁1467，頁1467，頁1480，頁1481。
〔註143〕房玄齡，《晉書》卷54〈陸雲附陸喜傳〉，頁1486。

傳中仍可見其他子弟善文記載，其情形可整理如下表：

表十三：陸氏子弟「好屬文、有文集」情況表

姓　名	史　　　實	史　料　出　處
陸　雲	六歲能屬文，性清正，有才理。	《晉書》卷 54〈列傳〉24，頁 1481
陸　厥	厥少有風槩，好屬文，五言詩體甚新變。	《南齊書》卷 52〈列傳〉33，頁 897
陸　煦	撰晉書未就。又著陸史十五卷，陸氏驪泉志一卷，並行於世。	《梁書》卷 26〈列傳〉20，頁 399
陸　罩	少篤學，有文才，……。	《梁書》卷 26〈列傳〉20，頁 399
（陸）僚、任、倕	初授慧曉兗州，三子依次第各作一讓表，辭並雅麗，時人歎伏。	《南史》卷 48〈列傳〉38，頁 1192
陸　倕	少勤學，善屬文。	《梁書》卷 27〈列傳〉21，頁 401
陸雲公、陸才子	雲公從兄才子，亦有才名，……。才子、雲公文集，並行於世。	《梁書》卷 50〈列傳〉44，頁 726
陸　瓊	瓊幼聰惠有思理，六歲為五言詩，頗有詞采。	《陳書》卷 30〈列傳〉24，頁 396
	及侯景作逆，攜母避地于縣之西鄉，勤苦讀書，晝夜無怠，遂博學，善屬文。	《陳書》卷 30〈列傳〉24，頁 396
	有集二十卷行於世。	《陳書》卷 30〈列傳〉24，頁 398
陸　瑜	少篤學，美詞藻。	《陳書》卷 34〈列傳〉28，頁 463
	有集十卷。	《陳書》卷 34〈列傳〉28，頁 464
陸　玠	弘雅有識度，好學，能屬文。	《陳書》卷 34〈列傳〉28，頁 464
	有集十卷。	《陳書》卷 34〈列傳〉28，頁 465
陸　琛	甚有詞采。	《陳書》卷 34〈列傳〉28，頁 465

據表可知，陸雲、陸厥、陸煦、陸罩、陸僚、陸任、陸倕、陸雲公、陸才子、陸瓊、陸瑜、陸玠、陸琛等十三人，為陸氏善文子弟。加上陸機與陸喜，陸氏有十五子弟善文。其中陸雲公、陸瓊為父子；陸機、陸雲為兄弟、陸僚、陸任、陸倕為兄弟；陸才子、陸雲公為從兄弟；陸厥、陸雲公為從父子、陸煦、陸罩為從父子。而據上討論有文集者為，陸機、陸煦、陸雲公、陸才子、陸瓊、陸瑜、陸玠。而《隋書》卷三五〈經籍志〉載陸氏子弟聞世文集如下：

《晉平原內史陸機集》十四卷，

《梁黃門郎陸雲公集》十卷，

《陳少府卿陸玠集》十卷，

《陳光祿卿陸瑜集》十一卷。〔註144〕

　　而於表中未談及者，但於《隋書》卷三五〈經籍志〉中有文集記載者計有：陸雲、陸厥、陸倕。其文集名如下：

《晉清河太守陸雲集》十二卷，

《齊後軍法曹參軍陸厥集》八卷，

《梁太常卿陸倕集》十四卷。〔註145〕

綜觀東南吳姓朱張顧陸，於史傳中，未能見朱氏、顧氏子弟有文學的記載。而張氏、陸氏子弟有善文子弟。就張氏與陸氏較之，史傳載陸氏子弟並不遜於張氏。而對於「張文、陸忠」文化風貌之說，該如何解釋？劉正浩等《新譯世說新語》在析評「張文、朱武、陸忠、顧厚」時談到，張昭著《春秋左氏傳解》及《論語注》；少子休為吳主權太子登的僚友，從昭受讀《漢書》，轉授孫登；故譽為「張文」。陸遜赤烏七年（244）為丞相，先此，太子登卒，立其弟和為太子，不久吳主權又欲廢和而立其弟魯王霸；遜再三上疏力爭，權不聽許，且累遣中使譴責，致遜憂國而死；次子抗，貞亮籌幹，咸有父風；故譽為「陸忠」。〔註146〕張氏、陸氏被譽為「張文」、「陸忠」皆因具體事實而有此譽，「陸忠」無疑，但非代表陸氏不能文，只能說當時人較重陸氏於「忠」方面的表現，而較少提及陸氏子弟的文才表現。

三、山東郡姓

　　山東郡姓太原王氏善文子弟，亦不如琅邪王氏，但其善文之子弟，據《世說新語箋疏》卷四〈文學〉第八三條載：

王敬仁年十三，作賢人論。長史送示真長，真長答云：「見敬仁所作論，便足參微言。」〔註147〕

王敬仁能寫〈賢人論〉，可算善文。史文除此外，未對其他太原王氏子弟有善文記載。而於《隋書》卷三五〈經籍志〉記載太原王氏子弟撰有文集者如

〔註144〕魏徵，《隋書》卷35〈經籍志〉，頁1063、頁1078、頁1080、頁1080。

〔註145〕魏徵，《隋書》卷35〈經籍志〉，頁1063、頁1076、頁1078。

〔註146〕劉正浩等，《新譯世說新語》，頁431。

〔註147〕余嘉錫，《世說新語箋疏》卷四〈文學〉第八三條，頁261。

下：

> 《魏司空王昶集》五卷，
>
> 《晉王沈集》五卷，
>
> 《晉太僕卿王嶠集》八卷，
>
> 《晉尚書僕射王坦之集》七卷，
>
> 《晉尚書僕射王述集》八卷。〔註148〕

太原王氏子弟於史傳未載善文，卻能於《隋書》經籍志中，發現文集，可能是史官在寫人物時，因未能詳述，進而忽略所造成。但即使太原王氏子弟有文集，但其盛況仍不及琅邪王氏子弟的人人有集。

而山東郡姓崔氏，可別為博陵崔氏與清河崔氏，兩家子弟善文情形又如何？博陵崔氏，於史傳中可見子弟善文之記載，其情形可整理如下表：

表十四：博陵崔氏子弟「好屬文、有文集」情況表

姓　名	史　　　　實	史　料　出　處
崔　鑒	鑒頗有文學。	《魏書》卷49〈列傳〉37，頁1103
崔巨倫	巨倫，幼孤，及長，歷涉經史，有文學武藝。	《魏書》卷56〈列傳〉44，頁1251
崔孝芬	早有才識，博學好文章。	《魏書》卷57〈列傳〉45，頁1266
	所著文章數十篇。	《魏書》卷57〈列傳〉45，頁1268
崔孝政	操尚貞立，博洽經史，雅好辭賦。	《魏書》卷57〈列傳〉45，頁1271
崔　昂	少好章句，頗綜文詞。	《北齊書》卷30〈列傳〉22，頁410
崔子樞	學涉好文詞，強辯有才幹。	《北史》卷32〈列傳〉20，頁1160
崔子端	亦有才幹，而文藝為優。	《北史》卷32〈列傳〉20，頁1161
崔子發	有文才，……。	《北史》卷32〈列傳〉20，頁1161
崔德立	好學，愛屬文，預撰御覽，位濟州別駕。	《北史》卷32〈列傳〉20，頁1161

〔註148〕魏徵，《隋書》卷35〈經籍志〉，頁1059、頁1061、頁1065、頁1067、頁1067。

| 崔仲方 | 少好讀書，有文武才略。 | 《北史》卷 32〈列傳〉20，頁 1176 |
| 崔　液 | 頗習文藻，有學涉，風儀器局爲時論所許。 | 《北史》卷 32〈列傳〉20，頁 1182 |

據表可知，崔鑒、崔巨倫、崔孝芬、崔孝政、崔昂、崔子樞、崔子端、崔子發、崔德立、崔仲方、崔液等一一人，爲博陵崔氏善文子弟。其中崔孝芬、崔仲方爲祖孫；崔昂、崔液爲父子；崔孝芬、崔孝政爲兄弟；崔子樞、崔子端、崔子發爲兄弟。史傳中記載，除崔孝芬所著文章數十篇外，其餘皆未談及有文集傳世。《隋書》卷三五〈經籍志〉亦未有博陵崔氏子弟有文集之記載。但據《魏書》卷五七〈崔挺傳〉史臣曰：

> 崔挺兄弟，風操高亮，懷文抱質，歷事著稱，見重於朝野，繼世承家，門族並著，蓋所謂彼有人焉。〔註149〕

史臣說博陵崔氏可說是家門有人，因崔挺兄弟能繼世承家，使門族並著。而崔挺兄弟見重於朝野，是因德、才並備。除德性風操高亮外，也在於能「懷文抱質」。而崔挺爲崔昂之祖，雖史未載崔昂之父崔孝偉生平，未知其所長，但從崔挺能懷文抱質及崔昂本身能文，崔昂子崔液也善文觀之，文學可說爲其家業。又《北史》卷三二〈崔鑒傳〉論曰：

> 崔鑒以文業應利用之秋，世家有業，餘慶不已，人位繼軌，亦爲盛哉！〔註150〕

論曰中談到崔鑒世家有業，且爲繁盛。又言崔鑒以文業名世，可見崔鑒家業應指文業，換言之，也就是文學。從以上史論及史傳對博陵崔氏子弟的記載，可知文學爲博陵崔氏家學之一。

至於清河崔氏子弟亦有善文者，據《北齊書》卷二三〈崔㥄附崔瞻傳〉載：

> 魏孝靜帝以人日登雲龍門，其父㥄侍宴，又勅瞻令近御坐，亦有應詔詩，問邢劭等曰：「此詩何如其父？」咸云：「㥄博雅弘麗，瞻氣調清新，並詩人之冠。」讌罷，共嗟賞之，咸云「今日之讌併爲崔瞻父子。」〔註151〕

魏孝靜帝宴群臣，宴中問邢劭等：「崔瞻詩何如其父崔㥄？」與宴者皆說：「崔㥄、崔瞻父子並爲詩人之冠。」可見在與宴者心中，崔㥄、崔瞻父子並有善

〔註149〕魏收，《魏書》卷 57〈崔挺傳〉，頁 1277。
〔註150〕李延壽，《北史》卷 32〈崔鑒傳〉，頁 1192。
〔註151〕李百藥，《北齊書》卷 23〈崔㥄附崔瞻傳〉，頁 336。

文之才華。而於清河崔氏子弟中，卻有一特例，那便是崔浩好文學，卻不善屬文。據《魏書》卷三五〈崔浩傳〉載：

> 少好文學，博覽經史，玄象陰陽，百家之言，無不關綜，研精義理，時人莫及。〔註152〕

又同書同卷載：

> 朝廷禮儀、優文策詔、軍國書記，盡關於浩。浩能為雜說，不長屬文，而留心於制度、科律及經術之言。〔註153〕

但崔浩雖不善屬文，但其卻又企圖著書以傳於世，據《北史》卷二一〈崔宏附崔浩傳〉載：

> 浩又以晉書諸家並多誤，著晉後書，未就，傳世者五十餘卷。〔註154〕

可見崔浩並非不能寫，不過其才非專於文學，而是偏於史學。除上述外，在史傳中，清河崔氏子弟善文者之記載，其情形可整理如下表：

表十五：清河崔氏子弟「好屬文、有文集」情況表

姓　名	史　　　實	史　料　出　處
崔慰祖	慰祖著海岱志，起太公迄西晉人物，為四十卷，半未成。	《南齊書》卷 52〈列傳〉33，頁 902
崔元祖	有學行，好屬文，……。	《南史》卷 47〈列傳〉37，頁 1172
崔　徽	少有文才。	《魏書》卷 24〈列傳〉12，頁 624
崔僧淵	高祖聞其有文學，又問佛經，善談論，……。	《魏書》卷 24〈列傳〉12，頁 631
崔　瞻	聰朗強學，有文情，善容止，神采嶷然，言不妄發。	《北齊書》卷 23〈列傳〉15，頁 335
	瞻詞韻溫雅，南人大相欽服。	《北齊書》卷 23〈列傳〉15，頁 336
崔　悛	悛歷覽羣書，兼有詞藻，自中興立後，迄於武帝，詔誥表檄多悛所為。	《北齊書》卷 23〈列傳〉15，頁 335
	悛有文學，偉風貌，寡言辭，端嶷如神，以簡貴自處。	《北史》卷 24〈列傳〉12，頁 872

〔註152〕魏收，《魏書》卷 35〈崔浩傳〉，頁 807。
〔註153〕魏收，《魏書》卷 35〈崔浩傳〉，頁 812。
〔註154〕李百藥，《北史》卷 21〈崔宏附崔浩傳〉，頁 789。

崔　衡	衡涉獵書史，頗爲文筆。	《北史》卷21〈列傳〉9，頁793
崔　胐	胐好學，有文才，……。	《北史》卷21〈列傳〉9，頁793
崔　逞	逞少好學，有文才。	《北史》卷24〈列傳〉12，頁867
崔仲文	有文學。	《北史》卷24〈列傳〉12，頁877

據表可知，崔慰祖、崔元祖、崔徽、崔僧淵、崔瞻、崔悛、崔衡、崔胐、崔逞、崔仲文等十人，爲清河崔氏善文子弟。其中崔悛、崔瞻爲父子；崔悛、崔仲文爲兄弟。除崔慰著《海岱志》四十卷，該書僅半部完成外，未見其他子弟有文集者。而《隋書》卷三五〈經籍志〉亦未記載清河崔氏子弟有文集。而就博陵崔氏與清河崔氏二系較之，崔氏二系子弟於文學才華上的表現不相伯仲。

再之，山東郡姓盧氏，子弟善文者眾，據史傳可整理如下表：

表十六：范陽盧氏子弟「好屬文、有文集」情況表

姓　名	史　　　實	史　料　出　處
盧　欽	所著詩賦論難數十篇，名曰小道。	《晉書》卷44〈列傳〉14，頁1255
盧　諶	清敏有理思，好老莊，善屬文。	《晉書》卷44〈列傳〉14，頁1259
	撰祭法，注莊子，及文集，皆行於世。	《晉書》卷44〈列傳〉14，頁1259
盧道將	道將涉獵經史，風氣謇諤，頗有文才，爲一家後來之冠，諸父並敬憚之。	《魏書》卷47〈列傳〉35，頁1050
盧恭道	性溫良，頗有文學。	《北齊書》卷22〈列傳〉14，頁320
盧詢祖	有術學，文章華靡，爲後生之俊。	《北齊書》卷22〈列傳〉14，頁320
	有文集十卷。	《北齊書》卷22〈列傳〉14，頁321
盧懷仁	涉學有文辭，情性恬靖，常蕭然有閑放之致。……。所著詩賦銘頌二萬餘言，又撰中表實錄二十卷。	《北齊書》卷42〈列傳〉34，頁556

盧正山	早以文學見知。	《北齊書》卷 42〈列傳〉34，頁 557
盧思道	嘗於薊北，悵然感慨，爲五言詩見意，世以爲工。	《北史》卷 30〈列傳〉18，頁 1076
	與同輩陽休之等數人作聽蟬鳴篇。思道所爲，詞意清切，爲時人所重。	《北史》卷 30〈列傳〉18，頁 1076
盧元明	涉歷羣書，兼有文義，風彩閑潤，進退可觀。	《北史》卷 30〈列傳〉18，頁 1083
	性好玄理，作史子雜論數十篇，諸文別有集錄。	《北史》卷 30〈列傳〉18，頁 1083
盧 柔	未冠解屬文，但口吃，不能持論。	《北史》卷 30〈列傳〉18，頁 1088
	所作詩、頌、碑、銘、檄、表、啓行於世者數十篇。	《北史》卷 30〈列傳〉18，頁 1089
盧 愷	性孝友，神情穎悟，涉獵經史，有當世幹能，頗解屬文。	《北史》卷 30〈列傳〉18，頁 1089
盧仲宣	觀弟仲宣，才學優洽，乃踰於觀，但文體頗細。兄弟俱以文章顯，論者美之。	《北史》卷 30〈列傳〉18，頁 1091
盧 誕	誕幼而通亮，博學，有詞彩。	《北史》卷 30〈列傳〉18，頁 1109

據表可知，盧欽、盧諶、盧道將、盧恭道、盧詢祖、盧懷仁、盧正山、盧思道、盧元明、盧柔、盧愷、盧仲宣、盧誕等十三人，爲盧氏善文之子弟。表中所見雖僅十三人，但盧仲宣一則，卻談到仲宣爲盧觀弟，兄弟俱以文章顯，可見盧觀也有文學才華。而在十三人中，盧道將、盧懷仁爲父子；盧柔、盧愷爲父子；盧恭道、盧詢祖爲父子。其中有文集者爲，盧欽、盧諶、盧詢祖、盧元明、盧柔。而《隋書》卷三五〈經籍志〉載文集之名如下：

《晉司空從事中郎盧諶集》十卷，

《後魏太常卿盧元明集》十七卷。〔註155〕

而表中未談及有文集，但於《隋書》卷三五〈經籍志〉中有文集記載者尚有，盧思道，其文集名爲《武陽太守盧思道集》三十卷。〔註156〕

至於山東郡姓李氏，有趙郡李氏與隴西李氏之別。有關趙郡李氏子弟善文情形，據史傳可整理如下表：

〔註155〕魏徵，《隋書》卷 35〈經籍志〉，頁 1064、頁 1079。
〔註156〕魏徵，《隋書》卷 35〈經籍志〉，頁 1081。

表十七：趙郡李氏子弟「好屬文、有文集」情況表

姓　名	史　　　實	史　料　出　處
李　敷	敷性謙恭，加有文學，高宗寵遇之。	《魏書》卷 36〈列傳〉24，頁 833
李希宗	性寬和，儀貌雅麗，涉獵書傳，有文才。	《魏書》卷 36〈列傳〉24，頁 836
李　騫	博涉經史，文藻富盛。	《魏書》卷 36〈列傳〉24，頁 836
	其文筆別有集錄。	《北史》卷 33〈列傳〉21，頁 1217
李　瑒	涉歷史傳，頗有文才，氣尙豪爽，公強當世。	《魏書》卷 53〈列傳〉41，頁 1177
李祖昇	儀容瓌麗，垂手過膝，睦姻好施，文學足以自通。	《北齊書》卷 48〈列傳〉40，頁 667
李孝貞	好學善屬文。	《北史》卷 33〈列傳〉21，頁 1218
	所著文集三十卷行於世。	《北史》卷 33〈列傳〉21，頁 1219
李孝基	亦有才學，風詞甚美。	《北史》卷 33〈列傳〉21，頁 1219

據表可知，李敷、李希宗、李騫、李瑒、李祖昇、李孝貞、李孝基等七人，為趙郡李氏善文子弟。其中李敷為李希宗、李騫祖父；李希宗、李祖昇為父子；李希宗、李騫為兄弟；李孝貞、李孝基為兄弟。對於趙郡李氏兄弟同為善文情形，在《北史》卷三三〈李順附李孝貞傳〉還別之詳述：

> 孝貞從姊則昭信皇后，從兄祖勳女為廢帝濟南王妃，祖欽女一為後主娥英，一為琅邪王儼妃，祖勳叔騫女為安德王延宗妃。諸房子女，多有才貌，又因昭信皇后，所以與帝室姻媾重疊。兄弟並以文學自達，恥為外戚家。〔註157〕

李孝貞兄弟以身為外戚家為恥，不藉以謀求飛黃騰達，而另闢道路，皆以自身文學之名，顯達於世。而史傳中趙郡李氏中有文集者為：李騫、李孝貞。但於《隋書》卷三五〈經籍志〉卻未能找到李騫、李孝貞文集之記載。再觀之隴西李氏子弟善文情形如何？據《魏書》卷三九〈李寶附李仲尙傳〉載：

> 少以文學知名。二十著前漢功臣序讚及季父司空沖誄，……。〔註158〕

李仲尙少年時，即以文學知名於世。又《魏書》卷三九〈李寶附李佐傳〉載：

> 有文武才幹。〔註159〕

〔註157〕李延壽，《北史》卷 33〈李順附李孝貞傳〉，頁 1218。

〔註158〕魏收，《魏書》卷 39〈李寶附李仲尙傳〉，頁 893。

據引文知，李佐是個能文亦能武的人。於史傳中，載隴西李氏子弟有文學之才，僅見李仲尚及李佐二人。就善文而言，隴西李氏子弟顯然不如趙郡李氏子弟。而與其他各世家大族相較而言，隴西李氏文才子弟相對少得多。

至於山東郡姓鄭氏子弟，善文僅見三人。據《魏書》卷五六〈鄭羲傳〉載：

> 父曄，不仕，娶于長樂潘氏，生六子，粗有志氣，而羲第六，文學為優。〔註160〕

鄭羲為鄭曄第六子，其善文學。又《魏書》卷五六〈鄭羲附鄭道昭傳〉載：

> 道昭好為詩賦，凡數十篇。其在二州，政務寬厚，不任威刑，為吏民所愛。〔註161〕

鄭道昭寫詩賦數十篇。再如《北齊書》卷二九〈鄭述祖傳〉載：

> 述祖少聰敏，好屬文，有風檢，為先達所稱譽。〔註162〕

據引文可知，鄭羲、鄭道昭、鄭述祖三人，有文學才華。而鄭羲三人關係，鄭羲為鄭道昭的父親，鄭述祖為鄭道昭之子，可見父、子、孫三人皆善文學。在文學上，雖鄭羲與子、孫皆善文，但鄭氏相較於其他各世家大族仍顯不如。至於在《隋書》卷三五〈經籍志〉中，未有鄭氏子弟文集之記載。綜觀山東郡姓王崔盧李鄭，王氏雖於世說新語文學篇見王敬仁作〈賢人論〉，及隋書經籍志見王氏子弟有文集，但於正史王氏子弟列傳中全無記載，故無法確定王氏以文學為家學。而崔氏與盧氏善文子弟最多，文學可謂其家學之一。趙郡李氏有七人善文，七人為祖孫、父子、兄弟關係，文學亦可為其家學，但不如崔氏、盧氏。隴西李氏善文子弟僅二人，以整體言之，文學不足以視為其家學。而鄭氏善文子弟三人，雖為父子孫，看似一脈承以文學為家學，但就整個家族而言，似乎不足以稱為家學，因善文人數相較其他世族明顯不如。

四、關中郡姓

關中郡姓韋氏，有子弟善文。據《梁書》卷一二〈韋叡附韋黯傳〉載：

> 黯字務直，性強正，少習經史，有文詞。〔註163〕

韋黯有文詞。又《北齊書》卷四五〈顏之推附韋道遜傳〉載：

〔註159〕魏收，《魏書》卷39〈李寶附李佐傳〉，頁894。
〔註160〕魏收，《魏書》卷56〈鄭羲傳〉，頁1237。
〔註161〕魏收，《魏書》卷56〈鄭羲附鄭道昭傳〉，頁1242。
〔註162〕李百藥，《北齊書》卷29〈鄭述祖傳〉，頁397。
〔註163〕姚思廉，《梁書》卷12〈韋叡附韋黯傳〉，頁226。

道遜與兄道密、道建、道儒並早以文學知名。〔註164〕

再如《北史》卷二六〈韋閬附韋榮亮傳〉載：

榮亮字子昱。博學有文才，德行仁孝，爲時所重。〔註165〕

據引文可知，韋黯、韋道遜、韋道密、韋道建、韋道儒、韋榮亮等六人，爲韋氏有文學才華之子弟。其中韋道遜、韋道密、韋道建、韋道儒爲兄弟，一家四兄弟皆以文學知名，實屬不易，若非家中特重文學教育，再加以兄弟間的相互儒染，恐難造就如此之境。又裴氏亦有善文子弟。據《世說新語箋疏》卷四〈文學〉第一二條載：

裴成公作崇有論，時人攻難之，莫能折。〔註166〕

裴成公即裴頠。劉孝標注引〈惠帝起居注〉曰：

「頠著二論以規虛誕之弊。文詞精富，爲世名論。」〔註167〕

可見裴頠善文。又《世說新語箋疏》卷四〈文學〉第九十條載：

裴郎作語林，始出，大爲遠近所傳。時流年少，無不傳寫，各有一
通。〔註168〕

劉孝標注此文引《裴氏家傳》曰：

裴榮字榮期，河東人。父稺，豐城令。榮期少有風姿才氣，好論古
今人物。撰語林數卷，號曰裴子。〔註169〕

裴郎指的是裴榮。裴榮寫《語林》，爲當時名流和年少才俊，爭相傳抄。可見裴啓善文，備受大家的欣賞。除裴頠、裴榮外，在史傳中，仍可見裴氏子弟善文者，其情形可整理如下表：

表十八：裴氏子弟「好屬文、有文集」情況表

姓 名	史 實	史 料 出 處
裴 秀	秀少好學，有風操，八歲能屬文。	《晉書》卷35〈列傳〉5，頁1037
裴 挹 裴 瀫	憲有二子：挹、瀫，並以文才知名。	《晉書》卷35〈列傳〉5，頁1051

〔註164〕李百藥，《北齊書》卷45〈顏之推附韋道遜傳〉，頁626。
〔註165〕李延壽，《北史》卷26〈韋閬附韋榮亮傳〉，頁956。
〔註166〕余嘉錫，《世說新語箋疏》卷四〈文學〉第一二條，頁201。
〔註167〕余嘉錫，《世說新語箋疏》卷四〈文學〉第一二條，頁202。
〔註168〕余嘉錫，《世說新語箋疏》卷四〈文學〉第九十條，頁269。
〔註169〕余嘉錫，《世說新語箋疏》卷四〈文學〉第九十條，頁269。

裴松之	松之所著文論及晉紀，駰注司馬遷史記，並行於世。	《宋書》卷64〈列傳〉24，頁1701
裴　邃	邃十歲能屬文，善左氏春秋。	《梁書》卷28〈列傳〉22，頁413
裴子野	少好學，善屬文。	《梁書》卷30〈列傳〉24，頁441
	子野少時，集注喪服、續裴氏家傳各二卷，抄合後漢事四十餘卷，又敕撰眾僧傳二十卷，百官九品二卷，附益諡法一卷，方國使圖一卷，文集二十卷，並行於世。	《梁書》卷30〈列傳〉24，頁444
裴　駿	弱冠，通涉經史，好屬文，性方檢，有禮度，鄉里宗敬焉。	《魏書》卷45〈列傳〉33，頁1020
裴敬憲	工隸草，解音律，五言之作，獨擅於時。	《魏書》卷85〈列傳〉73，頁1870
裴莊伯	亦有文才，器度閑雅，喜慍不形於色，博識多聞，善以約言辯物。……文筆與敬憲相亞。	《北史》卷38〈列傳〉26，頁1376
裴　矩	及長，好學，頗愛文藻，有智數。	《北史》卷38〈列傳〉26，頁1387
裴南金	學涉有文藻，以輕財貴義稱。	《北史》卷77〈列傳〉65，頁2613

據表可知，裴秀、裴掞、裴毅、裴松之、裴邃、裴子野、裴駿、裴敬憲、裴莊伯、裴矩、裴南金等十一人，爲裴氏善文之子弟。加上裴頠、裴榮，裴氏實有十三位子弟能文。其中裴掞、裴毅爲兄弟；裴敬憲、裴莊伯爲兄弟；裴敬憲、裴莊伯爲裴駿孫；裴南金爲裴邃曾孫；裴子野爲裴松之曾孫。其中裴松之有文論，裴子野有文集。而於《隋書》卷三五〈經籍志〉載，裴子野文集爲：《梁鴻臚卿裴子野集》十四卷。〔註170〕除此外，裴頠亦有文集，名爲《晉尚書僕射裴頠集》九卷。〔註171〕

再觀關中郡姓柳氏，有子弟善文。據史傳的整理，其情形可得如下表：

表十九：柳氏子弟「好屬文、有文集」情況表

姓　名	史　　實	史　料　出　處
柳　惔	著仁政傳及諸詩賦，粗有辭義。	《梁書》卷12〈列傳〉6，頁217
柳　弘	少聰穎，亦善草隸，博涉羣書，辭彩雅贍。	《周書》卷22〈列傳〉14，頁373
	有文集行於世。	《周書》卷22〈列傳〉14，頁373

〔註170〕魏徵，《隋書》卷35〈經籍志〉，頁1078。
〔註171〕魏徵，《隋書》卷35〈經籍志〉，頁1062。

柳鷟	好學，善屬文。	《周書》卷 22〈列傳〉14，頁 373
柳虯	……遍（授）【受】五經，略通大義，兼博涉子史，雅好屬文。	《周書》卷 38〈列傳〉30，頁 680
	有文章數十篇行於世。	《周書》卷 38〈列傳〉30，頁 682
柳霞	篤好文學，……。	《周書》卷 42〈列傳〉34，頁 766
柳洋	少有文學，以禮度自拘，……。	《周書》卷 48〈列傳〉40，頁 874
柳述	性明敏，有幹略，頗涉文藝。	《北史》卷 64〈列傳〉52，頁 2286
柳䛒	少聰敏，解屬文，好讀書，所覽將萬卷。	《北史》卷 83〈列傳〉71，頁 2800
	有集十卷行於世。	《北史》卷 83〈列傳〉71，頁 2801

據表可知，柳惔、柳弘、柳鷟、柳虯、柳霞、柳洋、柳述、柳䛒等八人，為柳氏善文子弟。其中柳惔為柳洋的祖父；柳虯與柳鷟為兄弟；柳弘為柳述的從父。其中柳弘、柳虯、柳䛒有文集行於世。而於《隋書》卷三五〈經籍志〉僅見柳䛒文集，名為《祕書監柳䛒集》五卷。〔註172〕

另關中郡姓薛氏子弟善文，僅見三人。據《周書》卷三五〈薛善附薛慎傳〉載：

> 好學，能屬文，善草書。〔註173〕

薛慎善文，更有文集，頗為世所傳。〔註174〕而《周書》卷三八〈薛寘傳〉載：

> 寘幼覽篇籍，好屬文。〔註175〕

同書卷又載：

> 所著文筆二十餘卷，行於世。又撰西京記三卷，引據該洽，世稱其博聞焉。〔註176〕

可見薛寘善文。又《北史》卷三六〈薛辯附薛道衡傳〉載：

> 年十歲，講左傳，見子產相鄭之功，作國僑贊，頗有詞致，見者奇之。其後才名益著。〔註177〕

〔註172〕魏徵，《隋書》卷 35〈經籍志〉，頁 1081。
〔註173〕令狐德棻，《周書》卷 35〈薛善附薛慎傳〉，頁 624。
〔註174〕令狐德棻，《周書》卷 35〈薛善附薛慎傳〉，頁 626。
〔註175〕令狐德棻，《周書》卷 38〈薛寘傳〉，頁 685。
〔註176〕令狐德棻，《周書》卷 38〈薛寘傳〉，頁 685。
〔註177〕李延壽，《北史》卷 36〈薛辯附薛道衡傳〉，頁 1337。

薛道衡寫〈國僑贊〉，文詞有致，才名因此更著。又同書卷載：

> 有集七十卷，行於世。〔註178〕

可見薛道衡善文。由上可知，薛愼、薛寘、薛道衡爲薛氏善文之子弟。於《隋書》卷三五〈經籍志〉僅見薛道衡文集爲：《司隸大夫薛道衡集》三十卷。〔註179〕再關中郡姓楊氏，有子弟善文。據《北史》卷四一〈楊敷附楊素傳〉載：

> 善屬文，工草隸書，頗留意風角。〔註180〕

而《北史》卷四一〈楊敷附楊玄感傳〉載：

> 性雖驕倨，而愛重文學，四海知名之士多趨其門。〔註181〕

又《北史》卷六八〈楊紹附楊綝傳〉載：

> 性和厚，頗有文學。〔註182〕

據以上引文可知，楊素、楊玄感、楊綝等三人，爲楊氏善文子弟。其中楊素與楊玄感爲父子。楊氏子弟的文學才華與其他世族相較，顯然並不突出。而楊素有文集傳世，《隋書》卷三五〈經籍志〉載其書名：《太尉楊素集》十卷。〔註183〕另觀杜氏，亦有子弟善文。據《北史》卷二六〈杜銓附杜景傳〉載：

> 景子裕，字慶延，雖官非貴仕，而文學相傳。〔註184〕

又《北史》卷二六〈杜銓附杜正玄傳〉載：

> 正玄弟正藏，亦好學，善屬文。〔註185〕

據引文可知，杜景、杜正藏父子二人善文。綜觀關中郡姓韋裴柳薛楊杜，善文子弟以裴氏最多，除裴頠、裴榮外，另有一一人，柳氏有八人。文學可說是裴氏、柳氏家學。韋氏六子弟善文中，有四人爲兄弟關係，可說家中重文學，以致兄弟間互相儒染，皆善文。但未能肯定如此美譽是出自其家學淵源，乃因無法得知其父、其祖善文之情形如何。而薛氏、楊氏皆爲三人，杜氏二人。薛氏、楊氏、杜氏善文子弟太少，不足以視文學爲其家學。

〔註178〕李延壽，《北史》卷36〈薛辯附薛道衡傳〉，頁1340。

〔註179〕魏徵，《隋書》卷35〈經籍志〉，頁1081。

〔註180〕李延壽，《北史》卷四一〈楊敷附楊素傳〉，頁1508。

〔註181〕李延壽，《北史》卷四一〈楊敷附楊玄感傳〉，頁1517。

〔註182〕李延壽，《北史》卷六八〈楊紹附楊綝傳〉，頁2370。

〔註183〕魏徵，《隋書》卷35〈經籍志〉，頁1081。

〔註184〕李延壽，《北史》卷26〈杜銓附杜景傳〉，頁961。

〔註185〕李延壽，《北史》卷26〈杜銓附杜正玄傳〉，頁962。

五、虜　姓

虜姓元氏子弟具文學之才如何？僅見元偉愛文記載，據《周書》卷三八〈元偉傳〉載：

> 偉性溫柔，好虛靜。居家不治生業。篤學脩文，政事之暇，未嘗棄書。〔註186〕

可知元氏並不尚文。而長孫氏、宇文氏、于氏，於史傳中皆未見有子弟善文記載。而代郡陸氏有子弟具文學才華，據《北史》卷二八〈陸俟附陸卬傳〉載：

> 好學善屬文，甚爲河間邢卲所賞。〔註187〕

又載：

> 所著文章十四卷，行於世。齊之郊廟諸歌，多卬所制。〔註188〕

陸卬爲代郡陸氏僅見善文子弟。綜觀虜姓子弟善文情形，相較於僑姓、吳姓、郡姓顯然不如。

綜上而言，東晉南北朝，在帝王好文，及國之取才多以文史之士情形下，形成尚文之風。而當時能善文，爲時流所重，因此世族紛紛習文，希望以善文能獲時譽，以穩固家族在社會上的地位，故文學教育爲門第教育所重視，世族有以文學爲家學者。而僑姓王謝袁蕭四氏皆有善文子弟，文學可說是四氏的共同家學。而就子弟實際善文情況而言，以王氏最多二五人，謝氏次之二三人、蕭氏又次之一六人，相較下袁氏最少。王謝兩氏善文子弟人數雖差距不大，但符合沈約所說，其身爲四代之史，自開闢已來，未有爵位蟬聯，文才相繼，如王氏之盛者。而曹道衡、沈玉成編著《南北朝文學史》，引明代胡應麟之說：「王、謝江左並稱，諸謝縱橫《文選》，而王氏一何寥寥也？」，指出，王筠與諸兒書，提到家門人人有集，認爲所謂「人人有集」，只能反映這一家族的社會地位和從事文學創作人數之多，但並不意味琅邪王氏一族產生過很多優秀作家。〔註189〕胡應麟之語應認爲謝氏文學表現勝於王氏，對於這種想法的提出很值得我們思考。而東南吳姓朱張顧陸，張氏、陸氏子弟有善文子弟。就張氏與陸氏善文子弟較之，陸氏子弟並不遜於張氏。而對於「張文、陸忠」文化風貌之說，只能說當時人特別看中陸氏「忠」的表現，而忽略了陸氏子弟的文才表現。另朱氏、

〔註186〕令狐德棻，《周書》卷38〈元偉傳〉，頁689。
〔註187〕李延壽，《北史》卷28〈陸俟附陸卬傳〉，頁1017。
〔註188〕李延壽，《北史》卷28〈陸俟附陸卬傳〉，頁1018。
〔註189〕曹道衡、沈玉成編著《南北朝文學史》北京：人民文學出版社，1991年12月，頁8。

顧氏子弟於史傳中卻未有善文記載。至於山東郡姓王崔盧李鄭善文子弟，以盧氏最多有十三人，博陵崔氏有十一人，清河崔氏有十人，趙郡李氏有七人，文學可說是盧氏、博陵崔氏、清河崔氏、趙郡李氏家學。而鄭氏僅三人善文、隴西李氏僅二人善文，因人數過少，無法就此論定文學為其家學。而太原王氏除王敬仁能寫〈賢人論〉，可算善文外，未見其他子弟善文記載，不過於《隋書·經籍志》中，卻可見太原干氏子弟有文集，即使如此，太原王氏子弟仍不如僑姓琅邪王氏子弟善文。再述及關中郡姓韋裴柳薛楊杜善文子弟，以裴氏最多有十三人，柳氏八人次之，韋氏六人又次之，文學可說是裴氏、柳氏、韋氏家學。至於薛氏、楊氏有三人善文，杜氏有二人善文，因善文人數過少，無法肯定文學為其家學。而虜姓僅見元偉、陸印善文，可見虜姓善文子弟不如僑姓、吳姓、郡姓。可見文風之盛，仍多見於漢人之家族，亦可見胡人尚武尚未完全受儒家與文學教化之概況。

第三節　書法之盛與書法家學

　　書法，是六朝時期重要的文化特色。從楷書、行書、草書等各種書體的迅速發展，及書法史、書法技巧、書法家的介紹品評等有關書法著作的大量出現，說明書法藝術在六朝時已臻於成熟。〔註190〕

　　六朝書法的蓬勃發展，與六朝帝王對於書法的態度息息相關。其實，六朝帝王中能書者眾多，這從馬宗霍《書林藻鑑》整理眾多有關書論對帝王善書的評論或描寫可看出。〔註191〕現在將東晉南朝帝王能書情形整理如下表：

表二十：東晉南朝帝王能書情況表

朝　代	能書帝王	史　實	出　處
東　晉	元帝（司馬睿）	《書小史》：帝善正行書。	《書林藻鑑》卷第六，頁44。
	成帝（司馬衍）	《書小史》：帝善草書。	《書林藻鑑》卷第六，頁44。

〔註190〕有關六朝書法藝術，可參看許輝等，《六朝文化》，江蘇：江蘇古籍出版社，2001年10月，頁451～461。
〔註191〕馬宗霍，《書林藻鑑》，收入楊家駱主編，《近人書學論著》，中國學術名著第五輯藝術叢編第一集，第五冊、第六冊，民國73年10月。

	康帝（司馬岳）	《書小史》：帝善行草書。	《書林藻鑑》卷第六，頁44。
	孝武帝（司馬曜）	《書小史》：帝善行草書。	《書林藻鑑》卷第六，頁44。
宋	武帝（劉裕）	《述書賦》：宋武德輿，法含古初，見答道和之啓，未披有位之書，觀其逸毫巨麗，載兆虎變，高蹋莫究其涯，雄風於焉已扇，猶金玉鑛璞，包露貴賤。	《書林藻鑑》卷第七，頁76。
	文帝（劉義隆）	《書斷》：文帝規模大令，自謂不減於師，道心雖微，探索幽深，若泠泠水行，有巖石間眞聲爾，又云，隸書入妙，行草入能。	《書林藻鑑》卷第七，頁76。
	孝武帝（劉駿）	《書斷》：帝善正行草書。	《書林藻鑑》卷第七，頁77。
	明帝（劉彧）	《書小史》：帝善行書。	《書林藻鑑》卷第七，頁77。
齊	高帝（蕭道成）	《南史本紀》：帝工草隸書。《書斷》：帝善行草書，篤好不已。	《書林藻鑑》卷第七，頁82～83。
	武帝（蕭賾）	《書史會要》：武帝工行草，嘗覩落英茂木，作瑞華書，爲詞紀之。	《書林藻鑑》卷第七，頁83。
梁	武帝（蕭衍）	《南史梁本紀》：帝草隸尺牘，莫不稱妙。	《書林藻鑑》卷第七，頁87。
	簡文帝（蕭綱）	《九品書人論》：簡文行隸品下上。	《書林藻鑑》卷第七，頁88。
	元帝（蕭繹）	《南史梁本紀》：帝工書善畫。	《書林藻鑑》卷第七，頁88。
陳	武帝（陳霸先）	《書小史》：帝涉獵史籍，善行草書。	《書林藻鑑》卷第七，頁95。
	文帝（陳蒨）	《書小史》：帝留意經史，善行草書。	《書林藻鑑》卷第七，頁95。
	後主（陳叔寶）	《書小史》：善行草書。	《書林藻鑑》卷第七，頁95。

　　據表得知，東晉南朝帝王善於書法者眾。而帝王除本身能書，亦有入品流者。張懷瓘在《書斷》中將善書者分爲神品、妙品、能品。據《法書要錄》第九卷〈張懷瓘書斷下〉載：

> 梁武帝，姓蕭氏，諱衍，字叔達，蘭陵中都里人，丹陽尹順之之子。

> 好草書，狀貌亦古，乏於筋骨，既無奇姿異態，有減於齊高矣。〔註192〕

張懷瓘認爲梁武帝蕭衍雖好草書，但無奇姿異態，不如齊高帝蕭道成，僅能列於能品之列。

六朝帝王不僅善書，甚且自我評價，相互爭逞，這可以宋文帝、齊高帝爲例。據《書斷》載，宋文帝，隸書入妙品，行草入能品。而據《晉書》卷八十〈王羲之附王獻之傳〉載：

> 工草隸，善丹青。〔註193〕

宋文帝與王獻之皆善草隸。而在《法書要錄》第二卷〈南齊王僧虔論書〉載：

> 宋文帝書，自謂不減王子敬。時議者云：天然勝羊欣，功夫不及欣。
> 〔註194〕

子敬爲王獻之的字。此引文說的是，宋文帝劉義隆自認爲書法功力不比王獻之差。而齊高帝，據《南史》卷四〈齊本紀附齊高帝本紀〉載：

> 上少有大量，喜怒不形於色，深沉靜默，常有四海之心。博學，善
> 屬文，工草隸書，弈碁碁第二品。〔註195〕

齊高帝工草隸書。而據《南齊書》卷三三〈王僧虔傳〉載：

> 僧虔弱冠，弘厚，善隸書。宋文帝見其書素扇，歎曰：「非唯跡逾子
> 敬，方當器雅過之。」〔註196〕

王僧虔也善隸書，宋文帝甚且認爲王僧虔之書勝於王獻之。齊高帝與王僧虔皆善隸書。兩人曾品評何人書法爲最，品評之言語，據《法書要錄》第卷九〈張懷瓘書斷下〉載：

> 齊高帝，姓蕭氏，諱道成，字紹伯，蘭陵人。善草書，篤好不已，
> 祖述子敬，稍乏風骨。嘗與王僧虔賭書。書畢曰：「誰爲第一？」對
> 曰：「臣書臣中第一，陛下書帝中第一。」〔註197〕

此爲齊高帝蕭道成欲與王僧虔相競書法誰爲勝。當兩人寫畢，齊高帝問王僧

〔註192〕張彥遠，《法書要錄》第九卷〈張懷瓘書斷下〉，北京：人民美術出版社，2004年1月，頁300。
〔註193〕房玄齡，《晉書》卷80〈王羲之附王獻之傳〉，頁2105。
〔註194〕張彥遠，《法書要錄》第二卷〈南齊王僧虔論書〉，頁18。
〔註195〕李延壽，《南史》卷4〈齊本紀附齊高帝本紀〉，頁113。
〔註196〕蕭子顯，《南齊書》卷33〈王僧虔傳〉，頁591。
〔註197〕張彥遠，《法書要錄》第卷九〈張懷瓘書斷下〉，頁299。

虔誰爲優？王僧虔因位居其下，想必不敢照實據說，只說了臣與陛下不能做比較，不過對自己與齊高帝，何人善書，王僧虔心中應對己頗具信心，認爲在諸臣之中，自己善書可說第一，而在諸帝之中，齊高帝可說最勝。此乃實爲不得罪帝王，且又替己爭氣的最佳說法。

　　而在東晉南朝帝王對書法的欣賞和愛好的影響下，必會帶動社會風潮，所謂「上之所好，下必效焉」，書法藝術及欣賞必也爲一般群眾所愛好和樂於追求。因此，書法的審美活動，成爲一種社會風氣。如王羲之以寫經換鵝，據《晉書》卷八十〈王羲之傳〉載：

> 山陰有一道士，養好鵝，羲之往觀焉，意甚悦，固求市之。道士云：「爲寫道德經，當舉羣相贈耳。」羲之欣然寫畢，籠鵝而歸，甚以爲樂。〔註198〕

王羲之性愛鵝。山陰道士有好鵝，王羲之欲買之。道士不願賣，但如王羲之願爲其寫道德經，其必以群鵝贈之。結果，王羲之從道士之言，以寫經換鵝。另外從群眾競購戟山之扇，也可看出大眾對書法的偏愛。據《晉書》卷八十〈王羲之傳〉載：

> 在戟山見一老姥，持六角竹扇賣之。羲之書其扇，各爲五字。姥初有慍色。因謂姥曰：「但言是王右軍書，以求百錢邪。」姥如其言，人競買之。他日，姥又持扇來，羲之笑而不答。〔註199〕

老嫗賣竹扇，原竹扇僅價值二十餘錢。王羲之欲助老嫗能把扇賣個好價錢，於是在竹扇上書字。老嫗不認識王羲之，原以爲王羲之寫字於扇，將壞其扇，難賣錢，王羲之告以可索價一百錢，沒想到，世人不嫌價高，反而相競買之。而《書林藻鑑》載：

> 南朝國勢不振，書家頗多，上自天子，下至臣庶，互相陶淬，浸成風俗。〔註200〕

就引文可知，南朝雖國勢不振，但不論君臣庶民皆成浸於書法之風中。

〔註198〕房玄齡，《晉書》卷80〈王羲之傳〉，頁2100。
〔註199〕房玄齡，《晉書》卷80〈王羲之傳〉，頁2100。類此引文，《法書要錄》第二卷〈梁虞龢論書表〉載：舊說羲之罷會稽，住戟山下，一老嫗捉十許六角竹扇出市。王聊問一枚幾錢？云：「直二十許。」右軍取筆書扇，扇爲五字。嫗大悵惋云：「舉家朝餐，惟仰於此，何乃書壞！」王云：「但言王右軍書，字索一百。」入市，市人競市去。姥復以十數扇求請書，王笑不答。P41～42。
〔註200〕馬宗霍，《書林藻鑑》，頁73。

　　書法爲東晉南朝帝王所好，羣眾附隨景從也愛好之，使書法藝術成爲當時顯學。黃緯中〈中國中古時期的書法家族〉一文甚且認爲，中古的士族對於書法確實非常重視，他們不但把書法當做一種藝術，而且還以書法來顯示一己的文化涵養，把「善書」當做人身價值的項目之一。〔註201〕不僅如此，更認爲，魏晉之世，書法的社會價值相當高，它是人們用以評品人身價值的依據，而且還成了家族標榜門風項目之一。〔註202〕「善書」既可提高人身價值，又可標榜門風，且世家大族特重門風，常認爲家門有文化，必然會要求子弟能書、善書，故書法已然成爲世族子弟必修之課程，亦出現世代相傳，艱苦學書之諸多現象。因此，東晉南北朝世族常以書法視爲家學內容以授子弟，故出現不僅父兄子弟並擅書名的例子極多，甚至還能家門子弟相傳達百年以上者，使東晉南北朝足可稱書法家族最活躍之時期。而有關此時世家大族以「書法」爲家學內容情形如何？以下詳述之。

一、僑　姓

　　僑姓琅邪王氏王羲之善於書法，家喻戶曉，《晉書》卷八十〈王羲之傳〉載：

> 尤善隸書，爲古今之冠，論者稱其筆勢，以爲飄若浮雲，矯若驚龍。〔註203〕

王羲之善書法，更想把自己窮盡畢生之力，所寫書法之心得傳給子孫，據《法書要錄》卷一〈王羲之題筆陣圖後〉：

> 時年五十有三，或恐風燭奄及，聊遺教於子孫耳，可藏之，千金勿傳。〔註204〕

此說明王羲之想把書法當做家學秘傳於子孫，寧可藏之石室，即使給予千金，也不想傳之他人。在王羲之此層心理下，其子果善書，如其次子王凝之，據《晉書》卷八十〈王羲之傳〉載：

> 有七子，知名者五人。玄之早卒。次凝之，亦工草隸，仕歷江州刺史、左將軍、會稽内史。〔註205〕

〔註201〕黃緯中，〈中國中古時期的書法家族〉，收入《唐代書法史研究集》，台北：蕙風堂筆墨有限公司，民國83年12月，頁120。

〔註202〕黃緯中，〈中國中古時期的書法家族〉，頁122。

〔註203〕房玄齡，《晉書》卷80〈王羲之傳〉，頁2093。

〔註204〕張彥遠，《法書要錄》卷1〈王羲之題筆陣圖後〉，頁9。

〔註205〕房玄齡，《晉書》卷80〈王羲之傳〉，頁2102～2103。

而另一子王獻之也善書，據《晉書》卷八十〈王羲之附王獻之傳〉載：

> 工草隸，善丹青。七八歲時學書，羲之密從後掣其筆不得，歎曰：「此
> 兒後當復有大名。」嘗書壁爲方丈大字，羲之甚以爲能，觀者數百
> 人。〔註206〕

當王獻之年幼學書時，其父已見其未來在書法上必有一番成就。就以上史文
可知，王羲之父子於書法的表現，皆受到肯定，父子皆善書，而「書法」實
爲王氏家學。

　　琅邪王氏除王羲之父子善書外，仍可見其他子弟於書法有表現者。據史
傳，其情形可整理如下表：

表二十一：琅邪王氏「善書」情況表

姓　名	史　　　　實	史　料　出　處
王　珉	少有才藝，善行書，名出珣右。	《晉書》卷 65〈列傳〉第 35，頁 1758
王　廙	廙少能屬文，多所通涉，工書畫，善音樂、射御、博弈、雜伎。	《晉書》卷 76〈列傳〉第 46，頁 2002～2003
王　微	微少好學，無不通覽，善屬文，能書畫，兼解音律、醫方、陰陽術數。	《宋書》卷 62〈列傳〉第 22，頁 1664
王僧虔	僧虔弱冠，弘厚，善隸書。	《南齊書》卷 33〈列傳〉第 1，頁 591
王　志	志善草隸，當時以爲楷法。……（徐希秀）常謂志爲「書聖」。	《梁書》卷 21〈列傳〉第 15，頁 320
王僧佑	雅好博古，善老、莊，不尚繁華。工草隸，善鼓琴，亭然獨立，不交當世。	《南史》卷 21〈列傳〉第 11，頁 580
王　籍	籍又甚工草書，筆勢遒放。	《南史》卷 21〈列傳〉第 11，頁 581
王　彬	好文章，習篆隸，與志齊名。	《南史》卷 22〈列傳〉第 12，頁 611
王世弼	善草隸書，好愛墳典。	《魏書》卷 71〈列傳〉第 59，頁 1588
土　由	土由，好學，有文才，尤善草隸。	《魏書》卷 71〈列傳〉第 59，頁 1588

〔註206〕房玄齡，《晉書》卷 80〈王羲之附王獻之傳〉，頁 2105。

王　褒	梁國子祭酒蕭子雲，褒之姑夫也，特善草隸。褒少以姻戚，去來其家，遂相模範。俄而名亞子雲，竝見重於世。	《周書》卷 41〈列傳〉第 33，頁729

　　據表王珉、王廙、王微、王僧虔、王志、王僧佑、王籍、王彬、王世弼、王由、王褒等一一人爲琅邪王氏善書子弟。而表中王珉條談到：其有才藝，善行書，名出珣右。推想王珣應能書。而王褒條內容說的是，蕭子雲是王褒的姑夫，其善草隸，王褒模仿之，而能名亞於蕭子雲。此內容似說王褒的善書是學之蕭子雲，而非王氏家人，這是較特殊的部份。而就上表觀察，琅邪王氏善書法，除王珉善行書外，皆以善草隸爲主，可見琅邪王氏書法家學應是草隸書。而黃緯中在寫〈中國中古時期的書法家族〉時，指出琅邪王氏書法家族可分爲兩個支脈，一爲王廙及其姪羲之、羲之子獻之、玄之、徽之，以及陳隋之際的智永等構成；另一支則爲王導一門，其中之善書者除了導外，導次子恬、四子洽、洽子珣、珉、珣孫僧虔、五世孫褒，皆爲名著一時，擅聲宇內的書家人物。〔註 207〕事實上，黃緯中所指出王氏書家人物，王玄之、王徽之、王智永、王導、王恬、王洽等人，於正史列傳中皆未載善書。而王氏善書情形到底如何？這或許可從王方慶獻書於武則天得知詳情。據《舊唐書》卷八九〈王方慶傳〉載：

　　　　則天以方慶家多書籍，嘗訪求右軍遺跡。方慶奏曰：「臣十代從伯祖
　　　　羲之書，先有四十餘紙，貞觀十二年（638），太宗購求，先臣並已
　　　　進之。唯有一卷見今在。又進臣十一代祖導、十代祖洽、九代祖珣、
　　　　八代祖曇首、七代祖僧綽、六代祖仲寶、五代祖騫、高祖規、曾祖
　　　　褒，并九代三從伯祖晉中書令獻之已下二十八人書，共十卷。」則
　　　　天御武成殿示羣臣，仍令中書舍人崔融爲寶章集，以敘其事，復賜
　　　　方慶，當時甚以爲榮。〔註208〕

武則天求王羲之遺跡於王方慶，王方慶獻家中僅見王羲之書一卷，並另獻九代三從伯祖晉中書令獻之已下二十八人書，共十卷。引文談到王氏善書更甚於王氏於史傳列傳中所言，無論是十二人或二十八人或黃緯中所言，都在說明王氏以書法爲家學，王氏可算是書法家族。

〔註207〕黃緯中，〈中國中古時期的書法家族〉，頁 116。
〔註208〕劉昫，《舊唐書》卷 89〈王方慶傳〉，頁 2899。

　　而僑姓謝氏子弟善書情形如何？據《晉書》卷七九〈謝安傳〉載：

> 及總角，神識沈敏，風宇條暢，善行書。〔註209〕

而《宋書》卷五二〈謝景仁附謝述傳〉載：

> 三子：綜、約、緯。綜有才藝，善隸書，爲太子中舍人，與舅范曄
> 謀反，伏誅。〔註210〕

再如《南齊書》卷四七〈謝朓傳〉載：

> 朓善草隸，長五言詩，沈約常云「二百年來無此詩也。」〔註211〕

又《陳書》卷三二〈謝貞傳〉載：

> 年十三，略通五經大旨，尤善左氏傳，工草隸蟲篆。〔註212〕

又《南史》卷一九〈謝靈運傳〉載：

> 靈運詩書皆兼獨絕，每文竟，手自寫之，文帝稱爲二寶。〔註213〕

據以上史文得知，謝安、謝綜、謝朓、謝貞、謝靈運等五人爲謝氏善書子弟。
而謝靈運善書法，非源於謝氏家人所教，據《法書要錄》卷二〈梁虞龢論書
表〉載：

> 謝靈運母劉氏，子敬之甥，故靈運能書，而特多王法。〔註214〕

劉氏爲王獻之外甥，而謝靈運善書，多王氏之法。這有可能謝靈運母劉氏學
書於王獻之，而將書法教於子謝靈運，故謝靈運能書多王氏之法。而黃緯中
在談書法家族時，舉謝氏爲例，說謝安兄弟並能書，謝安善行草，兄尚、弟
萬並稱工書。〔註215〕但在正史列傳中，並無談到謝尚、謝萬能書記載。綜看
謝氏子弟善書，實無法於琅邪王氏相比。

　　至於袁氏子弟善書記載，於史傳中遍尋不得。而蕭氏子弟確有善書者，
據史傳，其情形可整理如下表：

〔註209〕房玄齡，《晉書》卷79〈謝安傳〉，頁2072。
〔註210〕沈約，《宋書》卷52〈謝景仁附謝述傳〉，頁1497。
〔註211〕蕭子顯，《南齊書》卷47〈謝朓傳〉，頁826。
〔註212〕姚思廉，《陳書》卷32〈謝貞傳〉，頁426。
〔註213〕李延壽，《南史》卷19〈謝靈運傳〉，頁539。
〔註214〕張彥遠，《法書要錄》卷2〈梁虞龢論書表〉，頁37。
〔註215〕黃緯中，〈中國中古時期的書法家族〉，頁116。

表二十二：蕭氏「善書」情況表

姓　名	史　　實	史　料　出　處
蕭惠基	惠基善隸書及奕棊，太祖與之情好相得，早相器遇。	《南齊書》卷 46〈列傳〉27，頁 810
蕭　堅	（綸）長子堅，字長白。……。亦善草隸，性頗庸短。	《梁書》卷 29〈列傳〉23，頁 436
蕭子雲	子雲善草隸書，爲世楷法，自云善效鍾元常、王逸少而微變字體。	《梁書》卷 35〈列傳〉29，頁 515
蕭　特	早知名，亦善草隸。	《梁書》卷 35〈列傳〉29，頁 515
蕭　乾	善隸書，得叔父子雲之法。	《陳書》卷 21〈列傳〉15，頁 278
蕭　引	引善隸書，爲當時所重。	《陳書》卷 21〈列傳〉15，頁 289
蕭思話	頗工隸書，善彈琴，能騎射。	《南史》卷 18〈列傳〉8，頁 495
蕭　慨	深沉有禮，樂善好學，攻草隸書。南士中稱爲長者。	《北齊書》卷 33〈列傳〉25，頁 443
蕭　撝	撝善草隸，名亞於王褒。算數醫方，咸亦留意。	《周書》卷 42〈列傳〉34，頁 753

　　據表可得知，蕭惠基、蕭堅、蕭子雲、蕭特、蕭乾、蕭引、蕭思話、蕭慨、蕭撝等九人，爲蕭氏善書子弟者。蕭氏子弟善書以草隸爲主。而在表中史文明白指出，蕭乾善隸書，是得自於叔父蕭子雲之法。而表中人物關係，蕭思話、蕭惠基爲父子；蕭子雲、蕭特爲父子；蕭子雲爲蕭乾叔父。一門之中，有多人善書，書法可視爲蕭氏家學。就僑姓王謝袁蕭善書子弟討論，以琅邪王氏子弟最多，蕭氏次之，謝氏又次之，袁氏顯然不及。琅邪王氏可說是我國史上第一「書法世家」。而王、蕭爲當時社會上重要世族，而他們善書子弟輩出，再次說明書法已然成爲世族重要的家學內容。

二、東南吳姓

　　東南吳姓朱張顧陸，於史傳中，見善書記載者僅見張氏。據《宋書》卷五三〈張茂度附張永傳〉載：

永涉獵書史，能爲文章，善隸書，曉音律，騎射雜藝，觸類兼善，

又有巧思，益爲太祖所知。〔註216〕

張永爲張茂度子，張永爲張敞孫。張永多才多藝，其中之一爲善隸書。又《南史》卷三一〈張邵附張融傳〉載：

融善草書，常自美其能。帝曰：「卿書殊有骨力，但恨無二王法。」

答曰：「非恨臣無二王法，亦恨二王無臣法。」〔註217〕

張融爲張暢子，張融爲張敞曾孫。張融對自己書法的功力非常有信心，常常自爲稱美。皇帝認爲張融書法風格雖能見遒健獨特之處，但仍遺恨的是無二王之法。二王推想應指王羲之、王獻之，因王氏父子在當時書法上的成就已被公認。張融對皇帝之語並不認同，反認爲應該說遺恨二王無張融之法，可見張融對自己的書法相當有自信。張永與張融爲史書中僅見張氏子弟善書紀錄。兩人關係，張永爲張融從伯父。史文未明確說明其書法以誰爲師法，但張永善隸書，張融善草書，兩者於書法所重不同。又張氏子弟善書者太少，僅見張永、張融，嚴格說之，書法未能視爲張氏家學。而在《六朝文化》一書中，談及江東大族吳郡陸氏、顧氏、張氏文化時，指出陸氏家族學術文化風貌崇尚儒家學說，顧氏以儒、玄并修的學術文化風尚，張氏重文詞與學術。〔註218〕而王永平《六朝江東世族之家風家學研究》及吳正嵐《六朝江東士族的家學門風》對陸氏、顧氏、張氏家學看法，基本上與《六朝文化》所談相同。〔註219〕皆未特別提到東南吳姓，世族文化上特重書法。而黃緯中談中古時期書法家族時，也未舉吳姓爲例，可見書法對吳姓而言非重要的家族文化內涵，書法非爲吳姓家學應可以確定。

三、山東郡姓

山東郡姓太原王氏子弟有善書者。據《晉書》卷九三〈王濛傳〉載：

善隸書。〔註220〕

〔註216〕沈約，《宋書》卷53〈張茂度附張永傳〉，頁1511。

〔註217〕李延壽，《南史》卷32〈張邵附張融傳〉，頁835。

〔註218〕許輝等，《六朝文化》，頁159～185。

〔註219〕王永平，《六朝江東世族之家風家學研究》，南京：江蘇古籍出版社，2003年1月，頁67～200。

吳正嵐，《六朝江東士族的家學門風》，南京：南京大學出版社，2003年11月，頁100～217。

〔註220〕房玄齡，《晉書》卷93〈王濛傳〉，頁2418。

而《晉書》卷九三〈王濛附王脩傳〉載：

> 脩字敬仁，小字苟子。明秀有美稱，善隸書，號曰流奕清舉。〔註221〕

王脩爲王濛之子，據引文知父子二人同善隸書，這或許有子傳父學之意。黃緯中在談書法家族也引二人爲例，〔註222〕但其認爲若以書法爲家學內容，家門善書者不應只是寡少二人而已，應爲善書子弟輩出，故史文只能說明太原王氏有能書者，但未足以證明太原王氏以書法爲其家學。再觀山東郡姓崔氏，未能發現博陵崔氏子弟善書法記載，但清河崔氏子弟有善書法記載，據《魏書》卷二四〈崔玄伯傳〉載：

> 玄伯自非朝廷文誥，四方書檄，初不染翰，故世無遺文。尤善草隸行押之書，爲世摹楷。玄伯祖悅與范陽盧諶，並以博藝著名。諶法鍾繇，悅法衛瓘，而俱習索靖之草，皆盡奇妙。諶傳子偃，偃傳子邈；悅傳子潛，潛傳玄伯。世不替業。故魏初重崔盧之書。又玄伯之行押，特盡精巧，而不見遺迹。〔註223〕

崔玄伯即崔宏。崔玄伯善草隸之書，爲世所摹楷，而崔玄伯何以善書？是否爲家傳之學？史文說的非常明白，崔氏書法之業從崔玄伯祖父崔悅開始，崔悅書法乃師衛瓘之法，並得其妙。崔悅將書法之學傳子崔潛，崔潛又將之傳子崔玄伯。崔氏將書法一代一代傳承下去，成爲世代之業，故我們可說書法爲崔氏家學。除此史文外，另在其他史文確實亦能見崔氏子弟善書實情。據《魏書》卷二四〈崔玄伯傳〉載：

> 始玄伯父潛爲兄渾誄手筆草本，延昌（512～515）初，著作佐郎王遵業買書於市而遇得之。計誄至今，將二百載，寶其書迹，深藏祕之。
> 武定（543～550）中，遵業子松年以遺黃門郎崔季舒，人多摹搨之。
> 左光祿大夫姚元標以工書知名於時，見潛書，謂爲過於己也。〔註224〕

崔潛以草書爲兄崔渾寫哀悼之文。後誄文爲王遵業購得深藏之，王遵業之子王松年將誄文送予崔季舒，引起多人對崔潛所書誄文之臨摹。而當世姚元標也以善書知名於時，見崔潛所書，認爲崔潛書法功力甚己，可見崔潛確實善書法。又崔玄伯子崔浩、崔簡亦善書。據《魏書》卷三五〈崔浩傳〉載：

〔註221〕房玄齡，《晉書》卷93〈王濛附王脩傳〉，頁2419。
〔註222〕黃緯中，〈中國中古時期的書法家族〉，頁116。
〔註223〕魏收，《魏書》卷24〈崔玄伯傳〉，頁623。
〔註224〕魏收，《魏書》卷24〈崔玄伯傳〉，頁624。據李延壽《北史》卷21〈崔宏傳〉，寫成「見潛書，以爲過於浩也。」，頁791。

太祖以其工書，常置左右。〔註225〕

太祖道武帝拓跋珪因崔浩善書，故常將崔浩安排在自己身邊。又《北史》卷二一〈崔宏附崔浩傳〉載：

浩既工書，人多託寫急就章，從少至老，初不憚勞。所書蓋以百數，
必稱「馮代強」，以示不敢犯國。其謹也如此。浩書體勢及其先人，
而巧妙不如也。世寶其迹，多裁割綴連，以爲摹楷。〔註226〕

崔浩善書，常有人請託書寫，且其書法作品數量眾多，爲世人所珍寶，並爲世人臨摹之本。而崔浩所書，被認爲書法體勢能及先人，但巧妙不如先人。可見崔浩確實善書。而崔衡亦曾學書於崔浩，據《北史》卷二一〈崔宏附崔寬傳〉載：

長子衡，字伯玉，少以孝行著稱。學崔浩書，頗亦類焉。〔註227〕

崔寬子崔衡也善書，其學自於崔浩。崔浩與崔衡什麼關係？據《北史》卷二一〈崔宏附崔寬傳〉載：

初，寬通欸見浩，浩與相齒次，厚存接之。及浩誅，以遠來疏族，
獨得不坐。〔註228〕

崔浩與崔衡爲疏族。《魏書》卷二四〈崔玄伯傳〉載：

次子簡，字沖亮，一名覽。好學，少以善書知名。〔註229〕

可見崔簡也善書。崔氏一門四代，崔悅、崔潛、崔玄伯、崔浩、崔簡皆善書，書法爲崔氏家學更爲肯定無疑。

而在《魏書》卷二四〈崔玄伯傳〉中，談到崔玄伯善書，指出書法爲其家世不替之業時，同時也指出盧氏也以書法爲家學，其史文如下：

玄伯祖悅與范陽盧諶，並以博藝著名。諶法鍾繇，悅法衛瓘，而俱
習索靖之草，皆盡奇妙。諶傳子偃，偃傳子邈；……。〔註230〕

文內指出崔氏、盧氏書法不同源，崔氏學衛瓘，盧氏學鍾繇，但兩家書法皆有妙稱。而盧氏自盧諶始學書法，後傳之於子盧偃，盧偃再傳盧邈，世代相傳，使書法成其家學。盧氏以書法傳業累世，更能於《魏書》卷四七〈盧玄

〔註225〕魏收，《魏書》卷35〈崔浩傳〉，頁807。

〔註226〕李延壽，《北史》卷21〈崔宏附崔浩傳〉，頁790。

〔註227〕李延壽，《北史》卷21〈崔宏附崔寬傳〉，頁792。

〔註228〕李延壽，《北史》卷21〈崔宏附崔寬傳〉，頁792。

〔註229〕魏收，《魏書》卷24〈崔玄伯傳〉，頁623。

〔註230〕魏收，《魏書》卷24〈崔玄伯傳〉，頁623。

附盧淵傳〉看出，其史文載如下：

> 初，諶父志法鍾繇書，傳業累世，世有能名。至邈以上，兼善草迹。
> 淵習家法，代京宮殿多淵所題。白馬公崔玄伯亦善書，世傳衛瓘體。
> 魏初工書者，崔盧二門。〔註231〕

《魏書》卷二四與卷四七對盧氏善書記載略有不同，一說盧諶學鍾繇書法之學；一說是盧諶之父盧志學鍾繇，究竟如何有待再考，不過根據兩史文可確定的是，書法爲盧氏傳業累世的家學。而崔、盧兩家書法在史文中常並立而出的現象，應該如史文所言，魏初重要的書法家族，應屬崔、盧二家。崔、盧書法，以何家爲盛？據馬宗霍《書林藻鑑》一書所說：「大要魏初並重崔盧之書，兩家皆世業不替，而崔氏尤盛，宏不妄染，世無遺文，浩則眾所模楷，傳習者廣。」〔註232〕就馬宗霍看法，兩家書法，以崔氏爲盛。而盧諶爲盧玄曾祖，又盧淵爲盧度世子，盧玄之孫。盧諶與盧淵世代相隔遠，但盧淵仍習家法，其書法受賞識，宮殿之文多爲盧淵所書。除史文《魏書》卷二四及卷四七總論盧氏書家外，另從其他史文更能確切知道盧氏子弟善書情形，據《晉書》卷一百〈盧循傳〉載：

> 盧循字于先，小名元龍，司空從事中郎諶之曾孫也。雙眸同徹，瞳子四轉，善草隸弈棋之藝。〔註233〕

盧諶曾孫盧循善草隸之書。而盧淵子盧道虔，生子盧昌衡，亦能書，據《北史》卷三十〈盧玄附盧昌衡傳〉載：

> 昌衡字子均，小字龍子。沈靖有才識，風神澹雅，容止可法。博涉經史，工草行書。〔註234〕

盧淵孫盧昌衡，善草行書。而盧誕爲盧淵父盧度世族弟，雖屬盧家不同支系，但盧誕曾祖盧晏亦能書，據《北史》卷三十〈盧誕傳〉載：

> 誕本名恭祖。曾祖晏，博學，善隸書，有名於世，仕慕容氏，位給事黃門侍郎，營丘、成周二郡守。〔註235〕

盧晏善隸書。綜上史文的舉證，可知書法爲盧氏家學。

〔註231〕魏收，《魏書》卷47〈盧玄傳〉，頁1050。
〔註232〕馬宗霍，《書林藻鑑》，頁75。
〔註233〕房玄齡，《晉書》卷100〈盧循傳〉，頁2634。
〔註234〕李延壽，《北史》卷30〈盧玄附盧昌衡傳〉，頁1078。
〔註235〕李延壽，《北史》卷30〈盧誕傳〉，頁1109。

四、關中郡姓

關中郡姓柳氏，亦有善書者。據《魏書》卷四五〈柳崇附柳慶和傳〉載：

> 慶和弟楷，字孝則。身長八尺，善草書，頗涉文史。〔註236〕

柳楷善草書。其父柳崇，據《魏書》卷四五〈柳崇傳〉載：

> 崇方雅有器量，身長八尺，美鬚明目，兼有學行。〔註237〕

史文中僅言柳崇有學行，未言善書。柳楷善草書，不能證之來自家學淵源。
而據《北史》卷六四〈柳糾傳〉載：

> 父僧習，善隸書，敏於當世。〔註238〕

柳僧習善隸書。又《周書》卷二二〈柳慶附柳機傳〉載：

> 機弟弘，字匡道，少聰穎，亦善草隸，博涉羣書，辭彩雅贍。〔註239〕

柳弘善草隸。而柳弘為柳慶之子，又柳慶父為僧習。柳弘同祖父柳僧習善隸
書。雖祖孫同善隸書，但很難以此證柳氏以書法為家學，因史文中僅見所引
柳氏柳楷、柳僧習、柳弘三人善書。因此，最多我們只能說柳氏有善書者。
至於關中郡姓薛氏也有善書子弟者。據《周書》卷三五〈薛善附薛慎傳〉載：

> 慎字佛護，好學，能屬文，善草書。〔註240〕

薛慎善草書。又《北史》卷三六〈薛辯附薛道衡傳〉載：

> 道衡兄溫，字尼卿。沉敏有器局，博覽墳典，尤善隸書。〔註241〕

薛溫善隸書。薛慎與薛溫為史傳中薛氏僅見善書子弟。而薛慎與薛溫關係如
何？薛慎父為薛和，祖為薛瑚。而薛溫父為薛孝通，祖為薛聰。而薛聰之父
為薛湖。〔註242〕換言之，薛湖為薛溫曾祖。那麼，薛慎應為薛溫從父。同樣
地，薛氏如柳氏一樣，無法以區區二人善書，說明書法為其家學。至於其他
關中郡姓韋、裴、楊、杜，在史傳中皆未有子弟善書記載。而虜姓也未有子
弟善書記載。

綜而言之，由於六朝帝王對書法的欣賞與愛好，帶動整個社會對書法審

〔註236〕魏收，《魏書》卷45〈柳崇附柳慶和傳〉，頁1030。

〔註237〕魏收，《魏書》卷45〈柳崇傳〉，頁1029。

〔註238〕李延壽，《北史》卷64〈柳糾傳〉，頁2278。

〔註239〕令狐德棻，《周書》卷22〈柳慶附柳機傳〉，頁373。

〔註240〕令狐德棻，《周書》卷35〈薛善附薛慎傳〉，頁624。

〔註241〕李延壽，《北史》卷36〈薛辯附薛道衡傳〉，頁1340。

〔註242〕薛瑚與薛湖應同一人。在《周書》卷35，註23，薛善祖瑚，張森楷云：「此
即魏書薛辯傳卷四二之破胡也。此作單名『瑚』，北史卷三六薛辯傳又作『湖』，
殊不畫一。」，頁630～631。

美的風潮。而「善書」不但可提高人身價值，又可標榜門風，因此世家大族特重之。書法儼然成爲當時世族子弟必修的一項顯學，換言之，世族以書法爲家學教子弟，故在六朝時期書法圈出現其他時代所無的書法家族。黃緯中指出，初盛唐知名的書法家族，與魏晉時期不太相同，初盛唐書法家族的社會地位並不特別高盛，他們之中僅只少數人納入正史列傳，每個家族的仕宦成就也都普遍不及魏晉時期的書法家族。更甚者，八世紀末，書法家族紛紛式微。九世紀以後，師門取代家族。〔註243〕可見書法家族特出於六朝社會。而當時的書法家族都剛好是社會上重要的世家大族。如僑姓琅邪王氏以書法爲家學，可說是我國史上第一「書法世家」。謝氏子弟也善書法，但無法與琅邪王氏相比。而僑姓中另一個以書法爲家學的就是蕭氏。而吳姓在書法上的表現，整體而言，不如僑姓王、謝、蕭，僅見張氏張永、張融二人善書，雖家門有善書者，但因人數少，不足以視爲家學。而山東郡姓崔、盧二氏，被史官並寫於史書之中，是因書法的表現，史文載的非常清楚，因此崔、盧二氏以書法爲家學是肯定的。而山東郡姓太原王氏有善書子弟僅見王濛與王脩，實無法與琅邪王氏比，因人數少，未能視之其家門以書法爲家學。同樣地，關中郡姓柳氏與薛氏雖有善書子弟，但皆因人數寡少，而不足以視書法爲其家學。虜姓就更不用說了，全無子弟善書記載，書法不可能成爲其家學。

第四節　談論之風與善談文化

東漢末年，政治與社會皆出現問題。政治上，出現嚴重外戚、宦官之爭；社會上，因鄉舉里選制度，造成「舉孝廉而別父居」大量名實不符之人。因此，社會上流行談論之風，議論時政、品評人物。據《後漢書》卷六七〈黨錮列傳〉載：

> 逮桓靈之閒，主荒政謬，國命委於閹寺，士子羞與爲伍。故匹夫抗憤，處士橫議，遂乃激揚名聲，互相提拂，品覈公卿，裁量執政，婞直之風，於斯行矣。〔註244〕

史文說的明白，因主荒政謬，國命所託非人，故出現處士橫議。橫議，爲批判議論之意。換言之，談論批判新風氣的形成，是受現實政治刺激而成。

〔註243〕黃緯中，〈中國中古時期的書法家族〉，頁119。
〔註244〕范曄，《後漢書》卷67〈黨錮列傳〉，頁2185。

　　而從《後漢書》人物列傳中，可見善談論者。據《後漢書》卷六八〈郭太傳〉載郭泰：

　　　　善談論，美音制。〔註245〕

《後漢書》卷六八〈謝甄傳〉載．

　　　　謝甄字子微，汝南召陵人也。與陳留邊讓並善談論，俱有盛名。
　　　　〔註246〕

謝甄、邊讓皆善談論。又《後漢書》卷六八〈符融傳〉載：

　　　　（李）膺風性高簡，每見融，輒絕它賓客，聽其言論。融幅巾奮袖，
　　　　談辭如雲，膺每捧手歎息。〔註247〕

符融善談。又《後漢書》卷六八〈許劭傳〉載：

　　　　初，劭與靖俱有高名，好共覈論鄉黨人物，每月輒更其品題，故汝
　　　　南俗有「月旦評」焉。〔註248〕

許劭與從兄許靖好議論品評人物。再如《後漢書》卷七十〈鄭太傳〉載：

　　　　孔公緒清談高論，噓枯吹生。〔註249〕

孔公緒也善於清談高論。從以上引文可知，東漢談論之風起，而不乏善談者。

　　而這股談論之風，並非因改朝換代而稍歇，魏晉以下談論之風仍盛行。

據《三國志》卷七注引《九州春秋》曰：

　　　　初平（190～193）中，焦和爲青州刺史。……入見其清談干雲，出
　　　　則渾亂，命不可知。〔註250〕

焦和能清談。又《三國志》卷三八〈許靖傳〉載：

　　　　靖雖年逾七十，愛樂人物，誘納後進，清談不倦。〔註251〕

許靖能清談不倦。雖東漢談論之風，爲繼起之朝沿續，但談論的內容已大不同。唐長孺寫〈清談與清議〉一文，解釋東漢末年清議與魏晉清談的關係與兩者不同處。唐長孺認爲，初期清談與清議可以互稱，其含意是一致的，後來清談與清議內容有所不同，專指玄談。換言之，魏晉清談是漢末清議的變

〔註245〕范曄，《後漢書》卷68〈郭太傳〉，頁2225。
〔註246〕范曄，《後漢書》卷68〈謝甄傳〉，頁2230。
〔註247〕范曄，《後漢書》卷68〈符融傳〉，頁2232。
〔註248〕范曄，《後漢書》卷68〈許劭傳〉，頁2235。
〔註249〕范曄，《後漢書》卷70〈鄭太傳〉，頁2258。
〔註250〕陳壽，《三國志》卷7〈臧洪傳〉，頁232。
〔註251〕陳壽，《三國志》卷38〈許靖傳〉，頁967。

相，即漢末士大夫批評中央政治及評論執政者的清議之風，經黨錮之禍和魏晉政治的壓迫，變爲空論玄理之清談。故唐長孺會認爲，清談大約發生於東漢後期，關鍵是黨錮事件。〔註 252〕因此，從漢末黨錮事件前後到魏初這一段時期，可稱爲清談的醞釀期。〔註 253〕魏晉之時，名教禮法積毀，據《晉書》卷九一〈儒林傳〉載：

> 有晉始自中朝，迄於江左，莫不崇飾華競，祖述虛玄，擯闕里之典經，習正始之餘論，指禮法爲流俗，目縱誕以清高，遂使憲章弛廢，名教積毀，五胡乘間而競逐，二京繼踵以淪胥，運極道消，可爲長歎息者矣。〔註 254〕

整個社會以崇飾華競、祖述虛玄、學習正始之音爲主。正始之音爲何？據《晉書》卷四三〈王衍傳〉載：

> 魏正始中，何晏、王弼等祖述老莊，立論以爲：「天地萬物皆以無爲本。無也者，開物成務，無往不存者也。陰陽恃以化生，萬物恃以成形，賢者恃以成德，不肖恃以免身。故無之爲用，無爵而貴矣。」衍甚重之。〔註 255〕

何晏、王弼立下正始之音典範，談論內容以老莊爲主。趙翼《廿二史劄記》卷八「六朝清談之習」載：

> 清談起於魏正始中，何晏、王弼祖述老莊，謂天地萬物，皆以無爲本。無也者，開物成務，無往而不存者也。〔註 256〕

趙翼指出六朝清談之風，始於正始（240～248）年間何晏、王弼談論老莊之學。而王瑤〈玄學與清談〉一文也指出，正始玄風，正是開魏晉以下清談玄學之風的起始，而極爲後來的士族所希慕景仰的。〔註 257〕於是玄學可說始於魏正始中的何晏、王弼，自此後「清談」一詞，遂專指玄理虛勝之言。故魏晉雖上承漢末談風，不過談論內容不再是具體的議論時政和品評人物內容，而是「言虛勝」、「尚玄遠」，討論性與天道之類的人生、宇宙之哲理玄學。清

〔註 252〕唐長孺，〈清談與清議〉，《魏晉南北朝史論叢》，北京，1955 年，頁 289～297。
〔註 253〕唐翼明，《魏晉清談》，台北：三民書局，民國 81 年 10 月，頁 179。
〔註 254〕房玄齡，《晉書》卷 91〈儒林傳〉，頁 2346。
〔註 255〕房玄齡，《晉書》卷 43〈王衍傳〉，頁 1236。
〔註 256〕趙翼撰，杜維運考證，《廿二史劄記》卷八「六朝清談之習」，台北：華世出版社，民國 66 年 9 月，頁 164。
〔註 257〕王瑤，〈玄學與清談〉，《中古文學史論》，台北：長安出版社，民國 75 年 6 月，頁 57。

談玄學乃爲世族所希慕景仰，故清談遂成爲世族生活上重要的一部分，更爲其高貴生活之點綴，並藉以示其尊貴絕俗。故魏晉之時，玄學興起，對世家大族影響頗深，門第教育習染玄風，重談論文化。以下便以各世族善談之情形詳述之。

一、僑　姓

魏晉談論之風盛，世家子弟附會風雅，往往參與談局，善談者更爲人所敬重。琅邪王氏爲當時重要世家大族，躬逢談論之風，而善談者亦不少，據《晉書》卷三三〈王祥傳〉載：

> 族孫戎嘆曰：「太保可謂清達矣！」又稱「祥在正始，不在能言之流。及與之言，理致清遠，將非以德掩其言乎！」〔註258〕

雖說王祥在正始中雖不列能言之流，但與之言，而王祥之談論能達理致清遠之境界，可見王祥仍爲善談者。而《晉書》卷四三〈王戎傳〉載：

> 爲人短小，任率不修威儀，善發談端，賞其要會。朝賢嘗上巳禊洛，或問王濟曰：「昨游有何言談。」濟曰：「張華善說史漢，裴頠論前言往行，袞袞可聽，王戎談子房、季札之間，超然玄著。」其爲識鑒者所賞如此。〔註259〕

王戎不僅善發談論話題，更因能談，而爲識鑒者所賞。而琅邪王氏子弟中，王衍亦是清談能手，據《晉書》卷四三〈王衍傳〉載：

> 衍既有盛才美貌，明悟若神，常自比子貢。兼聲名藉甚，傾動當世。妙善玄言，唯談老莊爲事。〔註260〕

於《世說新語箋疏》卷一四〈容止〉第八條也載：

> 王夷甫容貌整麗，妙於談玄，恆捉白玉柄麈尾，與手都無分別。〔註261〕

夷甫爲王衍之字，此引文仍說王衍善談玄。而劉孝標注《世說新語》卷二〈言語〉第二三條引《晉諸公贊》曰：

> 夷甫好尚談稱，爲時人物所宗。〔註262〕

〔註258〕房玄齡，《晉書》卷33〈王祥傳〉，頁990。
〔註259〕房玄齡，《晉書》卷43〈王戎傳〉，頁1232。
〔註260〕房玄齡，《晉書》卷43〈王衍傳〉，頁1236。
〔註261〕余嘉錫，《世說新語箋疏》卷一四〈容止〉第八條，頁611。
〔註262〕余嘉錫，《世說新語箋疏》卷二〈言語〉第二三條，頁85。

王衍因善談，爲當時人所宗之。另《世說新語箋疏》卷八〈賞譽〉第五一條載：

> 王敦爲大將軍，鎮豫章。衛玠避亂，從洛投敦，相見欣然，談話彌日。于時謝鯤爲長史，敦謂鯤曰：「不意永嘉之中，復聞正始之音。阿平若在，當復絕倒。」〔註263〕

王敦說衛玠有正始之音，換言之，衛玠善玄談，而王敦能與善談者衛玠談話一整天，因此王敦當亦善談之。除此之外，琅邪王氏善於玄談者中，當然更不能忽略王導，據《世說新語箋疏》卷四〈文學〉第二二條載：

> 殷中軍爲庾公長史，下都，王丞相爲之集，桓公、王長史、王藍田、謝鎮西竝在。丞相自起解帳帶麈尾，語殷曰：「身今日當與君共談析理。」既共清言，遂達三更。丞相與殷共相往反，其餘諸賢，略無所關。既彼我相盡，丞相乃歎曰：「向來語，乃竟未知理源所歸，至於辭喻不相負。正始之音，正當爾耳！」明旦，桓宣武語人曰：「昨夜聽殷、王清言甚佳，仁祖亦不寂寞，我亦時復造心，顧看兩王掾，輒如生母狗馨。」〔註264〕

引文談到，王導與殷浩共談析理，兩人一起清談，直至三更半夜。王導在談論結束後，更形容他們的談論有如正始清談之風概，而桓溫認爲殷浩、王導兩人清談，十分精采。可知王導亦爲琅邪王氏善談子弟。而《晉書》卷八十〈王羲之傳〉載：

> 羲之幼訥於言，人未之奇。……。及長，辯贍，……。〔註265〕

於引文中雖未言王羲之善玄談清言，但說其辯才豐富，可見王羲之能與人談。王羲之子王獻之亦能談論，據《晉書》卷九六〈王凝之妻謝氏傳〉載：

> 凝之弟獻之嘗與賓客談議，詞理將屈，道韞遣婢白獻之曰：「欲爲小郎解圍。」乃施青綾步鄣自蔽，申獻之前議，客不能屈。〔註266〕

不過王獻之談論本領尚未達一流境界，以致詞窮理屈無法使與之談論者信服，甚且須勞駕親嫂謝道韞出來解圍。而《南史》卷二三〈王彧傳〉載：

> 景文好言理，少與陳郡謝莊齊名。〔註267〕

〔註263〕余嘉錫，《世說新語箋疏》卷八〈賞譽〉第五一條，頁450。
〔註264〕余嘉錫，《世說新語箋疏》卷四〈文學〉第二二條，頁212。
〔註265〕房玄齡，《晉書》卷80〈王羲之傳〉，頁2093。
〔註266〕房玄齡，《晉書》卷96〈王凝之妻謝氏傳〉，頁2516。
〔註267〕李延壽，《南史》卷23〈王彧傳〉，頁632。

王彧字景文。史文指出，王彧亦能行言理之清談。又《宋書》卷五八〈王惠傳〉載：

> 陳郡謝瞻才辯有風氣，嘗與兄弟羣從造惠，談論鋒起，文史間發，
> 惠時相酬應，言清理遠，瞻等慚而退。〔註268〕

王惠與謝氏兄弟談論，言語間言清理遠，使謝氏兄弟深覺不如王惠善於談論。又《梁書》卷四一〈王規傳〉載：

> 年十二，五經大義，並略能通。既長，好學有口辯。〔註269〕

王規有口辯，應也善談論。據以上可知，王祥、王戎、王衍、王敦、王導、王羲之、王獻之、王彧、王惠、王規等十人，為琅邪王氏善談論子弟。

　　謝氏家族崇尚清言，子弟多擅於此道。據《晉書》卷四九〈謝鯤傳〉載：

> 鯤少知名，通簡有高識，不修威儀，好老易，能歌善鼓琴，王衍、
> 嵇紹並奇之。〔註270〕

魏晉三玄，老、莊、易為清談主要內容。謝鯤好老易，當能談。謝鯤為清言名流，其子謝尚承繼父風亦善談。據《世說新語箋疏》卷二〈言語〉第四六條載：

> 謝仁祖年八歲，謝豫章將送客，爾時語已神悟，自參上流。諸人咸
> 共歎之曰：「年少一坐之顏回。」仁祖曰：「坐無尼父，焉別顏回？」
> 〔註271〕

仁祖為謝尚字。引文指出謝尚年幼時，即因言談領悟神妙表現，而置身於上等名流間。又《世說新語箋疏》卷二〈言語〉第四七條載：

> 陶公疾篤，都無獻替之言，朝士以為恨。仁祖聞之曰：「時無豎刁，
> 故不貽陶公話言。」時賢以為德音。〔註272〕

陶侃病重，未留下諍言進諫，朝中人士以此為憾事。謝尚卻認為此時沒有像豎刁的小人，所以陶侃不須留諍言。謝尚對陶侃未留諍言的解釋，贏得時賢的欣賞，認為謝尚所說是善言。從謝尚的實際談話，可見其善談。陳寅恪在〈陶淵明之思想與清談之關係〉一文中說：

> 世說新語記錄魏晉清談之書也。其書上及漢代者，不過追溯原起，以
> 期完備之意。惟其下迄東晉之末劉宋之初迄於謝靈運，固由其書作者

〔註268〕沈約，《宋書》卷58〈王惠傳〉，頁1589。
〔註269〕姚思廉，《梁書》卷41〈王規傳〉，頁581。
〔註270〕房玄齡，《晉書》卷49〈謝鯤傳〉，頁1377。
〔註271〕余嘉錫，《世說新語箋疏》卷二〈言語〉第四六條，頁107。
〔註272〕余嘉錫，《世說新語箋疏》卷二〈言語〉第四七條，頁107～108。

只能述至其所生時代之大名士而止，然在吾國中古思想史，則殊有重
大意。蓋起自漢末之清談適至此時代而消滅，是臨川康王不自覺中卻
於此建立一劃分時代之界石及編完一部清談之全集也。〔註273〕

《世說新語》爲清談之書，在書中可見不少謝安善談記載，據《世說新語箋
疏》卷二〈言語〉第七十條載：

> 王右軍與謝太傅共登冶城。謝悠然遠想，有高世之志。王謂謝曰：「夏
> 禹勤王，手足胼胝；文王旰食，日不暇給。今四郊多壘，宜人人自
> 效。而虛談廢務，浮文妨要，恐非當今所宜。」謝答曰：「秦任商鞅，
> 二世而亡，豈清談致患邪？」〔註274〕

王羲之對謝安說：無謂的清談，廢弛了工作，浮華文辭，妨害要務，此非當
今所該做之事。謝安對於王羲之看法不以爲然，回答之，難道秦傳兩代就亡，
是清談所招致的禍患嗎？可見謝安並不以清談爲非，認爲清談沒什麼不好。
而謝安也真能談，據《世說新語箋疏》卷四〈文學〉第五五條載：

> 支道林、許、謝盛德，共集王家。謝顧謂諸人：「今日可謂彥會，時
> 既不可留，此集固亦難常。當共言詠，以寫其懷。」許便問主人有莊
> 子不？正得漁父一篇。謝看題，便各使四坐通。支道林先通，作七百
> 許語，敘致精麗，才藻奇拔，眾咸稱善。於是四坐各言懷畢。謝問曰：
> 「卿等盡不？」皆曰：「今日之言，少不自竭。」謝後麤難，因自敘
> 其意，作萬餘語，才峯秀逸。既自難干，加意氣擬託，蕭然自得，四
> 坐莫不厭心。支謂謝曰：「君一往奔詣，故復自佳耳。」〔註275〕

謝安等人在王濛家中，對《莊子》中的〈漁父〉篇，清談吟詠，各抒己懷。
當大家暢所欲言結束後，謝安先對各人的說法略作問難，然後敘述自己的意
見，說了萬餘言，極爲峻逸出眾，使在坐者聽得心滿意足，而支遁更給於好
評。而劉孝標在注解此文時引《文字志》曰：

> 安神情秀悟，善談玄遠。〔註276〕

可見謝安善談。但謝安不僅如此，其亦善於問，據《世說新語箋疏》卷四〈文
學〉第二四條載：

〔註273〕陳寅恪，〈陶淵明之思想與清談之關係〉，見《陳寅恪先生文集》（一）內《金
明館叢館初編》，台北：里仁書局，民國70年3月，頁194。
〔註274〕余嘉錫，《世說新語箋疏》卷二〈言語〉第七十條，頁129。
〔註275〕余嘉錫，《世說新語箋疏》卷四〈文學〉第五五條，頁237～238。
〔註276〕余嘉錫，《世說新語箋疏》卷四〈文學〉第五五條，頁237。

謝安年少時，請阮光祿道白馬論。爲論以示謝，于時謝不即解阮語，
重相咨盡。阮乃歎曰：「非但能言人不可得，正索解人亦不可得。」
〔註277〕

謝安向阮裕請教公孫龍子〈白馬論〉道理，謝安反覆詢問，以求其能完全了
解。阮裕讚歎謝安，不僅能言人所不能言，亦能提問別人提不出的問題。從
阮裕對謝安的讚歎，足知謝安乃是位善談高手。另謝萬也是謝氏善談子弟中
之一，據《晉書》卷七九〈謝尚附謝萬傳〉載：

工言論，善屬文，敘漁父、屈原、季主、賈誼、楚老、龔勝、孫登、
嵇康四隱四顯爲八賢論，其旨以處者爲優，出者爲劣，以示孫綽。
〔註278〕

史文指出，謝萬工於言論，並寫八賢論。謝萬並以八賢論與孫綽往來論辯，
據《世說新語箋疏》卷四〈文學〉第九一條載：

謝萬作八賢論，與孫興公往反，小有利鈍。〔註279〕

謝萬在與孫綽論辯雖稍受挫折，但不減其能談論事實。劉孝標注此文引《中
興書》曰：

萬善屬文，能談論。〔註280〕

謝氏子弟中善於清談者，亦包括謝玄，據劉孝標注《世說新語箋疏》卷二〈言
語〉第七八條引《謝車騎家傳》曰：

玄字幼度，鎮西奕第三子也。神理明俊，善微言。……〔註281〕

謝玄善微言。又《世說新語箋疏》卷四〈文學〉第四一條載：

謝車騎在安西艱中，林道人往就語，將夕乃退。有人道上見者，問
云：「公何處來？」答云：「今日與謝孝劇談一出來。」〔註282〕

謝玄守父親謝奕喪期間，支遁卻去找他談論玄理。依照支遁找謝玄談玄理之
敘述，謝玄當能談。又劉孝標注此文引《玄別傳》曰：

玄能清言，善名理。〔註283〕

〔註277〕余嘉錫，《世說新語箋疏》卷四〈文學〉第二四條，頁216。
〔註278〕房玄齡，《晉書》卷七九〈謝尚附謝萬傳〉，頁2086。
〔註279〕余嘉錫，《世說新語箋疏》卷四〈文學〉第九一條，頁270。
〔註280〕余嘉錫，《世說新語箋疏》卷四〈文學〉第九一條，頁270。
〔註281〕余嘉錫，《世說新語箋疏》卷二〈言語〉第七八條，頁137。
〔註282〕余嘉錫，《世說新語箋疏》卷四〈文學〉第四一條，頁228。
〔註283〕余嘉錫，《世說新語箋疏》卷四〈文學〉第四一條，頁228。

可見謝玄確實能言。又謝朗亦善言玄理，據《晉書》卷七九〈謝尚附謝朗傳〉
載：

> 朗善言玄理，文義艷發，名亞於玄。〔註284〕

而謝朗曾與支遁講論，據《世說新語箋疏》卷四〈文學〉第三九條載：

> 林道人詣謝公，東陽時始總角，新病起，體未堪勞。與林公講論，
> 遂至相苦。〔註285〕

東陽即謝朗。引文指出，謝朗剛病好，體力衰弱，不堪勞累，與支遁對談義
理，遂感力不從心，陷於困境。而劉孝標注此文引《中興書》曰：

> 朗博涉有逸才，善言玄理。〔註286〕

可見謝朗能談玄理。再據《南史》卷一九〈謝靈運附謝幾卿傳〉載：

> 清辯，時號神童。……。年十二，召補國子生。齊文惠太子自臨策
> 試，謂王儉曰：「幾卿本長玄理，今可以經義訪之。」儉承旨發問，
> 幾卿辯釋無滯，文惠大稱賞焉。〔註287〕

謝幾卿幼已能清辯。而齊文惠太子知謝幾卿善長玄理，而要王儉對謝幾卿提
問，而謝幾卿果能辯釋無礙，可見謝幾卿亦擅於此道。又《宋書》卷五八〈謝
弘微傳〉載：

> （謝）混風格高峻，少所交納，唯與族子靈運、瞻、曜、弘微並以
> 文義賞會。嘗共宴處，居在烏衣巷，故謂之烏衣之遊，……。瞻等
> 才辭辯富，弘微每以約言服之，混特所敬貴，號曰微子。謂瞻等曰：
> 「汝諸人雖才義豐辯，未必皆愜眾心，至於領會機賞，言約理要，
> 故當與我共推微子。」〔註288〕

謝混最欣賞謝弘微能言約理要，可見謝弘微善談。而謝靈運、謝瞻、謝曜談論
雖不如謝弘微，但亦富於辯才，仍可算善談。又《梁書》卷三七〈謝舉傳〉載：

> 中書令覽之弟也。幼好學，能清言，與覽齊名。〔註289〕

謝舉為謝覽之弟，謝舉能清言，與兄謝覽齊名，兩兄弟並能清言。又《梁書》
卷三七〈謝舉傳〉載：

〔註284〕房玄齡，《晉書》卷79〈謝尚附謝朗傳〉，頁2087。
〔註285〕余嘉錫，《世說新語箋疏》卷四〈文學〉第三九條，頁P227。
〔註286〕余嘉錫，《世說新語箋疏》卷四〈文學〉第三九條，頁227。
〔註287〕李延壽，《南史》卷19〈謝靈運附謝幾卿傳〉，頁544。
〔註288〕沈約，《宋書》卷58〈謝弘微傳〉，頁1590～1591。
〔註289〕姚思廉，《梁書》卷37〈謝舉傳〉，頁529。

> 舉少博涉多通，尤長玄理及釋氏義。爲晉陵郡時，常與義僧遞講經
> 論，徵士何胤自虎丘山赴之。其盛如此。先是，北渡人盧廣有儒術，
> 爲國子博士，於學發講，僕射徐勉以下畢至。舉造坐，屢折廣，辭
> 理诵邁，廣深歎服，仍以所執塵尾薦之，以況重席焉。〔註290〕

史文指出，謝舉善長於玄理。盧廣有儒術，於授道解惑時，謝舉能屢以言論
挫於盧廣，其辭理通邁，深受盧廣所佩服。據上可知，謝鯤、謝尚、謝安、
謝萬、謝玄、謝朗、謝幾卿、謝弘微、謝靈運、謝瞻、謝曜、謝舉、謝覽等
一三人，爲謝氏善談論子弟。而程章燦在《世族與六朝文學》中談到，玄風
佛學的家世文化傳統，培養了謝氏子弟能清言、善談論的本領，他們理論思
辨之能力在玄理析疑、人物商較、經說辯駁和佛義講釋中得到了鍛鍊和開發。
〔註291〕從以上史文之證及程章燦之說，可知謝氏子弟確實善於談論。

袁氏子弟有能談者。據《宋書》卷七十〈袁淑傳〉載：

> 不爲章句之學，而博涉多通，好屬文，辭采道豔，縱橫有才辯。〔註292〕

袁淑有口辯之才。而《南史》卷二六〈袁湛附袁彖傳〉載：

> 彖少有風氣，善屬文及談玄，舉秀才，歷諸王府參軍，不就。〔註293〕

袁彖善談玄。又《南史》卷七一〈伏曼容傳〉載：

> 曼容素美風采，（宋）明帝恆以方嵇叔夜，使吳人陸探微畫叔夜像以
> 賜之。爲尚書外兵郎，嘗與袁粲罷朝相會言玄理，時論以爲一臺二
> 絕。〔註294〕

袁粲與伏曼容聚談玄理。據上可知，袁淑、袁彖、袁粲等三人，爲袁氏善談
子弟。至於僑姓蕭氏，於史文未見善談子弟記載。綜觀僑姓王謝袁蕭子弟善
談論情形，以謝氏子弟最善談，有一三人之眾，琅邪王氏子弟次之，有十人。
袁氏子弟又次於謝、王，僅三人。而蕭氏未見能談者。

二、東南吳姓

東南吳姓張氏有善談子弟。張憑能清言，見《世說新語箋疏》卷四〈文
學〉第五三條載：

〔註290〕姚思廉，《梁書》卷37〈謝舉傳〉，頁530。
〔註291〕程章燦，《世族與六朝文學》，頁72。
〔註292〕沈約，《宋書》卷70〈袁淑傳〉，頁1835。
〔註293〕李延壽，《南史》卷26〈袁湛附袁彖傳〉，頁707。
〔註294〕李延壽，《南史》卷71〈伏曼容傳〉，頁1731。

> 張憑舉孝廉出都，負其才氣，謂必參時彥。欲詣劉尹，鄉里及同舉
> 者共笑之。張遂詣劉。劉洗濯料事，處之下坐，唯通寒暑，神意不
> 接。張欲自發無端。頃之，長史諸賢來清言。客主有不通處，張乃
> 遙於末坐判之，言約旨遠，足暢彼我之懷，一坐皆驚。真長延之上
> 坐，清言彌日，因留宿至曉。張退，劉曰：「卿且去，正當取卿共詣
> 撫軍。」張還船，同侶問何處宿？張笑而不答。須臾，真長遺傳教
> 覓張孝廉船，同侶悵愕。即同載詣撫軍。至門，劉前進謂撫軍曰：「下
> 官今日爲公得一太常博士妙選！」既前，撫軍與之話言，咨嗟稱善
> 曰：「張憑勃窣爲理窟。」即用爲太常博士。〔註295〕

初張憑拜訪劉惔，劉惔並不把張憑放在眼裡，僅和他寒暄幾句。後來有一些
賢士來劉惔家清談，主客之間遇有意見不能相通的地方，張憑便加以判別論
定，所用言詞簡約，而意旨卻深遠，足以讓彼此意見暢通。使在坐者驚訝不
已，於是劉惔與張憑清談一整天。從張憑拜訪劉惔初不受重視至後來因劉惔
知張憑善於清談，而邀張憑爲上坐觀之，可見張憑善談。後來劉惔更把張憑
推薦給撫軍將軍，撫軍將軍與張憑交談後，讚歎張憑簡直是一座義理的寶窟。
從撫軍將軍對張憑的讚歎，可見張憑真的善談。張憑更因此而被用爲太常博
士。而張玄之七歲，即能領悟時賢清言，據《世說新語箋疏》卷一二〈夙惠〉
第四條載：

> 司空顧和與時賢共清言，張玄之、顧敷是中外孫，年並七歲，在牀
> 邊戲。于時聞語，神情如不相屬。瞑於燈下，二兒共敍客主之言，
> 都無遺失。顧公越席而提其耳曰：「不意衰宗復生此寶。」〔註296〕

另《宋書》卷四六〈張邵附張敷傳〉載：

> 性整貴，風韻端雅，好玄言，善屬文。〔註297〕

張敷好玄言。而《南齊書》卷三二〈張岱傳〉載：

> 鏡（張岱兄）少與光祿大夫顏延之鄰居，顏談謔飲酒，喧呼不絕；
> 而鏡靜嘿無言聲。後延之於籬邊聞其與客語，取胡床坐聽，辭義清
> 玄，延之心服，謂賓客曰：「彼有人焉。」由此不復酣叫。〔註298〕

〔註295〕余嘉錫，《世說新語箋疏》卷四〈文學〉第五三條，頁235～236。
〔註296〕余嘉錫，《世說新語箋疏》卷一二〈夙惠〉第四條，頁591。
〔註297〕沈約，《宋書》卷46〈張邵附張敷傳〉，頁1395。
〔註298〕蕭子顯，《南齊書》卷32〈張岱傳〉，頁579～580。

張鏡與顏延之為鄰居，顏延之聽張鏡與人言，言語之中辭義清玄，因之為之佩服，可見張鏡善言談。又《南齊書》卷三三〈張緒傳〉載：

> 袁粲言於帝曰：「臣觀張緒有正始遺風，宜為宮職。」〔註299〕

袁粲說張緒有正始遺風，意在言張緒如王弼、何晏善玄談。又據《南齊書》卷三三〈張緒傳〉載：

> 緒善言，素望甚重。〔註300〕

及

> 緒長於周易，言精理奧，見宗一時。〔註301〕

可見張緒確實善談論。而《南齊書》卷四一〈張融傳〉載：

> 融玄義無師法，而神解過人，白黑談論，鮮能抗拒。〔註302〕

張融言辭辯捷，能解玄義，實能談論。又《梁書》卷一六〈張稷附張卷傳〉載：

> 卷字令遠，稷從兄也。少以知理著稱，能清言，……。〔註303〕

張卷能清言。又《梁書》卷二一〈張充傳〉載：

> 學不盈載，多所該覽，尤明老、易，能清言，與從叔稷俱有令譽。
> 〔註304〕

張充明老、易，能清言。而張嵊亦能清言，據《梁書》卷四三〈張嵊傳〉載：

> 少方雅，有志操，能清言。〔註305〕

據上可知，張憑、張玄之、張敷、張鏡、張緒、張融、張卷、張充、張嵊等九人，為張氏善談子弟。張氏子弟於社會盛行談論之風時，能躬逢談論盛事。而程章燦認為擅長清言是吳郡張氏門風的另一各內容，〔註306〕可見張氏家門確實善談論。

　　吳姓顧氏僅見顧和、顧敷能清言。據《世說新語箋疏》卷一二〈夙惠〉第四條載：

> 司空顧和與時賢共清言，張玄之、顧敷是中外孫，年並七歲，在床

〔註299〕蕭子顯，《南齊書》卷33〈張緒傳〉，頁600。
〔註300〕蕭子顯，《南齊書》卷33〈張緒傳〉，頁600。
〔註301〕蕭子顯，《南齊書》卷33〈張緒傳〉，頁601。
〔註302〕蕭子顯，《南齊書》卷41〈張融傳〉，頁729。
〔註303〕姚思廉，《梁書》卷16〈張稷附張卷傳〉，頁273。
〔註304〕姚思廉，《梁書》卷21〈張充傳〉，頁328。
〔註305〕姚思廉，《梁書》卷43〈張嵊傳〉，頁609。
〔註306〕程章燦，《世族與六朝文學》，頁107。

　　邊戲。于時聞語，神情如不相屬。暝於燈下，二兒共敘客主之言，

　　都無遺失。公越席而提其耳曰：「不意衰宗復生此寶。」〔註307〕

而吳姓陸氏有好玄、能釋玄者。據《三國志》卷五七〈吳書・陸績傳〉載：

　　陸績作渾天圖，注易釋玄，皆傳於世。〔註308〕

陸績能釋玄，既能釋玄，想之當能玄談。又《三國志》卷六一〈吳書・陸凱
傳〉載：

　　好太玄，論演其意，以筮輒驗。〔註309〕

陸凱好太玄，應當能玄談。另陸雲亦是能談的重要人物，劉孝標注《世說新
語箋疏》卷八〈賞譽〉第二十條注引《陸雲別傳》曰：

　　儒雅有俊才，容貌瓌偉，口敏能談，博聞彊記。〔註310〕

而在《晉書》更記載，陸雲從本無玄學至能談老子的奇遇經驗，據《晉書》
卷五四〈陸雲傳〉載：

　　初，雲嘗行，逗宿故人家，夜暗迷路，莫知所從。忽望草中有火光，

　　於是趣之。至一家，便寄宿，見一年少，美風姿，共談老子，辭致深

　　遠。向曉辭去，行十許里，至故人家，云此數十里中無人居，雲意始

　　悟。卻尋昨宿處，乃王弼家。雲本無玄學，自此談老殊進。〔註311〕

史文指出，陸雲與一年少共談老子，隔日再訪竟不得，僅見王弼冢，這樣離
奇的際遇，似說與陸雲談年少者，為王弼的化身，此事聽起來有些玄而不真。
而王弼是善談高手，為正始之音代表，自與王弼談後，使原本無玄學根基的
陸雲，竟在談老子的功力上大為進步。如此看來，陸雲當應能談。而《南史》
卷四八〈陸曉慧傳〉載：

　　三子：僚、任、倕並有美名，時人謂之三陸。……僚學涉子史，長

　　於微言。〔註312〕

陸曉慧子陸僚善長微言。又《周書》卷三二〈陸通附陸逞傳〉載：

　　逞美容止，善辭令，敏而有禮，齊人稱焉。〔註313〕

〔註307〕余嘉錫，《世說新語箋疏》卷一二〈夙惠〉第四條，頁591。

〔註308〕陳壽，《三國志》卷57〈吳書・陸績傳〉，頁1328～1329。

〔註309〕陳壽，《三國志》卷61〈吳書・陸凱傳〉，頁1400。

〔註310〕余嘉錫，《世說新語箋疏》卷八〈賞譽〉第二十條，頁432。

〔註311〕《晉書》卷54〈陸雲傳〉，頁1485～1486。

〔註312〕李延壽，《南史》卷48〈陸曉慧傳〉，頁1192。

〔註313〕令狐德棻，《周書》卷32〈陸通附陸逞傳〉，頁559。

陸逞善於辭令，應當善談。據以上可知，陸績、陸凱、陸雲、陸僚、陸逞等五人，爲陸氏善談子弟。綜觀東南吳姓朱張顧陸子弟善談論情形，以張氏子弟最善談有九人之多，次爲陸氏子弟有五人，顧氏僅見顧和、顧敷能清言，而朱氏未有子弟善談論記載。

三、山東郡姓

山東郡姓太原王氏有善談子弟。據《世說新語箋疏》卷四〈文學〉第五七條載：

> 僧意在瓦官寺中，王苟子來，與共語，便使其唱理。〔註314〕

王苟子即王脩。王脩至瓦官寺找僧意清談，可見王脩能談。另王湛亦能談，據《世說新語箋疏》卷八〈賞譽〉第一七條載：

> 王汝南既除所生服，遂停墓所。兄子濟每來拜墓，略不過叔，叔亦不候。濟脫時過，止寒溫而已。後聊試問近事，答對甚有音辭，出濟意外，濟極惋愕。仍與語，轉造清微，濟先略無子姪之敬，既聞其言，不覺懍然，心形俱肅。遂留共語，彌日累夜。〔註315〕

王汝南即王湛。初，王濟見叔叔王湛不過談氣候寒暖罷，後王濟姑且試著探問時事，王湛回答的言辭很有文采，出乎王濟意料之外，王濟感到驚訝。再和王湛談下去，王湛話轉而精深奧妙之境。王濟本對叔王湛無子姪之敬意，聽王湛後，不覺懍然生畏，身心俱敬，而與王湛談了整整一晝夜。從引文可知，王濟對叔王湛態度的轉變是因，王濟後來知王湛善談。而劉孝標注此文引鄧粲《晉紀》曰：

> 王湛字處沖，太原人。隱德，人莫之知，雖兄弟宗族，亦以爲癡，唯父昶異焉。昶喪，居墓次，兄子濟往省湛，見牀頭有周易，謂湛曰：「叔父用此何爲，頗曾看不？」湛笑曰：「體中佳時，脫復看耳。今日當與汝言」因共談易。剖析入微，妙言奇趣，濟所未聞，歎不能測。〔註316〕

王湛與王濟共談易，而能對易剖析入微，妙言奇趣，可見王湛善談。王湛子王承亦能言理，據《晉書》卷七五〈王湛附王承傳〉載：

〔註314〕余嘉錫，《世說新語箋疏》卷四〈文學〉第五七條，頁238。
〔註315〕余嘉錫，《世說新語箋疏》卷八〈賞譽〉第一七條，頁428。
〔註316〕余嘉錫，《世說新語箋疏》卷八〈賞譽〉第一七條，頁429。

清虛寡欲，無所修尚。言理辯物，但明其指要而不飾文辭，有識者
服其約而能通。〔註317〕

而王濟亦能清言，據劉孝標注《世說新語箋疏》卷二〈言語〉第二四條引《晉
諸公贊》曰：

王濟字武子，太原晉陽人，司徒渾第二子也。有儁才，能清言。起
家中書郎，終太僕。〔註318〕

引文指出，王濟有儁才，能清言。又王濛能談，據《世說新語箋疏》卷八〈賞
譽〉第一三三條載：

謝公云：「長史語甚不多，可謂有令音。」〔註319〕

謝安稱讚王濛話雖不多，但可說是能善言。而劉孝標注此文引《王濛別傳》曰：

「濛性和暢，能清言，談道貴理中，簡而有會。商略古賢，顯默之
際，辭旨劭令，往往有高致。」〔註320〕

再則王恭能敘說，據《世說新語箋疏》卷八〈賞譽〉第一五五條載：

王恭有清辭簡旨，能敘說，而讀書少，頗有重出。〔註321〕

劉孝標注此文注引《中興書》曰：

「恭雖才不多，而清辯過人。」〔註322〕

據以上可知，王脩、王湛、王承、王濟、王濛、王恭等五人，為太原王氏善
談論子弟。而太原王氏子弟雖善談論，但不如琅邪王氏。而山東郡姓王崔盧
李鄭，僅見太原王氏子弟善談論，而崔盧李鄭子弟於史皆未見善談論者。

四、關中郡姓

關中郡姓裴氏子弟善談論者眾。據《世說新語箋疏》卷四〈文學〉第九
條載：

傅嘏善言虛勝，荀粲談尚玄遠。每至共語，有爭而不相喻。裴冀州
釋二家之義，通彼我之懷，常使兩情皆得，彼此俱暢。〔註323〕

裴冀州即裴徽。傅嘏善談論虛無道理，荀粲喜歡談論玄妙。傅嘏、荀粲一起

〔註317〕房玄齡，《晉書》卷75〈王湛附王承傳〉，頁1960。
〔註318〕余嘉錫，《世說新語箋疏》卷二〈言語〉第二四條，頁86。
〔註319〕余嘉錫，《世說新語箋疏》卷八〈賞譽〉第一三三條，頁488。
〔註320〕余嘉錫，《世說新語箋疏》卷八〈賞譽〉第一三三條，頁488。
〔註321〕余嘉錫，《世說新語箋疏》卷八〈賞譽〉第一五五條，頁498。
〔註322〕余嘉錫，《世說新語箋疏》卷八〈賞譽〉第一五五條，頁498。
〔註323〕余嘉錫，《世說新語箋疏》卷四〈文學〉第九條，頁200。

談論時，常彼此爭論，而無法互相了解。裴徽常居間闡明兩人談論精義，使彼此能了解對方心意。劉孝標解此文更注引《管輅傳》曰：

> 「裴使君有高才逸度，善言玄妙也。」〔註324〕

可見裴徽善言。另裴頠善談論，據《晉書》卷三五〈裴秀附裴頠傳〉載：

> 頠辭論豐博，（樂）廣笑而不言。時人謂頠爲言談之林藪。〔註325〕

裴頠善談，當時人都說他是「言談之林藪」。林藪原指樹木、水、草匯萃之處，可引申爲事物聚集之所，而所謂「言談之林藪」，是指裴頠善於言談。而在《世說新語箋疏》卷八〈賞譽〉第一八條也載：

> 裴僕射時人謂爲言談之林藪。〔註326〕

裴僕射即裴頠。劉孝標注引《惠帝起居注》曰：

> 「頠理甚淵博，贍於論難。」〔註327〕

裴頠善於解說難詳之理。又《世說新語箋疏》卷二〈言語〉第二三條載：

> 諸名士共至洛水戲。還，樂令問王夷甫曰：「今日戲樂乎？」王曰：
> 「裴僕射善談名理，混混有雅致；張茂先論史漢，靡靡可聽；我與
> 王安豐說延陵、子房，亦超超玄箸。」〔註328〕

王衍稱讚裴頠善於談論辨名推理的學問，言詞滔滔不絕，高雅有風致。而劉孝標注引《冀州記》曰：

> 「頠弘濟有清識，稽古善言名理。履行高整，自少知名。」〔註329〕

裴頠善言名理。再如劉孝標注《世說新語箋疏》卷四〈文學〉第一一條引《晉諸公贊》曰：

> 「裴頠談理，與王夷甫不相推下。」〔註330〕

王衍善談，而裴頠談理與王衍難分上下，可見裴頠善談。從以上諸多史文皆指出，裴頠善談事實。裴楷也善談，據《晉書》卷三五〈裴秀附裴楷傳〉載：

> 楷明悟有識量，弱冠知名，尤精老易，少與王戎齊名。……。楷善
> 宣吐，左右屬目，聽者忘倦。〔註331〕

〔註324〕余嘉錫，《世說新語箋疏》卷四〈文學〉第九條，頁200。
〔註325〕房玄齡，《晉書》卷35〈裴秀附裴頠傳〉，頁1042。
〔註326〕余嘉錫，《世說新語箋疏》卷八〈賞譽〉第一八條，頁430。
〔註327〕余嘉錫，《世說新語箋疏》卷八〈賞譽〉第一八條，頁430。
〔註328〕余嘉錫，《世說新語箋疏》卷二〈言語〉第二三條，頁85。
〔註329〕余嘉錫，《世說新語箋疏》卷二〈言語〉第二三條，頁85。
〔註330〕余嘉錫，《世說新語箋疏》卷四〈文學〉第一一條，頁201。
〔註331〕房玄齡，《晉書》卷35〈裴秀附裴楷傳〉，頁1047。

裴楷精老易，善言詞，能使聽者忘倦。裴楷又有善言事實，據《世說新語箋疏》卷二〈言語〉第一九條載：

> 晉武帝始登阼，探策得「一」。王者世數，繫此多少。帝既不說，羣臣失色，莫能有言者。侍中裴楷進曰：「臣聞天得一以清，地得一以寧，侯王得一以爲天下貞。」帝說，羣臣歎服。〔註332〕

晉武帝司馬炎剛登帝位時，爲得知能傳世幾代，故親自抽取籤籌，結果抽到一個「一」字。因此晉武帝非常不高興，群臣也驚惶失色，沒人能作吉利解說。裴楷卻能作吉利之解說：「我聽說，天得一而清朗，地得一而安寧，侯王得一能使天下安定。」結果晉武帝聽了十分高興，群臣也佩服裴楷不已。從此處可知裴楷善言談。而裴遐也善言玄理，據《晉書》卷三五〈裴秀附裴綽傳〉載：

> 綽子遐，善言玄理，音辭清暢，泠然若琴瑟。〔註333〕

又劉孝標注《世說新語箋疏》卷四〈文學〉第一九條引《鄧粲晉紀》曰：

> 「遐以辯論爲業，善敍名理，辭氣清暢，泠然若琴瑟。聞其言者，知與不知，無不歎服。」〔註334〕

裴遐以辯論爲業，善敍名理，使人無不佩服，可知裴遐善談。另裴植亦能談，據《魏書》卷七一〈裴叔業附裴植傳〉載：

> 少而好學，覽綜經史，尤長釋典，善談理義。〔註335〕

裴植善談理義。而《北史》卷三八〈裴駿附裴敬憲傳〉載：

> 敬憲弟莊伯，字孝夏，亦有文才，器度閑雅，喜慍不形於色，博識多聞，善以約言辯物。〔註336〕

裴莊伯善於以約言辯物，可見其善談。據上可知，裴徽、裴頠、裴楷、裴遐、裴植、裴莊伯等六人，爲裴氏善談子弟。裴氏子弟善談論相較於關中郡姓韋柳薛楊杜，顯得較突出，因於史傳中未見韋柳薛楊杜子弟善談論者。

五、虜姓

　　虜姓元長孫宇文于陸，於史傳皆未見有子弟善談論，這可能與代郡尚武

〔註332〕余嘉錫，《世說新語箋疏》卷二〈言語〉第一九條，頁81。
〔註333〕房玄齡，《晉書》卷35〈裴秀附裴綽傳〉，頁1052。
〔註334〕余嘉錫，《世說新語箋疏》卷四〈文學〉第一九條，頁209。
〔註335〕魏收，《魏書》卷七一〈裴叔業附裴植傳〉，頁1570。
〔註336〕李延壽，《北史》卷三八〈裴駿附裴敬憲傳〉，頁1376。

之風有關，因不重文，故不能善談。

　　綜上而言，東漢因現實政治環境的刺激，而興起談論批判之風。而這股談論之風，並未因改朝換代而稍歇，魏晉以下談論之風仍盛行之。不過談論內容已大不同，東漢以議論批判現實政治與品評人物爲主，而六朝所談是清談，「言虛勝」、「尚玄遠」，以老莊玄理爲主。而能清談玄學爲世族所希慕景仰，故清談成爲世族生活中重要的一部分，更爲其高貴生活的點綴，以示其尊貴絕俗。故魏晉談論之風盛，世家大族能躬逢談論盛事，子弟往往參與談局，善談者更爲人所敬重，故門第教育習染玄風，重談論文化。比較僑姓、吳姓、山東郡姓、關中郡姓子弟談論情形，以僑姓、吳姓子弟最善談論，山東郡姓王崔盧李鄭，僅王氏有子弟善談論。關中郡姓韋裴柳薛楊杜，僅裴氏子弟善談論。而虜姓元長孫宇文于陸，皆未有子弟善談論。若以各氏子弟善談觀之，以僑姓謝氏子弟最善談論有一三人。僑姓王氏次之有十人。東南吳姓張氏有九人。關中郡姓裴氏有六人。吳姓陸氏與山東郡姓王氏有五人。僑姓袁氏有三人。吳姓顧氏有二人。而朱華〈東晉南朝陳郡高門袁氏研究〉一文指出，玄學爲僑姓士族的文化標誌，也是他們區別於北方郡姓和南方吳姓的主要特徵之一。〔註337〕朱華此說法不夠周全，因吳姓張氏亦善談玄，不過北方郡姓確實較不能玄談。

〔註337〕朱華，〈東晉南朝陳郡高門袁氏研究〉，《襄樊學院學報》，第 24 卷第 6 期，2003年 11 月，頁 88。

第五章　世族門風與形象

　　世族除有家學外，在重家庭教育下，也形成特殊門風。而門風有儒雅、雄武之異，世族表現如何？又自古教子弟，強調忠孝門風，但自晉以後，社會環境變遷，使忠孝不能兩全，在此情形下，世族以何門風爲重？而世族在家學與門風教育下，顯於外的舉止氣度常出眾，展現出美風姿形象。以上皆爲本章欲討論之重點，以下試論之。

第一節　儒雅與雄武門風

　　六朝世族地位的建立，全非源自分封賞賜所得，而大都是靠世族本身的奮鬥，造成政治文化上的突出表現。因此世族在教育子弟上，不僅重家學，使門第深具文化涵養，受世人肯定外，更重家族門風，因門風好壞足以影響家族聲譽。且古人說：「門風正，子女興。」，因此世族特重優美門風，然門風可分爲文、武二類，東晉南北朝世族在門風的表現情形如何？以下詳述之。

一、僑　姓

　　僑姓琅邪王氏有家學，也有門第家風。王微曾與從弟僧綽書曰：

　　　　持盈畏滿，自是家門舊風，……。〔註1〕

王微指出王氏家風爲「持盈畏滿」，可見王氏確有家風。而據《南齊書》卷三二〈王延之傳〉載：

　　　　延之家訓方嚴，不妄見子弟，雖節歲問訊，皆先克日。子倫之，見

〔註 1〕沈約，《宋書》卷 62〈王微傳〉，頁 1666。

兒子亦然。〔註2〕

又《南史》卷二四〈王裕之附王綸之傳〉載：

> 自敬弘至綸之，並方嚴，皆剋日乃見子孫，蓋家風也。〔註3〕

以上兩史料皆談及琅邪王氏家風嚴格，乃從王敬弘時代便起，且琅邪王氏只在特定日子，才會見子孫之情形，可見琅邪王氏家風始終如一。而兩史料中所提人物「綸之」、「倫之」寫法雖不同，但卻指同一人。而王氏家風除「嚴格」此項外，另據《梁書》卷二一〈王志傳〉載：

> 志家世居建康禁中里馬蕃巷，父僧虔以來，門風多寬恕，志尤惇厚。
> 〔註4〕

史文指出琅邪王氏自王僧虔後，另外也展現了「寬恕」之門風，而同書又載：

> 兄弟子姪皆篤實謙和，時人號馬蕃諸王為長者。〔註5〕

另外《世說新語箋疏》卷八〈賞譽〉第一二二條載：

> 謝中郎云：「王脩載樂託之性，出自門風。」〔註6〕

謝萬說王脩不拘小節的個性，本於家風。從以上引舉史文，確知琅邪王氏有家風。

除史文直言王氏有家風外，亦可從家人的相似性做觀察，以見家風。如王導、王薈父子性近，據《晉書》卷六五〈王導傳〉載：

> 導簡素寡欲，倉無儲穀，衣不重帛。〔註7〕

又《晉書》卷六五〈王導附王薈傳〉載：

> 恬虛守靖，不競榮利，……。〔註8〕

王導的寡欲與王薈的恬虛守靖、不競榮利，同屬淡薄名利。又《南齊書》卷四六〈王秀之傳〉載：

> 初，秀之祖裕，性貞正。徐羨之、傅亮當朝，裕不與來往。及致仕隱吳興，與子瓚之書曰：「吾欲使汝處不競之地。」瓚之歷官至五兵尚書，未嘗詣一朝貴。……及柳元景、顏師伯令僕貴要，瓚之竟不

〔註2〕 蕭子顯，《南齊書》卷32〈王延之傳〉，頁586。

〔註3〕 李延壽，《南史》卷24〈王裕之附王綸之傳〉，頁653。

〔註4〕 姚思廉，《梁書》卷21〈王志傳〉，頁320。

〔註5〕 姚思廉，《梁書》卷21〈王志傳〉，頁320。

〔註6〕 余嘉錫，《世說新語箋疏》卷八〈賞譽〉第一二二條，頁484。

〔註7〕 房玄齡，《晉書》卷65〈王導傳〉，頁1752。

〔註8〕 房玄齡，《晉書》卷65〈王導附王薈傳〉，頁1759。

候之。至秀之爲尚書，又不與令王儉款接。三世不事權貴，時人稱
之。〔註9〕

王裕曾寫信給子瓚之，信中表明希望瓚之能處於不競之地，瓚之聽之，瓚之
子秀之亦從之，果然王裕、王瓚之、王秀之三世皆不事權貴，史臣評之：

王秀之世守家風，不降節於權輔，美矣哉！〔註10〕

而王秀之子王峻，是否遵此家風？據《梁書》卷二一〈王峻傳〉載：

峻性詳雅，無趨競心。〔註11〕

王峻無趨競心，符合曾祖裕使汝處不競之地的想法，仍循家風而行。事實上，
琅邪王氏也多「謙虛」子弟，據《宋書》卷七一〈王僧綽傳〉載：

先是，父曇首與王華並爲太祖所任，華子嗣人才既劣，位遇亦輕。
僧綽嘗謂中書侍郎蔡興宗曰：「弟名位應與新建齊，超至今日，蓋由
姻戚所致也。」新建者，嗣之封也。及爲侍中，時年二十九。始興
王濬嘗問其年，僧綽自嫌蚤達，逡巡良久乃答，其謙虛自退若此。
〔註12〕

王僧綽認爲名位之所以勝王嗣，是因靠姻戚關係所致，非來自本身的才學，
又認爲自己二十九歲即任侍中，太早顯達，就此二事皆見王僧綽虛懷若谷，
不爭勝。又《宋書》卷九三〈王弘之附王曇生傳〉載：

曇生好文義，以謙和見稱。〔註13〕

王曇生以謙虛和善被稱於世。又如《南史》卷二三〈王誕附王偃傳〉載：

偃謙虛恭謹，不以世事關懷，……。〔註14〕

王偃爲人亦謙虛。再如《周書》卷四一〈王褒傳〉載：

寵遇日隆，而褒愈自謙虛，不以位地衿人，時論稱之。〔註15〕

王褒雖受皇帝所寵而能不驕，反而愈謙虛。據上可知，王僧綽、王曇生、王
偃、王褒等人，爲琅邪王氏謙虛子弟。可見琅邪王氏有不與人相爭競，謙虛
家風。另琅邪王氏有眾多子弟，在待人處事上，採取與人少交接或不交人事

〔註9〕蕭子顯，《南齊書》卷46〈王秀之傳〉，頁800。
〔註10〕蕭子顯，《南齊書》卷46〈王秀之傳〉，頁812。
〔註11〕姚思廉，《梁書》卷21〈王峻傳〉，頁321。
〔註12〕沈約，《宋書》卷71〈王僧綽傳〉，頁1850。
〔註13〕沈約，《宋書》卷93〈王弘之附王曇生傳〉，頁2283。
〔註14〕李延壽，《南史》卷23〈王誕附王偃傳〉，頁619。
〔註15〕令狐德棻，《周書》卷41〈王褒傳〉，頁730。

態度者。據《宋書》卷五八〈王惠傳〉載：

> 恬靜不交遊，未嘗有雜事。〔註16〕

王惠不與人交遊往來。又據《南齊書》卷三二〈王延之傳〉載：

> 延之少而靜默，不交人事。〔註17〕

又《南齊書》卷三三〈王僧虔傳〉載：

> 退默少交接，與袁淑、謝莊善。〔註18〕

再如《南史》卷二一〈王弘附王僧佑傳〉載：

> 雅好博古，善老、莊，不尚繁華。工草隸，善鼓琴，亭然獨立，不
> 交當世。〔註19〕

另外《南史》卷二三〈王惠附王球傳〉載：，頁631

> 球簡貴勢，不交游，筵席虛靜，門無異客。〔註20〕

據上可知，王惠、王延之、王僧虔、王僧佑、王球等四人，爲琅邪王氏處世
不與人交游子弟，而琅邪王氏家人相同的處世態度，應是受該家庭教育的影
響，而有其相似之處。此外，琅邪王氏子弟亦有儉嗇之性者，據《晉書》卷
四三〈王戎傳〉載：

> 性好興利，廣收八方園田水碓，周徧天下。積實聚錢，不知紀極，
> 每自執牙籌，晝夜算計，恆若不足。而又儉嗇，不自奉養，天下人
> 謂之膏肓之疾。〔註21〕

又《南齊書》卷三二〈王琨傳〉載：

> 琨性既古慎，而儉嗇過甚，家人雜事，皆手自操執。公事朝會，必
> 夙夜早起，簡閱衣裳，料數冠幘，如此數四，世以此笑之。〔註22〕

再如《南史》卷二二〈王曇首附王筠傳〉載：

> 筠家累千金，性儉嗇，外服粗弊，所乘牛嘗飼以青草。〔註23〕

據上可知，王戎、王琨、王筠等三人，爲琅邪王氏儉嗇子弟。另外，琅邪王氏
王曇首、王僧綽父子，同爲有局度之人，據《宋書》卷六三〈王曇首傳〉載：

〔註16〕沈約，《宋書》卷58〈王惠傳〉，頁1589。
〔註17〕蕭子顯，《南齊書》卷32〈王延之傳〉，頁584。
〔註18〕蕭子顯，《南齊書》卷33〈王僧虔傳〉，頁591。
〔註19〕李延壽，《南史》卷21〈王弘附王僧佑傳〉，頁580。
〔註20〕李延壽，《南史》卷23〈王惠附王球傳〉，頁631。
〔註21〕房玄齡，《晉書》卷43〈王戎傳〉，頁1234。
〔註22〕蕭子顯，《南齊書》卷32〈王琨傳〉，頁579。
〔註23〕李延壽，《南史》卷22〈王曇首附王筠傳〉，頁610。

　　曇首有識局智度，喜慍不見於色，閨門之內，雍雍如也。〔註24〕

又《宋書》卷七一〈王僧綽傳〉載：

　　僧綽沈深有局度，不以才能高人。〔註25〕

另外，王僧達爲王融祖父，祖孫倆同爲自負之人，據《南史》卷二一〈王弘附王僧達傳〉載：

　　僧達自負才地，一二年間便望宰相。嘗答詔曰：「亡父亡祖，司徒司空。」其自負若此。〔註26〕

又《南史》卷二一〈王弘附王融傳〉載：

　　融躁於名利，自恃人地，三十內望爲公輔。〔註27〕

可見在同一個家庭環境中，由於家人彼此互相影響，難免相似性高，這亦可視爲家庭教育的結果。另外，史書可見王氏子弟具兄風者，如王秉。據《魏書》卷六三〈王肅傳〉載：

　　肅弟秉，涉獵書史，微有兄風。〔註28〕

王秉爲王肅之弟。王秉具有王肅風範，當與在家庭中兄弟相處，弟濡染兄作風有關。綜上所論，琅邪王氏家風實具嚴格、寬恕、謙虛、儉嗇、局度、自負、恬靜寡欲、不競榮利、不拘小節、處世少與人交遊等多項特色，於當世爲其他世族所無法比擬，此亦是琅邪王氏之所以稱顯於該時代的主要原因。

　　至於謝氏家風，於史傳中未明確道出，但卻見謝緯有父親謝述風範，據《宋書》卷五二〈謝景仁附謝述傳〉載：

　　三子：綜、約、緯。……緯尚太祖第五女長城公主，素爲約所憎，免死徙廣州。孝建中，還京師。方雅有父風。〔註29〕

另外謝氏家風從史論或可見端倪。據《南史》卷一九〈謝晦傳〉論曰：

　　謝氏自晉以降，雅道相傳，景恒（謝澹）、景仁（謝裕）以德素傳美，景懋（謝純）、景先（謝述）以節義流譽。方明行己之度，玄暉藻績之奇，各擅一時，可謂德門者矣。〔註30〕

〔註24〕沈約，《宋書》卷63〈王曇首傳〉，頁1678。

〔註25〕沈約，《宋書》卷71〈王僧綽傳〉，頁1850。

〔註26〕李延壽，《南史》卷21〈王弘附王僧達傳〉，頁573。

〔註27〕李延壽，《南史》卷21〈王弘附王融傳〉，頁576。

〔註28〕魏收，《魏書》卷63〈王肅傳〉，頁1412。王秉在《北史》寫成王康。

〔註29〕沈約，《宋書》卷52〈謝景仁附謝述傳〉，頁1497。

〔註30〕李延壽，《南史》卷19〈謝晦傳〉，頁546。

史文指出，謝氏雅道相傳，「雅道」應爲謝氏家風。而「雅道」之義爲何？李玉亭〈六朝謝氏與文學〉，認爲「雅道」，主要表現於重情輕禮適意山水的門風。〔註31〕李氏此種看法，主要是以謝氏子弟謝鯤、謝尚、謝萬、謝奕、謝安、謝幾卿幾人爲例說明，而這些人表現的是放達、縱情山水、不爲流俗之事，李氏故認爲謝氏重情輕禮。但從引文看之，史家對謝氏的總評爲「雅道相傳」後，更盡一步說謝氏子弟的「德素傳美」、「節義流譽」、「行己之度」，最後稱謝氏爲德門之家。從這些評語盡是儒家之德，而儒家特重禮。又謝氏家族崛起，肇始於謝鯤。據《晉書》卷四九〈謝鯤傳〉載：

> 父衡，以儒素顯，仕至國子祭酒。〔註32〕

謝鯤父親謝衡以儒素顯於世。故謝氏雖有放達、縱情山水子弟，但從被稱爲德門之家觀之，顯然認爲謝氏家風應是重視德行的儒雅門風，故李玉亭之說顯得並不周全。

再觀袁氏家風雖不像琅邪王氏家風顯而可指，但從史傳對袁氏子弟的描寫，可尋繹其家風。陳郡袁氏，據《三國志》卷一一〈袁渙傳〉載：

> 父滂，爲漢司徒。當時諸公子多越法度，而渙清靜，舉動必以禮。
> 〔註33〕

袁渙的父親爲袁滂。袁滂爲人如何？袁宏《漢記》曰：

> 滂字公熙，純素寡欲，終不言人之短。當權寵之盛，或以同異致禍，滂獨中立於朝，故愛憎不及焉。〔註34〕

袁滂爲人寡欲，不言人短。其子袁渙亦清靜，行爲舉止依禮而行，實踐儒家德性規範。而《三國志》卷一一〈袁渙傳〉談袁渙子時，注引《袁氏世紀》曰：

> 渙有四子，侃、寓、奧、準。侃字公然，論議清當，柔而不犯，善與人交。在廢興之間，人之所趨務者，常謙退不爲也。時人以是稱之。歷位黃門選部郎，號爲清平。稍遷至尚書，早卒。寓字宣厚，精辯有機理，好道家之言，少被病，未官而卒。奧字公榮，行足以屬俗，言約而理當，終於光祿勳。準字孝尼，忠信公正，不恥下問，唯恐人之不勝己。以世事多險，故常恬退而不敢求進。〔註35〕

〔註31〕李玉亭，〈六朝謝氏與文學〉，頁17。

〔註32〕房玄齡，《晉書》卷49〈謝鯤傳〉，頁1377。

〔註33〕陳壽，《三國志》卷11〈袁渙傳〉，頁333。

〔註34〕陳壽，《三國志》卷11〈袁渙傳〉，注引袁宏《漢記》，頁333。

〔註35〕陳壽，《三國志》卷11〈袁渙傳〉，注引《袁氏世紀》，頁335～336。

袁渙子袁侃、袁準兩人同為謙退不躁進。袁侃更具有父風，據《三國志》卷
一一〈袁渙傳〉載：

> 渙子侃，亦清粹閒素，有父風。〔註36〕

此史文指出，袁侃，潔淨純粹安閒素雅如袁渙，具有其父風範。從袁滂、袁
渙、袁侃、袁準為人處世觀之，謙恭清素為其家風。陳郡袁氏能在動亂年代
得以存興，積蓄家族實力，實得之於謙恭清素家風。〔註37〕若以文、武門風
別之，袁氏實為儒雅門風。

　　另述及蕭氏門第家風，雖不如琅邪王氏明顯，但因家庭成員的朝夕相處，
彼此互相影響，因此也展現出相似度極高的神采風度。據《南齊書》卷三八
〈蕭赤斧附蕭穎冑傳〉載：

> 穎冑字雲長，弘厚有父風。〔註38〕

蕭穎冑為蕭赤斧之子。史文指出，蕭穎冑有父親蕭赤斧風範。又《魏書》卷
五九〈蕭寶夤附蕭贊傳〉載：

> 贊機辯，文義頗有可觀，而輕薄傲儻，猶見父之風尚。〔註39〕

蕭贊為蕭寶夤兄蕭寶卷之子。史文指出，蕭贊具父親風範。父子的相似性，
亦可視為家門之風。綜觀僑姓王謝袁蕭門風，琅邪王氏雖為當時社會備受重
視的家族，但並不因此仗勢傲人，反而傳之於子弟的是「謙虛」家風。而謝
氏雅道相傳，重視儒雅門風。袁氏在動盪年代，能蓄積家族實力，實因謙恭
清素家風。而蕭氏家風無法明確指出，但史書中能見蕭氏子弟具父親風範記
載，蕭氏應該具有其家風。

二、東南吳姓

　　東南吳姓張氏有家風，當張敷因父張邵死，未一年而卒時，顏延之寫信
弔張敷世父張茂度曰：

> 賢弟子少履貞規，長懷理要，清風素氣，得之天然。言面以來，便
> 申忘年之好，比雖艱隔成阻，而情問無睽。薄莫之人，冀其方見慰
> 說，豈謂中年，奄為長往，聞問悼心，有兼恒痛。足下門教敦至，

〔註36〕陳壽，《三國志》卷 11〈袁渙傳〉，頁 335。
〔註37〕朱華，〈東晉南朝陳郡高門袁氏研究〉，《襄樊學院學報》，第 24 卷第 6 期，頁
　　　　84。
〔註38〕蕭子顯，《南齊書》卷 38〈蕭赤斧附蕭穎冑傳〉，頁 665。
〔註39〕魏收，《魏書》卷 59〈蕭寶夤附蕭贊傳〉，頁 1326。

兼實家寶，一旦喪失，何可爲懷。〔註40〕

顏延之在哀弔文中特別提到張氏門教敦至，對張敷之死頗爲不捨。就顏延之哀弔文可知，其頗爲欣賞張氏門風教育。而據《南齊書》卷四一〈張融傳〉載：

> 融家貧願祿，初與從叔征北將軍永書曰：「融昔稱幼學，早訓家風，
> 雖則不敏，率以成性。」〔註41〕

此爲張融對從叔張永說自己早訓家風。除顏延之說張氏門教敦至，及張融自言有家風外，從史論亦可知張氏有家風，據《南史》卷三一〈張裕傳〉論曰：

> 張裕有宋之初，早參霸政，出內所歷，莫非清顯，諸子並荷崇搆，
> 克舉家聲，其美譽所歸，豈徒然也。〔註42〕

論曰中指出張裕諸子並荷崇搆，克舉家聲，美譽所歸。家聲所指爲何？乃當爲門風是也。何以張家能美譽所歸？應當有好的家風教育所化育而成。家風的形成，就如同前文所述有時是家庭成員在相同環境氛圍下自然習染所成，因此從子弟表現於外的相似個性神態，亦可得知家風情形。據《南史》卷三一〈張裕附張種傳〉載：

> 種少恬靜，居處雅正，傍無造請。時人語曰：「宋稱敷、演，梁則卷、
> 充，清虛學尚，種有其風。」〔註43〕

張敷、張演爲張種從祖，張充爲張種從兄弟，他們皆「清虛學尚」，而時人以爲張種有其風。據《陳書》卷二一〈張種傳〉載：

> 種沈深虛靜，而識量宏博，時人皆以爲宰相之器。〔註44〕

張種爲人，沈深虛靜，識量宏博。上引史文所述，在在實證時人皆認張種有「清虛學尚」之風。而張種弟張稜，性亦同其兄，據《陳書》卷二一〈張種傳〉載：

> 種弟稜，亦清靜有識度，……。〔註45〕

張稜爲人，清靜有識度，同其兄。從以上史文可知，「清虛學尚」爲張氏家風。但張氏家風並不僅於此，據《南史》卷三一〈張裕附張瓌傳〉載：

〔註40〕沈約，《宋書》卷62〈張敷傳〉，頁1664。
〔註41〕蕭子顯，《南齊書》卷41〈張融傳〉，頁726。
〔註42〕李延壽，《南史》卷31〈張裕傳〉，頁821。
〔註43〕李延壽，《南史》卷31〈張裕附張種傳〉，頁820。
〔註44〕姚思廉，《陳書》卷21〈張種傳〉，頁281。
〔註45〕姚思廉，《陳書》卷21〈張種傳〉，頁281。

> 諸張世有豪氣，瓛宅中常有父時舊部曲數百。遐召瓛委以軍事，瓛
> 僞受命，與叔恕領兵十八人入郡斬之，郡內莫敢動。〔註46〕

此段史文指出，張瓛與其叔張恕，豪氣干雲，率領兵士僅十八員，卻能平定一郡之眾，儼然訴說張氏世世代代有「雄豪」之門風。就此觀之，吳姓張氏同時亦具備文武門風。

再談東南吳姓陸氏子弟有父親風範者。據《三國志》卷五八〈陸遜傳〉評曰：

> 抗貞亮籌幹，咸有父風，奕世載美，具體而微，可謂克構者哉！

〔註47〕

陸抗為陸遜之子，陳壽指出陸抗「貞亮籌幹」有乃父陸遜之風，而且累代載美，此可見其門風之美善。而《陳書》卷二三〈陸繕傳〉載：

> 繕子辯惠，年數歲，詔引入殿內，辯惠應對進止有父風，⋯⋯。

〔註48〕

此言陸辯惠應對進退有乃父陸繕之風。另外，由於家人的相處與互動，在行為上有互相習染的可能，因此容易出現風韻行為的相似性，據《梁書》卷二六〈陸杲傳〉載：

> 杲少好學，工書畫，舅張融有高名，杲風韻舉動，頗類於融，時稱
> 之曰：「無對日下，惟舅與甥。」〔註49〕

張融為陸杲之舅，陸杲風韻舉動似之。張融與陸杲雖為不同家族，但兩人是因婚姻而形成的家人關係，陸杲與張融的相處互動，無形中受張融影響，而有乃舅之風，由此亦可知家人彼此的影響。綜觀東南吳姓朱張顧陸，以張氏家風最明顯也最特別，張氏同時具備文武門風。而陸氏僅見子弟有父風記載，無法明確指出家風實質內涵。

三、山東郡姓

山東郡姓太原王氏，於史書記載中不像琅邪王氏門風多寬恕、持盈畏滿來的清楚明確。僅能從王韶、王士隆父子身上，略為推論其家風，據《北史》卷七五〈王韶傳〉載：

〔註46〕李延壽，《南史》卷31〈張裕附張瓛傳〉，頁813。
〔註47〕陳壽，《三國志》卷58〈陸遜傳〉，頁1361。
〔註48〕姚思廉，《陳書》卷23〈陸繕傳〉，頁303。
〔註49〕姚思廉，《梁書》卷26〈陸杲傳〉，頁398。

> 士隆略知書計，尤便弓馬，慷慨有父風。〔註50〕

王士隆爲王韶之子，史文言士隆慷慨之情似其父，有其父風範。從王士隆能善弓馬，又意氣激昂，推測其家風應偏雄武之風，不同於琅邪王氏儒雅門風。

至於博陵崔氏子弟，有父子性相近者。據《晉書》卷四五〈崔洪傳〉載：

> 洪少以清厲顯名，骨鯁不同於物，人之有過，輒面折，而退無後言。
> 〔註51〕

崔洪爲人骨鯁正直。而其子崔廓爲人又如何？據《晉書》卷四五〈崔洪傳〉載：

> 子廓，散騎侍郎，亦以正直稱。〔註52〕

崔廓爲人正直，如其父。父子倆行事風格相似，應是崔洪日常行爲，在潛移默化之中影響崔廓，此爲身教也。而崔洪父子的正直形象，正足以說明其家風之特點。除崔廓正直如其父外，在史文中亦見博陵崔氏有父風者。據《周書》卷三五〈崔謙附崔說傳〉載：

> 子弘度，猛毅有父風。〔註53〕

崔弘度爲崔說之子。史文指出，崔弘度有乃父猛毅風範。猛毅何指？據《周書》卷三五〈崔謙附崔說傳〉載：

> 說本名士約，少鯁直，有節槩，膂力過人，尤工騎射。〔註54〕

從史文可見，崔說體力過人，善於騎射。若就文武之能別之，崔說顯然善於武。又《北史》卷三二〈崔辯附崔弘度傳〉載：

> 弘度字摩訶衍。膂力絕人，儀貌魁岸，鬚面甚偉，性嚴酷。〔註55〕

由此觀之，崔弘度似其父，父子皆膂力過人，可見猛毅當指膂力過人。就此觀之，博陵崔氏具雄武門風。而清河崔氏子弟，有兄弟相似者，據《魏書》卷二四〈崔玄伯附崔伯鳳傳〉載：

> 伯鳳，少便弓馬，狀勇有膂力。〔註56〕

又《魏書》卷二四〈崔玄伯附崔祖螭傳〉載：

〔註50〕 李延壽，《北史》卷75〈王韶傳〉，頁2567。
〔註51〕 房玄齡，《晉書》卷45〈崔洪傳〉，頁1287。
〔註52〕 房玄齡，《晉書》卷45〈崔洪傳〉，頁1288。
〔註53〕 令狐德棻，《周書》卷35〈崔謙附崔說傳〉，頁614。
〔註54〕 令狐德棻，《周書》卷35〈崔謙附崔說傳〉，頁614。
〔註55〕 李延壽，《北史》卷32〈崔辯附崔弘度傳〉，頁1168。
〔註56〕 魏收，《魏書》卷24〈崔玄伯附崔伯鳳傳〉，頁633。

> 祖螭,粗武有氣力。〔註57〕

崔伯鳳、崔祖螭爲兄弟,兩人同爲勇武有力。清河崔氏於史傳中明言有父風者,據《周書》卷三六〈崔彥穆傳〉載:

> 君綽忰夷簡,博覽經史,有父風。〔註58〕

而史文指出崔君綽有其父之風。崔君綽之父乃是爲崔彥穆。據《周書》卷三六〈崔彥穆傳〉亦載:

> 伏膺儒業,爲時輩所稱。〔註59〕

崔彥穆服膺儒業,崔君綽博覽經史,可見崔君綽的有父風,應指儒雅之風。而《北齊書》卷二三〈崔㥄傳〉贊曰:

> 彥通尚志,家風有餘。〔註60〕

彥通爲崔瞻字,崔瞻爲崔㥄之子。史文指出崔瞻有家風。此家風爲儒雅或雄武?據《北齊書》卷二三〈崔㥄傳〉載:

> 㥄狀貌偉麗,善於容止,少有名望,爲當時所知。〔註61〕

又

> 㥄歷覽羣書,兼有詞藻,自中興立後,迄於武帝,詔誥表檄多㥄所
> 爲。〔註62〕

而同書同卷又載:

> 瞻字彥通,聰朗強學,有文情,善容止,神采嶷然,言不妄發。〔註63〕

崔㥄善容止、有詞藻,子崔瞻有文情、善容止,可見清河崔氏家風應指儒雅之風。就博陵崔氏與清河崔氏門風較之,二崔顯然不同,博陵崔氏爲雄武門風,而清河崔氏具儒雅門風。

再論盧氏子弟有承襲父風者。據《魏書》卷四七〈盧玄附盧度世傳〉載:

> 淵、昶等並循父風,遠親疏屬,敘爲尊行,長者莫不畢拜致敬。閨
> 門之禮,爲世所推。謙退簡約,不與世競。〔註64〕

引文言盧淵、盧昶跟從父親盧度世敬拜長者、謙退簡約的行事作風,而家內

〔註57〕魏收,《魏書》卷 24〈崔玄伯附崔祖螭傳〉,頁 634。
〔註58〕令狐德棻,《周書》卷 36〈崔彥穆傳〉,頁 641。
〔註59〕令狐德棻,《周書》卷 36〈崔彥穆傳〉,頁 640。
〔註60〕李百藥,《北齊書》卷 23〈崔㥄傳〉,頁 339。
〔註61〕李百藥,《北齊書》卷 23〈崔㥄傳〉,頁 333。
〔註62〕李百藥,《北齊書》卷 23〈崔㥄傳〉,頁 335。
〔註63〕李百藥,《北齊書》卷 23〈崔㥄傳〉,頁 335。
〔註64〕魏收,《魏書》卷 47〈盧玄附盧度世傳〉,頁 1062。

奉行嚴謹之禮節，受到世人所推崇。另外，盧淵有祖父之風。據《魏書》卷四七〈盧玄附盧淵傳〉載：

> 性溫雅寡欲，有祖父之風，敦尚學業，閨門和睦。〔註65〕

盧淵爲盧度世之子，盧玄爲盧淵祖父。史文說盧淵有盧玄風範。而據《魏書》卷四七〈盧玄傳〉載：

> 祖偃，父邈，並仕慕容氏爲郡太守，皆以儒雅稱。神麚四年（431），
> 辟召儒儁，以玄爲首，授中書博士。〔註66〕

盧玄祖與父皆以儒雅稱，而盧玄因儒儁而徵召出仕，可見盧玄承祖與父之儒雅。盧玄的儒雅，亦可從《魏書》卷四七〈盧玄傳〉史臣曰得到印證：

> 盧玄緒業著聞，首應旌命，子孫繼迹，爲世盛門。其文武功烈，殆無
> 足紀，而見重於時，聲高冠帶，蓋德業儒素有過人者。淵之兄弟亦有
> 二方之風流。雅道家聲，諸子不逮，餘烈所被，弗及盈乎？〔註67〕

史臣認爲盧玄能見重於當時，是因德業儒素有過人之處。而盧淵有盧玄風範，可見盧淵亦儒雅，儒雅正爲其門風。而盧氏門風，爲李沖所重。《魏書》卷四七〈盧玄附盧淵傳〉載：

> 淵與僕射李沖特相友善。沖重淵門風，而淵祇沖才官，故結爲婚姻，
> 往來親密。〔註68〕

文中談到李沖重盧淵門風，因而兩家結爲婚姻。而盧氏家風在盧道將死後，卻出現衰微，據《魏書》卷四七〈盧玄附盧度世傳〉載：

> 淵兄弟亡，及道將卒後，家風衰損，子孫多非法，帷薄混穢，爲論
> 者所鄙。〔註69〕

盧道將爲盧淵長子。盧氏家風自盧道將死後，子孫未能克續家風，以致爲世人所鄙，可見世人重家風之延續。雖然盧氏家風有衰損之跡，但亦有子弟能克嗣家風者，據《北史》卷三十〈盧玄傳〉論曰：

> 潛及昌衡，雅素之紀，家風克嗣，堂構無虧。〔註70〕

盧潛爲盧文符子，而盧文符爲盧尚之子，盧尚之爲盧淵之弟。盧昌衡爲盧道

〔註65〕魏收，《魏書》卷47〈盧玄附盧淵傳〉，頁1047。
〔註66〕魏收，《魏書》卷47〈盧玄傳〉，頁1045。
〔註67〕魏收，《魏書》卷47〈盧玄傳〉，頁1064。
〔註68〕魏微，《魏書》卷47〈盧玄附盧淵傳〉，頁1050。
〔註69〕魏收，《魏書》卷47〈盧玄附盧度世傳〉，頁1062。
〔註70〕李延壽，《北史》卷30〈盧玄傳〉，頁1110。

虔子，盧道虔爲盧淵子。盧潛與盧昌衡能克繼家風。而盧氏子弟有相似者，據《北齊書》卷二二〈盧文偉附盧懷道傳〉載：

> 性輕率好酒，頗有慕尙。〔註71〕

又《北齊書》卷二二〈盧文偉附盧懷道傳〉載：

> 懷道弟宗道，性粗率，重任俠。〔註72〕

盧懷道與盧宗道爲盧文偉之子，兄弟倆個性同樣輕率。兄弟倆朝夕相處，易互相影響，也容易出現個性相似性。

另觀山東郡姓李氏，有趙郡李氏及隴西李氏。趙郡李氏有家風，據《北齊書》卷二九〈李渾傳〉載：

> 子湛，字處元。涉獵文史，有家風。〔註73〕

李湛爲李渾之子。史文指出，李湛具有家風。而李湛涉獵文史，推測其家風應爲文儒之風。又李渾爲李靈曾孫，據《魏書》卷四九〈李靈、崔鑒傳〉史臣曰：

> 李以儒俊之風，當旌帛之舉，崔以文雅之烈，應利用之料。世家有
> 業，餘慶不已，人位繼軌，亦爲盛哉。〔註74〕

李靈爲趙郡人，魏收認爲趙郡李氏一家有「儒俊」之風，「儒俊」應爲李氏家風內涵。而趙郡李氏子弟傑出，世代有人爲繼，據《北史》卷三三〈李靈傳〉論曰：

> 古人云「燕、趙多奇士」，觀夫李靈兄弟，並有焉。靈則首應弓旌，
> 道光師傅；順則器標棟幹，一時推重；孝伯風範鑒略，蓋亦過人。
> 各能克廣門業，道風不殞，餘慶之美，豈非此之謂乎。至如元忠之
> 倜儻從橫，功名自卒；季初之家風素業，昆季兼舉。有齊之日，雅
> 道方振。憲之子弟，特盛衣纓，豈唯戚里是憑，固亦文雅所得。安
> 世識具通雅，時幹之良。瑒以豪俊之達，郁則儒博顯，諡之高逸，
> 固可謂世有人焉。〔註75〕

李靈、李順、李孝伯從兄弟，皆能克繼門業，家風不損。李元忠爲李靈曾孫，倜儻而有功名。李渾爲李靈曾孫，亦承家風素業。李憲爲李順孫，其子弟亦

〔註71〕李百藥，《北齊書》卷22〈盧文偉附盧懷道傳〉，頁322。
〔註72〕李百藥，《北齊書》卷22〈盧文偉附盧懷道傳〉，頁322。
〔註73〕李百藥，《北齊書》卷29〈李渾傳〉，頁394。
〔註74〕魏收，《魏書》卷49〈李靈、崔鑒傳〉，頁1107。
〔註75〕李延壽，《北史》卷33〈李靈傳〉，頁1243。

有文雅。李安世爲李孝伯兄李祥之子，爲人通雅，時幹之良才。而李安世子瑒、郁、諡各有特色。從史文對趙郡李氏的描寫，除李瑒以豪俊顯外，其他皆表現文儒之風。

至於趙郡李氏子弟具父親風釆氣度者，史文僅述及李君道。據《北史》卷三三〈李靈附李繪傳〉載：

> 子君道，有父風。〔註76〕

李君道爲李繪之子。史文指出，李君道有父親李繪風範。而隴西李氏子弟亦有父親風範者，於史文中，遠比趙郡李氏記載較多，據《魏書》卷三九〈李寶附李遵傳〉載：

> 遵，爽儁有父風。〔註77〕

李遵爲李佐之子。而李佐有何風範？據《魏書》卷三九〈李寶附李佐傳〉載：

> 字季翼，有文武才幹。〔註78〕

李佐有文武之才，而其子李遵爲人爽儁似之，有其風範。而從家人的相似性，也可見家風，據《魏書》卷三九〈李寶傳〉載：

> 寶沉雅有度量，驍勇善撫接。〔註79〕

李寶有度量。而《魏書》卷三九〈李寶附李韶傳〉載：

> 字元伯，學涉，有器量。〔註80〕

李韶爲李承之子，爲李寶之孫。李寶、李韶祖孫二人同爲有度量。至於隴西李氏，雖史無明言家風爲何，但據《周書》卷二九〈李和傳〉載：

> 父僧養，以累世雄豪，善於統御，爲夏州酋長。〔註81〕

李和父親李僧養，因家「累世雄豪」，善於統御，而爲夏州酋長。從「累世雄豪」已可看出其「雄武」門風。而《周書》卷二九〈李和傳〉載：

> 和少敢勇，有識度，狀貌魁偉，爲州里所推。〔註82〕

李和年少時即敢勇，實源於其家「雄武」門風。而就趙郡李氏及隴西李氏門風較之，二李顯然不同，趙郡李氏具文儒之門風，而隴西李氏有雄武門風。

〔註76〕李延壽，《北史》卷33〈李靈附李繪傳〉，頁1208。
〔註77〕魏收，《魏書》卷39〈李寶附李遵傳〉，頁895。
〔註78〕魏收，《魏書》卷39〈李寶附李佐傳〉，頁894。
〔註79〕魏收，《魏書》卷39〈李寶傳〉，頁885。
〔註80〕魏收，《魏書》卷39〈李寶附李韶傳〉，頁886。
〔註81〕令狐德棻，《周書》卷29〈李和傳〉，頁497。而在《北史》卷66〈列傳〉54載李和爲朔方巖綠人。
〔註82〕令狐德棻，《周書》卷29〈李和傳〉，頁498。

而有關鄭氏門風，於史傳中未見任何記載，也未見家人相似性記載。綜觀山東郡姓王崔盧李鄭門風，清河崔氏、盧氏、趙郡李氏為儒雅門風，而太原王氏、博陵崔氏、隴西李氏為雄武門風。而鄭氏於史傳中未見門風記載。

四、關中郡姓

關中郡姓韋氏有父風者，據《南史》卷五八〈韋叡附韋粲傳〉載：

> 粲字長倩，少有父風，好學仗氣，身長八尺，容觀甚偉。〔註83〕

韋粲為韋放之子。史文指出，韋粲有乃父風範。據《梁書》卷二八〈韋放傳〉載：

> 放身長七尺七寸，腰帶八圍，容貌甚偉。〔註84〕

韋粲不僅有父風，甚且容觀甚偉也似其父。而韋氏家人有相似者，據《周書》卷三九〈韋瑱傳〉載：

> 篤志好學，兼善騎射。〔註85〕

而《北史》卷六四〈韋瑱傳附韋師傳〉載：

> 及長，略涉經史，尤工騎射。〔註86〕

韋瑱為韋師之父，而父子倆皆好學又善騎射，而這應受到家教的影響，而韋師於文、武皆習父親之風。

裴氏在史傳中未明確指出家風，也未提及裴氏子弟有父風記載，但在史臣論曰中，可尋繹出裴氏家風。據《南史》卷五八〈韋叡、裴邃傳〉論曰：

> 韋、裴少年勵操，俱以學尚自立，晚節驅馳，各著功於戎馬。觀叡制勝之道，謂為魁梧之傑，然而形甚羸瘠，身不跨鞍，板輿指麾，隱如敵國，其器分有在，隆名豈虛得乎。邃自效邊疆，盛績克舉，其志不遂，良可悲夫。二門子弟，各著名節，與梁終始，克荷隆構。
>
> 「將門有將」，斯言豈曰妄乎。〔註87〕

史臣認為韋氏、裴氏，有功於戎馬之中，韋裴二門子弟可說是「將門有將」。而從史臣這一番評語可知，裴氏、韋氏應具雄武門風。

柳氏於史書上未見明確家風，也未提及柳氏子弟有父風記載，不過從史傳

〔註83〕李延壽，《南史》卷58〈韋叡附韋粲傳〉，頁1432。

〔註84〕姚思廉，《梁書》卷28〈韋放傳〉，頁423。

〔註85〕令狐德棻，《周書》卷39〈韋瑱傳〉，頁693。

〔註86〕李延壽，《北史》卷64〈韋瑱傳附韋師傳〉，頁2276。

〔註87〕李延壽，《南史》卷58〈韋叡、裴邃傳〉，頁1443。

中對柳氏子弟描寫的內容或可知柳氏家風。據《宋書》卷七七〈柳元景傳〉載：

> 元景少便弓馬，數隨父伐蠻，以勇稱。〔註88〕

再如《南史》卷三八〈柳元景附柳仲禮傳〉載：

> 勇力兼人，少有膽氣，身長八尺，眉目疏朗。〔註89〕

又《梁書》卷四三〈柳敬禮傳〉載：

> 敬禮與兄仲禮，皆少以勇烈知名。〔註90〕

柳元景弟爲柳慶遠，而柳敬禮兄弟爲柳慶遠孫，柳敬禮兄弟與從祖柳元景同以勇烈知名於世。另外柳元景弟柳叔宗之子柳世隆亦有武才，據《南齊書》卷二四〈柳世隆傳〉載：

> 常自云馬矟第一，清談第二，彈琴第三。〔註91〕

矟同「槊」字，爲古代兵器，是長一丈八尺的矛。柳世隆自認有三事最爲善長，最善長爲能騎馬使用兵器，可見柳世隆善武。又《周書》卷四六〈柳檜傳〉載：

> 性剛簡任氣，少文，善騎射，果於斷決。〔註92〕

又《北史》卷六四〈柳虯附柳旦傳〉載：

> 工騎射，頗涉書籍。〔註93〕

柳檜弟爲柳慶，柳旦爲柳慶之子，柳檜爲柳旦從父，柳檜與柳旦倆人皆善騎射。從柳氏家人或以勇烈知名或善騎射觀之，可見柳氏家風偏於「雄武」。而據《梁書》卷九〈柳慶遠傳〉載：

> 陳吏部尚書姚察曰：王茂、曹景宗、柳慶遠雖世爲將家，然未顯奇
> 節。〔註94〕

史文提到，姚察認爲柳慶遠世世代代爲將家，但未能有奇節，從此更能肯定柳氏家風偏於「雄武」。

關中郡姓薛氏子弟有父風者，據《魏書》卷四二〈薛辯附薛初古拔傳〉載：

> 長子胤，字寧宗，少有父風。〔註95〕

此史文指出，薛胤有其父薛初古拔風範。而據《宋書》卷八八〈薛安都傳〉載：

〔註88〕沈約，《宋書》卷77〈柳元景傳〉，頁1981。
〔註89〕李延壽，《南史》卷38〈柳元景附柳仲禮傳〉，頁992。
〔註90〕姚思廉，《梁書》卷43〈柳敬禮傳〉，頁611。
〔註91〕蕭子顯，《南齊書》卷24〈柳世隆傳〉，頁452。
〔註92〕令狐德棻，《周書》卷46〈柳檜傳〉，頁827。
〔註93〕李延壽，《北史》卷64〈柳虯附柳旦傳〉，頁2288。
〔註94〕姚思廉，《梁書》卷9〈柳慶遠傳〉，頁184。
〔註95〕魏徵，《魏書》卷42〈薛辯附薛初古拔傳〉，頁943。

薛安都，河東汾陰人也。世爲強族，同姓有三千家。父廣爲宗豪，

高祖定關、河，以爲上黨太守。〔註96〕

據引文，薛安都父親爲「宗豪」，可知其父應有雄武之風。又《宋書》卷八八〈薛安都傳〉載：

安都少以勇聞，身長七尺八寸，便弓馬。〔註97〕

薛安都以武勇知名，承繼其父親之風範。另外，從薛氏子弟的知名情形也可見其家風，據《北史》卷七六〈薛世雄傳〉載：

子萬述、萬淑、萬鈞、萬徹、萬備，並以驍武知名。〔註98〕

薛世雄子萬述等人以驍武知名。從薛安都父子及薛世雄諸子，可知其家具雄武門風。

世族在家庭教育之下，往往能形成獨特家風。另楊氏亦有家風，據《魏書》卷五八〈楊播傳〉載：

播家世純厚，並敦義讓，昆季相事，有如父子。〔註99〕

據引文可知，楊播家世門風爲「純厚而敦義讓」。而楊椿、楊津爲楊播之弟，史文更詳述楊椿、楊津兄弟相處如父子之情形，據《魏書》卷五八〈楊播傳〉載：

兄弟旦則聚於廳堂，終日相對，未曾入內。有一美味，不集不食。廳堂間，往往幃幔隔障，爲寢息之所，時就休偃，還共談笑。椿年老，曾他處醉歸，津扶侍還室，仍假寐閤前，承候安否。椿、津年過六十，並登台鼎，而津嘗旦暮參問，子姪羅列階下，椿不命坐，津不敢坐。椿每近出，或日斜不至，津不先飯，椿還，然後共食，食則津親授匙箸，味皆先嘗，椿命食，然後食。津爲司空，於時府主皆引僚佐，人就津求官，津曰：「此事須家兄裁之，何爲見問？」初，津爲肆州，椿在京宅，每有四時嘉味，輒因使次附之，若或未寄，不先入口。椿每得所寄，輒對之下泣。兄弟皆有孫，唯椿有曾孫，年十五六矣，椿常欲爲之早娶，望見玄孫。自昱已下，率多學尚，時人莫不欽羨焉。一家之內，男女百口，緦服同爨，庭無間言，魏世以來，唯有盧淵兄弟及播昆季，當世莫逮焉。〔註100〕

〔註96〕沈約，《宋書》卷88〈薛安都傳〉，頁2215。

〔註97〕沈約，《宋書》卷88〈薛安都傳〉，頁2215。

〔註98〕李延壽，《北史》卷76〈薛世雄傳〉，頁2607。

〔註99〕魏收，《魏書》卷58〈楊播傳〉，頁1302。

〔註100〕魏收，《魏書》卷58〈楊播傳〉，頁1302。

楊津在日常起居、飲食上待兄楊椿如待父一般，而楊播兄弟友愛之情，被世人稱許除盧淵兄弟外，當世無他兄弟所及。又據《北史》卷四一〈楊播附楊愔傳〉載：

> 愔一門四世同居，家甚隆盛，昆季就學者三十餘人。學庭前有柰樹，實落地，羣兒咸爭之，愔頹然獨坐。其季父暐適入學館，見之，大用嗟異。顧謂賓客曰：「此兒恬裕，有我家風。」〔註101〕

楊愔爲楊津之子，楊暐跟賓客讚許姪兒楊愔有恬裕家風，可見楊暐認爲其家自有門風特色。而據《北史》卷四一〈楊敷附楊玄感傳〉載：

> 時帝好征伐，玄感欲立威名，陰求將領，以告兵部尚書段文振。振以白帝，帝嘉之，謂羣臣曰：「將門有將，故不虛也。」〔註102〕

段文振告知隋文帝，楊玄感欲立威名，陰求將領，隋文帝嘉許之，對羣臣稱許楊玄感爲「將門有將」，文帝既指出楊氏爲「將門」，可知楊氏門風具「雄武」。

另觀杜氏子弟有個性相近者，據《梁書》卷四六〈杜崱附杜幼安傳〉載：

> 幼安性至孝，寬厚，雄勇過人。〔註103〕

杜幼安爲杜崱弟，有雄勇之概。而杜崱第二兄杜岑之子杜龕，據《梁書》卷四六〈杜崱附杜龕傳〉載：

> 少驍勇，善用兵，……。〔註104〕

杜龕驍勇與叔父同。從杜幼安、杜龕叔姪觀之，倆人同具「驍勇」，就此推之，「雄武」或爲其家風。綜觀關中郡姓韋裴柳薛楊杜門風，皆爲雄武家風。其中較特別爲楊氏，楊氏除具雄武家風外，另具純厚而敦義讓與恬裕家風。

五、虜　姓

虜姓元氏有父風者，據《北史》卷五五〈元文遙傳〉載：

> 行恭美姿貌，有父風，兼俊才。〔註105〕

元行恭爲元文遙之子。引文指出，元行恭具有父風。另長孫氏亦有父風者，據《魏書》卷二六〈長孫肥附長孫翰傳〉載：

> 翰，少有父風。〔註106〕

〔註101〕李延壽，《北史》卷41〈楊播附楊愔傳〉，頁1500。
〔註102〕李延壽，《北史》卷41〈楊敷附楊玄感傳〉，頁1517。
〔註103〕姚思廉，《梁書》卷46〈杜崱附杜幼安傳〉，頁643。
〔註104〕姚思廉，《梁書》卷46〈杜崱附杜幼安傳〉，頁644。
〔註105〕李延壽，《北史》卷55〈元文遙傳〉，頁2006。

長孫翰爲長孫肥之子，史載長孫翰有父風。而《魏書》卷二六〈長孫肥傳〉載：

> 肥撫慰河南，得吏民心，威信著於淮泗。善策謀，勇冠諸將，每戰
> 常爲士卒先，前後征討，未嘗失敗，故每有大難，令肥當之。〔註107〕

長孫肥善策謀，勇冠諸將。而《魏書》卷二六〈長孫肥附長孫翰傳〉載：

> 翰清正嚴明，善撫將士，太祖甚重之。〔註108〕

長孫翰善撫將士。從長孫肥與長孫翰父子倆或勇冠諸將或善撫將士，可知其家有雄武之風。另外，據《北史》卷二二〈長孫道生附長孫晟傳〉載：

> 其長子行布，亦多謀略，有父風。〔註109〕

長孫行布爲長孫晟長子，史載長孫行布有父風。而家風亦可從家人的相似處看出，據《周書》卷二六〈長孫紹遠傳〉載：

> 性寬容，有大度，望之儼然，朋儕莫敢褻狎。〔註110〕

長孫紹遠爲人寬容，有度量。而其子長孫覽，據《北史》卷二二〈長孫道生附長孫覽傳〉載：

> 覽字休因，性弘雅，有器度，喜慍不形於色。〔註111〕

長孫覽爲人有器度，似其父長孫紹遠，有其父風範。此外，宇文氏子弟有相似者，據《周書》卷二九〈宇文盛傳〉載：

> 盛志力驍雄。〔註112〕

宇文盛爲人驍雄。而《北史》卷七九〈宇文述傳〉載：

> 述少驍銳，便弓馬。〔註113〕

宇文述年少時，即見驍銳之狀。宇文盛爲宇文述父親，宇文盛父子同爲「驍勇」。
另外，宇文神舉一家也有相似情形，據《周書》卷四十〈宇文神舉傳〉載：

> 父顯和，少而襲爵，性矜嚴，頗涉經史，膂力絕人，彎弓數百斤，
> 能左右馳射。〔註114〕

〔註106〕魏收，《魏書》卷26〈長孫肥附長孫翰傳〉，頁653。
〔註107〕魏收，《魏書》卷26〈長孫肥傳〉，頁652。
〔註108〕魏收，《魏書》卷26〈長孫肥附長孫翰傳〉，頁653。
〔註109〕李延壽，《北史》卷22〈長孫道生附長孫晟傳〉，頁823。
〔註110〕令狐德棻，《周書》卷26〈長孫紹遠傳〉，頁430。
〔註111〕李延壽，《北史》卷22〈長孫道生附長孫覽傳〉，頁827。
〔註112〕令狐德棻，《周書》卷29〈宇文盛傳〉，頁493。
〔註113〕李延壽，《北史》卷79〈宇文述傳〉，頁2649。
〔註114〕令狐德棻，《周書》卷40〈宇文神舉傳〉，頁713。

宇文顯和頗涉經史，膂力過人，能馳射。又《周書》卷四十〈宇文神舉傳〉載：

> 神舉偉風儀，善辭令，博涉經史，性愛篇章，尤工騎射。臨戎對寇，
> 勇而有謀。莅職當官，每著聲績。〔註115〕

宇文神舉爲宇文顯和之子。宇文神舉博涉經史，尤工騎射，與其父相似。而宇文神舉弟宇文神慶有武藝，據《周書》卷四十〈宇文神舉傳〉載：

> 神舉弟神慶，少有壯志，武藝絕倫。〔註116〕

可見宇文顯和父子三人皆善武，能射有武略。就此觀之，宇文氏家風應含「雄武」特質。宇文氏有家風，更可從高祖之言看出，據《周書》卷四十〈宇文孝伯傳〉載：

> 建德（572～577）之後，皇太子稍長，既無令德，唯昵近小人。孝
> 伯白高祖曰：「皇太子四海所屬，而德聲未聞。臣忝宮官，竊當其責。
> 且春秋尚少，志業未成，請妙選正人，爲其師友，調護聖質，猶望
> 日就月將。如或不然，悔無及矣。」帝斂容曰：「卿世載鯁直，竭誠
> 所事。觀卿此言，有家風矣。」〔註117〕

宇文孝伯對高祖說皇太子未能德聲聞於世，他須負責，請改選正人，爲皇太子師友。高祖對宇文孝伯之言，深覺宇文孝伯有「鯁直」家風。而于氏子弟有習染父風者，據《北史》卷二三〈于栗磾附于烈傳〉載：

> 烈弟果，嚴毅直亮，有父兄風。〔註118〕

于果父爲于洛拔，兄爲于烈。史文指出，于果似其父兄于洛拔、于烈，有父兄嚴毅直亮之風。而從家人的相似性，亦可見家風。于氏有「雄武」者，據《北史》卷二三〈于栗磾傳〉載：

> 少習武藝，材力過人，能左右馳射。〔註119〕

于栗磾能馳射。而《北史》卷二三〈于栗磾附于洛拔傳〉載：

> 長子烈，善射，少言，有不可犯之色。〔註120〕

于烈爲于洛拔之子。于烈善射。又《魏書》卷八三下〈于勁傳〉載：

> 頗有武略。以功臣子，又以功績，位沃野鎭將，賜爵富昌子，拜征

〔註115〕令狐德棻，《周書》卷40〈宇文神舉傳〉，頁716。
〔註116〕令狐德棻，《周書》卷40〈宇文神舉傳〉，頁716。
〔註117〕令狐德棻，《周書》卷40〈宇文孝伯傳〉，頁717。
〔註118〕李延壽，《北史》卷23〈于栗磾附于烈傳〉，頁844。
〔註119〕李延壽，《北史》卷23〈于栗磾傳〉，頁837。
〔註120〕李延壽，《北史》卷23〈于栗磾附于洛拔傳〉，頁838。

　　虜將軍。〔註121〕

于勁為于烈之弟。于烈有武略。于栗磾為于烈、于勁之祖。從于栗磾、于烈、于勁祖孫三人善武能射觀之，于氏家風應含「雄武」特質。另外，代郡陸氏有家風。據《魏書》卷四十〈陸俟傳〉史臣曰：

　　陸俟威略智器有過人者。馛識幹明屬，不替家風。〔註122〕

引文言，陸馛能不敗家風，可見陸氏有家風。又《北史》卷二八〈陸俟附陸爽傳〉載：

　　子法言，敏學有家風，釋褐承奉郎。〔註123〕

陸法言能承繼家風。陸馛為陸法言從玄祖，倆人皆言有家風，可知代郡陸氏確有家風。另外，代郡陸氏子弟也有承襲父兄風範者，據《魏書》卷四十〈陸俟傳〉載：

　　長子馛，多智，有父風。〔註124〕

史文言陸馛有父親陸俟風範。又《魏書》卷四十〈陸俟附陸陵成傳〉載：

　　陵成弟龍成，有父兄之風。〔註125〕

史文指出，陸龍成有兄陸陵成及父陸俟風範。綜觀虜姓元長孫宇文于陸門風，長孫氏、宇文氏、于氏具雄武門風，陸氏史文說有家風，但未具體指出內涵。而虜姓元氏、長孫氏、于氏、陸氏皆見子弟有父親風範者。

　　綜上而言，世族門風在史傳中明確說出情形並不多，因而要了解世族是否具門風，另可透過世族子弟是否具兄風、父風觀察，此外亦可從家人的相似性以見門風。而琅邪王氏門風，在史傳中說的最明白，為寬恕、持盈畏滿門風。而僅見父風記載為，蕭氏、吳姓陸氏、虜姓元氏、長孫氏、于氏、陸氏等家族。而世族門風並不限於一種，如吳姓張氏具文武門風。另外楊氏除具雄武門風外，亦具純厚而敦義讓與恬裕家風。而世人一般認為各世族門風應有所差異性，其實反之，世族門風極為相似。而就儒雅門風與雄武門風觀之，僑姓除蕭氏無法明確看出門風外，就王氏的寬恕家風、謝氏的儒雅門風、袁氏的謙恭清素家風觀之，實為儒雅門風。而關中郡姓韋裴柳薛楊杜門風，皆為雄武家風。而虜姓除陸氏直說有家風但未言具體內涵外，長孫氏、宇文

〔註121〕魏收，《魏書》卷83下〈于勁傳〉，頁1832。
〔註122〕魏收，《魏書》卷40〈陸俟傳〉，頁918。
〔註123〕李延壽，《北史》卷28〈陸俟附陸爽傳〉，頁1023。
〔註124〕魏收，《魏書》卷40〈陸俟傳〉，頁904。
〔註125〕魏收，《魏書》卷40〈陸俟附陸陵成傳〉，頁916。

氏、于氏皆具雄武門風。而山東郡姓，除鄭氏未見門風記載，清河崔氏、盧氏、趙郡李氏爲儒雅門風，而太原王氏、博陵崔氏、隴西李氏爲雄武門風。總體而言，五大世族的門風，仍以雄武居多，尤以北朝世族更爲熾盛。這正足以反應出該時代正位處於政治動盪，朝代更迭不斷的混亂局勢，需藉「武」來鞏固權勢。且北朝之國家，大都非漢人所建立，自古以來胡人習性較尚武德。而家風爲儒雅者，想必深受儒家影響，望藉以「正名」（君君、臣臣、父父、子子）之力，以確家族之地位。由此可觀，家風之形成與當世政治、社會息息相關。

第二節　忠孝門風

「孝」爲中國傳統倫理道德核心之一，被奉爲百性之首，人之常德。《論語》第一〈學而〉載：

> 君子務本，本立而道生，孝弟也者，其爲仁之本與！〔註126〕

此言爲仁以孝悌爲本，孝悌實爲君子立身行事的第一原則。中國古代社會重孝，乃因孝爲維繫家庭的凝聚力，能促使家族穩定與團結，以孝作爲家族道德的綱領，協調好家族內部的人倫關係，使父子能篤、兄弟能睦、夫妻能和，家道才能正。家道正，國才足以興，故有忠臣出於孝子之門之說。另外，中國社會也重忠，常將忠、孝並談，認爲二者不可分。認爲在家孝父，在朝忠君。孝是忠的縮小，忠是孝的擴大，這也就是所謂移孝作忠，忠孝合一。故忠孝觀念一直被視爲中國古代倫理道德的核心，而在中國古代歷史大部分時期，對忠孝常能並重。

唐長儒〈魏晉南朝的君父先後論〉一文認爲，自晉以後，門閥制度的確立，促使孝道的實踐，在社會上具有更大的經濟與政治的作用，因此親先於君，孝先於忠的觀念得以形成。同時，現實的政治也加強發展此種觀點，我們知道建立晉室的司馬氏是河內的儒學大族，其奪取政權卻與儒家的傳統思想不符，因此在「忠」的方面已不足論道，其也只能提倡孝道以掩飾己身的行爲，而孝道的提倡，也正是所有的大族爲了維護本身利益所需利用的基本策略，因此從晉以後，王朝更迭，門閥不衰的狀態，後人無加譏議。然而在

〔註126〕《論語・學而第一》，見楊伯峻，《論語譯注》，台北：華正書局，民國79年8月，頁2。

當時，這一些統治者卻另有理論根據，以作爲他們安身立命的指導。〔註127〕
如唐長孺所言，自晉以後，爲門閥政治時期，門閥大族當權，宗族的穩定與
勢力，爲門閥存在的之根本，而「孝」是最能保障家族團結與穩定的有效手
段，因此爲維護各自家族利益的需要，確保其門第，家世不變，故世族不遺
餘力提倡孝道，藉以凝聚家族的團結與力量。在這樣的社會背景下，使世家
大族不得不以孝爲重。而魯迅也提到，魏晉，是以孝治天下的，不孝，故不
能不殺。爲什麼要以孝治天下呢？因爲天位從禪讓，即巧取豪奪而來，若主
張以忠治天下，他們的立腳點便不穩，辦事便棘手，立論也難了，所以一定
要以孝治天下。〔註128〕再者，魏晉南北朝乃處於社會動盪、戰亂頻仍、政
權更迭頻繁的家國不保時代。此時的王朝大都僅坐幾十年，便匆匆易人，臣
民還來不及找到效忠的對象，政權便覆亡了。在這樣世局動盪多變的年代，
世族也只有奉親思孝、只知有家，方能保持門第地位的穩定性和延續性。於
是，趙翼在《廿二史札記》卷一二寫出當時「江左世族無功臣」的事實，其
載：

> 六朝最重世族，……。以士庶之別，爲貴賤之分，積習相沿，遂承定
> 制。……。然江左諸帝，乃皆出自素族。……。其他立功立事，爲國
> 宣力者，亦皆出於寒人，……。皆繰武戡亂，爲國家所倚賴。而所謂
> 高門大族者，不過雍容令僕，裙屐相高，求如王導、謝安，柱石國家
> 者，不一二數也。次則如王宏、王曇首、褚淵、王儉等，與時推遷，
> 爲興朝佐命以自保其家世，雖朝市革易，而我之門第如故，以是爲世
> 家大族，迴異于庶姓而已，此江左風會習尚之極敝也。〔註129〕

引文所言，六朝最重世族，而江左諸帝皆起自寒微，而能爲國宣力，爲國所
倚賴者亦是寒人，高門大族成爲國家柱石者少之又少，門第世族所重者在保
其家世，即使改朝易代，門第世族只在意其家門勢力的維持，於是，世家大
族便不把王權的嬗代看成是嚴重的事，認爲王權的嬗代，只不過是把一家之
物給予另一家。在此種的心理作祟下，若現實中忠孝無法兩全時，自然不會
太強調忠於君的想法，而出現棄忠守孝。

〔註127〕唐長孺，《魏晉南北朝史論拾遺》，北京：中華書局，1983年，頁243～244。
〔註128〕魯迅，《魯迅全集》第三卷《而已集》之〈魏晉風度及文章與藥及酒的關係〉，
　　　　北京：人民文學出版社，1991年，頁512。
〔註129〕趙翼，《廿二史札記》卷一二「江左世族無功臣」，頁253～254。

　　而從《孝經》為六朝世族子弟教育中，最受重視的經典，也可看出此時代重孝的些許端倪。據程章燦《世族與六朝文學》一書指出，《隋書》卷三二《經籍志》一經部《孝經》類，著錄各類《孝經》著作（通計亡書）五十九部，計一百一十四卷，其中絕大多數為六朝人所作。〔註130〕而《隋書》卷三二《經籍志》二史部雜傳類，自王韶之《孝子傳贊》三卷以下，著錄的《孝子傳》多達九種，而忠臣傳卻只有梁元帝及元懌所撰的兩種。〔註131〕對於這種現象，余嘉錫曾加以解釋認為，蓋魏晉士大夫止知有家，不知有國。故奉親思孝，或有其人；殺身成仁，徒聞其語。王祥、何曾之流，皆不免黨篡。求忠臣必於孝子之門，竟成虛語。六代相沿，如出一轍，而國家亦幾胥而為夷。〔註132〕而在史傳中，更經常可見世族子弟事親孝敬，丁憂遭艱，而每每哀毀骨立，乃至喪命殞生的記載。至於忠的記載並不多見。而《世說新語》卷一〈德行〉篇四七條中，有關孝行記載有十四條，占了相當的比重，這也說明孝道於六朝士人的道德感中，占有極重要的地位。而於此同時，忠臣的事迹卻蔑爾無聞。故這個時代所倡導的是，孝先於忠的觀念。

　　世族重家族門風，而在整個社會環境以孝先於忠的情況下，是否每個家族在門風的表現皆重孝而忽忠？以下詳述每個世族忠孝門風情形。

一、僑　姓

　　僑姓琅邪王氏家門有孝子，據《世說新語箋疏》第一卷〈德行〉第一四條載：

> 王祥事後母朱夫人甚謹，家有一李樹，結子殊好，母恆使守之。時風雨忽至，祥抱樹而泣。祥嘗在別牀眠，母自往闇斫之。值祥私起，空斫得被。既還，知母憾之不已，因跪前請死。母於是感悟，愛之如己子。〔註133〕

王祥後母朱夫人不喜王祥，欲害而殺之，王祥不以為恨，侍奉後母更為恭謹，王祥的孝心終讓後母感悟，愛其如己出。從王祥恭謹侍奉後母，可知其是個孝子。王祥的孝行，更有「臥冰求鯉」故事流傳於後世。而其弟王覽，亦是孝子，據《晉書》卷三三〈王祥附王覽傳〉載：

〔註130〕程章燦，《世族與六朝文學》，頁8。
〔註131〕程章燦，《世族與六朝文學》，頁9。
〔註132〕余嘉錫，《世說新語箋疏》，頁46。
〔註133〕余嘉錫，《世說新語箋疏》第一卷〈德行〉第一四條，頁15～16。

　　覽孝友恭恪，名亞於祥。〔註134〕

王覽孝友之名於當世僅亞於其兄王祥。而當王祥疾篤臨終之際，更訓子孫信、德、孝、悌、讓五項立身之本，其言：

> 言行可覆，信之至也；推美引過，德之至也；揚名顯親，孝之至也；兄弟怡怡，宗族欣欣，悌之至也；臨財莫過乎讓：此五者，立身之本。……！〔註135〕

王祥認為言行有信、推美引過、揚名顯親、兄弟怡怡，宗族欣欣、臨財而讓是立身必備的五件事。而王祥對子孫最後訓勉的五項立身之本，絲毫不見忠的訓戒，可見王祥重孝門風的傳承。而琅邪王氏子弟，有孝行表現者，確實也多。在史文中，對王戎孝行的陳述最詳，據《晉書》卷四三〈王戎傳〉載：

> 戎在職雖無殊能，而庶績修理。後遷光祿勳、吏部尚書，以母憂去職。性至孝，不拘禮制，飲酒食肉，或觀弈棊，而容貌毀悴，杖然後起。裴頠往弔之，謂人曰：「若使一慟能傷人，濬沖不免滅性之譏。」時和嶠亦居父喪，以禮法自持，量米而食，哀毀不踰於戎。帝謂劉毅曰：「和嶠毀頓過禮，使人憂之。」毅曰：「嶠雖寢苫食粥，乃生孝耳。至於王戎，所謂死孝，陛下當先憂之。」〔註136〕

王戎、和嶠同時居喪，王戎雖居喪不備禮，但因喪親哀毀骨立，而和嶠雖居喪備禮，卻不損元氣，故劉毅認為王戎為死孝，晉武帝應以王戎為憂。〔註137〕除王戎於母喪，表現出死孝外，琅邪王氏子弟，居喪以孝聞者眾。據史書記載尚有《梁書》卷二一〈王瞻傳〉載：

> 年十二，居父憂，以孝聞。〔註138〕

而《梁書》卷四一〈王規傳〉載：

〔註134〕房玄齡，《晉書》卷33〈王祥附王覽傳〉，頁990。

〔註135〕房玄齡，《晉書》卷33〈王祥傳〉，頁989。

〔註136〕房玄齡，《晉書》卷43〈王戎傳〉，頁1233。

〔註137〕對於王戎以孝稱，另可見《世說新語箋疏》第一卷〈德行〉第一七條載：王戎、和嶠同時遭大喪，俱以孝稱。王雞骨支牀，和哭泣備禮。武帝謂劉仲雄曰：「卿數省王、和不？聞和哀苦過禮，使人憂之。」仲雄曰：「和嶠雖備禮，神氣不損；王戎雖不備禮，而哀毀骨立。臣以和嶠生孝，王戎死孝。陛下不應憂嶠，而應憂戎。」，頁19～20。《世說新語箋疏》第一卷〈德行〉第一九條載：王安豐遭艱，至性過人。裴令往弔之，曰：「若使一慟果能傷人，濬沖必不免滅性之譏。」，頁22。

〔註138〕姚思廉，《梁書》卷21〈王瞻傳〉，頁317。

規八歲，以丁所生母憂，居喪有至性，太尉徐孝嗣每見必為之流涕，
稱曰孝童。〔註139〕

又《南史》卷二三〈王彧附王固傳〉載：

固清虛寡欲，居喪以孝聞。〔註140〕

再如《陳書》卷一八〈王質傳〉載：

遭母憂，居喪以孝聞。〔註141〕

據以上引文可知，王瞻、王規、王固、王質等人，皆居喪以孝聞。孝行的表
現除於居喪看出外，另可見於平常事親之道，王長豫即具有事親之孝。據《世
說新語箋疏》第一卷〈德行〉第二九條載：

王長豫為人謹順，事親盡色養之孝。〔註142〕

王長豫即王悅，為王導長子。其侍奉父母能盡和顏悅色之孝道。琅邪王氏子
弟能盡孝以孝聞，應當與其家重孝的門風有關。

僑姓謝氏子弟，於正史列傳中能見孝行記載者，雖難與琅邪王氏相比，
但仍有其人。據《宋書》卷五八〈謝弘微傳〉載：

性嚴正，舉止必循禮度，事繼親之黨，恭謹過常。伯叔二母，歸宗
兩姑，晨夕瞻奉，盡其誠敬。〔註143〕

謝弘微以禮為處世準則，對伯叔二母，歸宗兩姑，能晨夕瞻奉，竭盡孝心。
另外據《陳書》卷三二〈謝貞傳〉載：

至德三年（585），以母憂去職。頃之，勅起還府，仍加招遠將軍，
掌記室。貞累啓固辭，勅報曰：「省啓具懷，雖知哀煢在疚，而官俟
得才，禮有權奪，可便力疾還府也。」貞哀毀羸瘠，終不能之官舍。
時尚書右丞徐祚、尚書左丞沈客卿俱來候貞，見其形體骨立，祚等
愴然歎息，徐喻之曰：「弟年事已衰，禮有恆制，小宜引割自全。」
貞因更感慟，氣絕良久，二人涕泣，不能自勝，憫默而出。徐祚謂
沈客卿曰：「信哉，孝門有孝子。」客卿曰：「謝公家傳至孝，士大
夫誰不仰止，此恐不能起，如何？」〔註144〕

〔註139〕姚思廉，《梁書》卷41〈王規傳〉，頁581。
〔註140〕李延壽，《南史》卷23〈王彧附王固傳〉，頁644。
〔註141〕姚思廉，《陳書》卷18〈王質傳〉，頁247。
〔註142〕余嘉錫，《世說新語箋疏》第一卷〈德行〉第二九條，頁30。
〔註143〕沈約，《宋書》卷58〈謝弘微傳〉，頁1592。
〔註144〕姚思廉，《陳書》卷32〈謝貞傳〉，頁427～428。

謝貞因母喪，哀毀羸瘠，不能至官舍。徐祚、沈客卿見之，勸其節哀，但謝貞更感悲慟。徐祚對於謝貞之行為，評其為孝子，而沈客卿更言謝貞之行是因「謝公家傳至孝」。從徐祚、沈客卿之言，無意之中已指出謝氏具「孝」門風的看法。

　　袁氏忠孝家風如何？據《宋書》卷七十〈袁淑傳〉載：

　　　　世祖即位，使顏延之為詔曰：「……。」又詔曰：「袁淑以身殉義，
　　　　忠烈邁古。遺孤在疾，特所衿懷。可厚加賜卹，以慰存亡。」〔註145〕

從宋孝武帝使顏延之為袁淑之詔書內容可知，袁淑能以身殉義，忠烈於國。而從帝對李元履之言也可看出袁氏家風端倪，據《南史》卷二六〈袁湛附袁昂傳〉載：

　　　　時帝使豫州刺史李元履巡撫東土，敕元履曰：「袁昂道素之門，世有
　　　　忠節，天下須共容之，勿以兵威陵辱。」〔註146〕

帝說袁昂為道素之門，世世代代有忠節，換言之「忠節」為其家風。又從《南史》史論史進一步可確認這樣的說法，據論曰：

　　　　觀夫宋、齊以還，袁門世蹈忠義，固知風霜之概、松筠其性乎。……。
　　　　（袁）象之出處所蹈，實懋家風。（袁）粲執履之迹，近乎仁勇，……。
　　　　（袁）樞風格峻整，（袁）憲仁義率由，……。〔註147〕

李延壽認為袁象之所為，實出於家風的勸勉，又說觀宋、齊以來，袁門世蹈忠義，可見李延壽認為袁氏以「忠義」為家風。就袁氏家風的展現確實以「忠」為主，因為在史傳中，只見袁質以孝行稱。〔註148〕

　　再論及蕭氏子弟有居喪表孝行者，據《宋書》卷八七〈蕭惠開傳〉載：

　　　　丁父艱，居喪有孝性，家素事佛，……。〔註149〕

而《梁書》卷三五〈蕭子恪附蕭子範傳〉載：

　　　　天監初，降爵為子，除後軍記室參軍，復為太子洗馬，俄遷司徒主
　　　　簿，丁所生母憂去職。子範有孝性，居喪以毀聞。〔註150〕

又《北齊書》卷三三〈蕭放傳〉載：

〔註145〕沈約，《宋書》卷70〈袁淑傳〉，頁1840。
〔註146〕李延壽，《南史》卷26〈袁湛附袁昂傳〉，頁712。
〔註147〕李延壽，《南史》卷26〈袁湛傳〉，頁722。
〔註148〕房玄齡，《晉書》卷83〈袁瓌附袁質傳〉，頁2171。
〔註149〕沈約，《宋書》卷87〈蕭惠開傳〉，頁2200。
〔註150〕姚思廉，《梁書》卷35〈蕭子恪附蕭子範傳〉，頁510。

> 隨父祗至鄴。祗卒，放居喪以孝聞。所居廬室前有二慈烏來集，各
> 據一樹爲巢，自午以前，馴庭飲啄，午後更不下樹，每臨時，舒翅
> 悲鳴，全似哀泣。家人伺之，未常有闕。時以爲至孝之感。〔註151〕

據引文可知，蕭惠開、蕭子範、蕭放三人，皆居喪以孝聞。另外，據《南齊書》卷五五〈蕭叡明傳〉載：

> 少有至性，奉親謹篤。母病躬禱，夕不假寐，及亡，不勝哀而卒。
> 〔註152〕

而《周書》卷四八〈蕭詧傳〉載：

> 性不飲酒，安於儉素，事其母以孝聞。〔註153〕

又《周書》卷四八〈蕭詧附蕭巋傳〉載：

> 巋孝悌慈仁，有君人之量。〔註154〕

據上三引文可知，蕭叡明、蕭詧、蕭巋三人，亦爲蕭氏具有孝行子弟。綜觀僑姓王謝袁蕭，王氏子弟具孝行表現者有七人，謝氏雖史籍僅記載謝弘微，但沈客卿曾說謝公家傳至孝，而袁氏史籍只談到袁質以孝行稱。而李延壽於《南史》卷二六〈袁湛傳〉中，論史談到

> 觀夫宋、齊以還，袁門世蹈忠義，……。〔註155〕

可見袁氏家風以「忠」爲主。而蕭氏有六人具孝行。若將四氏家風觀之，僅袁氏特重「忠」，其他三姓以「孝」爲重，這正符合此時代缺「忠謇之臣」，凡是以維繫門第爲考量的時代特色。

二、東南吳姓

而吳姓張氏忠孝門風表現如何？從史料中可見實情，據《晉書》卷九二〈張翰傳〉載：

> 性至孝，遭母憂，哀毀過禮。〔註156〕

而《宋書》卷六二〈張敷傳〉載：

> 遷黃門侍郎，始興王濬後軍長史，司徒左長史。未拜，父在吳興亡，

〔註151〕李百藥，《北齊書》卷33〈蕭放傳〉，頁443。
〔註152〕蕭子顯，《南齊書》卷55〈蕭叡明傳〉，頁963。
〔註153〕令狐德棻，《周書》卷48〈蕭詧傳〉，頁862。
〔註154〕令狐德棻，《周書》卷48〈蕭詧附蕭巋傳〉，頁865。
〔註155〕李延壽，《南史》卷26〈袁湛傳〉，頁722。
〔註156〕房玄齡，《晉書》卷92〈張翰傳〉，頁2384。

報以疾篤，數往奔省，自發都至吳興成服，凡十餘日，始進水漿。

葬畢不進鹽菜，遂毀瘠成疾。〔註157〕

張敷父張邵亡，張敷傷心毀瘠成疾，距父亡未滿一年而卒。對於張敷之孝，世祖孝武皇帝更詔曰：

司徒故左長史張敷，貞心簡立，幼樹風規，居哀毀滅，孝道淳至，

宜在追甄，於以報美，可追贈侍中。〔註158〕

孝武皇帝特於詔書中，稱許張敷孝道淳至，更改其所居稱為孝張里。而《南史》卷三一〈張裕附張稷傳〉載：

幼有孝性，所生母劉無寵，詬疾。時稷年十一，侍養衣不解帶，每

劇則累夜不寢。及終，毀瘠過人，杖而後起。見年輩幼童，輒哽咽

泣淚，州里謂之淳孝。〔註159〕

又《南史》卷三一〈張裕附張嵊傳〉載：

少敦孝行，年三十餘，猶斑衣受稷杖，動至數百，收淚歡然。〔註160〕

張嵊為張稷子，張嵊有孝行，即使年過三十，為父所杖打，仍能歡然接受之。再如《南史》卷三二〈張邵附張融傳〉載：

融有孝義，忌月三旬不聽樂，事嫂甚謹。〔註161〕

據以上諸引文可知，張翰、張敷、張稷、張嵊、張融等四人，為張氏有孝行子弟。而從張氏子弟孝行表現，知張氏有孝的門風。

而有關吳姓陸氏，於史傳中未特別提子弟的孝行表現，但卻有忠於國，以致憂國亡身者，據《三國志》卷五八〈陸遜傳〉評曰：

劉備天下稱雄，一世所憚，陸遜春秋方壯，咸名未著，摧而克之，

固不如志。予既奇遜之謀略，又歎權之識才，所以濟大事也。及遜

忠誠懇至，憂國亡身，庶幾社稷之臣矣。〔註162〕

陸遜為社稷之臣，可見其忠於國。而在皇帝的遺詔中，也見陸氏家門忠貞之記載，據《晉書》卷七七〈陸曄傳〉載：

遺詔曰：「曄清操忠貞，歷職顯允，且其兄弟事君如父，憂國如家，

〔註157〕沈約，《宋書》卷62〈張敷傳〉，頁1664。
〔註158〕沈約，《宋書》卷62〈張敷傳〉，頁1664。
〔註159〕李延壽，《南史》卷31〈張裕附張稷傳〉，頁817。
〔註160〕李延壽，《南史》卷31〈張裕附張嵊傳〉，頁819。
〔註161〕李延壽，《南史》卷32〈張邵附張融傳〉，頁836。
〔註162〕陳壽，《三國志》卷58〈陸遜傳〉，頁1361。

歲寒不凋，體自門風。既委以六軍，可錄尚書事，加散騎常侍。」
〔註163〕

晉明帝指出，陸曄清操忠貞，且其兄弟事君如父，憂國如家的表現，出自門
風。換言之，陸氏門風為「忠」。綜觀吳姓張陸，張氏有孝的家風，而陸氏具
忠的門風。

三、山東郡姓

　　山東郡姓太原王氏，具有孝行者，據《世說新語箋疏》第一卷〈德行〉
第四二條載：

　　王僕射在江州，為殷、桓所逐，奔竄豫章，存亡未測。王綏在都，
　　既憂慽在貌，居處飲食，每事有降。時人謂為試守孝子。〔註164〕

王僕射即王愉，為王綏之父。王愉為江州刺史時，受到殷仲堪、桓玄攻伐，
逃奔至豫章，生死未卜。王愉子王綏在京師，面有憂容，飲食起居，及對任
何事，都自我抑制。王綏對父親生死未卜所表現的憂心之情，當時人皆稱他
為「試守孝」。而《魏書》卷三八〈王慧龍傳〉載：

　　太子少傅游雅言於朝曰：「慧龍，古之遺孝也。」〔註165〕

游雅稱讚王慧龍為古之遺孝。又同書同卷載：

　　寶興少孤，事母至孝。〔註166〕

王寶興為王慧龍子，父子兩人皆具孝的德行。從以上所知，太原王氏雖有孝
行子弟，但不如琅邪王氏眾，孝的門風顯然不如琅邪王氏。就家學、家風太
原王氏皆不如琅邪王氏，而琅邪王氏勢力更甚於太原王氏，就此觀之，家庭
教育影響一門之盛衰甚大。

　　山東郡姓博陵崔氏，具有孝行者，據《魏書》卷五七〈崔挺傳〉載：

　　挺弟振，字延根。少有學行，居家孝友，為宗族所稱。〔註167〕

崔振孝友之德，為宗族所稱。而《周書》卷三五〈崔謙傳〉載：

　　性至孝，少喪父，殆將滅性。〔註168〕

〔註163〕房玄齡，《晉書》卷47〈陸曄傳〉，頁2024。
〔註164〕余嘉錫，《世說新語箋疏》第一卷〈德行〉第四二條，頁45。
〔註165〕魏收，《魏書》卷38〈王慧龍傳〉，頁877。
〔註166〕魏收，《魏書》卷38〈王慧龍傳〉，頁877。
〔註167〕魏徵，《魏書》卷57〈崔挺傳〉，頁1272。
〔註168〕令狐得棻，《周書》卷35〈崔謙傳〉，頁613。

又《北史》卷三二〈崔辯附崔士謙傳〉載：

> 士謙性至孝，與弟說特相友愛，雖復年位並高，資產皆無私焉。

〔註169〕

再如《北史》卷三一〈崔挺附崔昂傳〉載：

> 七歲而孤，事母以孝聞。〔註170〕

據上引文可知，崔振、崔謙、崔士謙、崔昂等四人，爲博陵崔氏具孝行者。

另外，《魏書》卷五七〈崔挺附崔孝芬傳〉載：

> 孝芬兄弟孝義慈厚，弟孝演、孝政先亡，孝芬等哭泣哀慟，絕內，蔬食，容貌損瘠，見者傷之。孝暐等奉孝芬盡恭順之禮，坐食進退，孝芬不命則不敢也。〔註171〕

此史文說的是，孝芬兄弟能孝義慈厚。又《周書》卷三五〈崔猷傳〉載：

> 普泰初，除征虜將軍、司徒從事中郎。既遭家難，遂間行入關。及謁魏孝武，哀動左右，帝爲之改容。既退，帝目送之曰：「忠孝之道，萃此一門。」〔註172〕

崔猷爲崔孝芬之子，當其遭家難時，所表現出的哀傷之情，連魏孝武帝也爲之改容，更稱揚崔氏一門，具忠孝之道。其實就史傳博陵崔氏子弟的表現，集於孝行的表現，魏孝武帝說忠孝之道聚於崔氏一門，應該著眼於傳統忠臣出於孝子之門，忠孝並稱的說法。事實上，博陵崔氏子弟有關「忠」的表現，在史傳中，並未特別強調，故若要更精確說之，博陵崔氏實重「孝」家風。

而清河崔氏忠孝門風如何？《魏書》卷六六〈崔亮傳〉載：

> 亮從父弟光韶，事親以孝聞。〔註173〕

崔光韶以孝聞名。而《魏書》卷六九〈崔休傳〉載：

> 休少而謙退，事母孝謹。〔註174〕

又《北史》卷二一〈崔宏附崔寬傳〉載：

> 長子衡，字伯玉，少以孝行著稱。〔註175〕

〔註169〕李延壽，《北史》卷32〈崔辯附崔士謙傳〉，頁1166。
〔註170〕李延壽，《北史》卷32〈崔挺附崔昂傳〉，頁1179。
〔註171〕魏收，《魏書》卷57〈崔挺附崔孝芬傳〉，頁1271。
〔註172〕令狐德棻，《周書》卷35〈崔猷傳〉，頁615。
〔註173〕魏徵，《魏書》卷66〈崔亮傳〉，頁1482。
〔註174〕魏徵，《魏書》卷69〈崔休傳〉，頁1526。
〔註175〕李延壽，《北史》卷21〈崔宏附崔寬傳〉，頁792。

崔衡以孝行著稱。據上引文可知，崔光韶、崔休、崔衡等三人，爲清河崔氏具孝行子弟。而清河崔氏於史傳中，也見「忠」表現，據《北齊書》卷二三〈崔悛傳〉載：

> 悛昆季仲文，有學尚，魏高陽太守、清河內史。興和中，爲丞相掾。沙苑之敗，仲文持馬尾以渡河，波中乍沒乍出。高祖望見曰：「崔掾也。」遽遣船赴接。既濟，勞之曰：「卿爲親爲君，不顧萬死，可謂家之孝子，國之忠臣。」〔註176〕

北齊高祖神武帝評崔仲文爲家之孝子，國之忠臣。北齊神武帝與魏孝武帝一樣，持能孝則並能忠，忠孝一體說法。但就史傳而言，不論是博陵崔氏或清河崔氏，在記載上多著重於子弟的孝行表現爲重，故兩家實以「孝」爲門風重點。

世族爲維繫其門戶地位，多能重孝的門風教育，以鞏固家族的團結與秩序，從實際的考察也能證驗此說。但山東郡姓盧氏顯然與其他世族不同，在史傳中，未見盧氏子弟任何孝行記載，故無法得知是否重孝的門風。此外，也未特別強調忠的門風。山東郡姓李氏，有趙郡李氏、隴西李氏之別。趙郡李氏有孝行子弟，據《魏書》卷四九〈李靈附李璨傳〉載：

> 秀之等早孤，事母孝謹，兄弟並容貌魁偉，風度審正，而皆早卒。
> 〔註177〕

李秀之爲李璨之子，其與諸弟子雲、子羽、子岳等皆能事母孝謹。又《北齊書》卷二二〈李元忠傳〉載：

> 元忠少屬志操，居喪以孝聞。〔註178〕

李秀之及其諸弟與李元忠，爲史傳中載趙郡李氏孝行子弟。至於隴西李氏，於史傳中未見任何子弟有孝行記載，也未見有盡忠記載，故難知隴西李氏是否重忠孝門風。而山東郡姓鄭氏，如隴西李氏一般，在史籍上未有任何有關忠孝門風記載。綜觀山東郡姓王崔盧李鄭，王氏見有孝行子弟不過不如僑姓王氏眾；崔氏不論是博陵崔氏或清河崔氏皆以孝爲門風；而趙郡李氏見孝行子弟，隴西李氏子弟未有任何忠孝行爲記載；盧氏與鄭氏也未有任何忠孝門風記載。就此觀之，若以忠、孝家風觀之，山東郡姓世家大族重視的是孝的門風。

〔註176〕李百藥，《北齊書》卷23〈崔悛傳〉，頁337。
〔註177〕魏徵，《魏書》卷49〈李靈附李璨傳〉，頁1102。
〔註178〕李百藥，《北齊書》卷22〈李元忠傳〉，頁313。

四、關中郡姓

關中郡姓韋氏子弟有孝行。據《魏書》卷四五〈韋閬附韋儁傳〉載：

少孤，事祖母以孝聞。性溫和廉讓，爲州里所稱。〔註179〕

韋儁以孝聞。而《北史》卷一六〈韋閬傳附韋儁傳〉載：

子粲兄弟十三人，並有孝行，居父喪，毀瘠過禮。〔註180〕

韋子粲爲韋儁子。而子粲兄弟十三人，並有孝行。而子粲弟榮亮最爲知名，據《北史》卷二六〈韋閬傳附韋儁傳〉載：

榮亮字子昱。博學有文才，德行仁孝，爲時所重。〔註181〕

韋儁以孝聞，其子十三人亦有孝行，韋氏實具「孝」門風。而韋氏是否具忠門風，史籍未載。

關中裴氏有以孝聞名子弟，據《魏書》卷四五〈裴駿附裴修傳〉載：

修早孤，居喪以孝聞。〔註182〕

而《魏書》卷六九〈裴延儁傳〉載：

延儁少偏孤，事後母以孝聞。〔註183〕

又《魏書》卷七一〈裴叔業附裴衍傳〉載：

事親以孝聞，兼有將略。〔註184〕

據引文可知，裴修、裴延儁、裴衍等三人，以孝聞。在史傳中，未見裴氏忠於國之記載。而程裕禎〈河東裴氏論略〉一文提到裴氏忠正爲世所稱，「清廉忠正」爲其門風。〔註185〕在程裕禎文中，舉史爲證太少，且多爲唐代時期裴氏子弟之例，而做泛論之言，其眞實可疑。

關中柳氏，只見柳敏有孝行記載，據《周書》卷三二〈柳敏傳〉載：

敏九歲而孤，事母以孝聞。〔註186〕

柳氏子弟孝行，相較於其他世族顯然較少。

關中薛氏，有孝行子弟。據《周書》卷三五〈薛端附薛裕傳〉載：

〔註179〕魏徵，《魏書》卷45〈韋閬附韋儁傳〉，頁1009。

〔註180〕李延壽，《北史》卷26〈韋閬傳附韋儁傳〉，頁956。

〔註181〕李延壽，《北史》卷26〈韋閬傳附韋儁傳〉，頁956。

〔註182〕魏徵，《魏書》卷45〈裴駿附裴修傳〉，頁1021。

〔註183〕魏徵，《魏書》卷69〈裴延儁傳〉，頁1528。

〔註184〕魏徵，《魏書》卷71〈裴叔業附裴衍傳〉，頁1574。

〔註185〕程裕禎，〈河東裴氏論略〉，《山西師大學報》，第21卷第2期，頁75。

〔註186〕令狐德棻，《周書》卷32〈柳敏傳〉，頁560。

少以孝悌聞於州里。〔註187〕

而《周書》卷三八〈薛寘傳〉載：

> 寘性至孝，雖年齒已衰，職務繁廣，至於溫清之禮，朝夕無違。當
> 時以此稱之。〔註188〕

又《北史》卷三六〈薛辯附薛聰傳〉載：

> 遭父憂，廬於墓測，哭泣之聲，酸感行路。〔註189〕

據以上史文可知，薛裕、薛寘、薛聰等三人，有孝行記載。

關中楊氏有孝行者，僅見一人，據《魏書》卷五八〈楊播傳〉載：

> 播少修整，奉養盡禮。〔註190〕

此為楊播盡孝道，能行奉養之禮。

關中杜氏，有關孝行記載，僅見杜幼安、杜整。據《梁書》卷四六〈杜
崱附杜幼安傳〉載：

> 幼安性至孝，寬厚，雄勇過人。〔註191〕

而《北史》卷七七〈杜整傳〉載：

> 整少有風概，九歲丁父憂，哀毀骨立，事母以孝聞。〔註192〕

杜氏子弟的孝行紀錄，與楊氏一樣少，不及其他世族顯著。至於杜氏子弟有
關「忠」的表現，雖史傳沒有詳盡的描寫，但在皇帝詔曰，卻出現杜氏「世
載忠貞」之言，據《梁書》卷四六〈杜崱傳〉載：

> 詔曰：「崱，京兆舊姓，元凱苗裔，家傳學業，世載忠貞。自驅傳江
> 渚，政號廉能，推轂淺原，實聞清靜。奄致殞喪，惻愴于懷。可贈
> 車騎將軍，加鼓吹一部。諡曰武。」〔註193〕

此為梁世祖孝元皇帝之詔，詔曰特別提到：杜崱為京兆舊姓，「世載忠貞」。
若孝元皇帝所言為真，非官場表面話，從此可知杜氏具「忠」的門風。綜觀
關中郡姓韋裴柳薛楊杜，在史傳中皆有子弟孝行記載。而有關忠的記載，僅
杜氏被稱為世載忠貞外，其他姓氏皆未於史傳中特別強調有忠的表現，故嚴

〔註187〕令狐德棻，《周書》卷35〈薛端附薛裕傳〉，頁622。
〔註188〕令狐德棻，《周書》卷38〈薛寘傳〉，頁685。
〔註189〕李延壽，《北史》卷36〈薛辯附薛聰傳〉，頁1332。
〔註190〕魏收，《魏書》卷58〈楊播傳〉，頁1279。
〔註191〕姚思廉，《梁書》卷46〈杜崱附杜幼安傳〉，頁643。
〔註192〕李延壽，《北史》卷77〈杜整傳〉，頁2627。
〔註193〕姚思廉，《梁書》卷46〈杜崱傳〉，頁642。

格說之，僅杜氏同時具有忠孝門風。

五、虜　姓

　　虜姓元氏，有孝行者，僅見元晞一人。據《北齊書》卷三八〈元文遙傳〉載：

　　　　父晞，有孝行，父卒，廬於墓側而終。〔註194〕

元文遙之父元晞有孝行。至於虜姓長孫氏、宇文氏、于氏、陸氏，於史傳中皆未見有任何子弟孝行記載，故無法得知其重孝的門風。虜姓有關孝的門風顯然不及僑姓、吳姓、郡姓。至於忠的門風，也未見虜姓有任何記載。

　　綜上而言，忠孝觀念被視為中國古代倫理道德的核心，忠、孝常並稱，認為忠臣出於孝子之門，能孝必能忠。但自晉以後，政治社會現實環境使忠孝不能兩全，須有所抉擇時，東晉南北朝世族，為保其門第勢力，選擇親先於君，孝先於忠，故特別倡導「孝」的門風。經上引史文為證，得知僑姓王謝袁蕭，僅袁氏特重「忠」，其他三姓皆以「孝」為重，這正符合此時代缺「忠謇之臣」，凡是以保門第勢力為考量的時代特色。而吳姓張陸，張氏有孝的家風，而陸氏具忠的門風。而山東郡姓王崔盧李鄭，王氏見有孝行子弟不過不如僑姓王氏眾，孝的門風顯然不如琅邪王氏；崔氏不論是博陵崔氏或清河崔氏皆以孝為門風；而趙郡李氏見孝行子弟，隴西李氏子弟未有任何忠孝行為記載；盧氏與鄭氏也未有任何忠孝門風記載。就此觀之，若以忠、孝家風觀之，山東郡姓世家大族重視的是孝的門風。關中郡姓韋裴柳薛楊杜，在史傳中皆有子弟孝行記載。而有關忠的記載，僅杜氏被稱為世載忠貞外，其他姓氏皆未於史傳中特別強調有忠的表現，故嚴格說之，僅杜氏同時具有忠孝門風。虜姓有關孝的門風顯然不及僑姓、吳姓、郡姓。至於忠的門風，也未見虜姓有任何記載。可見世族在忠孝門風的倡導，是以孝的門風為重，這也證明此時代是孝先於忠的時代。

第三節　世族美風姿形象

　　對於世族美風姿的描寫，早在東漢時期已出現於史傳之中，如《後漢書》卷三五〈鄭玄傳〉載：

〔註194〕李百藥，《北齊書》卷38〈元文遙傳〉，頁503。

> 身長八尺，……，秀眉明目，容儀溫偉。〔註195〕

而《後漢書》卷六十上〈馬融傳〉載：

> 馬融字季長，扶風茂陵人也，將作大匠嚴之子。爲人美辭貌，有俊
> 才。〔註196〕

且《後漢書》卷六二〈荀悅傳〉載：

> 性沈靜，美姿容，尤好著述。〔註197〕

又《後漢書》卷六八〈郭太傳〉載：

> 身長八尺，容貌魁偉，褒衣博帶，周遊郡國。〔註198〕

鄭玄、馬融、荀悅、郭太皆具美風姿。而《後漢書》記載人物美風姿情形，
爲《史記》、《漢書》所無法相比擬。《後漢書》對列傳人物美風姿的記載，正
顯示出東漢對人物美風姿的重視，而重視美風姿的社會風尚，至三國時期仍
延續之，所以《三國志》列傳中出現美風姿人物的記載更是層出不窮。如《三
國志》卷六〈劉表傳〉載：

> 少知名，號八俊。長八尺餘，姿貌甚偉。〔註199〕

而《三國志》卷一二〈何夔傳〉載：

> 長八尺三寸，容貌矜嚴。〔註200〕

且《三國志》卷五四〈周瑜傳〉載：

> 瑜長壯有姿貌。〔註201〕

又《三國志》卷五七〈張溫傳〉載：

> 溫少脩節操，容貌奇偉。〔註202〕

劉表、何夔、周瑜、張溫皆爲三國時期美風姿人物。而自東漢重視美風姿的
社會風尚是否仍持續於東晉南北朝？這值得進一步追問。

事實上，東晉南北朝世族爲保其門第勢力，除重婚姻、仕宦外，最重要
的是門第內須有佳子弟能負起門第傳承不息的重責，故特重子弟的教育。而
世族在教育子弟時，特重家學文化與家風的培養。此乃實因門第是否有文化，

〔註195〕范曄，《後漢書》卷 35〈鄭玄傳〉，頁 1211。
〔註196〕范曄，《後漢書》卷 60 上〈馬融傳〉，頁 1953。
〔註197〕范曄，《後漢書》卷 62〈荀悅傳〉，頁 2058。
〔註198〕范曄，《後漢書》卷 68〈郭太傳〉，頁 2225。
〔註199〕陳壽，《三國志》卷 6〈劉表傳〉，頁 210。
〔註200〕陳壽，《三國志》卷 12〈何夔傳〉，頁 378。
〔註201〕陳壽，《三國志》卷 54〈周瑜傳〉，頁 1259。
〔註202〕陳壽，《三國志》卷 57〈張溫傳〉，頁 1329。

影響著世人對其門第的印象。而且門第在文化之力的維繫下，更易使門第勢力穩固。因此，從前文的討論中，確實可看出世族各有家學文化內涵。而文化是一種內在之力，而顯於外則是一種獨特的氣度風姿，故深受文化洗禮之人，總讓人一眼就能視出其特有的氣質，有別於一般人。而世族子弟在家風的習染下，行之於外的神態，總讓人有美風姿之感，令人不由得欣賞他們的風采。因此，東晉南北朝出現更多美風姿人物。而各世族子弟實際表現出美風姿形象如何？以下詳述之。

一、僑 姓

僑姓琅邪王氏有美風姿子弟。據《晉書》卷四三〈王戎附王衍傳〉載：

衍字夷甫，神情明秀，風姿詳雅。〔註203〕

又同書同卷載：

衍既有盛才美貌，明悟若神，常自比子貢。〔註204〕

王衍為琅邪王氏美風姿子弟。而《宋書》卷五八〈王球傳〉載：

球少與惠齊名。美容止。〔註205〕

又《梁書》卷二一〈王峻傳〉載：

峻少美風姿，善舉止。〔註206〕

《梁書》卷二一〈王暕附王訓傳〉載：

訓美容儀，善進止，文章之美，為後進領袖。〔註207〕

《陳書》卷二三〈王瑒傳〉載：

沈靜有器局，美風儀，舉止醞藉。〔註208〕

再如《陳書》卷二三〈王瑒傳〉載：

瑒第十三弟瑜，字子珪，亦知名，美容儀，……。〔註209〕

王瑜有美容儀。而《南史》卷二三〈王彧傳〉載：

幼為從叔球所知憐。美風姿，為一時推謝。〔註210〕

〔註203〕房玄齡，《晉書》卷43〈王戎附王衍傳〉，頁1235。
〔註204〕房玄齡，《晉書》卷43〈王戎附王衍傳〉，頁1236。
〔註205〕沈約，《宋書》卷58〈王球傳〉，頁1594。
〔註206〕姚思廉，《梁書》卷21〈王峻傳〉，頁320。
〔註207〕姚思廉，《梁書》卷21〈王暕附王訓傳〉，頁323。
〔註208〕姚思廉，《陳書》卷23〈王瑒傳〉，頁301。
〔註209〕姚思廉，《陳書》卷23〈王瑒傳〉，頁302。
〔註210〕李延壽，《南史》卷23〈王彧傳〉，頁632。

且《南史》卷二三〈王彧附王克傳〉載：

> 克美容貌，善容止，……。〔註211〕

又《南史》卷二三〈王彧附王銓傳〉載：

> 美風儀，善占吐，……。〔註212〕

又《南史》卷二三〈王彧附王勱傳〉載：

> 美風儀，博涉書史，恬然清簡，未嘗以利欲干懷。〔註213〕

再如《周書》卷四一〈王褒傳〉載：

> 美風儀，善談笑，博覽史傳，尤工屬文。〔註214〕

據以上可知，王衍、王球、王峻、王訓、王瑒、王瑜、王彧、王克、王銓、王勱、王褒等一一人，爲琅邪王氏美風姿子弟。

至於謝氏，一如琅邪王氏，在史傳中可見眾多子弟美風姿形象。據《晉書》卷七九〈謝尚附謝琰傳〉載：

> 弱冠，以貞幹稱，美風姿。〔註215〕

而《宋書》卷四四〈謝晦傳〉載：

> 晦美風姿，善言矣，眉目分明，鬢髮如點漆。〔註216〕

又《宋書》卷五二〈謝景仁附謝述傳〉載：

> 美風姿，善舉止，（劉）湛每謂人曰：「我見謝道兒，未嘗足。」道兒，述小字也。〔註217〕

如《宋書》卷八五〈謝莊傳〉載：

> 及長，韶令美容儀，太祖見而異之，謂尚書僕射殷景仁、領軍將軍劉湛曰：「藍田出玉，豈虛也哉。」〔註218〕

再如《梁書》卷一五〈謝朓附謝覽傳〉載：

> 覽爲人美風神，善辭令，高祖深器之。〔註219〕

另《南史》卷一九〈謝裕附謝微傳〉載：

〔註211〕李延壽，《南史》卷23〈王彧附王克傳〉，頁637。
〔註212〕李延壽，《南史》卷23〈王彧附王銓傳〉，頁640。
〔註213〕李延壽，《南史》卷23〈王彧附王勱傳〉，頁642。
〔註214〕令狐德棻，《周書》卷41〈王褒傳〉，頁729。
〔註215〕房玄齡，《晉書》卷79〈謝尚附謝琰傳〉，頁2077。
〔註216〕沈約，《宋書》卷44〈謝晦傳〉，頁1348。
〔註217〕沈約，《宋書》卷52〈謝景仁附謝述傳〉，頁1496。
〔註218〕沈約，《宋書》卷85〈謝莊傳〉，頁2167。
〔註219〕姚思廉，《梁書》卷15〈謝朓附謝覽傳〉，頁265。

美風采，好學善屬文，位兼中書舍人。〔註220〕

據以上可知，謝琰、謝晦、謝述、謝莊、謝覽、謝微等六人，為謝氏有美風儀子弟。

再述及袁氏子弟，風采不及琅邪王氏、謝氏，史書中不見其子弟美風姿記載。至於蕭氏子弟展現美風姿風采有，蕭祗、蕭撝、蕭大圜三人。據《北齊書》卷三三〈蕭祗傳〉載：

少聰敏，美容儀。〔註221〕

而《周書》卷四二〈蕭撝傳〉載：

性溫裕，有儀表。〔註222〕

又《周書》卷四二〈蕭大圜傳〉載：

幼而聰敏，神情俊悟。〔註223〕

綜觀僑姓王謝袁蕭子弟於史傳中載美風姿形象，以琅邪王氏一一人最多，謝氏次之有六人，蕭氏又次之有三人。至於袁氏未有子弟美風姿記載。

二、東南吳姓

吳姓張氏有美風儀子弟。據《宋書》卷四六〈張邵附張敷傳〉載：

性整貴，風韻端雅，好玄言，善屬文。〔註224〕

而《南史》卷三一〈張裕附張緒傳〉載：

緒吐納風流，聽者皆忘飢疲，見者肅然如在宗廟。雖終日與居，莫能測焉。〔註225〕

又《南史》卷三二〈張邵附張暢傳〉載：

（李）孝伯辭辯亦北土之美，暢隨宜應答，吐屬如流，音韻詳雅，風儀華潤。孝伯及左右人並相視歎息。〔註226〕

又《南史》卷三二〈張邵附張融傳〉載：

張氏自敷以來，並以理音辭、修儀範為事。至融風止詭越，坐常危膝，行則曳步，翹身仰首，意制甚多。見者驚異，聚觀成市，而融

〔註220〕李延壽，《南史》卷19〈謝裕附謝微傳〉，頁530。
〔註221〕李百藥，《北齊書》卷33〈蕭祗傳〉，頁443。
〔註222〕令狐德棻，《周書》卷42〈蕭撝傳〉，頁751。
〔註223〕令狐德棻，《周書》卷42〈蕭大圜傳〉，頁756。
〔註224〕沈約，《宋書》卷46〈張邵附張敷傳〉，頁1395。
〔註225〕李延壽，《南史》卷31〈張裕附張緒傳〉，頁810。
〔註226〕李延壽，《南史》卷32〈張邵附張暢傳〉，頁831。

　　了無慚色。〔註227〕

據以上可知，張敷、張緒、張暢、張融等人，爲張氏美風姿子弟。

三、山東郡姓

　　山東郡姓太原王氏子弟的風采顯然不如琅邪王氏，其子弟未有美風姿記載。而山東郡姓崔氏可分博陵崔氏與清河崔氏。在史傳中，未見博陵崔氏子弟美風姿形象記載。而清河崔氏有美風姿子弟。據《魏書》卷二四〈崔玄伯附崔道固傳〉載：

　　道固美形容，善舉止，便弓馬，好武事，（劉）駿稍嘉之。〔註228〕

而《周書》卷三六〈崔彥穆傳〉載：

　　彥穆風韻閑曠，器度方雅，善玄言，解談謔，甚爲江陵所稱。〔註229〕

又《北史》卷二一〈崔宏附崔浩傳〉載：

　　浩纖妍白皙如美婦人。性敏達，長於謀計，自比張良，謂己稽古過之。〔註230〕

又《北史》卷二四〈崔逞附崔瞻傳〉載：

　　潔白，善容止，神彩嶷然，言不妄發，才學風流爲後來之秀。〔註231〕

據以上可知，崔道固、崔彥穆、崔浩、崔瞻等四人，爲清河崔氏美風姿子弟。清河崔氏子弟風采相較於博陵崔氏，顯然較爲勝出。盧氏也有美風姿子弟，據《北齊書》卷四二〈盧潛附盧昌衡傳〉載：

　　沉靖有才識，風儀蘊籍，容止可觀。〔註232〕

而《北史》卷三十〈盧同傳〉載：

　　身長八尺，容貌魁偉，善於處世。〔註233〕

又《北齊書》卷四二〈盧潛傳〉載：

　　潛容貌瓌偉，善言談，少有成人志尚。〔註234〕

據以上可知，盧昌衡、盧同、盧潛等三人，爲史傳中記載盧氏美風姿子弟。

〔註227〕李延壽，《南史》卷32〈張邵附張融傳〉，頁834。
〔註228〕魏收，《魏書》卷24〈崔玄伯附崔道固傳〉，頁629。
〔註229〕令狐德棻，《周書》卷36〈崔彥穆傳〉，頁640～641。
〔註230〕李延壽，《北史》卷21〈崔宏附崔浩傳〉，頁779。
〔註231〕李延壽，《北史》卷24〈崔逞附崔瞻傳〉，頁874。
〔註232〕李百藥，《北齊書》卷42〈盧潛附盧昌衡傳〉，頁557。
〔註233〕李延壽，《北史》卷30〈盧同傳〉，頁1095。
〔註234〕李百藥，《北齊書》卷42〈盧潛傳〉，頁554。

　　山東郡姓李氏，有趙郡李氏與隴西李氏。趙郡李氏有美風姿子弟，據《魏書》卷三六〈李順附李憲傳〉載：

　　　　清粹，善風儀，好學，有器度。〔註235〕

而《魏書》卷三六〈李順附李希宗傳〉載：

　　　　性寬和，儀貌雅麗，涉獵書傳，有文才。〔註236〕

又《魏書》卷三六〈李順附李弈傳〉載：

　　　　美容貌，有才藝。〔註237〕

再如《魏書》卷四九〈李靈附李子岳傳〉載：

　　　　事母孝謹，兄弟並容貌魁偉，風度審正，而皆早卒。〔註238〕

而《魏書》卷五三〈李孝伯傳〉載：

　　　　孝伯少傳父業，博綜羣言。美風儀，動有法度。〔註239〕

李孝伯美風儀也見《北史》卷三三〈李孝伯傳〉載：

　　　　孝伯風容閑雅，應答如流，（張）暢及左右甚相嗟歎。〔註240〕

又《北齊書》卷四八〈李祖昇傳〉載：

　　　　祖昇儀容瓌麗，垂手過膝，睦姻好施，文學足以自通。〔註241〕

又《北史》卷三三〈李靈附李繪傳〉載：

　　　　每霸朝文武總集，對揚王庭，常令繪先發言端，爲羣僚之首。音詞
　　　　辯正，風儀都雅，聽者悚然，文襄益加敬異。又掌儀注。〔註242〕

據上可知，李憲、李希宗、李弈、李子岳、李孝伯、李祖昇、李繪等七人，爲趙郡李氏美風姿子弟。另隴西李氏也有美風姿子弟，據《魏書》卷三九〈李寶附李瑾傳〉載：

　　　　美容貌，頗有才學，……。〔註243〕

又《魏書》卷三九〈李寶附李仲尙傳〉載：

　　　　儀貌甚美。〔註244〕

〔註235〕魏收，《魏書》卷36〈李順附李憲傳〉，頁835。
〔註236〕魏收，《魏書》卷36〈李順附李希宗傳〉，頁836。
〔註237〕魏收，《魏書》卷36〈李順附李弈傳〉，頁841。
〔註238〕魏收，《魏書》卷49〈李靈附李子岳傳〉，頁1102。
〔註239〕魏收，《魏書》卷53〈李孝伯傳〉，頁1167。
〔註240〕李延壽，《北史》卷33〈李孝伯傳〉，頁1221。
〔註241〕李百藥，《北齊書》卷48〈李祖昇傳〉，頁667。
〔註242〕李延壽，《北史》卷33〈李靈附李繪傳〉，頁1207。
〔註243〕魏收，《魏書》卷39〈李寶附李瑾傳〉，頁888。

據上可知，隴西李氏美風姿子弟僅見李瑾與李仲尚二人。趙郡李氏美風姿子弟顯然勝於隴西李氏。而鄭氏僅見鄭嚴祖有風儀記載，據《魏書》卷五六〈鄭義附鄭道昭傳〉載：

> 子嚴祖，頗有風儀，粗觀文史。〔註245〕

綜觀山東郡姓王崔盧李鄭子弟具美風姿形象，以趙郡李氏七人最多，而隴西李氏有二人，顯然趙郡李氏美風姿子弟勝於隴西李氏。而清河崔氏有四子弟具美風姿，而博陵崔氏未見美風姿子弟，清河崔氏子弟風采勝於博陵崔氏。而盧氏有三子弟具美風姿。鄭氏僅見鄭嚴祖一人有風儀。而山東郡姓太原王氏子弟風采不如僑姓琅邪王氏，未見任何美風姿子弟記載。

四、關中郡姓

關中郡姓韋氏未見子弟美風姿記載。而裴氏有子弟具美風姿形象。據《晉書》卷三五〈裴秀附裴楷傳〉載：

> 楷風神高邁，容儀俊爽，博涉羣書，特精理義，時人謂之「玉人」，
> 又稱「見裴叔則如近玉山，映照人也」。〔註246〕

裴楷字叔則。裴楷被當時人稱爲「玉人」，可見其風姿之美。而《晉書》卷三五〈裴秀附裴瓚傳〉載：

> 風神高邁，見者皆敬之。〔註247〕

另《魏書》卷四五〈裴駿附裴詢傳〉載：

> 美儀貌，多藝能，音律博奕，咸所開解。〔註248〕

又《魏書》卷七一〈裴叔業附裴粲傳〉載：

> 沉重，善風儀，頗以驕豪爲失。〔註249〕

又《魏書》卷八八〈裴佗傳〉載：

> 佗容貌魁偉，隤然有器望。〔註250〕

再如《北史》卷三八〈裴寬傳〉載：

> 寬舉止詳雅，善於占對，文襄甚賞異之，解鎖付館，厚加禮遇。〔註251〕

〔註244〕魏收，《魏書》卷39〈李寶附李仲尚傳〉，頁893。
〔註245〕魏收，《魏書》卷56〈鄭義附鄭道昭傳〉，頁1242。
〔註246〕房玄齡，《晉書》卷35〈裴秀附裴楷傳〉，頁1048。
〔註247〕房玄齡，《晉書》卷35〈裴秀附裴瓚傳〉，頁1050。
〔註248〕魏收，《魏書》卷45〈裴駿附裴詢傳〉，頁1021。
〔註249〕魏收，《魏書》卷71〈裴叔業附裴粲傳〉，頁1573。
〔註250〕魏收，《魏書》卷88〈裴佗傳〉，頁1906。

據上可知，裴楷、裴瓚、裴詢、裴粲、裴佗、裴寬等六人，具美風姿形象。
除裴氏外，柳氏亦有美風姿子弟。據《魏書》卷四五〈柳崇傳〉載：

> 崇方雅有器量，身長八尺，美鬚明目，兼有學行。〔註252〕

而《周書》卷一一〈柳虯附柳帶韋傳〉載：

> 身長八尺三寸，美風儀，善占對。〔註253〕

又《周書》卷四二〈柳霞傳〉載：

> 霞幼而爽邁，神彩嶷然，髫歲便有成人之量。〔註254〕

又《北史》卷六四〈柳虯附柳機傳〉載：

> 偉容儀，有器局，頗涉經史。〔註255〕

據上可知，柳崇、柳帶韋、柳霞、柳機等四人，爲柳氏具有美風姿形象子弟。
至於薛氏未見子弟具美風姿形象。而楊氏有子弟具美風姿形象。據《北史》
卷四一〈楊播附楊愔傳〉載：

> 及長，能清言，美音制，風神俊悟，容止可觀，人士見之，莫不敬
> 異，有識者多以遠大許之。〔註256〕

而《北史》卷四一〈楊敷附楊素傳〉載：

> 美鬚髯，有英傑之表。〔註257〕

又《北史》卷四一〈楊敷附楊玄感傳〉載：

> 及長，美鬚髯，儀貌雄俊，好讀書，便騎射。〔註258〕

又《北史》卷六八〈楊紹附楊雄〉載：

> 美姿容，有器度，雍容閑雅，進止可觀。〔註259〕

據上可知，楊愔、楊素、楊玄感、楊雄等四人，爲楊氏具美風姿形象子弟。
另杜氏子弟具美風姿者，據《晉書》卷九三〈杜乂傳〉載：

> 性純和，美姿容，有名盛於江左。〔註260〕

〔註251〕李延壽，《北史》卷38〈裴寬傳〉，頁1397。
〔註252〕魏收，《魏書》卷45〈柳崇傳〉，頁1029。
〔註253〕令狐德棻，《周書》卷22〈柳慶附柳帶韋傳〉，頁373。
〔註254〕令狐德棻，《周書》卷42〈柳霞傳〉，頁766。
〔註255〕李延壽，《北史》卷64〈柳虯附柳機傳〉，頁2285。
〔註256〕李延壽，《北史》卷41〈楊播附楊愔傳〉，頁1500。
〔註257〕李延壽，《北史》卷41〈楊敷附楊素傳〉，頁1508。
〔註258〕李延壽，《北史》卷41〈楊敷附楊玄感傳〉，頁1517。
〔註259〕李延壽，《北史》卷68〈楊紹附楊雄〉，頁2369。
〔註260〕房玄齡，《晉書》卷93〈杜乂傳〉，頁2414。

杜乂爲杜氏僅見美風姿子弟。綜觀關中郡姓韋裴柳薛楊杜子弟具美風姿形象，以裴氏六人最多，柳氏及楊氏各有四人，杜氏有杜乂一人，而韋氏及薛氏未見子弟具美風姿形象。

五、虜　姓

虜姓元氏有美風姿子弟，據《北史》卷五五〈元文遙傳〉載：

> 行恭美姿貌，有父風，兼俊才。〔註261〕

元文遙爲元氏僅見美風姿子弟。另長孫氏亦有美風姿子弟，據《北史》卷二二〈長孫嵩附長孫平傳〉載：

> 美容儀，有器幹，頗覽書記，……。〔註262〕

而《北史》卷二二〈長孫道生附長孫熾傳〉載：

> 性敏慧，美姿容，頗涉羣書，兼長武藝。〔註263〕

又《周書》卷二六〈長孫儉傳〉載：

> 儉少方正，有操行，狀貌魁梧，神彩嚴肅，雖在私室，終日儼然。
>
> 〔註264〕

據上可知，長孫平、長孫熾、長孫儉等三人，爲長孫氏具美風姿子弟。再述及宇文氏亦有美風姿子弟，據《周書》卷四十〈宇文神舉傳〉載：

> 神舉偉風儀，善辭令，博涉經史，性愛篇章，尤工騎射。〔註265〕

宇文神舉爲宇文氏僅見美風姿子弟。另于氏亦有美風姿子弟，據《北史》卷二三〈于栗磾傳〉載：

> 子洛拔，有姿容，善應對。〔註266〕

又《周書》卷三十〈于翼傳〉載：

> 美風儀，有識度。〔註267〕

于洛拔、于翼二人爲于氏美風姿子弟。再觀代郡陸氏亦有美風姿子弟，據《北史》卷二八〈陸俟附陸卬傳〉載：

> 少機悟，美風神。〔註268〕

〔註261〕李延壽，《北史》卷55〈元文遙傳〉，頁2006。
〔註262〕李延壽，《北史》卷22〈長孫嵩附長孫平傳〉，頁810。
〔註263〕李延壽，《北史》卷22〈長孫道生附長孫熾傳〉，頁816。
〔註264〕令狐德棻，《周書》卷26〈長孫儉傳〉，頁427。
〔註265〕令狐德棻，《周書》卷40〈宇文神舉傳〉，頁716。
〔註266〕李延壽，《北史》卷23〈于栗磾傳〉，頁838。
〔註267〕令狐德棻，《周書》卷30〈于翼傳〉，頁523。

陸卬為代郡陸氏僅見美風姿子弟。綜觀虜姓元長孫宇文于陸子弟具美風姿形象，以長孫氏三人最多，于氏有二人，元氏、宇文氏、陸氏各有一人具美風姿形象。

　　綜上而言，東漢時即重視人物風姿，社會追求美風姿風尚，這股風潮延續至六朝不衰。東晉南北朝世家子弟，在家庭教育重家學與家風下，所表現於外的舉止風儀器度常出眾，一般以「美風姿」形容他們行之於外的風采。而美風姿形象，常是有文化內涵的外在表現。因深受文化洗禮之人，常有別於一般人的獨特氣質。而世族因有家學文化，故子弟外表神態，總會出現美風姿形象，而為世人所欣賞。美風儀，實為門第的內在教養所成。而綜觀各世族子弟美風姿表現，僑姓、吳姓、山東郡姓、關中郡姓、虜姓，皆有子弟具美風姿形象。而僑姓中，以琅邪王氏一一人最多，謝氏次之有六人，蕭氏又次之有三人，而袁氏未有子弟美風姿記載。東南吳姓中，張氏有四人，朱氏、顧氏、陸氏未見美風姿子弟。山東郡姓，以趙郡李氏七人最多，而隴西李氏有二人，顯然趙郡李氏美風姿子弟勝於隴西李氏。清河崔氏有四人，而博陵崔氏未見美風姿子弟，清河崔氏子弟風采勝於博陵崔氏。而盧氏有三人。鄭氏僅見鄭嚴祖一人。而山東郡姓太原王氏子弟風采不如僑姓琅邪王氏，因太原王氏未見任何美風姿子弟記載。關中郡姓，以裴氏六人最多，柳氏及楊氏各有四人，杜氏有杜乂一人，而韋氏及薛氏未見子弟具美風姿形象。虜姓，以長孫氏三人最多，于氏有二人，元氏、宇文氏、陸氏各有一人具美風姿形象。而在所有世族中，以琅邪王氏一一人最多，趙郡李氏有七人，謝氏與裴氏有六人，張氏、清河崔氏、柳氏及楊氏有四人，蕭氏、盧氏及長孫氏有三人，隴西李氏、于氏有二人，鄭氏、杜氏、元氏、宇文氏、代郡陸氏有一人，而袁氏、朱氏、顧氏、陸氏、太原王氏、韋氏、薛氏未有美風姿子弟記載。琅邪王氏美風姿子弟最多，不愧為當時最知名及最重要世族。而程章燦《世族與六朝文學》一文指出，玄風中人不但講究言談優雅清暢，而且追求風姿雋朗清潤。〔註269〕就此而言，能清談言論者，理當更應具美風姿形象。前文提到世族善談論時，已得謝氏最多一三人，僑姓王氏十人，吳姓張氏有九人，裴氏有六人，吳姓陸氏與山東郡姓王氏有五人。僑姓袁氏有三人。吳姓顧氏有二人。就世族善談論子弟與美風姿子弟對應觀之，兩者似無必然關係。而

〔註268〕李延壽，《北史》卷28〈陸俟附陸卬傳〉，頁1017。
〔註269〕程章燦，《世族與六朝文學》，頁70。

程章燦《世族與六朝文學》一文又指出，在清言和風儀方面，張氏人才的傑出表現，不僅在吳郡世族中出類拔萃，與僑姓世族相比，也毫無愧色。〔註270〕張氏在清言和風儀上，確實為吳郡世族中最出色者，但若與僑姓較之，須考慮與僑姓中王謝袁蕭哪一氏做比較，將有不同結果，非一句毫無愧色所能說盡。

〔註270〕程章燦，《世族與六朝文學》，頁 111。

第六章　結　論

　　學者研究魏晉南北朝，常把焦點放於世族門第。錢穆亦提出，欲了解魏晉南北朝學術文化，須以當時門第背景作爲研究中心，始能獲得解答。而對世族門第的深究，更有助於了解魏晉南北朝時代的脈絡，故世族門第是魏晉南北朝研究中重要的研究課題。

　　魏晉南北朝，以九品中正爲選官制度。此制度不同於兩漢「鄉舉里選」，在舉用人才上，相當重視家世，換言之，選舉依門第而論，能爲官者，多爲世家大族。世家大族若欲子孫，歷代爲官，穩固其政治權力，就須維繫門第勢力於不墜，因此如何使門第不衰，遂成當時人所關心的課題。而欲維繫門第，除由婚、宦外，最佳方法乃爲門第中有傳襲不絕的佳子弟。因此，欲有佳子弟，乃成爲當時門第中人的普遍心情。世族欲家中有佳子弟，則須以教之，因而重視家庭教育乃成爲當時的風尚。因此探究東晉南北朝世族如何實施家庭教育，以維繫門第是重要而有意義的範疇。

　　前輩學者在研究世族門第時，多傾向於作個案研究，研究結果常流於瑣碎，故本論文欲對世族家庭教育作通盤研究，不從個案研究著手，期能探究各世族家庭教育的內涵及差異。而本論文所言世族，以柳芳氏族論所言僑姓、吳姓、山東郡姓、關中郡姓、虜姓，爲主要討論對象。

　　就世族重視家庭教育而言，除東南吳姓朱氏、陸氏、山東郡姓王氏、關中郡姓杜氏，及虜姓元氏，未見特別強調家門有禮，及撫育訓養子弟外，柳芳所言其他世族，在史傳中皆可見具體家教事蹟，可見世族確實非常重視家教。從王羲之感嘆未蒙父母教訓之言，可見王羲之認爲家庭教育非常重要。一般而言，家庭教育通常由父母負起教育之責，但若父母已亡，家族份子通

常會承繼教育族中晚輩之責。而由於家庭教育缺乏強制約束性，故即使世族重視家教，家中子弟未必能受教，符合長輩期待，此亦見家庭教育之困難。而俗話說「不打不成器」，似乎說，要使子弟成才，體罰是必要的手段。但從柳芳所言世族，佳子弟不絕於書，但事實上，世族在施教過程，使用體罰，僅見蕭氏、博陵崔氏、薛氏三例，可見體罰並非家庭教育必要之手段，更非造就佳子弟之方法。在家統一尊的父權社會，男性家長擔負教育子弟的主要責任，但婦女在教育子弟仍扮演重要角色。

至於六朝世族門第中人，爲提高家族聲譽，常出現褒揚子弟之現象。綜觀世族稱揚子弟，以僑姓王氏、謝氏爲多，顯然王、謝最會行銷自家子弟。而僑姓王謝袁蕭，皆有稱揚自家子弟。東南吳姓、山東郡姓、關中郡姓，稱揚自家子弟有，陸曄、崔昂、崔振、盧景裕、盧勇、李士謙、李沖、柳霞、薛世雄、楊愔等人。而朱氏、張氏、顧氏、太原王氏、清河崔氏、鄭氏、韋氏、裴氏、杜氏，則未見爲家族中人稱揚子弟。至於虜姓所有姓氏，皆未見家族中人褒揚子弟。虜姓未見稱揚自家子弟之因，可能與代北之地尚武，缺文風，不知如何褒揚子弟，更不在意自抬子弟身價有關。而稱揚子弟的內容，多著重於子弟足以興門戶，爲門戶所寄之言，及子弟的優秀有如千里駒，爲家中之寶。

然又從史書觀之，世族中不僅有自家稱揚子弟，亦有更多名顯當世子弟。從知名子弟之眾，可看出世族門第培養子弟不餘遺力，世族不缺佳子弟，門第可以傳之久遠。世族子弟甚多於幼年時，便已顯名於世，此情形若非經苦心栽培，實難達成。而在討論的世族中，以僑姓琅邪王氏知名子弟最眾，琅邪王氏人才輩出，正與王氏在當時社會爲第一大世族相符。在世族中，兄弟並爲知名，世人給予特別稱號者，爲吳姓中張氏。張氏子弟有「四張」、「張氏五龍」之稱。而世族子弟雖未爲自家人所稱揚，但確知名於世，有關中郡姓韋氏、裴氏、薛氏、杜氏。世族子弟知名之因，除關中郡姓柳氏、薛氏、杜氏子弟以勇武著稱外，其他世族多以「尚文」知名。至於虜姓世族中少見子弟知名情形，此可能與其社會崇武之風，不盛行互相標榜有關。此外，雖世族子弟擁美名者眾，但亦見獲譏於世者，整體而言，世族子弟以優秀表現爲多，此應歸功於家庭教育之力。

世族教育子弟，通常透過家訓、機會勸諫，及遺命之言等方面施行之。而世族以家訓教子弟，僅見僑姓琅邪王僧虔及王褒、山東郡姓太原王昶、關

中郡姓楊椿等四人。其中王昶家訓最具體明白，全爲德性與待人處世之教。楊椿家訓，最爲深思熟慮之作，在內容中先道出寫家訓之原委，不同於一般家訓直言訓勉之語。東晉南北朝，雖爲亂世，社會流行玄學之風，但家訓重點仍以教子弟要勤學、孝敬仁義、孝悌於閨門、知足、推漈恭讓、謙實、愼言語、存禮節爲重。由此可知，不管時代風潮如何改變，家教的內容仍以儒家禮教爲原則，作爲要求子弟的主流思想。至於以家訓教子弟效果如何？此完全端視子弟個人如何看待家訓之訓勉，若重視之，自然效用大，影響也大，若不重視，那也只是篇無足輕重之文章。

世族在家庭教育中，特別重視子弟勤學之教，其目的並非爲求得仕宦之階，而在使子弟能明白事理，成爲才德兼備之人。勤學之教，以越早養成越好。事實上，世族子弟也多於幼年時，即被教以好學之道。綜觀世族子弟好學情形，依次爲蕭氏十九人、琅邪王氏十八人、柳氏十六人、陸氏十五人、清河崔氏十三人、裴氏十二人、薛氏十一人、趙郡李氏九人、韋氏八人、博陵崔氏六人、盧氏、長孫氏五人、謝氏四人、太原王氏、元氏三人、楊氏、杜氏二人、顧氏、鄭氏、宇文氏、于氏、陸氏皆一人、袁氏、朱氏、張氏、隴西李氏未見任何記載。在各世族中，虜姓子弟好學情形相對較少，這可能與代北之人，崇武之風，對於讀書好學較少關注有關。世族子弟多幼即知好學，應受家庭教育影響。從世族重子弟好學之教，足以給現代父母啓示，培養子弟好學讀書之重要，甚於眾多才藝之學習。不過父母應該有好學讀書，目的並非求子弟於仕途，而是求子弟能成爲才德兼備之人的認知。

家庭教育中的機會勸諫，更能見世族教子弟之情，其內容較家訓多元，也較不流於制式。從機會勸諫者與被勸者關係觀之，有長輩之勸（父之勸、從父之勸）、女性之勸（母之勸、婦女對晚輩及宗族之勸、姊之勸、妻之勸）、平輩之勸（兄之勸、弟之勸）、勸婦女及姻親之勸。母之勸，對子弟的影響性甚大，子弟常因母之勸而改變行爲。更甚者，因聽母之勸，而能倖免於難，可見當時婦女並非無知之婦，表現出相當識見。此外，雖古代重夫權，妻有從夫之義，但妻仍能勸夫，並產生影響力，可見婦女在家仍能適度發聲，並非僅能對丈夫百依百順。而從史文的整理，得知以平輩之勸爲多。這樣的結果，不同於一般對家庭教育，以長輩對晚輩教勸爲多的認知。平輩之勸爲多，或許與平輩相處機會較多，更容易有機會提出勸諫有關。機會勸諫成效如何？據所引史文有聽勸、有不聽勸，全因人而異，勸諫並無強制約束力。至於機

會勸諫內容，多為處世宜低調、勿傲誕、勿躁進、明哲保身、謙退、以保門戶為多。如此勸諫內容，正好呼應，亂世之中，以保門戶為重。而機會勸諫以王、謝之門最多。而所探討之世族，雖非皆可見機會勸諫，但無損於對世族機會勸諫子弟的認知。

至於臨死前的遺命之教，一般認為是訓勉子弟的重要時機。但事實上，遺命之言，少見對子弟修德、處世之訓，多談終制之事。換言之，遺命之教重點在，對身後事的交代與安排，顯然與平時的家訓、家誡有很大不同。在討論的世族中，僑姓王謝袁蕭皆留有遺令；吳姓僅見張、顧留有遺令；山東郡姓王崔盧李鄭，僅見崔氏、趙郡李氏、鄭氏留有遺令；關中郡姓韋裴柳薛楊杜，僅楊氏未見遺令；虜姓僅見長孫氏、陸氏留下遺令。而各世族遺令內容幾乎相同，多為做薄葬交代。至於臨終遺命，子孫多能遵之。而世族遺令對喪葬之事，以薄葬為交代，正呼應社會薄葬風氣。從此處亦可見，家庭教育內容常與社會潮流相呼應。

世族家庭教育內容，大抵可分為家學與門風二大類。而世族家學的形成，深受社會風尚所影響。當時社會，雖儒學已失獨尊地位，但因儒學所重三綱五常，仍為統治者治國安民的重要指導方針，更是時局動盪之際，穩定門閥家族勢力的重要力量，因此，儒學實際上並未消歇，世人仍精於經學研究。在帝王好文，及國之取才多以文史之士情形下，整個社會形成尚文之風。此外，六朝帝王對書法的欣賞與愛好，帶動整個社會對書法審美的風潮。另外，東漢因現實政治環境的刺激，興起談論批判之風。而這股談論之風，並未因改朝換代而稍歇，魏晉以下仍盛行談論之風。可知當時社會瀰漫經學之精、尚文之風、書法之盛，及談論之風等風氣，而這些風氣都關涉到世族家學的內涵。經學研究之精，代表儒學仍佔有其地位，儒學又是穩定門閥家族勢力的重要力量，因此世族有以儒學為家學傳授於子弟。在尚文風氣之下，能文者，為時流所重，因此世族紛紛習文，希望以善文能獲時譽，以穩固家族在社會上的地位，故文學教育為門第教育所重視，世族有以文學為家學者。在書法之盛下，「善書」不但可提高人身價值，又可標榜門風，因此世家大族特重之。書法儼然成為當時世族子弟必修的一項顯學，換言之，世族以書法為家學教子弟。在清談之風下，清談成為世族生活中重要的一部分，更為其高貴生活的點綴，以示其尊貴絕俗。故世家大族能躬逢談論盛事，子弟往往參與談局，善談者更為人所敬重，故門第教育習染玄風，重談論文化。故儒學、

文學、書法、善談，爲世族家學內涵。

　　至於世族以儒學爲家學者，在僑姓中，以琅邪王氏有「王太保家法」、「王氏青箱學」最明顯。而袁氏在東漢時，即爲儒學名家，於渡江之後，仍保有以儒學爲家學，不過因玄風興起，其家學並不限於以儒學爲內容。蕭氏子弟，多於幼年時，即博涉經史，可見有家學淵源。至於謝氏，相對於王袁蕭，以儒學爲家學較不明顯。而吳姓朱張顧陸，在史傳中未見以儒學爲家學記載。至於山東郡姓王崔盧李鄭諸氏，可知崔氏、盧氏及趙郡李氏以儒學爲家學，但太原王氏、隴西李氏、鄭氏無法肯定以儒學爲家學。而山東郡姓太原王氏，僅見王遵業涉經史，不如琅邪王氏有「王氏青箱學」。又就關中郡姓韋裴柳薛楊杜觀之，僅薛氏、楊氏未有子弟涉經史記載，無法肯定其以儒學爲家學外，其餘韋氏、裴氏、柳氏、杜氏皆有子弟涉經史，推斷儒學應其家學之一。至於虜姓，元氏、長孫氏未見博涉經史者，而宇文氏、于氏雖有涉經史子弟，但人數不多，另外陸氏雖有家業，但未明確指出家業爲何。故可知虜姓未以儒學爲家學。

　　以文學爲家學者，僑姓王謝袁蕭四氏皆有善文子弟，文學可說是四氏的共同家學。而就子弟實際善文情形，以王氏最多二五人，謝氏次之二三人、蕭氏又次之一六人，相較下袁氏最少。王、謝兩氏善文子弟人數雖差距不大，但符合沈約所說，其身爲四代之史，自開闢已來，未有爵位蟬聯，文才相繼，如王氏之盛者。而東南吳姓朱張顧陸，張氏、陸氏子弟有善文子弟。就張氏與陸氏善文子弟較之，陸氏子弟並不遜於張氏。對於「張文、陸忠」文化風貌之說，只能說當時人特別看中陸氏「忠」的表現，忽略了陸氏子弟的文才表現。另朱氏、顧氏子弟於史傳中未有善文記載。至於山東郡姓王崔盧李鄭善文子弟，以盧氏最多有十三人，博陵崔氏有十一人，清河崔氏有十人，趙郡李氏有七人，文學可說是盧氏、博陵崔氏、清河崔氏、趙郡李氏家學。而鄭氏僅三人善文、隴西李氏僅二人善文，因人數過少，無法就此論定文學爲其家學。而太原王氏除王敬仁能寫〈賢人論〉，可算善文外，未見其他子弟善文記載，不過於《隋書‧經籍志》中，卻可見太原王氏子弟有文集，即使如此，太原王氏子弟仍不如僑姓琅邪王氏子弟善文。再述及關中郡姓韋裴柳薛楊杜善文子弟，以裴氏最多有十三人，柳氏八人次之，韋氏六人又次之，文學可說是裴氏、柳氏、韋氏家學。至於薛氏、楊氏有三人善文，杜氏有二人善文，因善文人數過少，無法肯定文學爲其家學。虜姓僅見元偉、陸卬善文，

可見虜姓善文子弟不如僑姓、吳姓、郡姓。可見文風之盛，仍多見於漢人之家族，亦可見胡人尚武，尚未完全受儒家與文學教化之概況。

另外以書法為家學者，如僑姓琅邪王氏，可說是我國史上第一「書法世家」。至於謝氏子弟也善書法，但無法與琅邪王氏相比。僑姓中另一個以書法為家學的是蕭氏。吳姓在書法上的表現，整體而言，不如僑姓王、謝、蕭，僅見張氏張永、張融二人善書，雖家門有善書者，但因人數少，不足以視為家學。山東郡姓崔、盧二氏，被史官並寫於史書之中，是因書法的表現，史文載的非常清楚，因此崔、盧二氏以書法為家學是肯定的。山東郡姓太原王氏善書子弟，僅見王濛與王脩，實無法與琅邪王氏相比。同樣地，關中郡姓柳氏與薛氏雖有善書子弟，但皆因人數寡少，而不足以視書法為其家學。虜姓就更不用說了，全無子弟善書記載，書法不可能成為其家學。

此外世族重談論文化者，以僑姓、吳姓子弟最善談論，山東郡姓王崔盧李鄭，僅王氏有子弟善談論。關中郡姓韋裴柳薛楊杜，僅裴氏子弟善談論。虜姓元長孫宇文于陸，皆未有子弟善談論。若綜觀世族子弟善談，以僑姓謝氏子弟最善談論有十三人。僑姓王氏次之有十人。東南吳姓張氏有九人。關中郡姓裴氏有六人。吳姓陸氏與山東郡姓王氏有五人。僑姓袁氏有三人。吳姓顧氏有二人。

世族家學並不限於一種，如僑姓王氏家學多元，在儒學、文學、書法、談論皆有所表現。謝氏以文學為家學，並且善談論居世族之冠。山東郡姓太原王氏家學表現，不及僑姓琅邪王氏。而世族以文學為家學最普遍，次為儒學，至於書法與談論，僅見少數世族以之為家學。世族多以文學為家學，正足以說明東晉南北朝時期，文學的蓬勃發展。而虜姓，因所居代北，尚武之風，故家學非其所重。

門風教育亦為世族家庭教育的重點。有關世族門風，以琅邪王氏在史傳中說的最明白，為寬恕、持盈畏滿門風。世族門風除於史傳中明確說出外，另可透過世族子弟是否具兄風、父風觀察，此外亦可從家人的相似性以見門風。在史傳中見父風記載有，蕭氏、吳姓陸氏、虜姓元氏、長孫氏、于氏、陸氏等家族。世族門風並不限於一種，如吳姓張氏具文、武門風。另外楊氏除具雄武門風外，亦具純厚而敦義讓與恬裕家風。世人一般認為各世族門風應有所差異性，其實反之，世族門風極為相似。就儒雅門風與雄武門風觀之，僑姓除蕭氏無法明確看出門風外，就王氏的寬恕家風、謝氏的儒雅門風、袁

氏的謙恭清素家風觀之，實爲儒雅門風。山東郡姓，除鄭氏未見門風記載，清河崔氏、盧氏、趙郡李氏爲儒雅門風，而太原王氏、博陵崔氏、隴西李氏爲雄武門風。至於關中郡姓韋裴柳薛楊杜門風，皆爲雄武家風。虜姓除陸氏直說有家風但未言具體內涵外，長孫氏、宇文氏、于氏皆具雄武門風。總體而言，五大世族的門風，仍以雄武居多，尤以北朝世族更爲熾盛。這正足以反應出該時代正位處於政治動盪，朝代更迭不斷的混亂局勢，需藉「武」來鞏固權勢。且北朝之國家，大都非漢人所建立，自古以來胡人習性較尚武德。而家風爲儒雅者，想必深受儒家影響，望藉以「正名」之力，以確家族之地位。由此可觀，家風之形成與當世政治、社會息息相關。

　　忠、孝觀念，自古即被視爲倫理道德的核心。忠、孝更常並稱，認爲忠臣出於孝子之門，能孝必能忠。但自晉以後，政治社會現實環境使忠孝不能兩全，須有所抉擇時，東晉南北朝世族，爲保其門第勢力，選擇親先於君，孝先於忠，故特別倡導「孝」的門風。僑姓王謝袁蕭，僅袁氏特重「忠」，其他三姓皆以「孝」爲重，這正符合此時代缺「忠謇之臣」，凡是以保門第勢力爲考量的時代特色。吳姓張陸，張氏有孝的門風，而陸氏具忠的門風。至於山東郡姓王崔盧李鄭，王氏見有孝行子弟，不過不如僑姓王氏眾，孝的門風顯然不如琅邪王氏；崔氏不論是博陵崔氏或清河崔氏皆以孝爲門風；趙郡李氏見孝行子弟，隴西李氏、盧氏與鄭氏子弟未有任何忠孝行爲記載。若以忠、孝門風觀之，山東郡姓世家大族重視的是孝的門風。關中郡姓韋裴柳薛楊杜，在史傳中皆有子弟孝行記載。而有關忠的記載，僅杜氏被稱爲世載忠貞外，其他姓氏皆未於史傳中特別強調有忠的表現，故嚴格說之，僅杜氏同時具有忠孝門風。虜姓有關孝的門風顯然不及僑姓、吳姓、郡姓。至於忠的門風，也未見虜姓有任何記載。可見世族在忠孝門風的倡導，是以孝的門風爲重，這也證明此時代是孝先於忠的時代。

　　東晉南北朝世族子弟，在家庭教育重家學與門風下，所表現於外的舉止風儀器度常出眾，一般以「美風姿」形容他們行之於外的風采。而因深受文化洗禮之人，常有別於一般人的獨特氣質，因此美風姿形象，常爲有文化內涵的外在表現。世族因有家學文化，故子弟舉止神態，呈現美風姿形象，爲世人所欣賞。美風儀，實爲門第的內在教養所成。綜觀各世族子弟美風姿表現，僑姓、吳姓、山東郡姓、關中郡姓、虜姓，皆有子弟具美風姿形象。僑姓中，以琅邪王氏一一人最多，謝氏次之有六人，蕭氏又次之有三人，而袁

氏未有子弟美風姿記載。東南吳姓中，張氏有四人，朱氏、顧氏、陸氏未見美風姿子弟。山東郡姓，以趙郡李氏七人最多，而隴西李氏有二人，顯然趙郡李氏美風姿子弟勝於隴西李氏。清河崔氏有四人，而博陵崔氏未見美風姿子弟，清河崔氏子弟風采勝於博陵崔氏。盧氏有三人。鄭氏僅見鄭嚴祖一人。山東郡姓太原王氏子弟風采不如僑姓琅邪王氏，因太原王氏未見任何美風姿子弟記載。關中郡姓，以裴氏六人最多，柳氏及楊氏各有四人，杜氏有杜乂一人，而韋氏及薛氏未見子弟具美風姿形象。虜姓，以長孫氏三人最多，于氏有二人，元氏、宇文氏、陸氏各有一人具美風姿形象。在所有世族中，以琅邪王氏一一人最多，趙郡李氏有七人，謝氏與裴氏有六人，張氏、清河崔氏、柳氏及楊氏有四人，蕭氏、盧氏及長孫氏有三人，隴西李氏、于氏有二人，鄭氏、杜氏、元氏、宇文氏、代郡陸氏有一人，而袁氏、朱氏、顧氏、陸氏、太原王氏、韋氏、薛氏未有美風姿子弟記載。琅邪王氏美風姿子弟最多，不愧爲當時最知名及最重要世族。

參考書目

一、基本史料

1. 丁福保，《全漢三國晉南北朝詩》，台北：藝文印書館，民國 57 年。
2. 于平編輯，《中國歷代墓誌選編》，天津古籍出版社。
3. 中田勇次郎編，《中國墓志精華》，中央公論社，1975 年。
4. 王夫之，《讀通鑑論》，台北：世界書局，民國 63 年 7 月五版。
5. 王先謙，《荀子集解》，台北：世界書局，民國 54 年 3 月再版。
6. 王利器，《顏氏家訓集解》，北京：中華書局，1996 年 9 月。
7. 王壯弘、馬成名，《六朝墓誌檢要》，上海：上海書畫出版社，1985 年 2月。
8. 王叔岷，《顏氏家訓斠補》，台北：藝文印書館，民國 64 年 9 月初版。
9. 王肅注，《孔子家語》，台北：世界書局，民國 72 年 4 月新四版。
10. 王鳴盛，《十七史商榷》，台北：大化書局，民國 66 年 5 月影印初版。
11. 令狐德棻，《周書》，北京：中華書局，1997 年 11 月。
12. 司馬光，《資治通鑑》，台北：洪氏出版社，民國 69 年 10 月修訂再版。
13. 有正書局輯，《六朝墓誌精華》，民國 9 年有正書局石印本。
14. 朱禮，《漢唐事箋》（叢書集成新編），台北：新文豐出版公司印行，民國74 年。
15. 余嘉錫，《世說新語箋疏》，台北：仁愛書局發行，民國 73 年 10 月版。
16. 沈約，《宋書》，北京：中華書局，1997 年 11 月。
17. 沈皋之，《兩晉清談》，台北：廣文書局，民國 65 年。

18. 李百藥,《北齊書》,北京:中華書局,1997 年 11 月。

19. 李延壽,《北史》,北京:中華書局,1997 年 11 月。

20. 李延壽,《南史》,北京:中華書局,1997 年 11 月。

21. 李昉,《太平御覽》,台北:新興書局,民國 48 年 1 月。

22. 李昉,《太平廣記》,台北:文史哲出版社,民國 70 年 11 月初版。

23. 李燾,《六朝通鑑博議》(四庫全書珍本),台北:台灣商務印書館。

24. 李慈銘,《越縵堂讀書記》,台北:世界書局,民國 64 年 7 月。

25. 汪繼培箋,《潛夫論箋》,台北:世界書局,民國 64 年 11 月。

26. 杜佑,《通典》,台北:新興書局,民國 54 年 10 月。

27. 周法高,《顏氏家訓彙注》,台北:中央研究院排印本,民國 49 年。

28. 房玄齡,《晉書》,北京:中華書局,1997 年 11 月。

29. 林尹,《兩漢三國文彙》,台北:中華叢書編審委員會印行,民國 49 年 8 月。

30. 南懷瑾、徐芹庭註譯,《周易本義》,台北:華正書局,民國 72 年 10 月 初版。

31. 姚思廉,《陳書》,北京:中華書局,1997 年 11 月。

32. 姚思廉,《梁書》,北京:中華書局,1997 年 11 月。

33. 范文瀾,《文心雕龍注》,台北:開明書局,民國 58 年 8 月台一版。

34. 范曄,《後漢書》,北京:中華書局,1997 年 11 月。

35. 唐順之,《兩晉解疑》(百部叢書集成第三函:學海類編),台北:藝文印 書館,民國 56 年。

36. 高似孫,《緯略》,台北:廣文書局,民國 59 年 12 月。

37. 班固,《漢書》,北京:中華書局,1997 年 11 月。

38. 袁宏,《後漢紀》,台北:華正書局,民國 63 年 7 月台一版。

39. 郝懿行,《顏氏家訓斠記》,藝文印書館,叢書集成三編「戊寅叢編」,民 國 61 年 6 月。

40. 馬宗霍,《書林藻鑑》,收入楊家駱主編,《近人書學論著》,中國學術名 著第五輯藝術叢編第一集,第五冊、第六冊,民國 73 年 10 月。

41. 馬端臨,《文獻通考》,台北:新興書局,民國 52 年 10 月新一版。

42. 常璩,《華陽國志》,台北:新文豐書局,民國 74 年。

43. 張彥遠,《法書要錄》,北京:人民美術出版社,2004 年 1 月。

44. 張敦頤,《六朝事跡編類》(百部叢書集成:古今逸史第三函),台北:藝 文印書館,民國 55 年。

45. 張溥,《漢魏六朝一百三家集》,台北:新興書局,民國 57 年 3 月新一版。

46. 陳振孫,《直齋書錄解題》,台北:台灣商務印書館,民國 67 年 5 月。

47. 陳夢雷,《古今圖書集成「家範典」》,台北:文星書店,民國 53 年 10 月。

48. 陳壽,《三國志》,北京:中華書局,1997 年 11 月。

49. 曹丕,《典論》,台北:世界書局,民國 64 年 11 月三版。

50. 嵇康,《嵇中散集》,商務印書館「四部叢刊」正編,民國 68 年 11 月台一版。

51. 黃本驥,《歷代職官表》,台北:洪氏出版社,民國 72 年 11 月再版。

52. 黃叔琳注,李詳補注,楊明照校注拾遺,《文心雕龍校注》,台北:世界書局,民國 63 年 7 月三版。

53. 楊明照,《抱朴子外篇校箋》,北京:中華書局,1996 年 9 月。

54. 楊侃,《兩漢博聞》,台北:台灣商務印書館,民國 60 年台一版。

55. 楊晨,《三國會要》,台北:世界書局,民國 49 年 11 月初版。

56. 葉煒,《新出魏晉南北朝墓志疏証》,北京:中華書局,2005 年 3 月。

57. 葛洪,《抱朴子》,台北:世界書局「新編諸子集成」,民國 72 年 4 月四版。

58. 董仲舒,《春秋繁露》,《四部叢刊》初編經部,上海商務印書館。

59. 虞世南,《北堂書鈔》,台北:新興書局,民國 67 年 1 月。

60. 逯欽立,《先秦漢魏晉南北朝詩》,台北:木鐸出版社,民國 72 年 9 月初版。

61. 趙超,《漢魏南北朝墓志匯編》,天津古籍出版社,1992 年。

62. 趙萬里編,《漢魏南北朝墓志集釋》,台北:新文豐出版社台一版,民國 75 年。

63. 趙翼撰,杜維運考證,《廿二史劄記》,台北:華世出版社,民國 66 年 9 月。

64. 趙翼,《陔餘叢考》,台北:世界書局,民國 54 年 3 月再版。

65. 趙曦明注,盧文弨等人校補,《顏氏家訓注》,藝文印書館,民國 62 年 10 月三版。

66. 劉向,《說苑》,《四部叢刊》初編子部,上海商務印書館。

67. 劉向,《儀禮》,《四部叢刊》初編經部,上海商務印書館。

68. 劉向,《禮記注疏》,台北:大化書局,民國 66 年 10 月。

69. 劉向,《毛詩正義》,台北:大化書局,民國 66 年 10 月。

70. 劉卲,《人物志》,台北:藝文印書館,民國 55 年。

71. 劉昫,《舊唐書》,北京:中華書局,1997 年 11 月。

72. 劉義慶，《世說新語》，台北：中華書局，民國 61 年。

73. 劉勰撰，黃叔琳注，《文心雕龍注》，台北：世界書局，民國 75 年 10 月四版。

74. 歐陽修、宋祁，《新唐書》，北京：中華書局，1997 年 11 月。

75. 歐陽詢等，《藝文類聚》，台北：新興書局，民國 62 年 7 月版。

76. 鄭樵，《通志》，台北：新興書局，民國 54 年。

77. 蕭子顯，《南齊書》，北京：中華書局，1997 年 11 月。

78. 蕭統編，李善注，《文選》，台北：藝文印書館，民國 56 年 10 月五版。

79. 錢大昕，《二十二史考異》，台北：鼎文書局「錢大昕讀書記廿九種」，民國 68 年 9 月初版。

80. 錢大昕，《十駕齋養新錄》，台北：廣文書局，民國 57 年 1 月出版。

81. 應劭，《風俗通義》，台北：世界書局，民國 64 年 7 月再版。

82. 戴明揚，《嵇康集校注》，人民文學出版社，1962 年 7 月一版。

83. 顏之推，《顏氏家訓》，商務印書館「四部叢刊」初編，民國 64 年 6 月台三版。

84. 魏收，《魏書》，北京：中華書局，1997 年 11 月。

85. 魏徵，《隋書》，北京：中華書局，1997 年 11 月。

86. 羅振玉，《六朝墓誌菁英》，收入《羅雪堂先生全集》六編（十二），台灣大通書局印行。

87. 嚴可均，《全上古三代秦漢三國六朝文》，北京：中華書局，1995 年 11 月。

88. 顧炎武，《日知錄》，上海：商務印書館，1933 年。

89. 顧炎武撰，黃汝成集釋，《日知錄集釋》，台北：世界書局，民國 80 年 5 月。

二、專　著

（一）中　文

1. 丁福林，《東晉南朝的謝氏文學集團》，哈爾濱：黑龍江教育出版社，1998 年 8 月。

2. 卜憲群、張南，《中國魏晉南北朝教育史》，北京：人民出版社，1994 年 4 月。

3. 孔毅，《魏晉名士》，成都巴蜀書社，1994 年 4 月第 1 版。

4. 孔臧等，《歷代名人家書》，台北：台灣學生書局，民國 65 年。

5. 孔繁，《魏晉玄談》，遼寧教育出版社，1992 年 6 月。

6. 尤雅姿，《魏晉士人之思想與文化研究》，台北：文史哲出版社，民國 87 年。

7. 方北辰，《魏晉南朝江東世家大族述論》，台北：文津書局，1991 年。

8. 毛漢光，《兩晉南北朝士族政治之研究》，台北：中國學術著作獎助委員會，民國 55 年 7 月初版。

9. 毛漢光，《中國中古社會史論》，台北：聯經出版社，民國 77 年 2 月。

10. 毛漢光，《中國中古政治史論》，台北：聯經出版社，民國 80 年 4 月。

11. 毛禮銳，《中國教育通史》，山東教育出版社，1985 年 4 月。

12. 毛禮銳，《中國教育史簡編》，教育科學出版社，1991 年 6 月。

13. 毛禮銳、瞿菊農、邵鶴亭，《中國古代教育史》，人民教育出版社，1985 年 3 月。

14. 王大良，《中國古代家族與國家型態：以漢唐時期琅邪王氏爲主的研究》，甘肅人民出版社，1999 年版。

15. 王玉波，《中國古代的家》，台北：臺灣商務印書館，1998 年 9 月。

16. 王永平，《六朝江東世族之家風家學研究》，江蘇：江蘇古籍出版社，2003 年 1 月。

17. 王伊同，《五朝門第》，香港中文大學出版社，1978 重刊第一版。

18. 王仲犖，《魏晉南北朝史》，上海人民出版社，1979 年。

19. 王志邦，《六朝江東史論》，中國青年出版社，1989 年。

20. 王志榮，《今古家訓禮儀千則》，北京廣播學院出版社，1992 年。

21. 王鳳喈，《中國教育史》，台北：正中書局，民國 70 年。

22. 包東波，《中國歷代名人家訓精萃》，安徽文藝出版社，1991 年 10 月一版。

23. 史孝賢，《歷代家訓選注》，華東師範大學出版社，1988 年 5 月一版。

24. 田文棠，《魏晉三大思潮論稿》，陝西人民出版社，1988 年 12 月第 1 版。

25. 田餘慶，《東晉門閥政治》，北京：北京大學出版社，1989 年 1 月。

26. 田餘慶，《秦漢魏晉史探微》，北京：中華書局，1993 年。

27. 行政院文化建設委員會編，《族譜家訓集粹》，台北：聯經出版社，民國 73 年。

28. 朱大渭，《六朝史論》，北京：中華書局，1998 年。

29. 朱大渭，《魏晉南北朝社會生活史》，北京：中國社會科學出版社，2005 年 1 月。

30. 余英時，《士與中國文化》，上海人民出版社，1987 年。

31. 何啓民，《中古門第論集》，台北：台灣學生書局，民國 67 年元月初版。

32. 何啟民，《竹林七賢研究》，台北：台灣學生書局，民國 73 年 2 月四版。

33. 何啟民，《魏晉思想與談風》，台北：台灣學生書局，民國 79 年 6 月。

34. 呂思勉，《兩晉南北朝史》，台北：開明書店，民國 58 年。

35. 吳正嵐，《六朝江東士族的家學門風》，南京：南京大學出版社，2003 年 11 月。

36. 吳自甦，《中國家族制度》，商務印書館，民國 62 年 9 月 2 版。

37. 吳榮光，《歷代名人年譜》，上海商務印書館，民國 23 年 3 月再版。

38. 李振興、黃沛榮、賴明德注譯，《新譯顏氏家訓》，台北：三民書局，民國 82 年 8 月。

39. 汪維玲、王定祥，《中國家訓智慧》，台北：漢欣文化出版公司，民國 81 年。

40. 周一良，《魏晉南北朝史札記》，北京：中華書局，1985 年。

41. 周一良，《魏晉南北朝史論集》，北京大學出版社，1997 年。

42. 周紹賢，《魏晉清談述論》，台北：台灣商務印書館，民國 76 年 2 月 3 版。

43. 周徵松，《魏晉隋唐間的河東裴氏》，山西教育出版社，2000 年。

44. 尚詩公主編，《中國歷代家訓大觀》，上海文匯出版社，1992 年。

45. 林登順，《魏晉南北朝儒學流變之省察》，台北：文津出版社，民國 85 年 4 月。

46. 林瑞翰，《魏晉南北朝史》，台北：五南圖書出版，民國 79 年 5 月初版。

47. 姜亮夫，《歷代人物年里碑傳綜表》，台北：文史哲出版社，民國 74 年 2 月再版。

48. 柳詒徵，《中國文化史》，台北：正中書局，民國 76 年 11 月版。

49. 胡旭，《漢魏文學嬗變研究》，廈門：廈門大學出版社，2004 年 8 月。

50. 胡國瑞，《魏晉南北朝文學史》，上海：上海文藝出版社，2004 年 2 月。

51. 南懷瑾、徐芹庭註譯，《周易今註今譯》，台北：台灣商務印書館，1995 年 10 月。

52. 唐長孺，《魏晉南北朝史論拾遺》，北京：中華書局，1983 年。

53. 唐長孺，《魏晉南北朝史論叢》，北京：三聯書店，1955 年。

54. 唐長孺，《魏晉南北朝史論叢續編》，北京：三聯書店，1959 年。

55. 唐長孺，《魏晉南北朝隋唐史三論》，武漢：武漢大學出版社，1998 年 12 月。

56. 唐翼明，《魏晉清談》，台北：東大圖書公司，民國 81 年 10 月初版。

57. 夏炎，《中古世家大族清河崔氏研究》，天津：天津古籍出版社，2004 年 8 月。

58. 孫以繡，《王謝世家之興衰》，台北：三民書局，民國 56 年 10 月初版。

59. 孫述圻，《六朝思想史》，江蘇南京出版社，1992 年 12 月第 1 版。

60. 徐少錦、陳延斌，《中國家訓史》，西安：陝西人民出版社，2003 年 4 月。

61. 徐益棠，《歷代名賢處世家書》，遠東圖書公司，民國 74 年 9 月初版。

62. 徐揚杰，《中國家族制度史》，北京人民出版社，1992 年 7 月。

63. 馬良懷，《崩潰與重建中的困惑──魏晉風度研究》，北京中國社會科學出版社 1993 年 4 月第 1 版。

64. 馬秋帆，《魏晉南北朝教育論著選》，人民教育出版社，1988 年 7 月。

65. 高達觀，《中國家族社會之演變》，台北：里仁書局，民國 71 年。

66. 張亮采，《中國風俗史》，台北：台灣商務印書館，民國 82 年 4 月台 2 版。

67. 張承宗，《六朝史》，江蘇古籍出版社，1991 年。

68. 梁漱溟，《中國文化要義》，台北：里仁書局，民國 71 年 9 月。

69. 畢誠，《中國古代家庭教育》，台北：台灣商務印書館，民國 83 年 5 月。

70. 許抗生，《魏晉思想史》，台北：桂冠文化出版公司，民國 81 年。

71. 許輝、邱敏、胡阿祥，《六朝文化》，南京：江蘇古籍出版社，2001 年 1 月。

72. 郭登峰編，《歷代自敘傳文鈔》，台北：台灣商務印書館，民國 54 年。

73. 郭齊家，《中國教育思想史》，教育科學出版社，1991 年 6 月。

74. 曹道衡、沈玉成編撰，《中國文學家大辭典》（先秦漢魏晉南北朝卷），北京：中華書局，1996 年 8 月。

75. 曹道衡、沈玉成編著《南北朝文學史》，北京：人民文學出版社，1991 年 12 月。

76. 陳長琦，《兩晉南朝政治史稿》，河南大學出版社，1992 年。

77. 陳明，《中古士族現象研究》，台北：文津出版社，1994 年 3 月。

78. 陳東原，《中國婦女生活史》，台北：台灣商務印書館，民國 79 年 12 月台 9 版。

79. 陳桂芬、周中仁、戴啓予編注，《古代家書選》，漓江出版社，1984 年。

80. 陳寅恪，《陳寅恪先生文集》，台北：里仁書局，民國 70 年 3 月。

81. 陳爽，《世家大族與北朝政治》，北京：中國社會科學出版社，1998 年 12 月。

82. 陳捷先、盛清沂，《中國家訓》，台北行政院文化建設委員會，民國 76 年。

83. 陳登原，《中國文化史》，台北：世界書局，民國 51 年。

84. 陳琳國，《魏晉南北朝政治制度研究》，台北：文津出版社，1994 年 3 月。

85. 喻岳衡，《歷代名人家訓》，岳麓書社，1991 年 4 月 1 版。

86. 湯用彤，《魏晉玄學論稿》，收入《魏晉思想》〔乙編三種〕，台北：里仁書局，民國 84 年 8 月初版。

87. 程章燦，《世族與六朝文學》，黑龍江教育出版社，1998 年。

88. 程舜英，《魏晉南北朝教育制度史資料》，北京師範大學出版社，1988 年 12 月。

89. 賀昌群，《魏晉清談思想初論》，收入《魏晉思想》〔甲編三種〕，台北：里仁書局，民國 84 年 8 月初版。

90. 黃錦鋐注譯，《新譯莊子讀本》，台北：三民書局，2005 年 1 月。

91. 楊吉仁，《三國兩晉學校教育與選士制度》，台北：正中書局，民國 59 年 5 月。

92. 楊伯峻，《論語譯注》，台北：華正書局，民國 79 年 8 月。

93. 楊承彬，《秦漢魏晉南北朝教育制度》，台北：台灣商務印書館，民國 67 年。

94. 楊筠如，《九品中正與六朝門閥》，上海商務印書館，民國 19 年 12 月初版。

95. 楊曉婷編，《傳世家訓》，台北：絲路出版社，民國 82 年。

96. 楊耀坤，《魏晉南北朝史論稿》，成都出版社，1993 年。

97. 萬繩南，《魏晉南北朝文化史》，台北：雲龍出版社，1995 年 6 月。

98. 萬繩南整理，《陳寅恪魏晉南北朝史講演錄》，安徽黃山書社，1987 年 4 月。

99. 寧稼雨，《魏晉風度 —— 中古文人生活行爲的文化意蘊》，北京：東方出版社，1992 年 9 月第 1 版。

100. 熊秉眞，《童年憶往：中國孩子的歷史》，台北：麥田出版，2000 年 3 月。

101. 熊德基，《六朝史考實》，北京：中華書局，2000 年。

102. 趙書廉，《魏晉玄學探微》，河南人民出版社，1992 年 12 月 1 版。

103. 趙輝，《六朝社會文化心態》，台北：文津出版社，民國 85 年元月。

104. 劉大杰，《魏晉思想論》，收入《魏晉思想》〔甲編三種〕，台北：里仁書局，民國 84 年 8 月初版。

105. 劉正浩等，《新譯世說新語》，台北：三民書局，民國 85 年 8 月。

106. 劉師培，《中國中古文學史講義》，上海：上海古籍出版社，2000 年 12 月。

107. 劉淑芬，《六朝的城市與社會》，台北：台灣學生書局，1993 年。

108. 劉詠聰，《中國古代育兒》，台北：臺灣商務印書館，1998 年 9 月。

109. 劉馳，《六朝士族探析》，中央廣播電視大學出版社，2000 年。

110. 劉澤華等，《士人與社會〔秦漢魏晉南北朝卷〕》，天津人民出版社，1988 年。

111. 鄭欣，《魏晉南北朝史探索》，山東：山東大學出版社，2004 年 8 月。

112. 冀東、村夫，《歷代名人家書選》，山西人民出版社，1989 年。

113. 盧正言，《中國歷代家訓觀止》，上海：學林出版社，2004 年 4 月。

114. 盧建榮，《顏氏家訓：一位父親的叮嚀》，台北：時報文化出版，2005 年 7 月。

115. 盧建榮，《北魏唐宋死亡文化史》，台北：麥田出版，2006 年 3 月。

116. 盧建榮，《鐵面急先鋒：中國司法獨立血淚史（514～755）》，台北：麥田出版，2004 年 8 月。

117. 蕭華榮，《華麗家族——兩晉南朝陳郡謝氏傳奇》，北京：三聯書店，1994 年。

118. 蕭華榮，《簪纓世家——兩晉南朝琅邪王氏傳奇》，北京：三聯書店，1995 年 9 月。

119. 錢穆，《中國學術思想史論叢》，台北：三民書局，民國 65 年。

120. 閻愛民，《中國古代家教》，台北：台灣商務印書館，民國 87 年。

121. 謝寶耿，《中國家訓精華》，上海：上海社會科學院出版社，1997 年 12 月。

122. 謝冰瑩等編譯，《新譯四書讀本》，台北：三民書局，民國 76 年 8 月。

123. 韓國磐，《魏晉南北朝史綱》，湖北人民出版社，1983 年。

124. 鄺士元，《中國學術思想史》，台北：里仁書局，民國 81 年 1 月。

125. 鄺士元，《魏晉南北朝研究論集》，台北：文史哲出版社，民國 73 年 1 月。

126. 顏普元，《顏氏家學與風徽》，湖南：岳麓書社，1999 年 10 月。

127. 羅宏增，《魏晉南北朝文化史》，四川人民出版社，1989 年 8 月第 1 版。

128. 羅宗強，《玄學與魏晉士人心態》，浙江人民出版社，1991 年 7 月第 1 版。

129. 蘇紹興，《兩晉南朝的士族》，台北：聯經出版社，民國 76 年 3 月初版。

130. 顧樹森，《中國古代教育家語錄類編》，上海教育出版社，1988 年 5 月。

（二）外 文

1. 宇都宮清吉，《中國古代中世史研究》，創文社，昭和 52 年（1977）。

2. Patricia Buckcly Ebrey：*The Aristocratic Families of Early Imperial China, A Cass Study of the Po-Ling Tsui Family*（《前期中華帝國的貴族家庭：博陵崔氏的個案研究》）

三、期刊論文

（一）中　文

1. 丁鋼，〈魏晉南北朝佛教社會教育活動的特點及其作用〉，《東北師大學報》，1989 年 6 期。

2. 卜憲群，〈瑯琊王氏政治地位研究〉，《安徽師大學報》，1988 年第 1 期。

3. 卜憲群，〈琅琊王氏與六朝文化〉，《安徽史學》，1989 年第 3 期。

4. 尤雅姿，〈由歷代家訓檢視傳統士人家庭之經濟生活模式〉，《思與言》，36 卷 3 期。

5. 尤雅姿，〈顏之推及其家訓之研究〉，台灣師範大學國文研究所博士論文，民國 80 年。

6. 孔定芳，〈論東晉南朝文化精神對儒家理想的叛離 —— 兼論東晉南朝的文化特色〉，《華中師範大學學報》，1992 年第 1 期。

7. 孔毅，〈北朝的經學與儒者〉，《西南師範大學學報》，1990 年第 3 期。

8. 孔毅，〈論魏晉名士關于理想人格的理論與實踐〉，《西南師範大學學報》，1996 年第 2 期。

9. 毛漢光，〈中古大士族之個案研究 —— 瑯琊王氏〉，收入是著《中國中古社會史論》，台北：聯經事業出版公司，民國 77 年 2 月初版。

10. 毛漢光，〈中國中古賢能觀念之研究 —— 任官標準之觀察〉，《中央研究院歷史語言研究所集刊》，第四十八本第三分，民國 66 年 9 月。

11. 毛漢光，〈從中正品評與官職之關係論魏晉南朝之社會架構〉，《中央研究院歷史語言研究所集刊》，第四十六本第四分，民國 64 年 10 月。

12. 毛穎，〈孝道與六朝喪葬文化〉，《東南文化》，2000 年第七期。

13. 牛貴琥，〈南朝世家大族衰亡論〉，《山西大學學報》，1994 年第 4 期。

14. 王大良，〈六朝世族社會特徵的微觀考察 —— 以琅邪王氏爲例〉，《北京化工大學學報》，2000 年第 1 期。

15. 王大建，〈東晉南朝士族家學論略〉，《山東大學學報》，1995 年第 2 期。

16. 王玉波，〈傳統的家族認同心理探析〉，《歷史研究》，1989 年第 4 期。

17. 王汝濤，〈魏晉南北朝琅琊王氏家族研究〉，《北朝研究》，1996 年第 1 期。

18. 王若、李曉非、邵龍寶，〈淺談中國古代家訓〉，《遼寧師範大學學報》，1993 年第 6 期。

19. 王炳仁，〈中國古代名人家教舉要〉，《杭州大學學報》，16 卷第 1 期。

20. 王葦山，〈漢晉之際清河崔氏思想文化性格的形成〉，《聊城大學學報》，2002 年第 2 期。

21. 王爾敏，〈家訓體制之傳衍及門風官聲之維繫〉，《近世家族與政治比較歷

史論文集（下冊）》，台北：中央研究院近代史研究所，民國 81 年 6 月。

22. 王瑤，〈玄學與清談〉，《中古文學史論》，台北：長安出版社，民國 75 年 6 月。

23. 王增文，〈從世說新語看魏晉風流〉，《大學文科園地》，1988 年第 3 期。

24. 王曉毅，〈漢魏之際士族文化性格的雙重裂變〉，《史學月刊》，1994 年第 6 期。

25. 王鍾陵，〈論魏晉南北朝時期的一種文化現象：重視早秀與以才藝出人頭地〉，《南開學報》，1990 年第 1 期。

26. 王麗英，〈試論魏晉之際士人之自然適意觀〉，《華中師範大學學報》，1990 年第 3 期。

27. 史可揚，〈魏晉風度與審美〉，《內蒙古社會科學》，1993 年第 6 期。

28. 石忠仁，〈家庭教育的地位和作用的現實思考〉，《松遼學刊》，1989 年第 3 期。

29. 伍文，〈評顏氏家訓的教育思想〉，《華中師院學報》，1981 年第 2 期。

30. 伍振鷟，〈顏之推之人生哲學與教育思想〉，《教育研究所集刊》，第 2 期。

31. 江興祐，〈從《世說新語》看魏晉士人的生命意識〉，《中國古代、近代文學研究》，1990 年第 3 期。

32. 朱華，〈東晉南朝陳郡高門袁氏研究〉，《襄樊學院學報》，第 24 卷第 6 期，2003 年 11 月。

33. 余慧琴，〈家庭教育的幾個特點〉，《上海師範大學學報》，1987 年第 2 期。

34. 何朴、張靜嫻，〈顏之推論教育〉，《河北師範大學學報》，1988 年第 1 期。

35. 何忠盛，〈魏晉南北朝世家大族對子弟文學才能的培養和揄揚〉，《綿陽師範高等專科學校學報》，2002 年第 6 期。

36. 何啟民，〈五胡亂華時期中的中原郡姓〉，《政治大學學報》，第 32 期。

37. 何啟民，〈南朝門第中人心態的探討〉，《政治大學學報》，第 47 期。

38. 何啟民，〈鼎食之家——世家大族〉，收入杜正勝主編《吾土與吾民》，台北市：聯經，民國 76 年 2 月。

39. 何德章，〈宋孝武帝上台與南朝寒人之得勢〉，《西南師範大學學報》，1990 年第 3 期。

40. 吳天任，〈魏晉士大夫的生活藝術〉，《大陸雜誌》，42 卷 6 期。

41. 吳慧蓮，〈六朝時期的選任制度〉，台灣大學歷史研究所博士論文，民國 79 年。

42. 杜正勝，〈中國傳統社會的重心——家族〉，《歷史月刊》，第 12 期。

43. 杜正勝，〈傳統家族試論（上）、（下）〉，《大陸雜誌》，第 65 卷第 2、3 期。

44. 李玉亭,〈六朝謝氏與文學〉,江西師範大學中國古代文學碩士論文,2004年5月。

45. 李必友,〈魏晉南北朝家族教育的特點〉,《安徽師範大學學報》,1999年第2期。

46. 李交發,〈顏之推的家庭教育思想淺析〉,《湘潭大學學報》,1990年第1期。

47. 李定開,〈略談中國古代家庭中的兒童教育〉,《西南師範學院學報》,1983年第3期。

48. 李飛翔、宋五軍,〈略論中國古代家庭教育〉,《人口學刊》,1989年第1期。

49. 李軍,〈略論魏晉南北朝時期私學的特點〉,《中國史研究》,1993年第1期。

50. 李軍,〈論秦漢時期的私學 —— 兼論私學與中國傳統官學制度〉,《上海社會科學院學術季刊》,1993年第3期。

51. 李書吉、王永平,〈玄學是魏晉時代社會思想的主流〉,《思想戰線》,1990年第6期。

52. 李開珠,〈略說隴西李氏源流〉,《甘肅社會科學》,1994年第3期。

53. 李景文,〈中國古代家訓文化透視〉,《河南大學學報》,1998年第6期。

54. 李潔,〈魏晉南北朝時期的孝行〉,首都師範大學,中國古代史碩士論文,2001年5月。

55. 李憶湘,〈兩漢魏晉女教「四德」觀研究〉,台灣大學中文所碩士論文,民國89年7月。

56. 李瓊英,〈南朝世族的家庭教育〉,《西南師範大學學報》,1994年第2期。

57. 沈驪天,〈中國古代教育制度的歷史反思〉,《南京師大學報》,1996年第1期。

58. 周兆望,〈魏晉南北朝婦女對學術文化的貢獻〉,《文史哲》,1993年第3期。

59. 周法高,〈家訓文學源流(上、中、下)〉,《大陸雜誌》,第22卷第2、3、4期。

60. 周法高,〈讀顏氏家訓札記〉,《大陸雜誌》,第62卷第5期。

61. 周師何,〈傳統文化中的家族觀念〉,《中國文化復興論叢》,第8集。

62. 周淑舫,〈山林寄詩情、奇葩有異香 —— 東晉謝太傅一門二十多位文學家〉,《中國文化月刊》,1998年2月第215期。

63. 周敬飛,〈獨特的裴氏家族文化現象〉,《山西師大學報》,1997年第1期。

64. 孟繁舉,〈顏之推的倫理觀〉,《孔孟月刊》,第23卷第4期。

65. 孟繁舉，〈顏之推與顏氏家訓〉，《中華文化復興月刊》，第 17 卷第 1 期。

66. 林文寶，〈顏之推及其思想述要〉，《台東師專學報》，第 5 期。

67. 林孟宗，〈從社會變遷觀點論家庭教育的功能〉，《國教世紀》，13 卷 9 期。

68. 林素珍，〈魏晉南北朝家訓之研究〉，政治大學中國文學研究所博士論文，民國 82 年。

69. 林雯淑，〈魏晉南北朝女教思想研究〉，師範大學教育所碩士論文，民國 91 年 6 月。

70. 林瑞翰，〈南朝世族寒門政權之轉移〉，《台大歷史學系學報》，第 14 期。

71. 林麗真，〈魏晉人對傳統禮制與道德之反省 —— 從服喪論、同姓婚論與忠孝論談起〉，《台大中文學報》，第四期，民國 80 年 6 月。

72. 邵海燕，〈顏氏家訓的兒童早教論〉，《浙江師大學報》，1996 年第 4 期。

73. 閻續瑞，〈從魏晉南北朝文人家訓看其理想人格的建構與實踐〉，《河南師範大學學報》，2004 年第 2 期。

74. 姚振黎，〈析論顏氏家訓任官之道〉，《孔孟月刊》，第 28 卷第 10 期。

75. 姚振黎，〈顏氏家訓思想探究〉，《中央大學人文學報》，第 8 期。

76. 封海清，〈琅琊顏氏研究 —— 兼論文化在世族仕宦過程中的重要作用〉，《昆明師專學報》，1989 年第 3 期。

77. 洪然升，〈書法與政治關係之研究 —— 以兩漢、魏晉南北朝為研究範圍〉，逢甲大學中國文學研究所碩士論文，民國 89 年 6 月。

78. 胡寶國，〈漢晉之際〉，《歷史研究》，1991 年第 5 期。

79. 唐芸芸，〈社會文化和家庭教育〉，《河北師範大學學報》，1991 年第 4 期。

80. 唐季華，〈從我國古代教育看教書和教人的統一〉，《西南師範大學學報》，1981 年第 4 期。

81. 唐長孺，〈魏晉才性論的政治意義〉，收入氏著《魏晉南北朝史論叢》，北京：三聯書店，1955 年。

82. 唐長孺，〈魏晉玄學之形成及其發展〉，收入氏著《魏晉南北朝史論叢》，北京：三聯書店，1955 年。

83. 唐長孺，〈讀顏氏家訓後娶篇論南北嫡庶身分的差異〉，《歷史研究》，1994 年第 1 期。

84. 容建新，〈80 年代以來魏晉南北朝大族個案研究綜述〉，《中國史研究動態》，1996 年第 4 期。

85. 徐秀麗，〈中國古代家訓通論〉，《學術月刊》，1995 年第 7 期。

86. 徐坤元，〈家庭教育的重要性〉，《雲南師範大學學報》，1990 年第 5、6 期。

87. 孫大英，〈漢晉時期弘農楊氏研究〉，四川大學歷史文化學院碩士論文。

88. 孫中旺，〈南朝吳郡張氏研究〉，蘇州大學歷史學系碩士論文，2001 年 3 月。

89. 孫曉莉，〈魏晉文士人格的裂變到合一〉，《上海師範大學學報》，1988 年 第 3 期。

90. 溫克勤，〈談古代的家庭道德教育——家訓〉，《南開學報》，1982 年第 6 期。

91. 溫梁華，〈中國神話與遠古時期的教育〉，《思想戰線》，1989 年第 1 期。

92. 秦永洲，〈西晉士族誤國與東晉士族的振作〉，《山東師大學報》，1993 年 第 4 期。

93. 馬良懷，〈魏晉南北朝時期的社會文化思潮論綱〉，《中南民族學院學報》，1991 年第 3 期。

94. 馬鳳崗，〈論顏氏家族的家風與學風〉，《臨沂師範學院學報》，2004 年第 4 期。

95. 高浦棠，〈魏晉人文精神流變形態與軌跡〉，《陝西師大學報》，1997 年第 4 期。

96. 高梅，〈蘭陵蕭氏多才俊探析〉，《青島大學師範學院學報》，第 22 卷第 2 期，2005 年 6 月。

97. 高詩敏，〈北朝范陽盧氏形成冠冕之首的諸因素〉，《首都師範大學學報》，1997 年第 2 期。

98. 高詩敏，〈有關北朝博陵崔氏的幾個問題〉，《首都師範大學學報》，1998 年第 5 期。

99. 高詩敏，〈北朝清河崔氏的曲折發展及其特徵〉，《首都師範大學學報》，2000 年第 2 期。

100. 高謙民，〈從儒學的衰微看魏晉南北朝時期的教育〉，《南京師大學報》，1989 年第 4 期。

101. 高謙民，〈試論中國古代教育的重德精神〉，《南京師大學報》，1998 年第 2 期。

102. 庾國瓊，〈顏之推的教育思想〉，《四川師院學報》，1984 年第 3 期。

103. 康世昌，〈從王昶、嵇康家誡看傳統家訓的兩個典型〉，實踐學院《家庭變遷與問題對策》，民國 84 年。

104. 康世昌，〈漢魏六朝家訓研究〉，中國文化大學中國文學研究所博士論文，民國 84 年。

105. 康世昌，〈顏延之〈庭誥淺析〉〉，《實踐學院學報》，1993 年。

106. 許蓉生、林成西，〈河東薛氏研究——兩晉南北朝時期地方豪強的發展道路〉，《西南民族大學學報》，25 卷第 11 期，2004 年 11 月。

107. 張天來，〈魏晉南北朝儒學、家學與家族觀念〉，《江海學刊》，1997 年第 2 期。

108. 張白茹、李必友，〈魏晉南北朝家誡論略〉，《安徽史學》，2002 年第 3 期。

109. 張金龍，〈隴西李氏初論 —— 北朝時期的隴西李氏〉，《蘭州大學學報》，第 22 卷第 4 期。

110. 張祥浩，〈中國古代的才德論〉，《南京大學學報》，1988 年第 4 期。

111. 張祥浩，〈魏晉時期的才德之辨〉，《學術月刊》，1987 年 10 月。

112. 張健，〈家庭教育的哲學斷想〉，《南京師大學報》，1994 年第 4 期。

113. 張傳燧，〈魏晉才性之辯及其人才教育思想〉，《西南師範大學學報》，1994 年第 2 期。

114. 張傳燧，〈魏晉言意之辨及其教育教學思想〉，《西南師範大學學報》，1997 年第 1 期。

115. 張燦輝，〈南朝河東柳氏家族研究〉，《晉陽學刊》，1995 年第 6 期。

116. 張鶴泉，〈東漢時代的游學風氣及社會影響〉，《求是學刊》，1995 年第 2 期。

117. 張豔國，〈簡論中國傳統家訓的文化學意義〉，《中州學刊》，1994 年第 5 期。

118. 曹文柱，〈六朝時期江南社會風氣的變遷〉，《歷史研究》，1988 年第 2 期。

119. 曹文柱，〈東晉時期陳郡謝氏瑣談〉，《北京師範大學學報》，1997 年第 1 期。

120. 曹建平，〈魏晉南北朝家庭教育鉤稽〉，《湘潭師範學院學報》，1998 年第 2 期。

121. 陸靜、蒙一丁，〈從顏氏家訓看顏之推對門閥士族頹風的批判〉，《吉林師範學院學報》，1987 年第 2 期。

122. 陳延斌，〈中國古代家訓論要〉，《徐州師範學院學報》，1995 年第 3 期。

123. 陳延斌，〈論傳統家訓文化對中國社會的影響〉，《江海學刊》，1998 年第 2 期。

124. 陳長琦，〈魏晉南朝世族對國家權力中心的作用方式〉，《華南師範大學學報》，1992 年第 2 期。

125. 陳捷先，〈從族譜家訓看家〉，《歷史月刊》，第 12 期。

126. 陳爽，〈近 20 年中國大陸地區六朝士族研究概觀〉，《中國史學》，11 卷，東京：中國史學會，2001 年 10 月。

127. 陳朝暉，〈北魏的儒學與士人〉，《文史哲》1992 年第 4 期。

128. 陳華文，〈論魏晉南北朝風俗演變及趨向〉，《浙江師大學報》，1997 年第 6 期。

129. 陳蘇斌,〈淺談家庭教育〉,《天津師大學報》,1984 年第 5 期。

130. 陶希聖,〈東晉之世族名士與州郡權力〉,《食貨月刊》,復刊 4 卷 7 期。

131. 陶希聖,〈南朝士族之社會地位與政治權力(上)劉宋(420～479)〉,《食貨月刊》,復刊 4 卷 8 期。

132. 陶希聖,〈南朝士族之社會地位與政治權力(下)齊梁(479～556)〉,《食貨月刊》,復刊 4 卷 11 期。

133. 陶新華,〈魏晉南北朝弘農楊氏的發展道路〉,《杭州師範學院學報》,1998 年第 2 期。

134. 莫道才,〈六朝謝氏世系新考〉,《廣西師範大學學報》,第 36 卷第 4 期,2000 年 12 月。

135. 勞榦,〈漢代察舉制度考〉,《中央研究院歷史語言研究所集刊》,第十七本,民國 37 年。

136. 程裕禎,〈河東裴氏論略〉,《山西師大學報》,第 21 卷第 2 期,1994 年 4 月。

137. 彭德華,〈新形勢下的家庭教育〉,《西北師大學報》,1990 年第 5 期。

138. 彭體用,〈試論北魏的門閥士族與皇權的關係〉,《中南民族學院學報》,1988 年第 2 期。

139. 景蜀慧,〈魏晉重實之風淺議〉,《文史哲》,1993 年第 3 期。

140. 曾美雲,〈六朝女教問題研究——以才性、南北妒教為中心〉,台灣大學中文所博士論文,民國 90 年 6 月。

141. 曾美雲,〈魏晉玄佛二家對傳統儒家教育之批評及影響〉,台灣大學中國文學研究所碩士論文,民國 84 年 6 月。

142. 逯耀東,〈魏晉玄學與個人意識醒覺的關係〉,《史原》,第二期,民國 60 年 10 月。

143. 逯耀東,〈魏晉對歷史人物評論標準的轉變〉,《食貨月刊》,復刊三卷一期,民國 62 年 4 月。

144. 馮承基,〈論魏晉名士之政治生涯〉,《國立編譯館館刊》,第二卷第二期,民國 62 年 9 月。

145. 黃淑惠,〈論身教與言教〉,《孔孟月刊》,第 28 卷 10 期。

146. 黃緯中,〈中國中古時期的書法家族〉,《唐代書法史研究集》,台北:蕙風堂筆墨有限公司,民國 83 年 12 月。

147. 楊中新,〈王充的胎教思想〉,《延邊大學學報》,1981 年第 1、2 期合刊。

148. 楊亮功,〈中國家族制度與儒家倫理思想〉,《食貨月刊》,第 11 卷第 4 期。

149. 楊翠微,〈北周宇文氏族屬世系考釋〉,《中國史研究》,1999 年第 1 期。

150. 楊德炳,〈東晉上流社會享樂之風再探討〉,《魏晉南北朝隋唐史資料》,

第 15 輯。

151. 葉妙娜,〈東晉南朝僑姓高門之仕宦 —— 陳郡謝氏個案研究〉,《中山大學學報》,1986 年第 3 期。

152. 葉霞翟,〈我國古時的家庭教育〉,《教育學論集》,華岡出版社,民國 69 年 1 月。

153. 萬建平,〈東晉南朝社會中的家庭倫常〉,《中山大學學報》,1990 年第 3 期。

154. 萬晨虹,〈儒家理想人格境界的二極耦合〉,《史學月刊》,1996 年第 4 期。

155. 滕春興,〈家庭教育的重要及其與學校教育的重要性〉,《教與學》,第 5 期。

156. 熊秉眞,〈好的開始:近世士人子弟的幼年教育〉,《近世家族與政治比較歷史論文集(下冊)》,台北:中央研究院近代史研究所,民國 81 年 6 月。

157. 趙以武,〈東晉南朝「僑姓」蕭氏的發跡史〉,嘉應大學學報,1999 年第 4 期。

158. 趙克堯,〈魏晉風度論〉,《復旦學報》(社會科學版),1988 年第 1 期。

159. 趙國權,〈淺析中國古代的胎教思想〉,《河南大學學報》,1994 年第 1 期。

160. 蔡雁彬,〈從誡子書看漢魏六朝終制觀的演變〉,《中國典籍與文化》,1997 年第 2 期。

161. 魯迅,〈魏晉風度及文章與藥及酒的關係〉,《魯迅全集》第三卷《而已集》,北京:人民文學出版社,1991 年。

162. 劉志偉,〈從庾信看北朝後期的文人節操問題〉,《蘭州大學學報》,1988 年第 1 期。

163. 劉守旗,〈顏氏家訓與家庭教育科學化〉,《遼寧師範大學學報》,1993 年第 6 期。

164. 劉修明,〈漢末至魏晉文人的心態轉變與人生擇向〉,《學術月刊》,1993 年 5 月號。

165. 劉菊華,〈魏晉南北朝世風尚文與世家重文〉,《內江師範學院學報》,2004 年第 5 期。

166. 劉國石,〈八十年代以來《顏氏家訓》研究概述〉,《中國史研究動態》,1997 年第 4 期。

167. 劉國光,〈社會變遷中家庭教育的重要〉,《社教雙月刊》29 期。

168. 劉雯,〈隴西李氏家族研究〉,《敦煌學輯刊》,1996 年第 2 期。

169. 劉詠嫻,〈魏晉南北朝教育文化之特色〉,《教育與文化》,第 339 期。

170. 劉馳,〈北朝胡人士族形成的原因及其影響〉,《中國社會科學院研究生院學報》,1985 年第 3 期。

171. 劉漢東，〈魏晉南北朝時期民族文化素質與民族大融合〉，《北朝研究》，1995 年第 1 期。

172. 劉曉東，〈論六朝時期的禮學研究及其歷史意義〉，《文史哲》，1998 年第 5 期。

173. 劉靜夫，〈京兆杜氏研究 —— 魏晉南北朝士族門閥個案研究之二〉，《許昌師專學報》，1993 年第 3 期。

174. 劉顯叔，〈東漢魏晉的清流士大夫與儒學大族〉，《簡牘學報》，第五期，民國 66 年 1 月。

175. 蔡景明，〈漢末魏晉的教育狀況探討 —— 以士族門第為中心〉，台中師範學院國民教育研究所碩士論文，民國 85 年 6 月。

176. 蔣福亞，〈魏晉南北朝時期歷史地位述論〉，《北京師院學報》，1984 年第 2 期。

177. 談敏，〈封建家訓中的經濟要素〉，《中國史研究》，1986 年第 2 期。

178. 諸偉奇，〈顏氏家訓淺論〉，《安徽師大學報》，1992 年第 3 期。

179. 鄭其龍，〈中國古代家庭教育的師資探源〉，《湖南師範大學社會科學學報》，1987 年第 2 期。

180. 鄭欽仁，〈鄉舉里選 —— 兩漢的選舉制度〉，《立國的宏規》，台北：聯經出版事業公司，民國 71 年 6 月。

181. 鄭欽仁，〈九品官人法 —— 六朝的選舉制度〉，《立國的宏規》，台北：聯經出版事業公司，民國 71 年 6 月。

182. 黎子耀，〈史學在魏晉南北朝時期的新地位〉，《中國史學史研究》，1979 年第 3 期。

183. 樂勝奎，〈六朝儒學的困境〉，《中國哲學史》，2004 年第 2 期。

184. 穆嵐，〈試論北魏的私學教育〉，《河南師範大學學報》，第 19 卷 4 期。

185. 錢穆，〈略論魏晉南北朝學術文化與當時門第之關係〉，《新亞學報》五卷二期。

186. 盧建榮，〈從男性書寫材料看三至七世紀女性的社會形象塑模〉，《師範大學歷史學報》，第 26 期。

187. 鮑家麟，〈陰陽學說與婦女地位〉，收入鮑家麟編著《中國婦女史論集續集》，台北：稻鄉出版社，民國 80 年 4 月。

188. 謝之渤，〈北魏門閥社會徵略〉，《學原》，第 2 卷第 2 期。

189. 謝康，〈中華家庭傳統的女教觀念〉，《中山學術文化集刊》，第 6 期。

190. 謝揚舉，〈家訓與中華民族人文精神〉，《西北大學學報》，1998 年第 2 期。

191. 鍾仕倫，〈東晉南北朝時期南北經學、史學、藝術交流述略〉，《四川師範大學學報》，24 卷第 4 期。

192. 鄺利安，〈魏晉門第勢力轉移與治亂之關係〉，《史學彙刊》，第八期，1977年7月。

193. 顏廷璽，〈顏氏家訓研究〉，中國文化大學中國文學研究所碩士論文，民國64年。

194. 韓樹峰，〈河東柳氏在南朝的獨特發展歷程〉，《中國史研究》，2000年第1期。

195. 羅炳錦，〈兩晉南北朝孝義風氣的提倡〉，《人生》，第23卷第3期。

196. 譚家健，〈試談顏之推和顏氏家訓〉，《徐州師範大學學報》，1982年第3期。

197. 蘇紹興，〈淺論兩晉南朝士族之政治地位與其經濟力量之關係〉，《大陸雜誌》58卷第5期。

198. 顧久幸，〈論中國古代教育的狀況及功能〉，《華中師範大學學報》，1998年第4期。

199. 龔菱，〈顏氏家訓闡論〉，《台北商專學報》，第1期。

（二）日　文

1. 石川忠久，〈東晉文學研究箚記（2）——謝氏の家風と家門の興隆〉，《櫻美林大學中國文學論叢》7，1979年3月。

2. 守屋美都雄，〈六朝時代の家訓について〉，《日本學士院紀要》，第10卷第3號，1952年11月。

3. 守屋美都雄，〈顏氏家訓について〉，《中國學誌》，第4本，1967年12月。

4. 佐藤佑治，〈南朝における寒門豪族の進出〉，《一橋論叢》73〜5，1975年5月。

5. 村上嘉實，〈魏晉における德の多樣性について——世說新語の思想〉，《鈴木博士古稀紀念東洋學論叢》，1972年10月。

6. 長部悅弘，〈北朝隋唐時代における漢族士大夫の教育構造〉，《東洋史研究》，第49卷第3號，平成二年（1990年）12月。

7. 神矢法子，〈晉時代における王法と家禮〉，《東洋學報》，60〜1、2。

8. 稻田尹，〈王謝の系譜（3）——世說新語を中心として〉，《鹿兒島大學文科報告》7，1971年9月。